珍藏本·增订本

纪念版

汉译世界学术名著丛书

心灵的揭示

〔古阿拉伯〕安萨里　著

金忠杰　译

金焕文　校

商务印书馆
SINCE 1897
The Commercial Press

Mukashafah al-qulub

مكاشفة القلوب

الإمام أبوحامد الغزالي

本书根据贝鲁特知识出版社 2008 年出版的第 8 版(阿拉伯语版)译出

汉译世界学术名著丛书
（120年纪念版·珍藏本）
增订本出版说明

2017年10月，为纪念商务印书馆创立120周年，本馆推出“汉译世界学术名著丛书”（120年纪念版·珍藏本），计七百种。近五六年来，仰赖学界同人倾力支持，订正旧译，增补新译，拓展新著，积累日多。为满足读者需要，本馆在七百种的基础上，继续推出“汉译世界学术名著丛书”（120年纪念版·珍藏本·增订本）三百种。至此，“汉译世界学术名著丛书”累计出版已达千种。

今后，本馆将继续推进丛书的翻译出版工作，在积累单本名著的基础上陆续分辑刊行，汇印出版。为促进中外文明互鉴、推动我国学术发展，使“汉译世界学术名著丛书”这项对我国学术文化有基本建设意义的重大工程发挥更大作用，诚望海内外学术界、翻译界继续给予支持，帮助我们把这套丛书出得更好。

商务印书馆编辑部

2024年2月

汉译世界学术名著丛书
（120年纪念版·珍藏本）
出 版 说 明

2017年2月11日，商务印书馆迎来120岁的生日。120年前，商务印书馆前贤怀揣文化救国的理想，抱持“昌明教育，开启民智”的使命，立足本土，放眼寰宇，以出版为津梁，沟通中西，为中国、为世界提供最富智慧的思想文化成果。无论世事白云苍狗，潮流左右激荡，甚至战火硝烟弥漫，始终践行学术报国之志，无改初心。

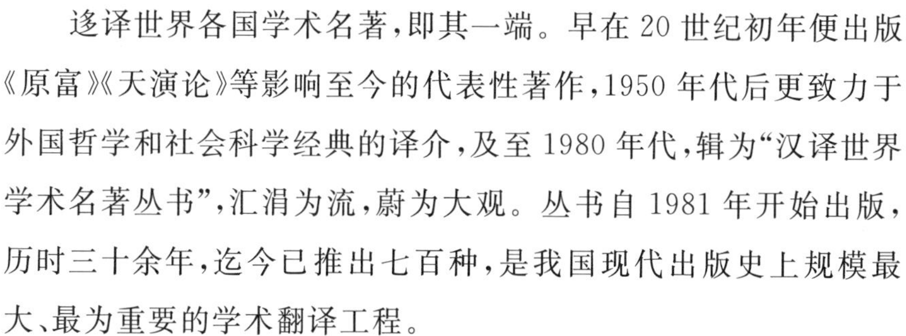

迻译世界各国学术名著，即其一端。早在20世纪初年便出版《原富》《天演论》等影响至今的代表性著作，1950年代后更致力于外国哲学和社会科学经典的译介，及至1980年代，辑为“汉译世界学术名著丛书”，汇涓为流，蔚为大观。丛书自1981年开始出版，历时三十余年，迄今已推出七百种，是我国现代出版史上规模最大、最为重要的学术翻译工程。

丛书所选之书，立场观点不囿于一派，学科领域不限于一门，皆为文明开启以来，各时代、各国家、各民族的思想与文化精粹，代表着人类已经到达过的精神境界。丛书系统译介世界学术经典，引领时代思想，为本土原创学术的发展提供丰富的文化滋养，为推动中国现代学术和现代化进程做出了突出的贡献。

为纪念商务印书馆成立120周年，我们整体推出“汉译世界学术名著丛书”120年纪念版的珍藏本，寄望既利于文化积累，又便于研读查考，同时向长期支持丛书出版的译者、编者和读者致以敬意。

两甲子后的今天，商务印书馆又站在了一个新的历史时间节点上。我们不仅要铭记先辈的身影和足迹，更须让我们的步伐充满新的时代精神。这是商务人代代相传的事业，更是与国家和民族的命运始终紧密相连的事业。我们责无旁贷，必须做好我们这代人的传承与创造，让我们的努力和成果不仅凝聚成民族文化的记忆，还能成为后来人可以接续的事业。唯此，才能不负前贤，无愧来者。

商务印书馆编辑部

2017年10月

出版前言

伊斯兰教权威教义学家、哲学家、法学家安萨里（公元1058—1111/伊历450—505），全名艾布·哈米德·穆罕默德·伊本·穆罕默德·图西·安萨里，生于波斯呼罗珊的图斯，自幼学习伊斯兰教知识，在家乡师从艾哈迈德·本·穆罕默德·拉兹卡尼研习伊斯兰教法，后赴内沙布尔尼采米亚经学院，师从艾什尔里派著名学者、"两圣地教长"朱韦尼（1028—1085）学习教义、教法、哲学和逻辑学。安萨里终生致力于诵经讲学，传道授业，修行苏菲，著书立说。

安萨里是伊斯兰知识的集大成者，伊斯兰知识借他之笔传播于伊斯兰世界，伊斯兰宗教借他之力形成体系，伊斯兰教法借他奉献不断完善。因此，他被伊斯兰教学者誉为"伊斯兰教的伟大复兴者"、"伊斯兰教的权威"、"圣教的光彩"。

著名学者伊本·阿拉比高度评价了安萨里："安萨里属于苏菲的领袖之一，他的思想至今代代相传，唯有心怀不轨之人才会对他抱有偏见。"

安萨里著作等身，一生著有教义学、教法学、哲学、伦理学、教育学等著作约400余种，大致分为个人独著类、个人编纂类、他人借名类、著作不明类。安萨里最主要的著作有《宗教学科的复兴》

《哲学家的矛盾》《迷途者》《哲学家的宗旨》《〈古兰经〉的精神实质》《穆尔太齐赖的缺点》《公平秤》《四十书》《致孩子们》等。

本书为《心灵的揭示》的缩减本，该书原著共 111 门。现在穆斯林中间广为流传的均为本书的缩减本，依然保留 111 门，但内容较之原著有不同程度的删节。尽管经过缩减，但本书的重要性是不言而喻的，多年以来，它在穆斯林中间一直有重要的影响。究其原因，在于它记录了大量《古兰经》《圣训》，以及教义学家和苏菲学家等著作中的大量经典名句、劝善箴言和故事教诲，为读者提供了丰富的精神食粮。读者喜爱该书的目的，不外乎期望通过该书进一步接近真主。

该版本具有以下一些特点：其一，明确注明了《古兰经》文的章节。其二，明确注明了每段圣训的出处，指出了每段圣训的正确与羸弱性质。其三，校正并注解了部分词汇。其四，依据该书最早版本编排本书章名，确定了该书中没有省略的部分，评注了有违伊斯兰法理的内容。

你应当毕恭毕敬地服侍他俩，你应当说："我的主啊！求你怜悯他俩，就像我年幼时他俩养育我那样。"

——《古兰经》夜行章：24

目　　录

第一章　敬畏真主(一)

真主说:"信道的人们啊!你们应当敬畏真主,各人应当想一想自己为明日而预备了什么,你们应当敬畏真主,真主确是彻知你们的行为的。"(59:18)[①]真主在这段经文中告诉人们,你们害怕真主,每个人应当为复活日而工作;你们施舍并顺从地工作,以便你们在复活日得到报酬,真主彻知你们的善行与恶行。因为,在复活日,众天使、天与地、夜与昼都要见证每个人前世的善行或恶行,顺从或违逆,甚至他的肢体都要见证他的所作所为。大地为信士和修士作证,说:"他在地面上礼拜、封斋、朝觐、奋斗。"所以,信士和修士兴高采烈。大地为非信士和违逆者作证,说:"他在地面上以物配主、奸淫、饮酒、食用非法食品。"悲伤啊!在清算时刻,与他辩论的是至慈的真主啊!

圣训集记载,先知穆罕默德[②]说:"真主创造了一个天使,他的一条翅膀延至东方,另一条翅膀伸至西方,他的头在阿勒舍[③]下,

① 文中凡引述的《古兰经》译文,均出自中国社会科学出版社于1981年出版的马坚先生译本。译者为行文方便,省略了《古兰经》的章名和章次号与节数号,仅以括号中的数字表示。冒号前为章,冒号后为节,如2:45,即为《古兰经》第2章第45节经文。——译者

② 根据伊斯兰教义,但凡提到先知穆罕默德之名,穆斯林务必赞颂他:"愿真主赐福安之!"因故,该书中,但凡出现诸如"穆罕默德"、"先知和真主的使者"等关于他的名称时,作者都缀以"愿真主赐福安之!"的赞颂词。——译者

③ 乐园宝座。——译者

双脚在七层地下，满身的羽毛等同于真主的众生数目。我乌玛[1]中的男女赞颂我时，真主命令该天使浸入阿勒舍下的光中海。他侵入海中，浮出后抖动翅膀，每根羽毛流下一滴水，真主从每滴水中创造一个天使，为赞颂者求饶至复活日。”

某贤者说：“身体的安康在于节食，精神的健康在于少错，宗教的完美在于赞颂最优秀的人——先知穆罕默德。”

信士是身心敬畏真主的人，正如法学家艾布·莱斯所言，敬畏真主的标志体现在七个方面：

第一，舌头，不撒谎、背谈、诽谤、诬蔑、废话，而是忙着记念真主，诵读《古兰经》，学习知识。

第二，心灵，袪除心中的憎恨、诬蔑，以及对兄弟的妒忌。因为嫉妒勾销所有善行，正如先知穆罕默德所说：“嫉妒吞食善行，就像火焰吞噬柴草。”要知道，嫉妒属于最严重的心病，医治心病只能借助知识与行动。

① 乌玛（Al-'ummh），伊斯兰教初期穆罕默德及其门弟子建立的以麦地那为中心的穆斯林公社。阿拉伯语的音译，本意为民族，引申为社团、公社，《古兰经》云：“我这样以你们为中正的民族，以便你们作证世人，而使者作证你们。”（2：143）后世历史学者用以专指早期麦地那穆斯林政权。公元622年9月24日“希吉来”（即迁徙）后，穆罕默德以麦地那为根据地，号召穆斯林不分民族、部落、家庭和地区界限，在共同信仰的基础上，由迁士、辅士以及不同氏族部落的穆斯林，组织起名为“安拉的民族”（Ummatullah）的宗教公社，并以盟约的形式，签订了《麦地那宪章》。公社突破了阿拉伯氏族、部落的血缘关系，以宗教和地区为社会组织的基础，建立起组织严密的、为伊斯兰而奋斗的武装社团——乌玛。在公社中安拉具有至高无上的权威，穆罕默德是安拉的使者，掌握着公社的最高宗教权力和世俗权力。政权为全体穆斯林所有，公社成员享有平等权利和应尽同等义务，并规定了必须遵守的社会公德与行为准则。乌玛为伊斯兰教的胜利发展和建立统一的民族国家奠定了基础。——《中国伊斯兰百科全书》，四川辞书出版社，1994年版，第587页。——译者

第三,眼睛,既不关注非法食品、饮料与服装等,也不贪婪现世,而是潜心参悟。他不观看对他而言的非法事物,正如先知穆罕默德所言:"谁让眼睛充满了非法事物,真主就让他在复活日满眼火焰。"

第四,肚腹,不会食入任何非法食物,因为这是大罪,正如先知穆罕默德所说:"如果人的肚腹食用了一口非法食物,只要那口食物还在腹中,天地里的每个天使诅咒他。如果他在此状态下去世,其归宿就是火狱。"

第五,双手,不会去做违法之事,而是让它去做那些顺从真主的事情。据传,凯尔卜·艾哈巴尔说:"真主创造了一座绿玉巨宅,里面有七万座宅院,每座宅院里有七万间房屋,唯有面对非法事物但因敬畏真主而放弃的人,才有资格居住其中。"

第六,双脚,不去违逆真主,而是顺从与取悦真主,以及陪伴学者们和贤士们。

第七,顺从,只为取悦真主,谨防沽名钓誉和口是心非。如果这样做,就属于真主言及的享有权利的人们:"在你的主那里的后世,是专归敬畏者的。"(43:35)"敬畏者们必定在一些乐园和源泉之间。"(15:45)"敬畏的人们,必定在乐园和恩泽中。"(52:17)"敬畏者必定要住在安全的地方。"(44:51)这好似真主在说:"在复活日,他们确能脱离火狱。"信士应当处于敬畏与希望之间,他期望真主的怜悯而不绝望,正如真主所言:"你们对真主的恩惠不要绝望。"(39:53)他崇拜真主,放弃丑行,向主忏悔。

典故:先知达吾德坐在修行屋恭诵《宰布尔》(*Al-zabūr*)时看见一条蚯蚓,就自言自语:"真主为何要创造蚯蚓呢?"真主让蚯蚓开口说话，它说："真主的先知啊！白昼，我的养主默示我诵念一千遍'赞美真主，一切赞颂全归真主，万物非主唯有真主，真主至大。'夜晚，我的养主默示我诵念一千遍'主啊！求你赐福安于文盲的先知穆罕默德及其家属和圣门弟子吧！'请你赐教，以便我受益匪浅？"先知达吾德因轻视蚯蚓而追悔莫及，害怕真主，向主忏悔，信赖真主。

先知易卜拉欣想到所犯错误就不省人事，人们听到他的心脏怦怦跳动。因此，真主派遣哲卜拉伊勒天使来见他。哲卜拉伊勒对他说："伟大的真主向你道安！你看到哪位朋友害怕朋友？"他说："哲卜拉伊勒啊！我想起我的过错和想到真主的惩罚时，就忘了我的密友。"

这就是先知们、卧里们[1]、贤士们、修士们的情况，请你参悟吧！

① 指圣贤。——译者

第二章　敬畏真主(二)

艾布·莱斯传述,第七层天的众天使,自真主创造他们以来就叩首拜主,直到复活日。他们因敬畏真主而颤抖不已。复活日,他们抬起头说:"主啊!赞美你,我们没有实实在在地拜你。"正如真主所言:"他们畏惧在他们上面的主宰,他们遵行自己所奉的命令。"(16:50)也就是说,他们丝毫不违抗真主。

真主的使者说:"仆人的身体因敬畏真主而颤抖时,他的罪过消失殆尽,就如树叶脱离树木。"

典故:某男爱慕某女,该女因事远足,他就随她出行。他与她独处驿站,人们入睡后,他向她表白了他的秘密。女人对他说:"你去看看人们睡了吗?"男子为此高兴,认为女人已经答应了她,遂环绕商队转了一圈,看到人们已入眠,返回她的身边,告诉她:"他们都睡了。"她说:"你就真主说什么呢,此刻他也睡了吗?"男子说:"真主永不睡眠,瞌睡不能侵犯他,睡眠不能克服他。"她说:"永不睡眠的真主看着我们,即使人们看不见我们,最应害怕的是真主啊!"男子因害怕创造者真主而放弃了她,向真主忏悔并返回家园。他去世后,有人梦见他,问他:"真主如何待你?"他说:"真主因我的敬畏和放弃那件罪过而饶恕了我。"

典故:一个成家的以色列修士,饥肠辘辘时要求妻子去为孩子们乞讨一些食物。她来到一个商人家，求他供给孩子们赖以度日的食物。商人说："可以，但你要满足我。"女人默不作声地回到家。她看到孩子们在喊："妈妈，我们快饿死了，给我们吃的吧！"她返回商人家，和他谈到了孩子们的境况。他说："你能满足我的要求吗？"她说："嗯。"他与她要行房时，她的关节剧烈颤抖，四肢几乎要脱离身体。他问："你怎么了？"她说："我害怕真主！"他说："你一贫如洗还害怕真主，我更应害怕。"于是，他放过了她，满足了她的需求。她带着很多食物回到孩子们身边，孩子们见之欢呼雀跃。真主默示先知穆萨："你告诉某人之子某人，我已经饶恕了他的所有罪过。"先知穆萨前来告诉他："你是否因为害怕真主而做了一件善事。"他就给穆萨讲述了那件事情，穆萨说："真主已经饶恕了你以往的过错。"《妙语集》(*Majma‘ al-laṭā’if*)也有这样的记载。

据传，先知穆罕默德说："真主说：我既不让我的仆人面临两次害怕，也不会让他享有两次安宁。凡在现世害怕我的人，我就让他在后世安宁；我在现世使他安宁的人，我就使他在复活日害怕。"真主说："故你们不要畏惧人，当畏惧我。"(5:44)"你们不要畏惧他们，你们当畏惧我，如果你们是信道的人。"(3:175)

欧麦尔每次听到《古兰经》的一节经文，就因害怕而跌倒且昏迷不醒。有一天，他手抓一把草说："但愿我是一把草，我什么也不是，但愿我的母亲没有生我。"他经常哭泣，以至于泪流满面，脸上留下两道黑色的泪痕。先知穆罕默德说："因害怕真主而哭泣的人不会进入火狱，除非奶汁返流乳房。"

《典故录》(*Raqā’iq al-’akhbār*)记载：复活日，天使奉命将一个罪孽深重的人带至火狱，他眼睛上的一根睫毛说："我的养主啊，你的使者穆罕默德说:谁因害怕真主而哭泣,真主就禁止火狱惩罚那只眼睛。我因害怕你而哭泣过。"所以,凭借现世中一根因害怕真主而哭泣的睫毛之福,真主饶恕了那个人,让他脱离了火狱。哲卜拉伊勒天使呼喊:"某人之子某人,因一根睫毛而得救。"

《正道之始》(*Bidāyat al-hidāyat*)记载:复活日来临时,火狱在叹息,每个民族都因害怕它而屈膝跪倒,正如真主所说:"你将来会看见,每一民族都是屈膝的。每一民族都要被召去看自己的功过簿。"(45:28)他们行至火狱时,"他们听见爆裂声和叹息声。"(25:12)相距五百年的路程,人们就能听到火狱的叹息声。每个人,甚至众先知也自顾自地说:"我自己,我自己。"唯有先知穆罕默德说:"我的乌玛,我的乌玛。"火狱喷发出火山,先知穆罕默德的乌玛努力阻挡它,并说:"火啊,凭借礼拜者、施舍者、敬畏者、封斋者的权利,你回去吧。但它没有回去。"哲卜拉伊勒天使说:"的确,烈火意在先知穆罕默德的乌玛。"然后,他拿来一杯水,递给真主的使者,说:"真主的使者啊,你拿着它,将它喷洒在火上。"先知将水洒向火,火当即熄灭。先知问:"这是什么水?"哲卜拉伊勒说:"这是你乌玛中违逆者的泪水,他们曾因害怕真主而哭泣。现在,我奉命将它递给你,以便你将它喷洒在火上,火奉真主之命熄灭了。"

先知穆罕默德说:"主啊!泪干前,求你恩赐我的双眼因害怕你而流泪吧!"

诗云:

双眼为何不哭罪,我命已近却不知!

圣训集传述,先知说:"但凡信仰真主的人,他的双眼因害怕真主而有苍蝇头般大小的泪水流至他的脸颊，就永不会受到火伤。”

据传，穆罕默德·本·蒙齐尔每次哭泣时都泪流满面，胡须湿透，他说：“我听说，火不焚烧泪水流过的部位。”因此，信士应当畏惧真主的惩罚，克制个人私欲，正如真主所言：“悖逆，而且选择今世生活的人，火狱必为他的归宿。至于怕站在主的御前受审问，并戒除私欲的人，乐园必为他的归宿。”(79:37—41)但凡想要摆脱真主惩罚且要获得恩赐和怜悯的人，当坚忍现世的各种磨难，顺从真主，远离罪恶。

《花圃》(*Zahr al-riyāḍ*)记载，先知穆罕默德说：“乐园居民进入乐园时，天使们慈爱地、幸福地迎候他们，给他们摆设好室内家具，铺好床铺，摆上丰盛的食品与水果。他们面对这样的恩典诚惶诚恐。因此，真主说：‘我的众仆啊，为何不知所措呢？这不是诚惶诚恐者的宅院。’他们说：‘的确，我们约会的时间到了。’真主对众天使说：‘你们揭开幔帐吧！’天使们说：‘我们的养主啊！他们怎么能看你呢，他们都是罪人啊？’真主说：‘你们揭开幔帐吧！因为他们前世都是记念我、叩首我、哭诉我、期盼我的人们。’幔帐被揭开，他们注目便匍匐倒地，叩首真主。真主说：‘你们抬起头，确实，这绝不是功修之宅，而是荣誉之院。’然后，真主为他们无形地显现，并愉快地对他们说：‘我的众仆啊，祝你们平安！我喜悦你们，你们喜悦我吗？’他们说：‘我们的养主啊，我们怎么不欢喜呢，你赐给了我们目所未见、闻所未闻、想所未想的恩典！’”真主说：“真主喜悦他们，他们也喜悦他。”(5:119)“‘平安！’这是从至慈主发出的祝辞。”(36:58)

第三章　坚忍与疾病

谁想要摆脱真主的惩罚，获得他的恩赐和怜悯，进入他的乐园，就要克制自己，远离现世的种种私欲，坚忍现世的各种艰难困苦，正如真主所言："真主是喜爱坚忍者的。"(3:146)

坚忍有多种：坚忍地顺从真主，坚忍地避忌各种非法事物，坚忍地承受不幸，坚忍地面对首次创伤。

谁坚忍地顺从真主，真主就在复活日赐予他乐园中的三百个品级，每个品级的赏赐是天地之间的一切。谁坚忍地避忌各种非法事物，真主就在复活日赐予他六百个品级，每个品级的赏赐就如第七层天与第七层地之间的一切。谁坚忍地承受不幸，真主就在复活日赐予他乐园中的七百个品级，每个品级的赏赐是从阿勒舍到大地之间的一切。

据传，先知宰凯里雅逃离犹太人，被寻踪追击。他们将要临近时，宰凯里雅看到一棵树，就对树说："树，你让我入内吧！"树裂开，宰凯里雅进入后，树弥合如初。恶魔指示犹太人拿来锯子，将树锯为两半，让宰凯里雅死于树中。他们按照恶魔所说做了。宰凯里雅因求庇于树，而没有求真主保佑，所以真主让他自作自受，被锯为两半，正如先知穆罕默德所传："真主说：'只要仆人遭受灾难后求护我，我就在他请求我之前恩赐他，在他祈祷之前答应他。只要仆人遭受灾难后求护于我之外者，我就给他关闭乐园的所有门。'”当锯子锯至宰凯里雅的脑际时，他喊起来，但被告知：“宰凯里雅，真主对你说：'你为何不忍受灾难，而要喊'哎呀'呢？如果你再喊一遍，真主就从众先知名录中删除你的名字。'”宰凯里雅遂闭嘴坚忍，直到被锯为两半。

所以，理智者应当坚忍灾难且不抱怨诉苦，方能摆脱今后两世的痛苦。因为，众先知和众圣贤忍受了最严厉的灾难。

朱奈德·巴格达迪说：“灾难是智识者的明灯，寻道者的觉醒，信主者的改正，昏聩者的毁灭。任何人得不到信仰之甜，直到他遭受灾难，并且心甘情愿地坚忍灾难。”

先知穆罕默德说：“凡夜晚生病后坚忍且喜悦真主的人，他的罪过消失殆尽，如同他的母亲生他之日。所以，如果你们生病了，就不要指望痊愈。”

丹哈克说：“谁四十日内没有遭受任何灾祸、忧虑或不幸，就得不到真主的恩惠。”

穆阿兹·本·哲拜里说：“如果信仰真主的仆人受到病症的考验，真主对位于人左肩的记恶天使说：'你停止记录他的恶事。'真主对位于人右肩的记善天使说：'你记录我仆人的善行。'”

圣训集传述，先知穆罕默德说：“如果仆人生病，真主给他派两个天使，说：'你们去看我的仆人说什么呢。'如果仆人说'一切赞颂全归真主'——此言虽上报真主但其实真主最知，真主就说：'如果我让仆人去世，许诺他进入乐园；如果我让仆人痊愈，给他许诺，以最好的肌肉更换他的肌肉，以最好的血液更换他的血液，赦免他的一切过错。'”

据传，以色列的一个浪子作恶多端，城中百姓叫苦不迭。他们无法制止他的恶行，只能祈求真主。真主启示先知穆萨：你将以色列那个为非作歹的青年逐出城外，以便百姓不因他的恶行遭到灭顶之灾。先知穆萨来到该城，将青年逐出城外。青年行至一个村庄，真主命令穆萨将他逐出村外，穆萨便将他驱出村外。青年来到一个没有人烟庄稼、飞禽走兽的荒野后生病了，身边没有帮助他的人，跌倒在地，头枕土地，说："要是我的母亲在我身边，她肯定怜爱我，肯定为我的悲惨而哭泣。如果我的父亲在这儿，他肯定帮着处理我的事情。如果我的妻子在，她肯定为离别我而痛哭流涕。如果我的孩子们在我面前，他们肯定在我的殡礼后流泪并且祈祷：'主啊！求你饶恕我们背井离乡、羸弱不堪、屡犯不禁、作恶多端、被从城市驱逐到农村、再从农村被逐出到荒野、最后从荒野离开现世前往后世而绝望于万物的父亲吧！'主啊！你已经让我分离了我的父母、孩子们和妻子，求你不要让我绝望于你的怜悯；你已经用离别亲人焚烧了我的心，求你不要因我的违抗而用你的火狱焚烧我吧！"

真主派遣仙女扮作他的母亲和妻子，派遣仙男扮作他的孩子们，派遣天使扮作他的父亲来到他身边。他们围他而坐，哭泣他的遭遇。他说："的确，我的父亲、母亲、妻子、孩子们都在身边了。"他心满意足，纯洁地、受饶恕地得到了真主的怜悯。真主启示先知穆萨："你去某荒野某地方，有一位圣贤归真在荒野了。你去他那儿，处理好他的事情，埋葬他吧！"

穆萨来到荒野，看见了曾被他奉真主之命而从城市和农村驱逐的青年，看见仙女们围在他的身边。穆萨说："我的养主啊！这不是我奉你的命令驱逐出城市与农村的那个青年吗?”真主说:“穆萨啊,由于他在这个地方的呻吟,分离他的故土、父母、孩子和妻子,我就派遣仙女扮作他的母亲、天使扮作他的父亲、仙女扮作他的妻子,他们都心疼他在异乡的可怜遭遇。如果一个人客死他乡,诸天地的生命都因怜悯他而哭泣。那么,我为何不怜悯他呢,我是至慈的真主啊!”

如果异乡人濒临死亡,真主说:“我的天使们啊,这个旅行在外的异乡客,丢下了他的孩子们、亲属们和父母。如果他去世了,没有任何人哭泣他,忧伤他。”真主就让一个天使扮作他的父亲、一个天使扮作他的母亲、一个天使扮作他的孩子、一个天使扮作他的亲人来到他身边。他睁开眼看到父母和亲人后心情愉悦,他的灵魂喜悦地离开了他。在出殡日,当地人都来送行他,在他的坟墓上祷告。他们年年为他祈祷,直到复活日,这是因为真主说:“真主是慈爱他的众仆的。”(42:19)

伊本·阿塔艾说:“人的诚实与否,灾难与安乐时昭然可见。如果他在安乐期间感恩不尽,在灾难期间忧心忡忡,那他就属于撒谎的人。”如果一个精通人类和精灵知识的人遭遇灾难后满腹牢骚,那他的知识和善功对他而言无济于事,正如“古杜斯”圣训[①]传述的真主之语:“谁没有喜悦我的定然,没有感谢我的恩赐,就让他寻求我之外的主宰吧。”

瓦希卜·本·穆南比赫传述:某先知崇拜真主五十年,真主启

① “古杜斯”圣训,圣训学术语,原意为神圣的圣训或圣洁的圣训。是指真主以直接默示的方式传达给先知穆罕默德的训示。——译者

示他:"我已经饶恕了你。"他说:"我的养主啊,你为什么饶恕我呢,我从未犯罪?"因此,真主使他的血管抽搐且彻夜不眠。清晨,一位天使来了,他向天使诉说他的不幸遭遇。天使说:"你的养主告诉你:'五十年的功修不值血管的疼痛。'"

第四章　修性与私欲

真主启示先知穆萨："穆萨，如果你想要让我临近你，胜于你的话语接近你的舌头，你的想法接近你的心脏，你的灵魂接近你的身体，你的目光接近你的眼睛，你的听觉接近你的耳朵，那你就经常赞颂穆罕默德吧！"真主说："各人应当想一想自己为明日而预备了什么。"(59:18)也就是说，各人为复活日做了什么。

人们啊！你们要知道，较之恶魔而言，使人作恶的人性是你的最大敌人，恶魔只以欲望鼓动你，所以你的人性绝不要上当受骗。因为，人的秉性中不乏安宁、疏忽、满意、疲倦和懒惰。因此，使人作恶的人性主张是虚假的，出自它的一切都是诱惑，如果你喜悦它并服从了它的命令，你就会毙命其中；如果你疏忽了它的算计，你就会溺死其中；如果你无能反抗它而顺从了它的喜好，它就将你引至火狱。

使人作恶的心性不会复归于善，它是灾难之首，缺陷之源，恶魔的藏身地，邪恶的隐匿处，只有创造者真主知道它，"真主确是彻知你们的行为的。"(5:18)即真主知道你们的善行与恶行。如果仆人参悟他的以往岁月是为了寻求他的后世归宿，这样的参悟是在净化心灵，正如先知穆罕默德所言："参悟一时，胜于一年功修。"艾布·赖斯的注释中也这样记载。

所以，智者应当忏悔以往罪过，参悟那些临近并让他在后世得救的功德，当戒除幻想，从速忏悔，记念真主，放弃犯罪，坚忍性灵，不从私欲。私欲是偶像，谁崇拜私欲，就崇拜了偶像；谁虔诚地崇拜真主，就制服了自己的私欲。

据传，有一天，马利克·本·迪纳尔走在巴士拉街上，看到无花果后垂涎欲滴。他脱掉鞋子，递给菜商，说："你给我换无花果。"菜商看了看鞋子，说："分文不值。"马利克就走了。有人对菜商说："你不认识这个人吗？"他说："不认识。""他是马利克·本·迪纳尔。"菜商遂将一盘无花果交给他的家仆，告诉他："如果马利克接受了你送来的无花果，你就成自由人了。"仆人跟在马利克·本·迪纳尔的后面，对马利克说："请你接受我送来的无花果。"马利克拒绝了。仆人说："请你接受吧，其中有我的自由。"马利克告诉他："如果无花果中有你的自由，那其中就有我的痛苦。"仆人再三请求马利克，马利克说："我发誓，我不会以正信换取无花果，我不吃无花果，直到复活日。"

马利克·本·迪纳尔病入膏肓，想要一杯蜜奶来烹制热饼。家仆给他端来一杯蜜奶。马利克拿着它，看了一个小时，然后说："性灵啊，你已经忍了三十年，你的生命只剩一个小时了。"他放下杯子，坚忍性灵，撒手人寰。

先知们、圣贤们、诚实的人们、喜悦真主的人们、修行的人们莫不如此。

先知苏莱曼·本·达吾德说："战胜私欲的人，远远强于独自攻克城市的人。"

阿里说："我和我的心性恰似牧羊人，每当他从一边聚拢了羊群，羊群就从另一边散开。但凡消灭私欲的人，就被裹上仁爱的殓衣，葬于荣耀的土地。但凡消灭心智的人，就被裹上诅咒的殓衣，葬于惩罚的土地。”

叶哈雅·本·穆阿兹·拉齐说：“让你的性灵努力地顺从和修炼吧。修炼就是放弃睡眠，少言寡语，不伤他人，节制食物。少睡催生纯洁的意念，寡言使人幸免于难，避免伤人促使目标实现，节食会令私欲死亡。因为，多食令人心硬，会使心光消逝。智慧之光就是饥饿，饱食使人远离真主。”正如先知穆罕默德所言：“你们用饥饿照亮你们的心灵，用饥渴去奋斗，用饥饿敲开乐园的门。因为，饥饿所得赏赐，就如为主道奋斗者所得的赏赐。再没有比饥渴更使真主喜悦的事情了，饱食终日者绝对进不了乐园，吃饱喝足者失去了功修的甜美。”

艾布·伯克尔说：“自从我信仰伊斯兰教以来，为了得到崇拜养主的甘甜，从未饱食过；自从我信仰伊斯兰教以来，为了渴望见到真主，从未饱饮过。这是因为，多食致使功修减少。人们一旦贪吃，身体就会肥胖，眼睛就会犯困，肢体就会软化，从而一事无成，终日睡眠，好似行尸走肉。”《修行之道》(*Minhāj al-ʻābidīn*)也这样记载。

鲁格曼教导他的儿子：“你不要贪睡、贪吃。凡贪睡贪吃的人，复活日就会身无丝毫善功地被复活。”《青年之死》(*Maniyyah al-fatā*)亦如此记载。

先知穆罕默德说：“你们不要以饱食和饱饮使你们的心灵死亡。因为，心灵死亡就像过分被浇灌而死亡的庄稼一样。”

某贤士将胃比喻为心脏下面一口沸腾的锅，浓浓热气升至心脏后，致使它浑浊变黑。饱食令智力下降，知识减少。贪食使聪慧消失殆尽。

据传，恶魔带着诸多门闩出现在先知叶哈雅·本·宰凯里雅面前。叶哈雅问恶魔："这是什么？"恶魔说："这是我用来捕获人类的各种私欲。"叶哈雅说："其中有关于我的吗？"恶魔说："没有。但有天晚上你吃饱了，因此我使你艰难地礼拜。"叶哈雅说："我发誓，自此以后，我永不饱食。"恶魔说："我发誓，我永不忠告任何人。"这仅仅是一生中唯饱食一晚之人的情况，那么，一生中从未饥饿过任何一晚，但又渴望功修的人又当如何呢？

据传，有一天，先知叶哈雅·本·宰凯里雅吃饱大麦饼后睡着而放弃了赞颂真主，因此真主启示他："叶哈雅，对你来说，你发现了比我的宅院更好的宅院了吗？你发现了比我更好的邻居了吗？以我的权威与尊严发誓，如果你俯瞰乐园和火狱，你就会哭出代替眼泪的脓水，就会穿上代替布衣的铁装。"

第五章　克制私欲

智者，当以饥饿克制私欲——饥饿能制服真主的敌人。先知穆罕默德说："恶魔在人群中奔跑，就如身体里流动的血液，所以你们以饥饿紧闭他的通道。"

复活日，最接近真主的人是经常饥而不饱食与渴而不畅饮的人。对人而言，最大的灾难莫过于贪吃。由于贪吃，阿丹与哈娃被从安宁之宅驱逐到了卑贱与贫困之宅。这是因为，他俩的养主禁止他们食用果树，但私欲战胜了他俩，两人食用禁果后暴露了羞体。的确，肚腹滋生各种欲望。

某贤哲说："被私欲战胜的人，成为喜好私欲的俘虏、监狱的犯罪囚徒，私欲不让他的心灵获取各种裨益。"

凡以私欲浇灌身体的人，就在心中栽种了懊悔之树。

真主将众生创造为三类。他创造了天使，为他们造化了理智，但没有造化私欲。他创造了动物，为它们造化了私欲，但没有造化理智。他创造了人类，为他们造化了理智与私欲。凡私欲战胜理智的人，动物强于他；凡理智战胜私欲的人，优越于天使。

典故：易卜拉欣·赫瓦斯说："我曾在卢卡姆山上看见石榴树，一心向往，就摘下一颗石榴，切开后尝到了酸味，扔下它，走了。我看到一个被遗弃的人，一群黄蜂飞舞在他周围。我向他道安：'愿真主使你平安！'他回答：'易卜拉欣，愿真主使你平安！'我说：'你怎么认识我呢？'他说：'但凡认识真主的人，对他而言没有隐藏之事。'我说：'我为你看到了你在真主那儿的幸福，你怎么不祈求真主使你摆脱黄蜂呢？'他说：'我为你看到了你在真主那儿的幸福，你怎么不祈求真主使你摆脱对石榴的欲望呢？人们在后世尝受石榴带来的痛苦，人们在现世感受黄蜂的蜇伤。黄蜂蜇吸血液，私欲灼烧心灵。'我听后，留下他，走了。"

私欲让国王变奴隶，坚忍使奴隶成国王。君不知先知优素福与泽丽哈的故事吗？优素福由于坚忍而成为埃及的国王，泽丽哈由于私欲而成为低下卑微的贫穷盲女——她没有忍住对优素福的爱慕。

艾布·哈桑·拉齐传述，他梦见去世两年的父亲身穿沥青衣服，问父亲："我的父亲啊，我怎么看你身处火狱的居民中间呢？"他说："我的儿啊，我的私欲将我引至火狱。儿子啊，你要谨防私欲的诱骗。"

我因受制[恶魔、现世、私欲和喜好]而受难，如何摆脱我之敌。

眼见私欲诱思想，欲望引我至黑暗。

哈提姆·艾桑姆说："我的私欲是我的禁锢，我的知识是我的武器，我的罪过是我的失败。恶魔是我的敌人，我要远离我的私欲。"

某智者传述，奋斗分三种：与非信士展开斗争，这是表面的奋斗，正如真主所言："他们为主道而奋斗。"(5:54)用知识和真理与虚伪者展开斗争，正如真主所言："你应当以最优秀的态度与人辩论。"(16:125)与使人作恶的人性展开斗争，正如真主所言："为我而奋斗的人，我必定指引他们我的道路。”(29:69)先知穆罕默德说:“最伟大的奋斗，是与私欲作斗争。”

每当圣门弟子结束与多种教徒的战斗后，说:“我们从小吉哈德回到了大吉哈德。”他们之所以将人们与欲望、私欲和恶魔的斗争称之为吉哈德，是因为与它们的斗争是长期性的，而与非信士的斗争是短期性的。战将看见敌人，但看不见恶魔。人们与目所能见的敌人作战，较之与目不能见的敌人作战更容易——恶魔的帮手来自你，即私欲。非信士没有来自你的帮手，所以与恶魔作战更艰难。你战死非信士，你胜利并获得战利品。非信士战死你，你成为烈士并得到乐园。

你不要估计自己能杀死恶魔。如果恶魔杀死了你，那你就遭受仁慈主的惩罚吧。有人说，战斗中，战马逃离的人会落入敌手，而失去信仰的人则会遭到真主的愤怒。我们就此求真主护佑，凡落入敌手的人，手不被束，脚不被缚，腹不饥饿，体不裸露。凡遭到真主愤怒的人，面色变黑，手缚火铐，脚带火镣，食品是火，饮料是火，服装也是火装。

第六章　昏聩

昏聩增加悲伤，消除幸福，阻止功德，助长嫉恨，招致谴责，带来懊悔。

某贤士传述，他梦见了老师，问他："对您来说，最悲伤的是什么？"老师说："昏聩之悲。"

据传，某贤士梦见了祖・努尼・米苏尔，请教他："真主如何待你呢？"他说："真主让我站在他面前，告诉我：'冒充者啊，撒谎者啊！你自称喜欢我，但忘却了我。'"

诗云：

心不在焉致昏聩，生命已尽罪依旧。

据传，某贤士梦见了父亲，说："父亲啊，你怎么样，你的境况如何呢？"父亲说："我的孩子啊，我们昏聩地生活在现世，昏聩地死亡了。"

《花圃》（*Zahr al-riyāḍ*）记载，摄命天使迈莱库・毛提[①]拜访了先知叶尔孤白。叶尔孤白对他说："迈莱库・毛提啊，你是为了拜访，还是为了摄取我的灵魂而来？"天使说："拜访。"叶尔孤白说：

① 即专司摄取性命的天使 Malak al-mawt，音译为迈莱库・毛提。——译者

“我对你有个请求。”天使说：“什么？”叶尔孤白说：“如果我的寿限已近，你要摄取我的灵魂时，请你通知我。”天使说：“好，我给你派三个差使。”叶尔孤白寿限临近，迈莱库·毛提天使来到他面前，他说：“你是来拜访，还是摄取我的灵魂呢？”迈莱库·毛提说：“摄取你的灵魂。”叶尔孤白说：“你不是曾经告诉过我，要派三个差使来吗？”迈莱库·毛提说：“我派了啊！你的头发由黑变白，你的身体由强变弱，你的身材由直变曲。叶尔孤白啊，人死前，这就是我派给他的差使。”

诗云：

时光消逝罪依然，摄命天使取昏心。
现世幸福徒悲伤，今世生活纯为虚。

艾布·阿里·丹加格说：“我拜访一位重病的贤士。他是著名学者，众多门生围在他身边，奄奄一息的他在哭泣。”我说：“筛海啊，你哭什么呢？是为现世而泣吗？”他说：“绝不是。我为失去的拜功而哭。”我说：“这是怎么回事，你一直在做礼拜啊？”他说：“我活到今天，在昏聩中叩首真主，在昏聩中抬头，我昏昏然去世。”说完，他长叹一声，吟道：

参悟我之复活日，白发胡须已入坟。
漫漫孤独弃尊荣，害怕罪过与湿土。
参悟真主之清算，手接册本真卑贱。
期望创造我之主，求你饶恕我罪过。

《史源》（*‘Uyūn al-’akhbār*）记载，舍吉格·拜里希说：“人们常说三句话，但他们言行不一。他们说，我们是真主的仆人，可他们自由地恣意所为，这有违他们的话。他们说，真主保证我们的给养，可他们只放心现世并聚敛财富，这也与他们的话背道而驰。他们说，我们肯定要死亡，可他们做着不死的事情，这与他们的话不相符合。我的兄弟啊，看看你自己吧，你以何种姿态站在伟大的真主面前呢？你以何种话语回答真主呢？如果真主或多或少地问讯你，你说什么呢？真主已为问题准备了正确答案：'你们应当敬畏真主，真主确是彻知你们的行为的。'（59：18）也就是说，真主知道你们的善恶之行。真主劝诫信士们，不要放弃他的义务而不顾，公开和隐秘时都要认主独一。"

圣训集传述，先知穆罕默德说："乐园宝座的柱子上写着：我听从顺服我的人，喜悦喜爱我的人，答应祈祷我的人，饶恕求我饶恕的人。"所以，理智的人应当害怕地、虔诚地顺从真主，甘愿他的前定，坚忍他的考验，感谢他的恩典，满足他的赏赐。真主说："谁没有喜悦我的前定，没有坚忍我的考验，没有感谢我的恩典，没有满足我的赏赐，就让他寻求我之外的主宰吧。"

某人对哈桑·巴士里说："我尝不到顺从的喜悦。"他说："也许你想到了不怕真主之人的脸庞。顺从就是，你把一切都交给真主。"

某人对艾布·叶济德说："我尝不到顺从的喜悦。"他说："因为你在崇拜顺从，你没有崇拜真主。你崇拜真主，你就享受顺从的喜悦。"

据传，某人礼拜，读到经文"我们只崇拜你"（1：5）时想，自己是个实实在在崇拜真主的人。然而他被悄悄地告知："你撒谎了，你只是在崇拜被造物。"他就忏悔，避开人们后再次礼拜。他读到经文“我们只崇拜你”时，又听到呼唤：“你撒谎了，你只是在崇拜你的钱财。”于是，他施舍完他的所有钱财后再次礼拜。他读到经文“我们只崇拜你”时，再次听到呼唤：“你撒谎了，你只是在崇拜你的衣服。”他施舍了身穿之外的所有衣服后开始礼拜。他读到经文“我们只崇拜你”时，又一次听到呼唤：“你说实话了，你在崇拜你的养主。”

《精彩讲座》(*Rawnaq al-majālis*)记载，某人丢了一个袋子，不知谁拿走了它，礼拜时想到了袋子，拜后命令仆人：“你去某人那儿，找回袋子。”仆人对他说：“你何时想起了它呢？”他说：“在拜中。”仆人说：“我的主人啊，你是在寻求袋子，而不是寻求造物主。”于是，他因仆人的虔诚信仰而使仆人成为自由人。

理智的人应该放弃现世而崇拜真主，参悟未来，追求后世，正如真主所说：“谁欲得后世的收获，我就加增谁的收获；谁欲得今世的收获，我就给谁一点今世的收获；他在后世，没有份儿。”(42:20)“今世的收获”，即服饰欲和饮食欲；“后世无份”就是，真主祛除了他内心对后世的贪恋。基于此，艾布·伯克尔悄悄花掉了4万迪纳尔，公开花掉了4万迪纳尔，最终一无所有。

先知穆罕默德远离红尘及其各种私欲和享受，甚至他的家属。因此，他将女儿法图麦嫁给阿里时，她的嫁妆只是一张被鞣过的绵羊皮，以及一个填料为纤维的棕色枕头。

第七章　迷悟与伪信

某妇女拜访哈桑·巴士里，说："我的一个女儿英年早逝，我想梦见她，因此我来请你教我梦见她的方法。"哈桑·巴士里教导了她。她梦见女儿身着铜装，脖围枷锁，脚戴镣铐。她将此事告诉了哈桑·巴士里，哈桑心生厌烦。过后，哈桑·巴士里在乐园里看见了头戴桂冠的青年女子，她说："哈桑，你不认识我吗，我是那个拜访你的妇女的女儿，她把我的情况告诉了你。"哈桑说："你怎么让我看到了你的现状呢？"她说："一个男人路过我们，他赞颂了先知穆罕默德，当时墓地里有 550 个亡人在遭受着惩罚，有个声音呼唤：'由于这个男人赞圣，你们停止对他们的惩罚吧！'"凭借该男子赞颂先知穆罕默德，坟墓里的人被饶恕。所以，谁赞颂先知穆罕默德 50 年，难道他在复活日得不到先知向真主的说情吗？！

真主说："你们不要像那些忘却真主故真主使他们忘却自身的人们一样。"（59：19）也就是说，处于犯罪中的你们不要像伪信士——放弃真主的命令，做着违逆真主的事情，情愿现世的欲望，依赖浮生的享受。

有人就信士与伪信士之间的区别，请教先知穆罕默德，先知说："信士的志向在于礼拜和斋戒；伪信士的志向在于饮食，恰似动物，放弃功修与拜功。信士忙着施舍和求饶；伪信士忙着贪图与希冀。信士绝望于任何人，唯独不绝望于真主；伪信士指望任何人，唯独不指望真主。信士献出他的所有，但不献出他的正信；伪信士献出他的信仰，但不献出他的财富。信士不害怕任何人，唯独害怕真主；伪信士害怕任何人，唯独不害怕真主。信士行善且哭泣，伪信士作恶且嬉笑；信士喜欢孤独与幽静，伪信士喜好交际与人群。信士栽种且担心干旱，伪信士除根且希望收获。信士执行真主的命令与禁令且行善；伪信士执行首领的命令与禁令且为恶，甚至命人作恶，止人行善，正如真主所言：'伪信的男女，彼此是同类的，他们劝恶戒善，紧握双手，[不肯施舍]，他们忘记了真主，主也忘记了他们。伪信者就是放肆者。真主应许伪信的男女和不信道者，他们将入火狱，并永居其中，火狱是足以惩治他们的。真主已诅咒他们，他们将受永恒的刑罚。'"(9:67—68)"真主必定把伪信者和不信者全体集合在火狱里。"(4:140)也就是说，如果他们死于不信与伪信，真主先要惩罚伪信士们，因为他们较之不信主的人而言，更可恶。真主将火狱作为他们全体的居所，真主说："伪信者必入火狱的最下层，你绝不能为他们发现任何援助者。"(4:145)

从词源来讲，单词"Al-munāfiq"（伪信士）派生于单词"Nafiqā' al-yarbū'"(狡兔窟)。人称狡兔三窟，有的叫"洞"，有的叫"穴"。所以，人们将"口是心非"的人称之为"伪信士"——表面上是穆斯林，背地里是非信士。

圣训："伪信士恰似一只羊，你在两群羊里看见它时而在这群羊里，时而在另一群羊里。它在两群羊里居无定所，因为它是一只离群羊，不属于任何一群羊。"同样，伪信士既不完全与穆斯林在一起，也不经常与非信士在一起。

真主创造了火狱，它有七道门，正如真主所说："火狱有七道门。"(15:44)也就是说，被诅咒覆盖的铁门，门皮是铜，门芯是铅，门槛是惩罚，门楣是愤怒，门基是铜、铁、铅和玻璃。火焰燃烧在火狱居民的上面、下面、左面、右面，在他们的四面八方。层层叠叠的火焰是为伪信士们所准备，其中就有火狱的最底层。

圣训集记载，哲卜拉伊勒天使来见先知穆罕默德，先知说："哲卜拉伊勒，你给我描述火狱及其炽热吧。"哲卜拉伊勒说："伟大的真主创造了火狱，让它燃烧了一千年，直到逐渐变红；然后让它燃烧了一千年，直到逐渐变白；然后让它燃烧了一千年，直到逐渐变黑，因此火狱是漆黑的。以本着真理派遣你为使者的真主发誓，如果火狱居民的一件衣服出现在世人面前，他们肯定死光了。如果将火狱的一桶饮料泼在地球上，肯定烧死所有人。如果真主所说'一条七十臂长的链子上'(69:32)的一臂长火链——其长从东到西——被放置在现世的群山上，群山肯定溶化了。如果一个人进入火狱后出来，地球人肯定都被他臭死。"

先知穆罕默德请教哲卜拉伊勒天使："哲卜拉伊勒，你给我描述火狱的门，它是否像我们的门呢？"哲卜拉伊勒说："真主的使者啊！不，它层层叠叠，一层低于一层。两道门之间有七十年的里程，每道门热于连接它的那道门达七十倍。"先知穆罕默德又向哲卜拉伊勒天使请教了每座门里的居民。天使说："火狱的最底层称之为'哈维耶'，里面住着伪信士，正如真主所说'伪信者必入火狱的最下层。'(4:145)火狱的第二道门称之为'杰希姆'，里面住着多神教徒。火狱的第三道门称之为'塞格尔'，里面住着萨比教徒。火狱的第四道门称之为'莱扎'，里面住着恶魔及其追随者拜火教徒。火狱的第五道门称之为'胡泰麦',里面住着犹太教徒。火狱的第六道门称之为'塞伊尔',里面住着基督教徒。"然后,哲卜拉伊勒沉默不语,真主的使者问他:"你没有告诉我第七道门里的居民?"哲卜拉伊勒说:"穆罕默德啊,你不要问我第七道门里的居民。"先知说:"请你告诉我吧。"哲卜拉伊勒说:"里面住着你乌玛中的犯大罪者——他们没有忏悔就撒手人寰。"

据传,经文"你们中没有一个人不到火狱的"(19:71)降示时,先知极其担心他的伊斯兰乌玛,并且痛哭流涕。

所以,认识真主及其权威与威严的人,他在看到灾难和目睹令人恐惧的归宿之前,在违犯禁忌之前,在遭受威严真主的惩罚和被扔进火狱之前,当诚心实意地敬畏真主,当痛哭自己的怠慢。火狱中有多少老人在呼唤:"悲哀啊,白发苍苍的老人!"火狱中有多少青年在呼唤:"悲哀啊,青年才俊!"火狱中又有多少妇女在呼唤:"悲哀啊,尝受羞辱和羞体裸露的女人!"他们的脸庞和身体逐渐变黑,脊背逐渐碎裂,老人得不到尊重,孩子得不到怜恤,妇女全身裸露。

主啊,求你让我们奔离火狱及其惩罚,以及那些让我们接近火狱的行为吧!伟大的主,饶恕人的主啊,求你让我们凭借你的怜悯,与行善的人们一道进入乐园吧!

主啊,求你遮蔽我们的羞体,求你让我们的心神安定,求你减少我们的过错!最怜悯的主啊,求你让我们在你面前不要丑态毕露!

愿真主赐福安于我们的先知穆罕默德及其家属和圣门弟子们!

第八章　忏悔

忏悔[1]是男女穆斯林的义务，真主说："你们当向真主诚意悔罪。"（66:8）忏悔是主命。真主说："你们不要像那些忘却真主故真主使他们忘却自身的人们一样。"（59:19）也就是说，他们与真主缔结盟约后，就将真主的经典弃之脑后，因此真主让他们忘记了他们的自身情况，以至于他们不能制止自己犯罪，无法向善。

先知穆罕默德说："凡喜欢享见真主的人，真主喜欢见他；凡厌恶见到真主的人，真主讨厌见他。"真主说："这等人，确是悖逆的。"（59:19）也就是说，这些爽约的犯罪者，他们脱离了真主的正道、怜悯与饶恕。

悖逆者分两类，非信士悖逆者和犯罪悖逆者。非信士悖逆者是指不信仰真主及其使者、脱离正道并步入迷悟的人，正如真主所说："所以恶魔违背他的主的命令。"（18:50）也就是说，非信士悖逆者脱离了对真主的顺从而不信仰他。犯罪悖逆者是指饮酒、食用非法、通奸和违逆真主的人，脱离功修之道并步入迷悟，但不以物配主。

非信士悖逆者和犯罪悖逆者的区别在于，非信士悖逆者无望

① 忏悔（Al-tawbah）即认罪，悔罪，不再犯罪。——译者

真主的饶恕,除非他信仰真主并在死前忏悔。犯罪悖逆者有望凭借忏悔和懊悔,死前得到真主的饶恕。因为,罪源来自私欲,有望得到饶恕;罪源出自骄傲,无望饶恕。恶魔的罪源就来自骄傲。

所以,你当在去世前忏悔你的所有罪恶,希望真主接受你的忏悔,正如真主所言:“他准许他的众仆悔过,他饶恕一切罪恶。”(42:25)也就是说,真主由于接受仆人的忏悔而宽恕其所作所为。先知穆罕默德说:“忏悔罪过者,犹如无罪者。”

据传,某人但凡犯罪,就将罪过记录在册。某日,他犯了罪,要在本子上记录罪行,但找不到本子,却想到真主之语:“唯悔过而且信道并行善功者,真主将勾销其罪行,而录取其善功。”(25:70)也就是说,真主使信仰取代以物配主,以饶恕取代惩罚,令护佑和顺从取代违逆。

据传,有一次,欧麦尔路过麦地那的一排椰枣林,迎面见到一个衣服底下藏着瓶子的青年。欧麦尔问:“青年人,你衣服下藏着什么?”瓶子里盛着酒,但青年羞于说出它是酒,就默祷:“独一的主啊,你让我在欧麦尔面前不要丢脸,不要让我出丑,你遮掩我吧,我永不喝酒!”然后说:“信士们的长官啊,我拿的是醋。”欧麦尔说:“让我看看它。”青年拿出来让欧麦尔看,欧麦尔看到瓶子时,酒变成了醋。

看看吧,一个人因害怕另一个人而追悔莫及。所以,真主知道青年的真诚忏悔后,以酒为醋。假如犯罪的违逆者真诚忏悔并停止恶行,追悔罪过,真主就会让顺从之醋来替代饮酒之罪。

据传,艾布·胡莱尔说:“有一晚,我和真主的使者结束宵礼后回家,路遇一个妇女。她说:‘艾布·胡莱尔,我做了一件错事,能忏悔吗？'"我说："什么罪过？"她说："我通奸并杀死了我的私生子。"我对她说："该死，你杀人了。誓以真主，你绝没有忏悔。"她当即昏厥过去。我边走边自忖："我擅自下判语，真主的使者尚在我们中间呢。"于是我返回先知身边，给他告诉了那件事情。先知说："该死，你杀人了。你难道不知道这几节经文吗：'他们只祈祷真主，不祈祷别的神灵；他们不违背真主的禁令而杀人，除非由于偿命；他们也不通奸。谁犯此类[罪恶]，谁遭惩罚；复活日要受加倍的刑罚，而受辱地永居其中。唯悔过而且信道并行善功者，真主将勾销其罪行，而录取其善功。真主是至赦的，是至慈的。'"(25:68—70)我出来后自语道："谁带我去找那个请教我问题的妇女呢？"孩子们见状说："艾布·胡莱尔神经错乱了。"我赶到女人那儿，将我和先知的对话告诉了她，她高兴地哽咽道："我有一座花园，将它捐献给真主及其使者。"

典故：作恶多端、经常酗酒的欧特拜·欧拉姆恶名远扬。有一天，他来参加哈桑·巴士里的讲座，哈桑读到经文"难道信士们以为时间还未到，故他们的心不为真主的教诲和他所降示的真理而柔和吗"(57:16)的注释——他们心灵害怕的时间还未到吗？——后，根据这节经文的注释，以浅显易懂地言辞劝化着人们，以至于他们泣不成声。听众中的欧特拜站起来，说："信士中的敬畏者啊，真主接纳像我这样的罪大恶极者吗，如果忏悔？"哈桑说："是的，真主接受你的悔过自新。"欧特拜听到此言后脸色蜡黄，浑身哆嗦，大叫一声昏厥过去。他醒过来后，哈桑靠近他，吟道：

违逆真主之青年，可知罪人之刑罚。

嗞嗞火焰射罪人，愤怒盘绕人额发。
如忍火狱就犯罪，否则就当远离恶。
修心当为忏悔故，努力摆脱以往错。

青年又疾呼一声昏了过去，醒来后说："筛海，特慈的养主接受像我这样卑贱者的忏悔吗？"哈桑说："难道饶恕人的主不接受罪仆人的忏悔吗？"然后，哈桑抬起头，作了三个祷词。第一个祈祷词是："我的主啊，如果你接受我的忏悔，饶恕我的罪过，你就恩赐我理解和背诵，以便我背诵我所听到的知识和《古兰经》！"第二个祈祷词是："我的主啊，求你恩赐我优美的声音，以便每一个听到我诵读的人，心灵更加柔和，即使铁石心肠！"第三个祈祷词是："我的主啊，求你恩赐我合法的给养，从我料想不到的地方供养我吧！"真主接受了他的所有祈祷，他的理解力和记忆力自此加强。他诵读《古兰经》时，每一个听到他诵读的人都向真主忏悔。每天都有人在他家放一碗肉汤和两片面包，他却不知道是谁放的，这种情况一直持续到他离世。

这就是向真主忏悔之人的情况，因为真主不勾销任何行善者的报酬。

有人请教某学者："如果仆人忏悔，他是否知道忏悔是被接受，还是遭到拒绝？"学者回答："这没有定论，但忏悔有一些标志——看到自己受保护而不犯罪；心情愉悦却不能亲见，但养主是见证者；亲近行善者，远离作恶者；视现世中的少为多，将后世的多视为少；发觉心灵忙着执行真主的命令；少言寡语，经常参悟，时常忧愁，懊悔所犯罪过。"

第九章　热爱真主

据说，某人在旷野看到一个面目狰狞的人，问他："你是谁？"他答道："我是你丑行的化身。"他又问："如何摆脱你呢？"他说："赞颂先知穆罕默德，正如先知所言：'赞颂我等同于复活日的桥上之光。凡在聚礼日[1]赞颂我八十遍，真主饶恕他八十年的罪过。'"

据传，某人没有赞颂先知穆罕默德。有一晚，他梦见了先知，先知没有理睬他。他说："真主的使者啊，你生我的气吗？"先知说："没有。"他说："那你为什么不理我呢？"先知说："因为我不认识你。"他说："你怎么不认识我呢，我是你乌玛中的某某人啊？学者们传述，你认识你的乌玛胜于母亲认识孩子。"先知说："他们说对了，但你没有赞颂我。我认识我的乌玛，是根据他们赞颂我的程度。"梦醒后，他觉悟了，要求自己每天赞颂先知一百遍。照做后的他又一次梦见了先知，先知说："现在，我认识你了，我替你向真主求情。"这是因为他成了喜爱真主使者的人。

真主说："如果你们喜爱真主。"(3:31)这节经文的降示背景是，真主的使者号召凯尔卜·本·艾阿勒夫及其同伴信奉伊斯兰教时，他们说："我们等同于真主的子女，我们极其喜爱真主。"所以，真主启

---

① 即星期五。——译者

示他的先知："如果你们喜爱真主，就当顺从我。"(3:31)也就是说，你们当追随我的宗教，因为我是真主的使者，我给你们传达真主的使命和他赋予你们的明证。"(你们顺从我)，真主就喜爱你们，就赦宥你们的罪过。真主是至赦的，是至慈的。"(3:31)

信士爱真主，就是顺从他的命令，不懈地顺服他，追求他的喜悦。真主爱信士，就是赞美他们，恩赐他们，饶恕他们，赐予他们怜悯、保护和成功。

我在《圣学复苏》(*'Iḥyā' 'ulūm al-dīn*)中说，谁在四件事情中出尔反尔，就是撒谎者。谁佯称喜爱真主但没有顺从他，就是撒谎者；谁佯称喜爱先知但没有喜爱学者和穷人，就是撒谎者；谁佯称害怕火狱但没有放弃犯罪，就是撒谎者；凡佯称喜欢真主但抱怨不幸，就是撒谎者，正如诗人拉比尔所吟：

表面爱主实违逆，此般行径乃异端。
若真爱主当顺主，喜悦真主即顺从。

爱的标志是响应被爱者，避免对他的违逆。

据传，一群人拜访舍拜里，他问："你们是何人?"他们说："我们是喜爱你的人。"他转身拿起石块扔向他们，他们躲避他。他说："你们为何躲避我呢? 如果你们爱我，绝不会逃避我的考验。"然后，舍拜里讲道："爱主的人畅饮钟爱之酒后，大地变得狭窄。他们真切地认知真主，对真主的伟大迷惑不解，对真主的大能不知所以。他们醉饮爱主之酒，沉溺于近主之海洋，心情愉悦地与真主交流。"讲完，他吟道：

爱主令我醉，醉见我爱者。

据说，如果骆驼心醉，四十天不吃草，即使让它承载超出负荷的货物，也因醉心所爱而不吃草，因思念所爱而对重负无意识。骆驼因所爱，尚且放弃欲望和承载重负，那你们因爱主而放弃受禁的私欲了吗？你们因爱主而放弃饮食了吗？你们因为真主而承载重负了吗？如果你们毫无我所提到的善行，就徒有虚名，既无益于现世，也不利于后世；既对人类无益，也无意于真主。

阿里说："谁想往乐园，就当争先行善；谁害怕火狱，就当克制私欲；谁深信死亡，就会从容节制各种娱乐。"

有人就"爱"请教易卜拉欣·赫瓦斯，易卜拉欣·赫瓦斯说："涤除各种欲望，焚烧一切需求，将自己沉浸在忠言之海。"

第十章 酷爱

“爱”(Al-ḥabb),就是秉性对所望的偏好。如果这种偏好极其强烈,则称之为“酷爱”(Al-‘ishq),达到了成为被爱的奴隶程度,愿为之倾其所有。

君不见泽丽哈因酷爱先知优素福而达到容颜尽失和千金散尽的地步吗?她曾拥有各种珠宝,仅各种项链就能载七十峰骆驼,她为爱优素福而花费了这一切。凡是说“我今天见到优素福”的人,泽丽哈都赏赐他足以终生富有的项链,以至于自己身无分文。她曾将任何物件命名为“优素福”。由于过分酷爱,泽丽哈忘记了除优素福之外的一切。她仰望天空时,看见群星上写着优素福的名字。

据传,泽丽哈信仰了真主,嫁给优素福后离他索居,专心功修,虔心拜主。白天,优素福请她上床时,她拖延至晚上。夜晚,优素福请她上床时,她推迟到白天。她说:“优素福啊,我在认识真主之前,只爱你。我认识真主后,除爱他外,其他爱荡然无存。我不会以此爱代彼爱。”以至于优素福告诉泽丽哈:“真主命令我与你同床。真主告诉我,他让你生育两个孩子,真主使他俩成为先知。”她说:“如果真主以此命令你,让我成为近主之道,我就顺从真主的命令。”如此,泽丽哈才与优素福同床共眠。

典故：有人问迈杰农·莱拉："你尊姓大名？"他说："莱拉。"某一天，有人对他说："莱拉已经去世了啊？"他说："莱拉在我心中，她没有去世。我就是莱拉。"有一次，迈杰农路过莱拉家，仰望天空，有人说："迈杰农啊，你不要看天，而要看莱拉家的墙，也许你能看见她。"他说："映射在莱拉家的星光，让我满足了！"

典故：曼苏尔·哈拉季被关押了十八天。舍拜里来探监，他说："曼苏尔啊！什么是爱？"他说："你今天不要问我，明天来问。"次日，曼苏尔被押赴刑场执行死刑，舍拜里经过他，他喊道："舍拜里啊，爱的开始是焚烧，爱的结局是杀害。"此中暗示的真理是，在曼苏尔看来，除真主外，一切皆是虚无。曼苏尔深知，真主就是真理。他坚信真主的名字时，忘记了自己的名字。有人问："你是谁？"他说："我是真理。"

据传，酷爱的特征有三：选择所爱之语胜于任何人的话；选择与所爱同坐胜过与任何人同坐；选择喜悦所爱胜于爱任何人。《结局》(*Al-mutahā*)也是这样记载的。

有人说，"酷爱"(Al-'ishq)就是，揭开幔帐，揭示机密，钟情之爱，精神每当感受回忆的甘甜时就禁不住地思念，甚至肢体被人割断也毫无知觉。

典故：某人在幼发拉底河洗澡，听到有人诵读经文"犯罪的人们呀！今日你们当退避到一边去，"(36:59)于是他惶惶不安，以至于淹死其中。

穆罕默德·本·阿卜杜拉·巴格达迪说："我在巴士拉，看见一个年轻人站在一个能够俯瞰人们的高处，他说：'凡酷爱而逝者，就当此般去死。没有死亡的酷爱，就是没有意义的爱。'说完纵身而亡。”

朱奈德说：“苏菲就是放弃选择。”

典故：祖·努尼·米苏尔进了麦加禁寺，看见圆柱下坐着一个被遗弃的、赤身裸体的生病青年。青年忧心忡忡地叹气说：“我靠近他了，我问安他了。”我对他说：“孩子，你是谁啊？”他说：“我是一个离乡的痴情人。”我明白了他的话，说：“我和你一样。”他听后哭了，我也因他而哭。他问：“你怎么哭了？”我说：“我和你一样。”于是他号啕大哭，高声呼唤。就在此刻，他的灵魂出体。我将我的衣服盖在他的身上后，出去买裹尸布。我买完裹尸布返回后，发现他不见了，我说：“赞美真主！”我听到一个呼唤者在说：“祖·努尼啊，这个离乡人，恶魔在现世中找他，没有找到他；看管火狱的马克里天使找他，没有看见他；看管乐园的里德瓦天使在乐园里找他，也没有找到他。”我说：“他在哪儿呢？”他说：“我听见一个呼唤者在说：‘在全能的主那里，得居一个如意的地位。’”(54:55)这是由于他喜爱真主、经常顺主、从速忏悔的原因。《花圃》也这样讲述。

有人就“爱”请教某筛海，他说：“少交际，多慎独；常参悟，须沉默；被视而不观，被叫而不听，被谈而不理；受难而不忧，受饥而不觉，受寒而不知，受骂而不怕；独处参悟主，喜悦恋真主，常与主交流；为现世而不与人争斗。”艾布·图拉布·奈赫舍就爱的标志吟诵到：

爱人有证故勿骗，获其珍品须有方。
不幸之苦亦为福，其乐在于有所为。
幸福受阻亦是恩，贫乃高贵善为先。

爱之证据看毅力，时常受骂亦顺从。

爱之证据看笑容，心系爱人常思念。

爱之证据看善解，笑答爱人一切问。

爱之证据看苦修，铭记爱人所言语。

典故：先知尔萨遇见一个正在灌溉花园的青年，他对尔萨说："请向你的养主祈祷，求他给我恩赐他的一丁点爱吧！"尔萨说："你经不起一丁点爱。"青年说："半丁点吧。"尔萨就祈求："我的养主啊，求你赐给他半丁点爱吧！"然后就走了。过了很久，尔萨再次路过那个青年的家乡，询问青年。他们说："他疯了，上山了。"尔萨祈求真主，让他看到青年。尔萨遂在山间看到了青年，发现他站在一块高耸入云的岩石上。尔萨向他道安，但他没有回答。尔萨说："我是尔萨。"真主启示尔萨："心中有来自我半丁点爱的人怎能听见人语呢？以我的尊严起誓，如果你拿锯子锯他，他都浑然不觉。"

凡声称三件事但没有摆脱它，便是自欺者。其一，声称自己记念真主的甘甜，但喜欢现世。其二，声称自己享受虔诚功修的甜美，但喜欢人们尊重自己。其三，声称自己喜欢创造者真主，但放不下自己。

真主的使者说："我的乌玛将面临一个时代，他们喜爱五件事，忘记五件事。他们喜爱现世，忘记后世；喜爱钱财，忘记清算；喜爱被造物，忘记造物主；喜爱罪过，忘记忏悔；喜爱宫殿，忘记坟墓。"

曼苏尔·本·安玛尔对一个正在受他忠告的青年说："青年人，你的青春不要诱惑了你，有多少青年迟迟忏悔、常常期望而没有想到死亡。"青年说："我明后天肯定忏悔。"迈莱库·毛提天使摄取了这个忽视忏悔的青年性命。在坟墓中，钱财、奴仆、儿女和父母都无济于他，正如真主所言："即财产和子孙都无裨益之日，唯带着一颗纯洁的心来见真主者，(得其裨益)。"(26:88—89)

主啊！在我们死亡前，求你恩赐我们忏悔吧！我们昏聩时，你使我们清醒吧！你让我们的先知、最优秀的使者穆罕默德的说情裨益我们吧！

信士的特征是，时刻忏悔；懊悔罪过；非常喜欢现世但不专注于现世，而是倾心于后世的功修；虔诚敬意地崇拜真主。

典故：有一个吝啬的伪信士对妻子发誓，不允许她施舍分文，否则就离婚。一个乞丐来到他家门口，说："拥有真主恩惠的房主啊，难道你们不给我一点吗？"女人给了乞丐三块面包。伪信士遇见了乞丐，问他："谁给了你面包？"他说："某家给的。"其实就是他家。伪信士回到家，对妻子说："难道我没有向你发誓，你不得给任何人施舍丝毫吗？"她说："我因为真主而施舍。"于是，伪信士点燃了火炉，直到烧红。他说："起来，你因为真主跳进去吧。"女人站起来，戴上她的首饰。伪信士说："放下首饰。"女人说："女为爱者容，我拜访我的所爱。"说完跳进火炉，伪信士盖上炉盖后走了。她被烧三天后，伪信士打开炉盖，看到女人因真主的大能而安然无恙。男人对此百思不得其解，有个声音对他说："难道你不知道，火不灼烧我所爱的人吗？"

典故：法老的妻子阿希娅对法老隐瞒了她的信仰。法老发现她信仰真主后，命令惩罚她。他们向她施以种种酷刑，法老说："你悔改吧。"但她没有背离信仰。法老命人将钉子钉入她的身体各部位，并说："你悔改吧。"她说："你压制我的精神和心灵，但真主保佑我。如果你将我碎尸万段，也只能加强我对真主的爱。”先知穆萨经过她面前，她喊道：“穆萨，请告诉我，我的养主是喜爱我呢，还是愤怒我呢？”穆萨说：“阿希娅啊！诸天的所有天使都在等待你——他们思念你，真主以你为荣。你向我提出你的要求吧，它会得以实现。于是，她说：‘我的主啊！求你在你那里，为我建筑一所房子在乐园里。求你拯救我脱离法老，和他的罪行。求你拯救我脱离不义的民众。’”(66:11)

塞利玛传述：“法老的妻子曾被处以太阳酷晒的刑罚。他们离她而去时，众天使以翅膀为她遮阳。她在乐园看到了她的房子。”

艾布·胡莱尔传述，法老给他的妻子钉了四颗钉子，让她躺下，将磨盘放在她的胸脯上。法老让她迎面阳光，她仰望天空，说：“我的主啊！求你在你那里，为我建筑一所房子在乐园里。”(66:11)哈桑说：“真主拯救了她，将她升至乐园，她在乐园里享受恩典。”

这说明，在艰难困苦和大灾大难时，向真主求护佑和虔诚祈求真主，是贤士们之道、信士们之路。

第十一章　喜爱真主与使者

真主说："你说：'如果你们喜爱真主，就当顺从我；[你们顺从我]，真主就喜爱你们。'"(3:31)要知道，仆人喜爱真主及其使者，就是顺从真主及其使者的命令。真主喜爱仆人，就是赦宥他们。

某贤哲说，如果仆人知道，真正的完美只归真主，那他从自身或他人身上看到的一切美，都来自真主并因真主而美，他的爱只归真主并只为真主。这就要求有顺从真主的意志，喜欢做那些让他接近真主的工作。因此，"爱"就被解释为"顺从的意志"——必须以功修顺从使者，敦促其意志顺从使者。

哈桑传述，先知时代的一伙人说："穆罕默德啊，我们肯定喜爱我们的养主。"真主因此降示了这节经文："你说：'如果你们喜爱真主，就当顺从我；[你们顺从我]，真主就喜爱你们。'"(3:31)

比希尔·贾菲说："我梦见了先知，先知说：'比希尔，你知道真主凭什么让你优越于同时代的其他人吗？'我说：'真主的使者啊，我不知道。'先知说：'因为你服务贤士们，忠告弟兄们，喜爱你的同伴和遵守圣行的人，以及你遵循我的圣道。'"

先知穆罕默德说："谁振兴了我的圣道，谁就喜爱了我。凡喜爱我的人，复活日，他与我一起入住乐园。"

著名圣训集传述，在世风败坏和宗派纷繁的情况下，谁坚守了宇宙万物和众使者领袖的圣行，得到的报酬等同于百位烈士的报酬。《伊斯兰之道》(*Shar'ah al-islam*)也这样记载。

先知穆罕默德说："我乌玛的所有人进入乐园，唯有拒绝我的人例外。"圣门弟子问："谁拒绝呢?"他说："谁顺从我，谁就进入了乐园；谁违逆我，谁就拒绝了。凡没有按照我的圣行所做的工作，就是违逆。"

某贤哲说："如果你看见某筛海飞翔在天空，或者行走在海上，或者吞食火焰等奇异现象，但他故意放弃真主的一项命令或先知的一件圣行，那你要知道，他的所有祈祷都是谎言，他的行为不仅得不到尊重，反而是一种诱骗。"我们就此求主护佑。

朱奈德说："人，唯有凭借真主的襄助才能近主，接近真主的道路就是顺从先知。"

艾哈迈德·艾布·海瓦里说："不遵循圣行的工作徒劳无益，正如先知所言：'谁忽视了我的圣行，绝对得不到我的说情。'"《伊斯兰之道》(*Shar'ah al-islam*)也如此记载。

据传，某人在一群疯子中看见了令他匪夷所思的事情，他把所见告诉了迈阿鲁夫·库尔希。迈阿鲁夫·库尔希微笑着说："我的兄弟，疯子也有爱他的小孩、大人、智者和疯子啊，这就是你在疯人中看到的奇观。"

据传，朱奈德说："我们的老师塞里病了，我们既无法对症下药，也不知道病因何在。"于是我就拿着他的一瓶尿水去请某名医开药方。医生久久看着水瓶，然后说："我看这瓶水是一个酷爱者的尿。"我顿时昏厥过去，瓶子掉在地上。我返回塞里身边，将此事告诉了他，他笑着说："他的医术真高明!"我说："老师，尿也能体现爱吗?”他说:“是。”

伏代勒说:“如果有人问你‘你爱真主吗’,你就默不作声。这是因为,如果你说‘不’,你就没有信仰了;如果你说‘是’,你的表述就不是爱主之人的表述。因此,你要谨慎,勿遭厌恶。”

苏夫延说:“谁喜爱了爱主的人,就喜爱了真主;谁尊敬了敬主的人,就尊敬了真主。”

塞赫勒说:“喜爱真主的标志是喜爱《古兰经》,喜爱真主与喜爱《古兰经》的标志是喜爱先知穆罕默德,喜爱先知就是喜爱圣行,喜爱圣行就是喜爱后世。喜爱后世的标志是厌世,厌世的标志则是唯求家道小康,直至末日。”

艾布·哈桑·赞贾尼说:“功修之本基于三:眼睛、心灵和舌头。眼睛的功修是流泪,心灵的功修是参悟,舌头的功修是语言诚实、赞颂真主和祈祷真主,正如真主所说:‘信士们啊!你们应当常常记念真主,你们应当朝夕赞颂他超绝万物。’”(33:41—42)

据传,阿卜杜拉与艾哈迈德·海尔卜来到一个地方,海尔卜割了一把草,阿卜杜拉对他说:“五件事情已对你确定:你的心灵因割草而干扰了你赞美真主;你让自己习惯去做那些不是祈祷真主的工作;你的割草举动成为别人追随你的路径;你阻碍了模仿你的人赞美真主;你使此举成为真主在复活日责问你的理由。”《精彩讲座》(*Rawnaq al-majālis*)也如此记载。

塞里说:“我看见朱勒贾尼在咀嚼胚柚,就说:‘你为何不吃其他食品呢?’他说:‘我认为细嚼慢咽中蕴含着九十句赞美词。四十年来,我没有吃过大饼。’”

塞赫勒·本·阿卜杜拉曾经十五日吃一次饭。斋月里,他只吃一顿饭。有时候，他坚持七十日不吃饭。如果他吃饭，就软弱无力。如果他饥饿，则身强力壮。

艾布·汉玛德·艾斯沃德毗邻麦加禁寺，居住了三十年，没有人看到他饮食。他一刻不停地祈祷真主。

据传，阿慕尔·本·欧拜德只为三件事情走出家门：集体礼拜，探望病人，参加殡礼。他说：“我看人们都是窃贼和路劫。”

年龄是无价之宝。所以，你当让年龄成为后世的永久储备。要知道，追求后世的人务必脱离红尘，以便志向唯一，里外合一，并唯有通过表里如一来维护现状。

舍拜里说：“如果我睡意蒙眬，就以盐擦眼。如果我昏昏欲睡，就烧热探针，刺身醒目。”

据易卜拉欣·哈基姆传述，他说：“如果我的父亲困了，就去海中游泳。一群鲸鱼聚拢在他身边，与他一道游泳。”

据传，沃赫卜·穆南比赫祈求真主使他晚上失眠。所以，他失眠了四十年。

哈桑·汉拉季将脚后跟和膝关节绑了十三圈。他在此情况下，每昼夜礼千拜。

朱奈德曾有一段时间，每天来到市场，打开商店，拉开窗帘，礼四百拜后返回家中。

汉拜舍·本·达吾德从早到晚礼拜四十年。

信士应当常守小净，大小便后立即洗大小净并礼两拜。信士应努力让自己的每一次坐向面对麦加，并认为自己虔诚敬意地坐在真主的使者面前，从而使自己的行为举止典雅稳重。信士应当容忍伤害，不但不以怨报怨而且要为施害者祈祷；既不孤芳自赏也不沽名钓誉，因为这都是恶魔的性格；当以微不足道的眼光看待自己，以毕恭毕敬的眼光看待贤士。谁没有认识贤士的尊严，真主就剥夺他伴同贤士的权利；谁没有认识顺从的尊严，顺从的甘甜就在他的心中荡然无存。

有人请教伏代勒·本·安雅德："艾布·阿里，男人何时成为贤士？"他说："发自内心的忠告，心灵敬畏，语言诚实，力行善功。"

先知穆罕默德登霄时，真主说："艾哈迈德，如果你愿意成为最敬畏的人，就应当弃绝红尘，向往后世。"先知说："我的主啊，我如何弃绝红尘呢？"真主说："你在现世使用够用的饮食和服饰，不要为明天而积攒，坚持不懈地记念我。"先知说："养主啊，我如何坚持不懈地记念你呢？"真主说："离群索居，让拜功成为你的睡眠，让饥饿成为你的食物。"

先知说："脱离红尘使人身心愉悦，向往红尘令人心烦意乱。喜好现世乃万错之首，厌恶现世乃万善之首。"

据传，某贤士路过一伙人，见某医生在看病开方，就说："医治身体的人啊，你能治疗心病吗？"医生说："能，你给我说说他的病情吧。"贤士说："罪恶令他心黑，不但心底冷酷，而且坐卧不安。他有救吗？"医生说："他的药方就是夜以继日地虔诚祈求、苦苦祈祷、乞求宽恕，从速顺从饶恕人的伟大真主，恳求强力的、万物拥有者的原谅。这就是心病的治疗，以及来自彻知幽玄之主的药物。"贤士大声哭道："医生，你真好！你治疗了我的心病！"医生说："这是治疗忏悔者的良方——虔心地向接受忏悔的真主悔悟。"

据传，某人买了一个家仆。家仆说："主人啊，我与你约法三章。其一，你不得阻止我履行主命拜。其二，你在白天命令我执行你的任何命令，但晚上不能命令我。其三，你在家中给我安排一间唯有我才能进入的房间。”主人说：“我答应你的条件。你看看所有房间吧。”家仆找到了一件破屋，说：“我要这件房。”主人说：“仆人啊，你选择了一间破屋！”家仆说：“主人啊，难道你不知道，在真主那儿，破屋亦是花园？”从此，家仆白天侍奉主人，晚上专心致志地崇拜养主。有一晚，主人巡视家院，来到了家仆房前，见屋内灯火通明，家仆在叩拜真主，头顶高悬一盏挂于天地间的明灯。家仆在祈祷真主：“我的主啊，你责成我应对主人尽义务，白天要侍奉他。要不是这样，我白昼黑夜只侍奉你。我的养主啊，求你原谅我吧！”主人一直看到天亮，明灯消逝，房顶合拢。他返回屋内，将此事告诉了妻子。次日晚上，主人带着妻子来到破屋前，家仆在叩头，明灯高悬在他的头顶。俩人站在门口看着家仆，一直流泪。天亮后，两人请来家仆，主人对他说：“因为真主，你被释放了，以便你专心致志地崇拜真主——你请求原谅的主。”奴仆抬手说：

机密之主显机密，机密显后我愿亡。

家仆接着说：“我的主啊，我向你祈祷死亡。”随后撒手人寰。

这就是贤士们、酷爱者们和寻道者们的情况。《花圃》(*Zahr al-riyāḍ*)记载，先知穆萨的一个朋友很喜欢他。有一天，朋友对他说：“穆萨，请你祈求真主，让我真正地认识真主。”穆萨就祈求真主，真主答应了他的请求。他的朋友从此独行山野。穆萨找不到他，就祈求真主：“养育我兄弟、喜爱我之人的真主啊，我找不见他了。”穆萨接到启示：“穆萨，凡要真正认识我的人，他永远不会与被造物为伍。”

圣训集记载，先知叶哈雅与尔萨曾一起走在街上，一个妇女碰撞了他俩。叶哈雅说："以真主起誓，我没有碰她。"尔萨说："赞美真主，你的身体在我旁边，你的心在哪儿呢？"叶哈雅说："我的表兄弟啊，除养主之外，如果我心有旁骛片刻，你肯定认为我没有认识真主。"

有贤哲说，真正地认主是，心无现世和后世，全神贯注拜真主；畅饮喜爱而沉醉，唯见真主才醒来。真正认识真主的人，享受来自他的养主的光明。

第十二章 惩罚恶魔

真主说:“如果他们违背正道,那么,真主确是不喜爱不信道的人的。”(3:32)也就是说,如果他们背离了顺从真主及其使者,真主就不饶恕他们,不接受他们的忏悔,正如真主因恶魔的不信和自傲而不接受他的忏悔。真主饶恕了阿丹,接受了他的忏悔,因为他承认罪过,后悔犯罪,谴责自己。尽管这不是真正意义上的犯罪——因为众先知都是受保佑者且在为圣前后永不犯错,但却是犯罪的形式,因此阿丹和哈娃说:“我们的主啊!我们已自欺了,如果你不赦宥我们,不慈悯我们,我们必定变成亏折者。”(7:23)阿丹追悔莫及,迅速忏悔,他没有绝望于真主的恩惠,正如真主所言:“你们对真主的恩惠不要绝望。”(39:53)恶魔既没有承认罪过,也没有后悔犯罪,更没有谴责自己。恶魔不但绝望于真主的恩惠,而且骄傲自大。

谁的情状如同恶魔的情状,谁的忏悔就不被接受。谁的情状如同阿丹的情状,真主就接受谁的忏悔。因为,但凡源于私欲的罪过,有望得到饶恕。但凡源自骄傲的罪过,无望得到饶恕。阿丹之过源于私欲,恶魔之罪源于骄傲。

典故:恶魔来到穆萨面前,说:“你就是真主选择并与你谈话的使者吗?”穆萨说:“是的,你是谁,你想要做什么?”恶魔说:“穆萨,告诉你的养主:'你的一个生物已经向你忏悔了。'"真主启示穆萨:"你告诉恶魔:'我已经答应了你的要求。'穆萨,你命令它给阿丹的坟墓叩头。如果他给阿丹的坟墓叩头,我就接受他的忏悔,饶恕他的所有罪恶。"穆萨告诉了恶魔,恶魔恼羞成怒,妄自尊大。他说:"穆萨,我在乐园里都没有给他叩头,怎么给死后的他叩头呢?!"

据传,恶魔在火狱里遭受严惩,有人问他:"你觉得真主的惩罚如何呢?"他说:"极度严酷。"他被告知:"阿丹在乐园里,你给他叩头,向他道歉,你就能得到饶恕。"恶魔拒绝了。所以,他遭受的严惩是火狱所有居民遭受严惩的七万倍。

圣训集记载,每过十万年,真主就让恶魔走出火狱,请阿丹走出乐园。真主命令恶魔给阿丹叩首,但恶魔拒绝了,于是真主将恶魔遣返火狱。

我的兄弟们啊,如果你们想要摆脱恶魔,就当求真主保护,求他保佑,免遭恶魔干扰!

据传,复活日,脖戴诅咒火圈的恶魔被带来,受命坐在一把火椅上,群魔和不信道者围聚在他身边。他的声音犹如驴叫,说:"火狱的居民啊,今天,你们如何感知你们的养主所许诺的呢?"他们说:"诺言实现了。"他说:"今天是我对真主的恩惠绝望的日子。"于是,真主命令众天使用火棍捶打恶魔及其追随者。他们在火狱里疾走四十年,但永远听不到出去的命令。我们求真主保佑,免入火狱。

据传,复活日,天使押来恶魔,他受命坐在火椅上,脖子上戴着诅咒的火圈。真主命令管理火狱的众天使将他拉下火椅,投入火狱。他们搬移恶魔,以便将他投入火狱,但无能为力。然后,真主命令哲卜拉伊勒天使率领八万天使执行命令，也无能为力。真主接着命令伊斯拉菲勒天使和阿兹拉伊勒天使各带八万天使分别执行此令，但都没有能力做到。于是，真主对他们说："如果我创造的众天使的数倍天使群策群力，也不能够挪动脖戴火圈的恶魔。"

据传，恶魔在第一层天的名字是"崇拜者"（Al-'ābid），在第二层天的名字是"修行者"（Al-zāhid），在第三层天的名字是"认知者"（Al-'ārif），在第四层天的名字是"喜爱者"（Al-wali），在第五层天的名字是"敬畏者"（Al-taqiyy），在第六层天的名字是"保管者"（Al-khāzin），在第七层天的名字是"领导者"（Al-'azāzil），在受保护仙牌上的名字是"恶魔"（Al-'iblīs）——忽视其结局者。真主命令他给阿丹叩头，他说："难道你让他优越于我吗，我比他强？你用火创造了我，用土创造了他。"真主说："我做我所意欲的事情。"恶魔自恃高贵，骄傲地背过了阿丹，并在众天使叩首时昂首挺胸。众天使叩头后看到恶魔没有叩头，就再次叩头谢主。站立的恶魔脱离了众天使，决定不服从主命，也不后悔拒绝。所以，真主改变了他的美丽容貌，使他变成猪，将他的头变成骆驼头，胸变成驼峰，脸变成猴脸，双眼被劈成脸般长的裂缝，双鼻孔张开而似拔火罐者的水壶，嘴唇变成公牛嘴，牙齿置于嘴外而似獠牙，胡须上有七根毛。真主先将他从乐园驱逐到天空，再从天空驱逐到大地，后从大地驱逐到岛屿。他只能悄悄地潜入大地，受真主的诅咒，直至末日——因为它成为不信主者。

请参悟吧，曾经是美丽容貌、周身有翅、知识丰富、功修巨多、众天使之孔雀、最伟大之天使、最亲近真主的众天使（承载宝座的天使们，包括哲卜拉伊勒天使、米卡伊勒和伊斯拉菲勒）的首领，昔

日的这一切荣誉对恶魔而言，都无济于事，“在那里面，对于有理智者，的确有一种教诲。”(39:21)

据传，恶魔遭受真主的惩罚时，哲卜拉伊勒天使和米卡伊勒天使哭了。真主问他俩：“你们俩怎么哭了。”他俩说：“我们的养主啊，我们害怕你的惩罚。”真主说：“你俩如此般地害怕我的惩罚。”

据传，恶魔说：“养主啊，你因为阿丹而将我驱逐出乐园，我唯有凭借你的权柄才有能力对付他。”真主说：“你能对付他的子孙。”(因为众先知受保护而免遭恶魔的侵犯。)恶魔说：“再增加点权限吧。”真主说：“只要有孩子出生，你就生养一个像他的孩子。”恶魔说：“再增加点权限吧。”真主说：“他们的心胸是你的住所，你血液般流动其内。”恶魔说：“再增加点权限吧。”真主说：“你可以统率你的骑兵和步兵，去反对他们；你可以和他们同享他们的财产和儿女；你可以许给他们任何东西。”(17:64)也就是说，你可以借助你的助手——骑兵和步兵——战胜他们；你参与他们的经营和他们的非法消费；你以诸如“月经期行房事、以阿卜杜·温扎等偶像命名、追随邪教而迷悟、胡言乱语、丑陋行为”等非法之事来接近他们的子女；你给他们许诺一些虚幻妄想，诸如“偶像说情、依靠祖先之荣耀、延迟忏悔而一味幻想”。这是真主的一种恫吓方式：“你们要做什么，就随便做什么吧！”(41:40)

阿丹说：“养主啊，你已经授权恶魔对付我，我唯有凭借你才能阻止它。”真主说：“你只要生育一个孩子，就依托天使来保护他。”阿丹说：“再增加点权限吧。”真主说：“行善一件，等于行善十件。”阿丹说：“再增加点权限吧。”真主说：“只要他们的灵魂在体内，我就不剥夺他们的忏悔。”阿丹说：“再增加点权限吧。”真主说：“我饶恕他们，我不计较他们。”阿丹说：“我已知足！”

恶魔说：“养主啊，你为人类派遣了使者，给他们降示了经典。那么，谁是我的使者？”真主说：“卜卦者。”恶魔说：“我的所有经典是什么？”真主说：“刺青。”恶魔说：“我的训谕是什么？”真主说：“谎言。”恶魔说：“我的古兰经典是什么？”真主说：“诗歌。”恶魔说：“谁是我的唤礼人？”真主说：“长笛。”恶魔说：“什么是我的清真寺？”真主说：“市场。”恶魔说：“什么是我的家？”真主说：“厕所。”恶魔说：“什么是我的食品？”真主说：“没有奉我之名的食物。”恶魔说：“什么是我的饮料？”真主说：“酒醉。”恶魔说：“什么是我的猎物？”真主说：“女人。”

第十三章　信托

真主说:"我确已将重任信托天地和山岳,但它们不肯承担它,它们畏惧它。"(33:72)也就是说,天地和山岳拒绝接受重托,担心不能完成信托而受到惩罚,或者害怕背信弃义。经文中的"信托"(Al-'amānah)之意是顺从与责任,完成与否关系着受赏与受罚。

古尔泰布说:"众学者一致认为,信托涵盖着宗教的所有任务。"关于它的部分细节,学者们各执己见。伊本·麦斯欧德说:"信托指的是信托钱财,如寄存物等。"伊本·麦斯欧德传述:"信托针对任何责任,最重要的则是信托钱财。"艾布·代尔达厄说:"洗涤污秽是信托。"伊本·欧麦尔说:"真主为人创造的首个器官是羞体。真主说:'我把它寄托给你,你当本着真理承担它。如果你保护了它,我就保护了你。'"所以,羞体是信托,耳朵是信托,眼睛是信托,舌头是信托,肚腹是信托,手脚是信托。谁没有完成信托,谁就没有信仰。

哈桑说:"当信托被委以天地和山岳时,天摇地动山晃。真主对它们说:'如果你们行善,我就赏赐你们;如果你们作恶,我就惩罚你们。'它们说:'不。'"穆扎希德说:"真主创造了阿丹并将重任信托给他时,对他说了上述话。阿丹说:'我已经承担了它。'"显而易见，将信托委以天地和山岳是选择性委托，而不是必然性委托。如果真主让它们必须承担，它们不会拒绝对它的承担。

甘法尔等人说，这节经文中的“重任信托”(33:72)是一个比喻。也就是说，天地和山岳尽管形体庞大，但如果真主责成它们承担它，它们因遵循蕴含赏罚的教法而令它们举步维艰。换言之，委托实乃重大之事，天地和山岳都无能为力，而人则被委以重任，正如真主所言：“而人却承担了。”(33:72)这就是说，在原子世界里，真主将重任信托给阿丹后，责成繁衍子孙的他肩负信托的重任，并和他们有约在先。经文“人确是不义的，确是无知的”(33:72)是指，承担重任的人亏待了自己，全然不知业已进入的角色分量，或者是无知养主的命令。

伊本·阿拔斯传述，真主将重任信托给阿丹后，说：“你承担信托中的一切，如果你顺从，我就饶恕你；如果你违逆，我就惩罚你。”阿丹说：“我承担信托中的一切。”承担信托的当日，阿丹就在晡礼(下午三点到五点)至晚上期间吃了禁果树。真主给阿丹赐予了怜悯，接受了他的忏悔，引导了他。

单词“信托”(Al-’amānah)派生于单词“信仰”(Al-’imān)。所以，谁保护了真主的信托，真主就保护了他的信仰。先知穆罕默德说：“谁没有完成信托，就没有信仰。谁没有信守诺言，就没有信仰。”

诗云：

喜欢背信人已死，维护信托人离去。

拒绝信仰失信义，祸患定时降临他。

又云：

喜欢背信成常规，唯见祸患降临他。
天灾人祸时常降，背信弃义致灾难。

真主的使者说："信士超越于那些不背信与不撒谎的生物。"真主的使者说："我的乌玛只要不将信托物霸为己有，不将施舍物视为亏损，就在为善。"真主的使者说："将信托物还给寄托者，勿以背信对待背信者。"

《布哈里圣训实录全集》和《穆斯林圣训实录全集》记载，艾布·胡莱尔传述，真主的使者说："伪信士的标志有三：开口就撒谎，许诺就爽约，受托就失信。"也就是说，如果人们以言相告，失信而将其公之于众。如果人们以物相托，失信并予以否认且不加保护，未经主人许可就使用。

所以，信托是近主的众天使，以及众先知和众使者的秉性，是行善者和敬畏者的品性。

真主说："真主的确命令你们把一切受信托的事物交给应受的人。"（4:58）注释学家说："这节经文涵盖着教法的许多基本事物，针对所有负有责任的领导者等人。"因此，领导们必须公正地善待受压迫者并恢复其权利，这是信托。他们务必保护穆斯林尤其是孤儿的财产。学者们必须给大众教授教律教规，这是信托，真主选择学者们保护它。父亲必须以优质教育培养自己的孩子，这是他的信托。真主的使者说："你们每个人都是牧羊人，每个人都要对他的牧放负责。"

《花圃》记载，复活日，天使带仆人站在真主面前。真主说："你归还某人的信托物了吗?”仆人说:“我的养主,没有归还。”真主遂命令天使拉着他的手去火狱,让他亲眼看到火狱最底层的信托物。他下沉七十年才见底,然后带着信托物上来。当他升至火狱最高层时,脚底打滑,又下沉至火狱最底层。他就这样上下升降,直到他凭借先知的说情,才得到真主对他的怜悯,寄托者也满意了他。

塞利玛传述,我们正坐在先知面前,人们抬来一个亡人,请先知举行殡礼。先知问:“他有债务吗?”他们回答:“没有。”先知给他举行了殡礼。人们又抬来一个亡人,先知问:“他有债务吗?”他们回答:“有。”先知问:“他有遗产吗?”他们说:“三枚迪纳尔。”先知给他举行了殡礼。然后,人们抬来第三个亡人,先知问:“他有债务吗?”他们回答:“有。”先知问:“他有遗产吗?”他们回答:“没有。”先知说:“你们给你们的朋友举行殡礼吧。”

甘塔德传述,某人说:“真主的使者啊,如果我为主道而坚忍不拔,并且心满意足、英勇善战而非临阵脱逃地战死疆场,真主宽恕我的罪过吗?”先知说:“是的。”此人转身离去时,先知说:“真主饶恕烈士的一切罪过,唯有债务例外。”

第十四章　虔诚敬意的完美礼拜

真主说:“信士们确已成功了;他们在拜中是恭顺的。”(23:1—2)

有学者将“恭顺”视为心理行为,如敬畏与恐惧;有人视为肢体行为,如安静、无视与嬉戏。学者们就恭顺是礼拜的一项主命或一件懿行,存在两种观点。认为它是主命的学者,既以圣训“仆人唯有理智才能礼拜”求证,也以经文“你当为记念我而谨守拜功”(20:14)为证。“记念”的反义词是忽略,真主就此说:“你当朝夕恭敬而恐惧地记念你的主,应当低声赞颂他,你不要疏忽。”(7:205)

拜海吉传述,穆罕默德·西林说:“我得知,真主的使者礼拜时抬眼看天,因此这节经文降示了。”阿卜杜·兰扎格又就此传述:真主命令先知恭顺礼拜,他遂将目光转向叩头处。哈基姆和拜海吉根据艾布·胡莱尔传述,先知礼拜时抬眼看天,所以降示了这节经文,先知遂低下了头。

哈桑传述,先知说:“五次拜功就像流经你们各家门前的潺潺河水,他每天在河中洗澡五次,那他身上还有一丝泥垢吗?”也就是说,拜功洗涤罪过——任何小罪都荡然无存,唯有大罪例外。这是说,人们要虔诚恭顺地礼拜,否则拜功无效。

先知说:“谁礼两拜,并且拜中没有思虑现世的任何话题,真主就饶恕了他以往的罪过。”

先知说："拜功之所以为主命，朝觐和游转天房之所以受命，朝觐功课之所以成为定制，都是为了记念真主。"如果你心中没有被记念者——终极目的和希望，没有尊敬和害怕，那你的记念价值何在？

先知说："没有制止丑事和恶事的拜功，只能增加礼拜者和真主之间的距离。"

伯克尔·本·阿卜杜拉说："人们啊，如果你想未经许可觐见你的养主，并且无须翻译就与他交谈，你就觐见了。"人们问："怎么才能做到呢？"他说："你洗小净时，洗到每个部位，然后进入你的礼拜殿。那么，你就未经许可觐见了你的养主，无须翻译与他交谈了。"

阿伊莎传述，她说："真主的使者曾与我们交谈。拜功成立时，我们都因专注于真主的伟大而好似互不相识。"

先知说："真主无视身心不合者的拜功。"

易卜拉欣·哈里里每逢礼拜时，人们就听见他的心跳声。

萨义德·塔努希每当礼拜时，泪水就不停地从两腮滴落在胡须上。

真主的使者看到某人礼拜时玩弄胡须，说："如果他心存敬畏，肢体肯定毕恭毕敬。"

据传，阿里每逢礼拜就身体颤抖，面容改色。有人问他："信士们的长官啊，你怎么了？"他说："真主将重任信托给天地，但它们拒绝并且害怕承担它的时刻已经来临。"

据传，阿里·本·哈桑洗小净时，面呈黄色，家人问他："你洗小净时发生了什么？"他说："你们想要知道我要站在谁的面前吗？"

据传，有人就礼拜请教哈提姆·阿桑姆，他说："礼拜时间到了，我洗完小净后来到想要礼拜的地方，坐下来，并拢手脚。然后，我立站拜功。我让天方在我的眉心间，让隧拉特桥在我两脚间，让乐园在我右边，让火狱在我左边，让摄取性命的迈莱库·毛提天使在我后边，我将这次礼拜视为我的最后一次礼拜。然后，我希望而害怕地站立，虔诚敬意地诵念'真主至大'，诵读经文，虔心鞠躬，恭顺叩头，坐于左臀，脚背向下，右脚大拇指立起，虔诚打坐。我不知道我的拜功最终是否被接受。"

伊本·阿拔斯说："专心致志参悟的两拜，胜过心不在焉地整晚礼拜。"

先知说："末日，我乌玛中出现这样一些人，他们来到清真寺围圈而坐，记念词却是现世和贪恋现世。你们不要与他们同座，真主对他们毫无所求。"

哈桑传述，先知说："难道我没有告诉你们最可恶的小偷吗？"他们问："真主的使者，他是谁？"先知说："偷盗拜功的人。"他们问："他如何偷盗拜功呢？"先知说："他没有完善鞠躬与叩头。"

先知说："复活日，仆人被审问的首要功课就是拜功。如果仆人完善了拜功，真主轻易地清算他。如果他缺失了拜中一项主命，真主对他的众天使说：'我的仆人是否做过副功拜？你们从中补偿主命吧！'"

先知说："再没有比允许仆人履行两拜更好的赏赐了。"

欧麦尔每每想要礼拜时就浑身哆嗦，牙齿磕碰。有人问他："你怎么了？"他说："完成信托、履行主命的时刻已到，我不知道如何完成它。"

据传，哈里夫·本·安尤布曾在拜中被黄蜂螫咬而流血，但他浑然不觉，直到伊本·萨义德告诉他流血，他才洗了衣服。有人对他说："黄蜂螫咬你，血液流出，而你浑然不觉?!"他说："此情此景，不就是他站在万物拥有者和强有力的真主面前，迈莱库·毛提天使在他身后，火狱在他左边，隧拉特桥在他脚下的感受吗?"

虔诚修行的欧麦尔·本·赞尔手中掉落食物，医生对他说："你必须截断这只手。"他说："你们截断它吧。"他们说："我们只有用绳子绑住你，才能截断它。"他说："不，你们在我礼拜的时刻截断它。"他入拜功后，手被截断，而他浑然不觉。

第十五章　劝善戒恶

艾奈斯·本·马利克传述，真主的使者说："谁赞美我一次，真主就从赞美者的本体中创造一朵白云，命令白云从仁慈之海中汲水。白云汲水后，真主命令它降雨，于是它降下了雨。真主从洒落在地上的每一滴雨中创造金子，从洒落在山上的每一滴雨中创造银子，洒落在非信士身上的每一滴雨，真主则恩赐他信仰。"

真主说："你们是为世人而被产生的最优秀的民族，你们劝善戒恶，确信真主。"(3:110)凯勒比说，这节经文阐述了伊斯兰民族优越于其他民族的情况，证明了伊斯兰民族是最优秀的民族。相对其他民族而言，这种优秀贯穿始终，即使它自我竞相优越，正如圣门弟子优越于他人。经文"为世人而被产生"之意是，真主为历代人的利益而产生了伊斯兰民族，以便它出类拔萃并受世人称道。经文"你们劝善戒恶，确信真主"是另起语，阐明伊斯兰民族作为最优秀的民族，当劝善戒恶才能为人们传颂。他们一旦放弃了劝善戒恶，优越也就悄然消失。真主之所以让他们成为最优秀的人，是因为他们劝善戒恶，使不信真主者信教，让他们的利益超过其他人，正如先知所言："最优秀的人是益人者，最可恶的人是害人者。"经文"确信真主"之意是，你们坚持不懈地确信真主独一，你们承认穆罕默德是真主的先知。因为，谁否认了穆罕默德，谁就没有信仰真主——真主认为，超绝的经文源于自己。

先知说："你们谁看到丑恶之事，当以手改之；如果手不能改之，当以言劝之；如果言不能劝之，当以心憎之，这是最弱的信仰。"也就是说，信士最基础的信仰是做到劝善戒恶。

有学者说，手改是官员们的责任，言劝是学者们的责任，心憎是普通人的责任。

有学者说，谁能够以手改变丑恶之事，务必改之，正如真主所说："你们当为正义和敬畏而互助，不要为罪恶和横暴而互助。"(5:2)"互助"就是力所能及地鼓励人们互相帮助，铺平行善之道，杜绝作恶和为敌之路。

另一段圣训中，先知说："谁谴责了新生异端者，真主让他的心灵充满安详和信仰。谁蔑视了新生异端者，真主让他在巨大的惊恐之日得以安宁。谁劝善戒恶，他就是真主在大地的代治者，是他的经典的保护者，是他的使者的继承人。"

胡宰法说："人们面临一个时代——驴的腐尸比劝善戒恶的信士更受他们喜悦。"

先知穆萨说："我的养主啊，向兄弟宣教，以及劝善戒恶者的报酬是什么？"真主说："我为他的每句话记录一年的功修之赐，我羞于以我的火狱惩罚他。"

真主在"古杜斯"圣训中说："人类啊！你不要属于这样的人：他延迟忏悔，一味幻想，毫无善功地返归后世；他说着修士的言语，却做着伪信士的事情；他受到奖赏而不知道满足，面对阻碍而不知道坚忍；他自称喜悦贤士却不屑于成为他们中的一员，口称憎恶伪信士却倾向他们；他命人行善但自己不为善，他止人作恶但自己不断为恶。”

阿里传述，我听真主的使者说：“末日来临之际，将要出现这样一些人，他们年少气盛且愚昧无知，吞吞吐吐地说着善人之言而脱离了宗教，其势如离弦之箭。”

真主的使者说：“我在登霄夜，看到一些男人的嘴唇被火剪剪裂。我说：‘哲卜拉伊勒，这些人是谁？’他说：‘这些人是你乌玛中的演讲家，他们劝人行善，但忘记了自身，正如真主就他们的实质所言：‘你们是读经的人，怎么劝人为善，而忘却自身呢？难道你们不了解吗？’”(2:44)这节经文的意思是，一些人虽然诵读真主的经典，但不遵循经典中的教诲。演讲时劝人施舍，自己却分文不舍。

所以，信士们当劝善戒恶，勿忘自身，正如真主所言：“信道的男女互为保护人，他们劝善戒恶，谨守拜功，完纳天课，服从真主及其使者，这等人真主将怜悯他们。”(9:71)真主将信士们形容为劝善者，而抛弃劝善的人不属于这节经文所赞美的信道者。

真主贬责了放弃劝善的人们，他说：“他们对于自己所做的恶事，不互相劝诫；他们的行为，真恶劣。”(5:79)也就是说，他们狼狈为奸，不以为恶。

艾布·代尔达厄说：“你们务必要劝善戒恶，否则真主定会让暴君统治你们，不尊敬你们的老人，不怜悯你们的幼儿；你们的好人祈求真主而不被应答，寻求襄助而得不到援助，祈求饶恕而得不到宽免。”

阿伊莎传述，真主的使者说：“真主惩罚了一个有一万八千居民的村镇，他们的功德如同众先知的功德。”他们说：“真主的使者啊，这是为何？”使者说：“他们不因真主而愤怒，没有劝善戒恶。”

艾布·赞尔·甘法尔传述，艾布·伯克尔说："真主的使者啊！除与多神教徒斗争外，还有吉哈德吗？"真主的使者说："艾布·伯克尔，有。大地上，真主的奋斗者们优越于烈士们，他们活着且有给养。他们步行在大地上，真主使他们荣耀于天上的天使们，乐园为他们装扮，就如圣妻温姆·塞利玛为真主的使者所容。"艾布·伯克尔说："真主的使者，他们是谁啊？"真主的使者说："劝善戒恶者，他们为真主而喜，为真主而怒。"使者接着说："以掌握我生命的真主起誓，仆人肯定居住在超越了烈士们所居房屋之上的一间房中，每间房有三百道门，每扇门上洒满金光，里面摆设着宝石和祖母绿。他们每个人娶三十万脉脉含羞的仙女。每当他注视一位仙女，就目不转睛地看着她，她说：'你想起了自己于某某日劝善戒恶了吗？'每当他注视一位仙女，仙女就提起他劝善戒恶的某地。"

圣训集记载，真主说："穆萨，你只为我工作吗？"穆萨说："我的主啊，我为你礼拜，为你斋戒，为你施舍，为你叩头。我赞颂你，诵读你的经典，记念你。"真主说："穆萨啊！你立拜，就享受明证；你封斋，就享受乐园；你施舍，就享受遮阴；你赞主，就享受乐园的绿树成荫；你诵读我的经典，就享受宫廷宅院；你记念我，就享受光明。你为我做了什么善功？"穆萨说："我的养主啊，你引导我做一件只为取悦你的善功吧！"真主说："穆萨啊，你只为我结交过挚友吗？你只为我结交过仇敌吗？"穆萨明白，最优越的工作是，因为真主的喜悦而喜悦，因为真主对敌人的愤怒而愤怒。

艾布·欧拜德·本·吉拉赫说，我问："真主的使者啊，在真主看来，最尊敬的烈士是谁？"使者说："站在暴君面前，命令暴君劝善戒恶，并为此除掉暴君的人。如果他没有除掉暴君，记善之笔就不会为他书写，他活着也是行尸走肉。”

哈桑·巴士里说，真主的使者说：“我乌玛中最优秀的烈士是，他站在暴虐的官长面前，命令他劝善戒恶，不然就因此除掉他。该烈士在乐园的品级是介于哈姆兹和贾法尔之间。”

真主启示先知尤舍尔·本·努尼：“我消灭了你民族中的四万善人和六万恶人。”尤舍尔说：“我的养主啊，这些恶人罪有应得，那些善人是怎么回事？”真主说：“他们没有因为我的愤怒而愤怒，他们与恶人同吃共饮。”

艾奈斯传述，他说，我们请教先知：“真主的使者啊，我们可以不劝善，但我们从一切善；我们不戒恶，但我们避一切恶吗？”先知说：“不，你们劝善，即使你们没有完全从善；你们戒恶，即使你们没有完全避恶。”

某先贤嘱托他的儿子：“如果你们想要劝善，就当持之以恒，并坚信来自真主的恩赐。谁坚信真主的恩赐，就不会受到伤害。”

第十六章　敌对恶魔(一)

信士应喜欢学者和贤士,当与他们形影相随,就己所不知请教他们,接受他们的劝勉。信士当避免丑行,视恶魔为敌,正如真主所言:“恶魔确是你们的仇敌,所以你们应当认他为仇敌。”(35:6)也就是说,你们当顺从真主,敌视恶魔;不要顺从恶魔,违逆真主。你们在任何情况下,都要谨防恶魔干扰你们的所言所行和坚定信仰。如果你们做任何事,要掌握这件事的本质。这是因为,也许这件事中,恶魔蛊惑你们沽名钓誉,为你们美化丑事。因此,你们当求助你们的养主来敌对恶魔。

阿卜杜拉·本·麦斯欧德传述,真主的使者给我们画了一道线后说:“这是主道!”他又在这条线的左右边画了数道线后说:“这每条道上,都有恶魔召唤人。”先知接着诵读了经文:“这确是我的正路,故你们当遵循它;你们不要遵循邪路,以免那些邪路使你们离开真主的大道。”(6:153)然后,先知给我们阐述了恶魔的许多道路。

先知传述了一个以色列修士的故事。恶魔来到一个少妇身边,令她窒息。恶魔告知少妇的亲人,以色列修士有治疗她的药物。于是他们带她来看修士,修士拒绝诊治。他们苦苦央求,他才接受。少妇住在修士那儿,接受他的治疗。恶魔不断诱惑修士靠近她，最终修士和少妇发生了关系，致使她怀孕。恶魔蛊惑修士："你现在出丑了，她的家人要找你算账，你杀了她吧。如果他们问你，你就说她死了。"修士谋杀了少妇，埋葬了她。恶魔又来挑唆她的亲人，告诉他们，修士致使她怀孕后，杀死并埋葬了她。少妇的亲人前来质问修士。他说，少妇死了。他们抓住他，要为她复仇。恶魔来到修士身边说："我是令她窒息者，我告诉了她的亲人。你顺从我，你就得救，我让你摆脱他们。"修士说："如何摆脱呢？"恶魔说："你给我叩两个头。"修士照做了。但是，恶魔却对他说："我与你做的事毫不相干。"恶魔就是真主所说的："他们又像恶魔一样。当时，他曾对人说：'你不要信道。'当他不信道的时候，他说：'我确是与你无干的。'"(59:16)

据传，恶魔质问伊玛目沙菲尔："你就真主——他创造了我，正如他所选择；他让我做他所选择的事情后，意在让我可进乐园，也可入火狱，他对此是公正还是不义——说什么呢？"沙菲尔想了想恶魔的话，说："这个嘛，如果真主根据你的意愿创造你的话，他就亏待了你；如果真主按照他的意愿创造了你，那他的所作所为就不被问及。"恶魔哑口无言，然后说道："沙菲尔啊，我已经用这个问题，从功修本中删除了七万名修士。"

你们要知道，人的心就像一座堡垒，恶魔不但想进入其中，并且还想成为它的拥有者和管理者。堡垒的主人想要保护它免遭敌人的侵犯，唯有守护好它的所有大门、入口和缝隙，只是，不熟悉堡垒的人也无法守好大门。所以，保护心灵免遭恶魔的挑唆，对于任何成年人而言都是必然，是主命。唯有凭心完成的必然之事，方能成为必然；唯有凭借认识心门，方能抵御恶魔。因此，认识心门是

必然,心门是信士的品性。心门多种多样,其中包括:

生气与私欲。生气是理智的枷锁,如果理智懦弱,恶魔的士兵就会入侵。人何时生气,恶魔就何时戏弄他,犹如孩子玩皮球。据传,有贤哲问恶魔:"你让我看看,你如何战胜人?"恶魔说:"我在他生气与私欲膨胀时抓住他。"

嫉妒与贪婪。人何时贪得无厌,他的贪婪会令他目盲,使他耳聋。人贪婪时,恶魔就能找到机会,并给贪婪者美化任何令其私欲膨胀的事物,即使是恶行丑事。据传,先知努哈乘船航行时,奉真主之名,让凡是阴阳的一对生物搭载航船。他在船上看到一个不曾认识的老者,问他:"你怎么上船了?"他说:"我上船是为了挑唆你同伴们的心,以便他们的心与我在一起,他们的身体与你在一起。"努哈说:"真主的敌人,你滚下船,因为你是受诅咒者。"恶魔说:"我用五件事情毁灭人们,我告诉你其中的三件事情,不告诉你另外两件事情。"真主启示努哈:"你无须知道三件事情,让他告诉你那两件事情。"努哈问恶魔:"那两件事是什么?"恶魔说:"这两件事情不会给我撒谎,不会置我于不顾,我借此毁灭了人们:贪婪与嫉妒。我因嫉妒而成为受诅咒者。至于贪婪,阿丹被允许享有乐园中除树之外的一切,但是,我对他的要求,借助他的贪婪而得逞。"

饱食终日。即使是合法且清洁的食品,饱食也助力私欲——恶魔的武器。据传,恶魔出现在先知叶哈雅面前,叶哈雅看他带着诸多门闩,就问恶魔:"恶魔啊,这些门闩是干吗用的?"恶魔说:"这是我用来蛊惑人的私欲。"叶哈雅问:"其中有我的吗?"恶魔说:"也许你饱食了,故我使你艰难地礼拜和记主。"叶哈雅问:"除此之外呢?”恶魔说:“没有了。”叶哈雅说:“我向真主发誓,永不饱食。”恶魔说:“我向真主发誓,永不忠告任何穆斯林。”

喜好点缀家具、穿衣打扮和装饰家园。每当征服人心的恶魔看到此情此景,就安居其中且繁衍子嗣。他召唤人们建设家园,粉饰屋顶,点缀四壁,大肆扩建;他号召人们穿衣打扮,装扮骑乘,奴役人们终生为此工作。如果恶魔使人们沉迷其中,他就无须再来,因为此种行为互相吸引,直到人的生命尽头——追随私欲,死于恶魔之道。恶果令人害怕,我们求主护佑。

刺激他人。萨夫瓦·本·萨利姆传述,恶魔化身来到阿卜杜拉·本·汉宰莱面前,对他说:“伊本·汉宰莱,你背记我教给你的一些话。”伊本·汉宰莱说:“我不需要。”恶魔说:“你看,如果它对你有益,你就接受;如果对你有害,你就拒绝。伊本·汉宰莱,你只向真主祈求希望,如果你生气,你看看你是怎样的。如果你生气,我就驾驭你。”

遇事匆忙,凡事焦躁。先知说:“匆匆忙忙出自恶魔,从容不迫来自真主。”匆忙时,恶魔会在人们毫无知觉的情况下,对人们施以恶毒。据传,麦尔彦之子尔萨出生时,群魔给魔首易卜劣厮报告:“众偶像的头业已跌落。”恶魔说:“这事已经发生了,你们待在原地。”恶魔飞至地平线,没有发现任何物,唯见先知尔萨已经出生,众天使环绕着他。恶魔飞回群魔身边说:“昨夜,一位先知降生了。只要有怀孕的女人分娩,我都来到她身边,唯有这个人例外。今夜之后,你们绝望于人们对崇拜的偶像吧,但你们光临匆忙与轻率的人们。”

金币、银币等各种钱币,以及骆驼、牲畜和房产。但凡超过生活所需的物品,都是恶魔的栖身地。萨比特·班纳艾说,真主的使者被派遣时,恶魔易卜劣斯对群魔说:“人间发生了一件事情,你们去看看是什么?”群魔查看后筋疲力尽地返回恶魔身边,告诉他:“我们不知道。”恶魔说:“我给你们带来好消息。”他就走了,返回后说:“真主已经派遣了穆罕默德。”萨比特·班纳艾说,恶魔开始派遣它的群魔至先知的圣门弟子,但群魔悄然而返,他们说:“我们从未伴同过像这样的人们,我们担心他们。”然后,群魔参加圣门弟子的拜功,但毫无裨益。恶魔对他们说:“慢慢来吧,但愿真主为他们开辟现世,我们就能从中实现我们的所求。”

据传,先知尔萨有一天以石为枕,恶魔路过他,说:“尔萨,你喜欢现世吗?”尔萨抓住他,将他压在石头下,说:“这块石头和现世,都是你的。”

吝啬和怕穷。吝啬和怕穷阻止消费和施舍,致人储藏与积蓄,以及严惩。吝啬的灾难之一就是贪恋市场并借以敛财,而市场是群魔的窝巢。

门户之见与私欲喜好。怀恨对手,以蔑视的眼光看待他们。这种行径会毁灭所有的修行者与作恶者。哈桑说,恶魔易卜劣斯告诉我们:“我引诱穆罕默德的乌玛违逆,他们以求主饶恕的方式斩断了我的脊背。我怂恿他们犯罪,他们不就此——各种私欲——求主饶恕。”受诅咒者说对了,伊斯兰乌玛的人们不知道,有很多因素招致犯罪,他们如何就此求饶呢!

恶意猜疑穆斯林。务必谨防对穆斯林的恶意猜疑和诬蔑。你何时看到一个人为了寻找另一个人的缺点而恶意猜疑他,猜疑者就是心怀叵测的人——他的恶行出自猜疑。

所以，人们应当关闭心中的这些门，而赞颂真主能够助力他关闭它。

伊本·伊斯哈格说，古莱氏的不信道者看到圣门弟子迁徙，知道他们成为先知的随行者后，就阻止先知迁徙。因为他们深知，先知要召集众弟子与他们开战。于是，他们在议事厅——古萨·本·凯拉布的家，古莱氏族唯在此厅决定事务，只有年届四十的古莱氏人才有资格入内——聚会商议，史称“纳达会议”。他们让艾布·哲赫勒参会，并于星期六召开会议，因此人称“星期六是诡计日”。恶魔扮作一个内志地区的老者模样混入其中。他身穿粗布衣服，慈眉善目地站在议事厅门口。他们问：“老者来自何方？”他说：“来自内志。”他听到有人说，你们为他准备座椅吧，以便他听你们的所言所语，少不了给你们建议和忠告。

他们说：“你进来吧。”于是，恶魔进入会场。他们——一百人，另说十五人——商议先知的事情。后来在白德尔战役中被杀的非信士艾布·布赫塔里当时说：“你们将他监禁在铁栏中，锁上门，然后在他的同伴们解救他之前杀害他。”

扮作内志老者的恶魔说：“我不这么认为。以真主起誓，如果你们将他监禁在铁栏中，他的命令肯定通过你们关闭了的门传递给他的弟子，那他们就会扑向你们，从你们手中解救出他。然后，他们为了穆罕默德而在数量上超过你们，最终战胜你们。这不是我的看法，你们想想其他办法。”

艾布·艾斯沃德·本·勒比尔·本·阿慕尔·阿米里说：“我们驱逐他，将他从我们的家园中流放出去，不管他身处何方。”

真主诅咒的恶魔说：“以真主起誓，我不这么认为。难道你们没看他语言优美，言辞动人，并以《古兰经》征服了人心吗？以真主起誓，如果你们这样做，我相信他会占领整个阿拉伯地区，他的言辞征服阿拉伯人，以至于他们追随他来对抗你们，率领他们夺取你们手中的权力，并对你们随心所欲。你们还是谋划其他办法对付他吧。”

艾布·哲赫勒说：“以真主起誓，我有个主意，我看你们都未曾想到。我认为，你们从每个部落中招募一个身强力壮的青年，手持利剑刺杀穆罕默德。每人刺他一剑，就能致他死亡，我们从此便高枕无忧。他的血洒向各个部落，阿卜杜·麦纳菲的后人无法与他的所有族人开战，我们因他们而阻碍了他。”

真主诅咒的恶魔说：“一语中的，这就是我的意见。”恶魔统一了他们杀害先知的主意。他们为此分头准备。哲卜拉伊勒天使前来告诉先知：“今夜，你不要在你每天睡眠的床上睡觉。”

夜幕降临，杀手们汇聚在先知门口，等先知入眠后扑向他。先知命令阿里睡在他的床上。阿里盖上先知的绿色斗篷——阿里从此后穿着这件斗篷出席聚礼日和两个会礼日的礼拜，掩护先知离家。阿里是第一个准备为真主献身的人，保护了真主的使者，他就此赋诗：

亲身保护至贵人，巡游天方黑石者。
真主使者忧奸计，万能真主拯救他。
真主使者安居洞，受主保护躲敌人。
引敌关注与仇恨，我决意杀身成仁。

先知走出家门后，真主蒙蔽了杀手们的眼睛，没有任何人看见先知。先知一边将手中的土洒向他们的头,一边诵读经文“雅辛。以智慧的《古兰经》发誓,你确是众使者之一,你的确是在正路上被派遣的使者之一。万能至慈的真主降示此经,以便你警告一族人,他们的祖先未被警告过,所以他们是疏忽大意的。他们中大多数人确已应当受判决,所以他们不信道。我确已把枷锁放在他们的脖子上,那些枷锁达到下巴,所以他们不能低头。我在他们的前面安置一个障碍,在他们的后面安置一个障碍,蒙蔽了他们,所以他们看不见。”(36:1—9)然后,先知转身走向目的地。没有和杀手们在一起的恶魔来到他们身边,说:“你们在这儿等什么呢?”他们说:“穆罕默德。”

恶魔说:“真主已经挫败了你们。以真主起誓,穆罕默德出来后,只给你们每人头上留下了尘土,而他转身走了。你们不看看你们头上有什么?”他们摸了摸头,果然有土。然后,他们四处寻找,看见阿里睡在床上,盖着真主的使者的斗篷,就说:“以真主起誓,这肯定是穆罕默德,他身盖斗篷在睡觉。”他们就这样等到天亮。阿里起床后,他们说:“告诉我们信息的那个人说对了。”为此,真主降示了经文“当时,不信道的人对你用计谋,以便他们拘禁你,或杀害你,或驱逐你;他们用计谋,真主也用计谋,真主是最善于用计谋的。”(8:30)

勿忧愁和难,凡事有定然。
真主掌乾坤,恶魔何以堪!

嗣后,真主允许先知迁徙。伊本·阿拔斯就经文“你说:‘我的主啊!求你使我顺利而入,求你使我顺利而出,求你赏赐我从你那里发出的权柄,以作我的辅弼’”(17:80)说,哲卜拉伊勒天使命令先知,让艾布·伯克尔随他迁徙。

哈基姆根据阿里传述,先知问哲卜拉伊勒天使:“谁与我一道迁徙?”哲卜拉伊勒说:“艾布·伯克尔。”

先知给阿里告诉了他的出路,命他随后迁徙,以便替先知送还人们寄存给他的寄托物。

泰伯里传述,艾布·伯克尔的女儿艾斯玛说,在麦加时,先知曾经每天早晚两次来我们家。有一天,他中午来了。我说:“父亲啊,这是真主的使者,他不在经常来我们家的时间里,蒙着头来了。”

艾布·伯克尔说:“愿我的父母为他赎身,以真主起誓,先知此时来,肯定有大事。”阿伊莎说,真主的使者请求进来。艾布·伯克尔请他进来后,给他让座。真主的使者坐在椅子上后,对艾布·伯克尔说:“你让身边的人出去吧。”艾布·伯克尔说:“他们都是你的亲人。”亦即阿伊莎和艾斯玛。另传,艾布·伯克尔说:“您知道,她俩是我的女儿。”先知说:“我受命迁徙。”艾布·伯克尔说:“真主的使者,愿我的父母为你赎身,我陪同你。”先知说:“是的。”阿伊莎说,我看见艾布·伯克尔在哭,我不曾认为一个人喜极而泣。艾布·伯克尔说:“真主的使者啊,愿我的父母为你赎身,你牵上我的两头骑乘之一。”先知说:“不,要付费。”

在另一段传述中,先知说:“如果你愿意的话,我付费。”先知付费雇佣骑乘,以便以他的生命和财产迁徙——他希望自己完美地迁徙——至真主意欲他到达的地方。

阿伊莎说,我们用最快的速度为他们两人做好了准备,在行囊中备上食品。

瓦吉德补充到，行囊中有一只烹制好的羊肉。阿伊莎说，艾斯玛从她的腰带上剪下一条带子，绑住了行囊口，因此她被称为“有两条带子的人”。

阿伊莎说，真主的使者与艾布·伯克尔来到扫尔山洞——麦加附近的一座山，因扫尔·本·阿卜杜·麦纳特居住其中而得名，在洞中隐蔽了三天。

据传，先知与艾布·伯克尔于黑夜，从艾布·伯克尔家后院的一个便门出来，径直来到扫尔洞。

据传，艾布·哲赫勒遇见了先知和艾布·伯克尔，但真主蒙蔽了他的眼睛，他俩走过了他的身边。艾布·伯克尔的女儿艾斯玛说，艾布·伯克尔带着五千迪尔汗迁徙了。古莱氏失去真主的使者时，就在麦加的四面八方寻找他。他们派出一个精于踪迹的寻踪者。此人发现面向扫尔山的方向有人踪，于是紧随不舍，直到踪迹消逝。当时，先知已到扫尔洞。

先知的迁徙使古莱氏陷于困境。他们为此忧心忡忡，拿出一百峰骆驼悬赏追回先知的人。

据传，先知与艾布·伯克尔进入洞后，真主使洞口长满了灌木，遮蔽了非信士的眼睛，不能目视洞内。真主命令蜘蛛在洞前织网，派遣两只野鸽在洞顶筑巢。这一切都是为了阻碍多神教徒入内。

此后，古莱氏的青年们带着棍棒和利剑从四面八方来到扫尔洞。其中一个人窥视洞内，看见洞口有两只野鸽子，返回同伴身边。他们问：“你看到什么了？”他说：“我看到两只野鸽子，我确定洞内无人。”先知听到他的话,知道真主已经阻碍古莱氏青年入洞。

另一个人说:“你们进去。”伍曼耶·本·哈里发说:“你们没必要进洞,因为洞内有先于穆罕默德存在的蜘蛛,如果他进了洞,肯定要打碎鸽子蛋,损坏蜘蛛网。”这比士兵对抗多神教徒更具奇迹。你想想,树木遮盖了被寻找者,使寻找者迷失;蜘蛛网堵住了洞门,以至于寻踪者目盲,蜘蛛也由此获得了殊荣,伊本·纳吉布的诗歌真好:

蚕茧吐真丝,着衣皆美丽。
怎比巧蜘蛛,织网护先知。

布哈里和穆斯林传述,艾奈斯说,艾布·伯克尔告诉我,他对先知说:“我们在洞中,如果他们中有人往洞门看,他肯定看见我们。”真主的使者告诉他:“真主是第三个,你还为我们两个担心什么呢?”

历史学家记载,艾布·伯克尔讲到这里时,先知对他说:“如果他们从这儿来临我们的话,我们肯定从那儿离开。”艾布·伯克尔遂看了看洞,洞的另一边已敞开,大海与洞口连在一起,洞边停泊着一艘船。

哈桑·巴士里传述,艾布·伯克尔陪同先知夜行至扫尔洞期间,时而走在先知前面,时而走在先知后面。先知问他,他说:“我想到寻踪者,就走在你的后面;想到伏击者,就走在你的前面。”

先知说:“你愿意为我被杀吗?”他说:“是的,以本着真理而派遣你的真主起誓。”

他俩行至扫尔洞时,艾布·伯克尔说:“真主的使者啊,请你先站会儿，我为你清扫洞内。”说完就动手清理，看到洞中有许多小穴，便从衣服上撕下布块堵住洞穴。还剩最后一个洞穴，就以身体堵住它，以便穴内之物不要出来伤害真主的使者。真主的使者进入洞内，将头放在艾布·伯克尔的怀抱后入眠。艾布·伯克尔的脚被螫咬了，但一动不动，以免使先知醒来。他的泪水滴至真主的使者脸上，他问：“艾布·伯克尔，你怎么了？”艾布·伯克尔说：“我被叮咬了，愿我的父母为你赎身。”先知用他的唾液擦了他的伤口，伤疼遂消失。

韩萨·本·萨比特就此吟诵了优美的诗歌：

保护先知藏洞中，蒙蔽敌人绕山转。
喜爱使者世人晓，万众豪杰建奇功。

先知于星期四走出麦加，并于次周的星期一晚上离开扫尔洞——他在洞中居住了三天，时值伊斯兰教历的三月一日。他于十二日后的星期五进入麦地那。

典故：一个名为宰凯里雅的修士身患重病，大限已到。他的一个朋友来探望垂死挣扎的他，提示他诵念“万物非主唯有真主；穆罕默德是真主的使者”。修士转过脸，没有诵念。朋友再次给他提示，他又转过脸。朋友第三次给他提念，他说：“我不念。”然后就昏迷不醒。一个小时后，修士醒过来，睁开双眼问：“你们为我说什么了吗？”他们说：“是的，我们给你提念了三次作证言，你拒绝了两次，你在第三次说‘我不诵念。’”他说，受诅咒的恶魔拿着一杯水，站在我的右面，晃动着杯子说：“你需要水吗？”我说：“不。”他说：“你说‘真主之子尔萨’。”我拒绝了他。然后他站在我的前面，说了上述话，我又拒绝了他。他第三次对我说了上述话，我说“我不念。”然后，恶魔将水杯摔在地上，转身逃跑了。我反驳了恶魔，而不是反驳你们，我作证：“万物非主唯有真主；我作证，穆罕默德是真主的仆人与使者。”

欧麦尔·本·阿卜杜·阿齐兹传述，有人祈求真主，让他看见恶魔在人心的位置。于是，他在梦中看到一个形似晶体的人，身体内外一览无遗。做梦人看见扮作青蛙的恶魔坐在晶体人的左肩上，恶魔耳朵上的细长鼻子，从晶体人的左肩穿至其心脏后蛊惑他。晶体人赞颂真主时，恶魔消失不见了。

真主啊，求你不要让为非作歹的恶魔和嫉妒的人们控制我们。求你凭借你的众先知和众使者的至圣——穆罕默德的面子，帮助我们赞颂你，感谢你！

第十七章　诚实与忏悔

穆罕默德·本·蒙凯德尔传述，我听父亲说，苏夫延·塞里环游天房时，看到一个人原地不动地赞颂先知穆罕默德，就问他："这位仁兄，你没有赞颂真主，你只赞颂先知。你这样做有什么秘密吗？"

他说："你是谁，愿真主保佑你。"我说："我是苏夫延·塞里。"他说："如果你不是我们这个时代的修行者的话，我就不会将我的情况告诉给你，不会给你说出我的秘密。"

然后，他告诉我："我和父亲去朝觐，客居旅店时，父亲病了，我照顾到他归真。父亲脸色变黑，我诵读了'我们属于真主，我们归于他。'我盖上他的脸后，睡意蒙眬，忧伤而眠。我梦见一个人——我从未见过比他面容更俊美、衣服更干净、气味更清香的人。他缓步走近我父亲，揭开了他脸上的盖单，用手抚摸了他的脸，他的脸色遂变白。然后，他返身要走，我拉着他的衣服，说：'阿卜杜拉，你是谁，在异乡之地，真主借你恩赐了我的父亲？'他说：'你不认识我吗？我是阿卜杜拉·本·穆罕默德，拥有《古兰经》者。至于你的父亲，他曾挥霍无度，但他经常赞颂我。他遭遇不幸时，请求我帮助他。谁经常赞颂我，我是谁的援助者。'我醒来后，看见父亲的脸色已经变白。"

阿慕尔·本·迪纳尔根据艾布·加法尔传述，先知说："谁忘记了赞颂我，谁就偏离了乐园之路。"

要知道，单词"Al-'amānah"（诚实）派生于"Al-'aman"（安心）——安心与诚实相辅相成地维护真理。"诚实"的反义词是违约，亦即缺失——如果你就某物欺骗了某人，那你就致使他缺失了。

真主的使者说："欺诈、哄骗和违约的人都入火狱。"

先知说："与人交往且不欺骗、与人交谈且不撒谎的人，属于这样的人——他的仗义完善了，他的正义显现了，他的友情完美了。"

一个游牧人赞扬人们："他们热衷于信守诺言，所以他们没有背信弃义；他们没有侵犯穆斯林的尊严，所以他们不关涉责任。他们是最好的民族。"我说，游牧人夸赞的人们业已消失，在这个时代，我们只看见穿着衣服的狼，正如诗云：

不幸者信任何人，自由人哪有伴侣。

人们皆成穿衣狼，唯有少数真君子。

又如另一诗人所云：

善人早已远离，但愿族人四散。

胡宰法传述，真主的使者说："诚实将消失，人们互相发誓。他们中有人刚刚送还寄托物，就有人说'某族有个诚实的人'。"

根据经训，忏悔是"瓦志布"（必然）。真主说："信士们啊！你们应全体向真主悔罪，以便你们成功。"（24：31）该命令针对所有人。

真主说："信道的人们啊！你们当向真主诚意悔罪。"（66：8）

“诚意”就是没有丝毫瑕疵地虔敬真主。经文“真主的确喜爱悔罪的人，的确喜爱洁净的人”(2:222)证明了忏悔之贵。

先知说：“忏悔者是真主的朋友，忏悔罪过者就如没有犯罪者。”

真主的使者说：“真主喜悦信士的忏悔胜于这个人的喜悦——他和驮着饮食的骑乘来到一个不适宜居住的地方后睡着了，醒来发现骑乘丢失，遂四处寻找，以至于口干舌燥，浑身燥热。他自言自语：‘我还是返回原地吧，以便我入眠后死去。’然后就头枕胳膊，等待死亡。但他醒来，却发现驮着饮食的骑乘就在身边。真主喜悦信士的忏悔远胜于这个失而复得骑乘之人的喜悦。”

哈桑传述，真主接受了阿丹的忏悔后，众天使祝贺他，哲卜拉伊勒天使和米卡伊勒天使降至他身边，说：“阿丹，你因真主接受你的忏悔而心满意足吧！”阿丹说：“哲卜拉伊勒，如果此次忏悔后还有请求的话，我的情状如何呢？”真主遂启示他：“阿丹，你给你的子孙遗留了劳累和疲惫，你给他们留下了忏悔。他们中凡祈祷我的人，我就应答他，就如我应答你一样。谁请求我饶恕，我不会对他吝啬，因为我是临近者、应答者。阿丹啊，我从坟墓中复活忏悔的、受报喜的、高兴的人们——他们的祈祷是被应答的。”

先知穆罕默德说：“伟大的真主凭借忏悔，对不分昼夜的犯罪者伸展了他的手，直到太阳西升。”“伸展手”是换喻，喻指“要求忏悔”，“要求者”在“接受者”之后。接受者也许不是要求者，但唯有要求者才是接受者。

关于忏悔，先知穆罕默德说：“如果你们犯下滔天大罪后懊悔，真主就宽恕你们。”

先知穆罕默德说："仆人肯定犯罪，并因此进入乐园。"人们就此请教他："真主的使者啊，这是怎么回事？"他说："他面前是接受他忏悔的真主，他逃往真主，直到进入乐园。"

先知穆罕默德说："罪过的赎金就是懊悔。"

先知穆罕默德说："忏悔罪过的人，就如没有罪过的人。"

据传，一个埃塞俄比亚人说："真主的使者啊，我做过很多丑事，能忏悔吗？"先知说："能。"他转身离开后又返回，说："真主的使者啊，我犯罪时，真主看着我吗？"先知说："是的。"此人遂大叫一声，灵魂出体。

据传，真主诅咒恶魔易卜劣斯时，恶魔请求真主延迟惩罚。真主延缓了对他的惩罚，直到复活日。恶魔说："以你的威严发誓，我不会离开人心，只要他的灵魂附体。"真主说："以我的威严和伟大发誓，我不会阻止他的忏悔，只要他的灵魂附体。"

先知穆罕默德说："善事抵消恶事，就如清水涤除污垢。"

萨义德·穆散伊布传述，经文"那么，他对于常常悔过者确是至赦的"(17:25)，是为屡次犯罪又屡次忏悔者所降示。

夫代里说，真主说："你给犯罪者们报喜，如果他们忏悔，我就宽恕他们。你警告诚实的人们，如果我对他们实施我的公正时，就惩罚他们。"

阿卜杜拉·本·欧麦尔说："谁想到他所痛苦的罪过且内心惶恐不安，他的罪过在经典的明文中被一笔勾销。"

据传，某先知犯错，真主启示他："以我的威严发誓，如果你再次犯错，我绝对要惩罚你。"他说："我的养主啊，你是养主，我是仆人。以你的威严发誓，如果你没有保护我，我肯定要犯罪。"因此，真主保护了他。

某人就折磨他的罪过请教伊本·麦斯欧德，能否忏悔？伊本·麦斯欧德转过脸，然后看了看他，发现此人泪流满面，说："乐园有八道门，每道门都开关着，唯有忏悔门例外。忏悔门有一个受命看门的天使，他不关门。所以，你做功修，不要绝望。"

据传，一个以色列人崇拜真主二十年，又违逆真主二十年。他照镜子时发现了白胡须，心生忧愁。他说："我的主啊，我顺从你二十年，又违逆了你二十年。如果我归于你，你接受我吗？"他听见一个声音在说："你喜悦了我，我就喜悦你。你放弃了我，我就放弃你。你违逆了我，我宽容了你。如果你归于我，我接受你。"

伊本·阿拔斯传述，真主的使者说："如果仆人忏悔，真主宽恕他。真主让记录善恶的天使忘记他们曾经记录的仆人恶行，让仆人的身体忘记所犯的罪过，让他曾经所在的天地位置忘记他，以便他在复活日，任何生物都不见证他。"

阿里传述，先知说："阿勒舍周围的文字先于被造众生达四千年之久，'悔罪信道，并且力行善功，永循正道者，我对于他，确是至赦的。'"(20:82)

须知，立刻忏悔大小罪过是主命，这是因为，常犯小罪，接着就是大罪，真主说："敬畏者，当做了丑事或自欺的时候，记念真主，且为自己的罪恶而求饶——除真主外，谁能赦宥罪恶呢？"(3:135)

忏悔就是诚实。也就是说，仆人明里暗里忏悔罪过，追悔莫及，绝不再犯。对表面忏悔者的比喻，就如上面铺有绸缎的粪堆，人们惊讶地看着它。绸缎一旦被揭起，人们就会转身离去。众生就这样看着表面顺从的人，复活日，一旦揭开表层——"那是在一切秘密被揭穿之日”(86:9),众天使离他而去。因此,先知说:“确实,真主不看你们的形象,而看你们的内心。”

伊本·阿拔斯说,在复活日,多少忏悔者出现,每个人认为他是忏悔者。他绝不是忏悔者,因为他没有加固忏悔之门——追悔莫及;绝不再犯;尽可能将不义之物送归原主,如果容易的话,请求主人使其合法,否则就当经常为其求饶——但愿真主使他们原谅他。

忘记罪过是最可怕的灾难。所以,理智者当清算自己,勿忘罪过,正如诗云:

清算罪恶之罪人,勿忘罪过且忆罪。
死前忏悔永不犯,罪人应当自认罪。

法学家艾布·莱斯传述,欧麦尔哭着来见真主的使者。使者问他:“欧麦尔,你怎么哭了?”欧麦尔说:“真主的使者啊,门口有个青年,他的哭泣焚烧我的心。”真主的使者说:“欧麦尔,让他进来吧。”欧麦尔说:“他进来了,还在哭。”真主的使者说:“青年人,你为何哭泣?”青年说:“真主的使者啊,罪大恶极令我哭,我害怕强力的真主恼怒我。”真主的使者问:“你以物配主了吗?”青年说:“没有。”真主的使者问:“你无缘无故地杀人了吗?”青年说:“没有。”真主的使者说:“的确,真主饶恕你的罪过,即使它像七层天、大地和群山那样。”青年说:“真主的使者啊,我的罪过比这还严重。”真主的使者说:“你的罪过最重呢,还是库勒希最贵呢?”青年说:“真主的使者啊,我的罪过最重。”真主的使者说:“你的罪过最重呢,还是阿勒舍最贵呢?”青年说:“我的罪过最重。”真主的使者说:“你的罪过最重呢，还是你的独一真主至大呢?”青年说:“真主至大至贵。”真主的使者说:“唯有伟大的真主饶恕大罪。”真主的使者接着对他说:“把你的罪过告诉我。”青年说:“真主的使者，我羞于告诉你。”

真主的使者说:“你告诉我吧。”青年说:“真主的使者啊，我已盗墓七年，直到某个辅士少妇去世，我掘了她的墓，偷走了她的裹尸布。我没走多远，恶魔控制了我。我返回墓地，和她交媾了。事后，我没走多远，看见一个少妇站着，说:‘可悲啊！青年人，难道你不愧对清算者真主吗？他为受害者报复施害者。你将赤裸的我扔在死亡之地，你让我无大净地站在真主面前！’”真主的使者抱着脖子跳起来，说到:“荡子啊，你该进火狱。你出去吧。”青年出来后，向真主忏悔四十日。四十日满时，他仰望天空，说:“穆罕默德、阿丹和易卜拉欣的主啊，如果你饶恕了我，你就让穆罕默德与他的弟子们知道吧，否则，你就从天空中降一团火，让它焚烧我。你让我摆脱后世的惩罚吧!”哲卜拉伊勒天使降临先知，说:“穆罕默德啊，你的养主祝你平安，他问你:‘你创造了众生吗?’”先知说:“不，真主创造了我，创造了众生。他供养我，供养众生。”哲卜拉伊勒天使说:“真主告诉你:‘的确，我已经宽恕了青年。’”先知请来青年，给他报喜，真主确已饶恕了他。

据传，先知穆萨时代的某人怙恶不悛，但凡忏悔后就作恶，持续了二十年。真主启示穆萨:“你告诉我的某某仆人，我恼怒他。”穆萨将此信息传达给那个人。他忧虑不安，来到沙漠，说:“我的主啊，你的怜悯已尽，还是我的罪恶伤及了你？你的饶恕之库已尽，还是你对你的仆人吝啬呢？何种罪过大过你的饶恕呢？慷慨是你的古有属性，卑微是我的新生属性，我的属性胜过你的属性了吗？

如果你阻碍了你的仆人享受你的怜悯，那他们指望谁呢？如果你驱逐了他们，那他们依赖谁呢？我的主啊，如果你的怜悯已尽，但又必须惩罚我，那你就让我承担你对众仆的惩罚吧，因为我已让我救赎他们。"真主说："穆萨，你去告诉此人：'如果你的罪过铺天盖地，我在你承认我的大能、饶恕和怜悯之后，已经饶恕了你。'"

先知穆罕默德说："没有任何声音比犯罪后忏悔者的声音更受真主的喜悦。他说：'我的养主啊！'养主说：'仆人啊，我答应你，你请求你所想吧。你在我面前，就如我的一些天使。我在你之右，在你之左，在你之上，近你内心。众天使啊，你们见证，我已经饶恕了他。'"

祖·努尼·米苏尔说，真主有一些仆人，他们种植贫穷之心般地栽种了罪过之树，他们以忏悔之水浇灌它，结出了懊悔与忧愁之果，所以他们非精神病般地神经不安，非口齿不清和哑巴般地愚笨迟钝——他们就是那些能言善辩且认主认圣之人。他们畅饮了纯洁之水，所以面对灾难坚忍不拔。他们的心灵紧系真主之大能，他们的思想在大能真主的高贵幔帐间环游，在懊悔之厅乘凉，所以他们自我忧愁，直到攀登虔诚之梯抵达修行之顶峰。他们享受脱离红尘之苦，视简陋住所为安逸，直到获得了得救之绳和平安之柄。他们的灵魂遨游高空，直到居住幸福的花园。他们畅游了生命之海，越过了忧伤之河，跨过了私欲之桥，最终居留在知识之院，并汲取智慧之水。他们乘坐智力之船，借成功之风航行在平安之海，直到抵达安息的乐园与尊贵的宝库。

第十八章　互相关爱的高贵

真主的使者说："唯有怜爱者才能进入乐园。"圣门弟子请教："真主的使者啊，我们都是怜爱者。"使者说："怜爱者不光怜悯自己，怜爱者既要怜悯自己，也要怜悯别人。"

怜爱自己是指，以"放弃罪恶、忏悔罪过、虔诚顺主"来怜悯自己，摆脱真主的惩罚。怜爱别人是指，不要去伤害穆斯林。

真主的使者说："穆斯林就是，人们从其口手中得以平安。"

怜爱家畜就是不要让它超重负载。真主的使者说："某人在路上口干舌燥，找到一口井，下井喝水。上来后，看到一条狗因热而吐舌喘息。此人自言：'这条狗的口渴情状犹如我的口渴。'于是，他用软底靴汲水后绑住鞋口，上来后给那条狗饮了水。他感谢了真主，真主饶恕了他。"圣门弟子请教："真主的使者啊，我们怜悯动物，会有报酬吗？"使者说："怜悯所有生命，都得报酬。"

艾奈斯·本·马利克传述，有一晚，欧麦尔守夜时路径一伙住店的旅客，担心他们被盗。他碰见了阿卜杜·拉哈曼·本·奥夫，奥夫问他："信士们的长官啊，你现在遇到什么事情了？"欧麦尔说："我路过一伙住店的人，我想，如果他们睡着了，我担心小偷对他们下手。你和我一起去看护他们吧。"于是，两人就坐在这伙人的附近看护他们，直到天亮。欧麦尔喊道："大伙起来礼拜吧。"他一直看到旅客们起床才离去。

因此，我们当效仿圣门弟子，真主赞扬了他们："穆罕默德是真主的使者，在他左右的人，对外道是庄严的，对教胞是慈祥的。"（48:29）他们都是怜悯穆斯林大众的人，怜悯所有生物的人，怜悯顺民（受伊斯兰国家保护、交纳人丁税的犹太人及基督教徒）的人。

欧麦尔传述，他看见一个老态龙钟的顺民行乞。欧麦尔对老者说："我们对你不公啊！你青年时，我们向你收取人丁税，而今我们却抛弃了你。"于是，他下令从穆斯林国库中给老者拨付赡养费。

阿里传述，我看见欧麦尔骑骆驼前往艾布塔哈（介于麦加和米纳之间的平原）。我问："信士们的长官啊，你去哪儿？"他说："别人施舍的一峰骆驼惊逃了，我去找它。"我说："你已经让你之后的哈里发们卑微了。"他说："哈桑的父亲啊，你别埋怨我。以派遣穆罕默德的真主起誓，如果一只母羊羔丢失在幼发拉底河岸边，欧麦尔在复活日也肯定就此受责。因为，这对于忽视了穆斯林的官长来讲，已无尊严可言；对于让信士们担心的坏人来讲，已无保护而言。"

哈桑传述，真主的使者说："我乌玛中的苦行者不因经常礼拜和封斋而进入乐园，而是凭借心灵健康、慷慨大方、怜爱穆斯林大众而进入乐园。"

真主的使者说："怜爱者，普慈真主怜爱他们。故你们怜爱地球上的生物吧，真主怜悯你们。"

真主的使者说："谁不怜爱人，就不被怜爱；谁不原谅人，就不被原谅。"

马利克·本·艾奈斯传述，真主的使者说："你对穆斯林中的四种人负有义务：援助他们的行善者；原谅他们的犯罪者；探望他们的患病者；喜悦他们的忏悔者。”

据传，先知穆萨说：“我的养主啊，你凭借什么视我为密友？”真主说：“凭借你怜爱众生。”

艾布·代尔达厄传述，他曾尾随孩子们，从他们手中收买麻雀，然后放飞它们，他说：“去生活吧！”

真主的使者说：“信士们互相怜爱、彼此友爱、相互来往犹如身体，当一个部位疼痛时，身体其他部位也感到燥热和不安。”

典故：一个以色列修士路过沙丘，时值以色列遭受饥荒。他希望，如果这个沙丘是面粉，他肯定让以色列人饱食它。所以，真主启示以色列的某先知：“你告诉某人：‘的确，真主必然因你曾向往的面粉和饱食人们的想法而恩赐你。’”真主的使者因此说：“信士的意念胜过行为。”

典故：有一天，先知尔萨出门在外，碰见恶魔易卜劣斯一手拿着蜂蜜，一手拿着灰烬。他问：“真主的敌人啊，你拿着蜂蜜和灰烬做什么用？”恶魔说：“我把蜂蜜放在傻子们的嘴上，以便他们吮吸它。我把灰烬放在孤儿们的脸上，以便人们讨厌他们。”

真主的使者说：“孤儿被打时，真主的阿勒舍因孤儿之哭而晃动。真主说：‘我的众天使，谁使这个失去父亲的孩子哭泣？’”

真主的使者说：“谁让孤儿居住自家并供给饮食，真主必让他进乐园。”

《学者们的花园》(*Rawḍah al-‘ulamā’*)记载，先知易卜拉欣想要吃饭时，就步行一两英里，寻找与他共餐的人。

有一天，阿里在哭，有人问他：“你怎么哭了？”阿里说：“七天来，没有任何客人来我家做客。所以，我害怕真主已经蔑视我了。”

关于相互关爱的高贵，真主的使者说：“凡为取悦真主而请饥饿者吃饭，他必进乐园。凡拒绝饥饿者吃饭，真主就在复活日拒绝施恩于他，惩罚他进入火狱。”

真主的使者说：“慷慨者接近真主，接近乐园，接近人们，远离火狱；吝啬者远离真主，远离乐园，远离人们，接近火狱。”

真主的使者说：“无知但慷慨的人较之修行但吝啬的人，更受真主喜悦。”

真主的使者说：“复活日，四种人不受清算地进入乐园——知行合一的学者、至死不说秽语和不作恶事的朝觐者、为弘扬伊斯兰教清真言而战死疆场者、赚取合法钱财且没有沽名钓誉地为主道消费的慷慨者。他们互相争论，谁先进乐园。”

伊本·阿拔斯传述，真主的使者说：“真主有一些仆人，他以裨益仆人的各种恩惠来优待他们。凡吝啬而没有施恩于人者，真主就将这些恩惠转移给他人。”

真主的使者说：“慷慨是乐园里茂密树林的一棵树，它的诸多树枝垂至地球。凡得到一根树枝者，该树枝将他引至乐园。”

贾比尔传述，有人请教真主的使者：“哪种工作最高贵？”使者说：“坚忍与慷慨。”

米格达姆·本·舒莱赫传述，他的父亲听爷爷讲——我说：“真主的使者啊，请你将我引至那些让我进入乐园的工作吧！”使者说：“得以饶恕的原因中不乏供人膳食，传播色兰，说话文雅。”

第十九章　恭敬礼拜

圣训集记载，有一天，哲卜拉伊勒天使来见先知，说："真主的使者啊，我看见天上的一个天使坐在椅子上，他的周围有七万天使排班侍奉他，这位天使每呼吸一次，真主就从中创造一名天使。现在，我看见这个天使翅膀折断，在嘎夫山上哭泣。他看见我时，说：'你为我说情吧。'我说：'你有何罪过？'他说：'登霄之夜，我坐在椅子上，穆罕默德经过我，我没有为他站起来，所以真主以此罪过惩罚了我，将我放在你所看见的地方了。'我祈求真主，为受罚天使说情。真主说：'哲卜拉伊勒，你告诉他，让他赞颂穆罕默德。'那个天使赞颂了你，真主饶恕了他，他的翅膀长全了。"

要知道，在复活日，首先审查的工作就是仆人的礼拜。如果礼拜完美，仆人及其所有功德就被接受。如果礼拜欠缺，仆人及其所有功德就被拒绝。

先知说："主命拜就如秤，谁秤足了量，谁就完美了。"

叶济德·勒贾舍说："真主的使者的拜功，均衡的如同平衡的秤盘。"

先知说："我乌玛中的两个人履行拜功，他俩的鞠躬和叩头如出一辙。两人拜功之间的恩赐，是天地之间的一切。"先知意在恭敬礼拜。

先知说："复活日，真主不看那些鞠躬和叩头之间没有直立脊梁的人。"

先知说："谁按时礼拜，洗全小净，完美鞠躬、叩头和恭敬，他的拜功公然升腾，它说：'真主保佑了你，就如保护了我。'谁没有按时礼拜，没有洗全小净，没有完善鞠躬、叩头和恭敬，他的拜功悄然升腾，它说：'真主遗失了你，就如遗失了我。'直到它升至真主意欲的地方后被卷起，就如破旧衣服被卷起来。他的脸因此被抽打。"

先知说："最可恶的人，莫过于盗窃拜功的小偷。"

伊本·麦斯欧德："礼拜是斗，谁量足了斗，谁就完美了。谁克扣分量，就当知晓真主所言'悲伤啊！称量不公的人们'。"(83:1)

某学者说："礼拜者就如不赚取利润的商人，以使他的资本纯净。同理，礼拜者的副功拜不被接受，直到他完成主命拜。"

艾布·伯克尔曾在入拜前说："你们站在了真主的火狱——你们点燃了它——旁边，所以你们灭火吧。"

先知说："礼拜就是卑躬屈膝，虔敬恭顺。"

先知说："谁的拜功没有防止他作恶和犯罪，增加的只是远离真主。"昏聩者的拜功不会阻止丑事和罪恶。

先知说："有一些礼拜者，其立站只不过是疲倦与劳累而已。"先知意指昏聩者。

先知说："仆人只有在领悟拜功的情况下方可礼拜。"

某学者说："礼拜有四大要素——知晓地入拜，羞怯地立站，恭敬地礼拜，敬畏地出拜。"

某学者说："谁的心没有切实地聚精会神，他的拜功无效。"

真主的使者说："乐园里有一条被称之为'阿菲赫'的河，河里有很多少女——真主用番红花创造了她们。她们玩着珍珠与宝石，用七万种语言赞美真主，声音比先知达吾德的声音更甜美。她们说：'我们属于那些虔敬恭顺地礼拜真主的人们。'真主说：'我一定让他居住在我的宅院，我肯定让他属于拜访我的行列之人。'"

据传，真主启示先知穆萨："穆萨啊，如果你浑身颤抖、潜心敬意地赞颂我，我就赞美你。你赞颂我时，我使你心口如一。如果你站立在我面前，你就仆人卑微般地站立，当以畏惧之心与诚实之语同我交流。"

据传，真主启示先知穆萨："你告诉你乌玛中的违逆者们，他们不要赞颂我。我以我自己发誓，凡赞颂我的人，我赞美他。所以，如果违逆者们赞颂我时，我报之以诅咒。"

这是违逆但不昏聩者赞颂真主的情状。如果集昏聩与违逆为一体，其情状又如何呢?!

某圣门弟子说："复活日，人们被按照他们的形象——安详礼拜与享受礼拜之恩泽——而复活。"

先知看见某人礼拜中梳理他的胡须，说："假设这个人的心敬畏，他的四肢肯定敬畏。"

先知说："心没有敬畏的人，他的拜功不被接受。"

真主在多节经文中赞扬了拜中恭敬的人："他们在拜中是恭顺的。"(23:2)"他们是谨守拜功的。"(23:9)"他们是常守拜功的。"(70:23)

有人说，礼拜者很多，但拜中敬畏者很少；朝觐者很多，但孝子很少；飞禽很多，但夜莺很少；学者很多，但行者很少。拜功是恭敬之地与虔敬之矿，这是被接受之征兆。允许进入乐园有条件，接受进入乐园也有条件。允许的条件是完成主命拜，接受的条件是恭敬礼拜，真主说："信士们确已成功了；他们在拜中是恭顺的。"(23:1—2)真主就"敬畏"说："真主只接受敬畏者的供物。"(5:27)

先知说："谁立站了两拜，且在拜中心向真主，他就摆脱了自己的一切罪过，就如他的母亲生他之日。"

你们要知道，唯有心烦意乱才会干扰拜功，因此务必要阻止心烦意乱。阻止的方法是，或在暗中礼拜，或在僻静之地礼拜，或在简陋之床上礼拜，或身穿布衣礼拜——因为一旦拜中窥视华丽服装，就会干扰拜功。正如先知所作——身穿艾布·贾赫姆送给他的丝毛混纺织衣服礼了拜，拜后脱下它，说："你们把它还给艾布·贾赫姆吧，它刚才干扰了我的礼拜。"先知让人更换了他的鞋带后，在拜中看了新鞋带，遂让人脱下新鞋带，换上旧鞋带。

先知朝觐受戒前，曾戴着一枚金戒指。彼时，他站在讲台上，脱下戒指后说道："注目这枚戒指与你们的眼光，干扰了我。"

艾布·泰勒赫在自家绿树成荫的枣园礼拜。园中一只寻找出口的飞鸽令他惬意。他的目光随鸽子转了一时后，不知自己礼了几拜。他给真主的使者叙述了他遭遇的不幸后，说："真主的使者啊，枣园是施舍物，你把它用在你所意欲的地方吧。"

另传，某人在自家硕果累累的椰枣园礼拜，他看着令他惬意的椰枣树而不知礼了几拜。他给奥斯曼叙述了此事，说："枣园是施舍物，你将它用于主道吧！"奥斯曼将它卖了五万迪尔汗并施舍了它。

某先贤说："拜中四件行为致使拜功徒劳无益——左顾右盼，抚摸脸庞，清除石子，在人们经过的路上礼拜。"

先知说:“真主迎向礼拜者,只要他不左顾右盼。”

艾布·伯克尔礼拜时,如同木桩。一些圣门弟子鞠躬时岿然不动,麻雀落在他们背上,他们好似无机物。这一切都是伟人的自然要求使然,所以,如何不这样要求自己立站在王权之主的面前呢?!

《讨拉特》[1]记载,真主说:“人类啊,你力所能及地礼拜着、哭泣着站在我的面前吧。我是真主,我近于你的心。在未见的情况下,你看见了我的光。”

据传,欧麦尔站在讲台上,说:“一个人在背离伊斯兰教的情况下逐渐老去——他没有完善地礼拜真主。”人们问:“这是怎么回事呢?”他说:“他在拜中没有完美敬畏,没有全美虔诚,没有心向真主。”

有人就经文“他们是忽视拜功的”(107:5)之意,请教艾布·阿里耶,艾布·阿里耶说:“他心不在焉地礼拜,所以他不知道自己礼了几拜,是双拜,还是单拜。”哈桑就此说:“他忽视了礼拜的时间,以至于错过了拜时。”

先知说:“真主说:‘我的仆人唯有凭借完成我给他制定的拜功,方能求救于我。’”

---

① *Al-tawrāt*,即犹太教的《旧约》。——译者

第二十章　背后骂人与搬弄是非

真主在《古兰经》中谴责了背后骂人，将背后骂人的人比作“吃死人肉”，真主说：“你们不要互相背毁，难道你们中有人喜欢吃他的已死的教胞的肉吗？你们是厌恶那种行为的。”(49:12)

先知说：“每个穆斯林对穆斯林都是不可侵犯的，包括他的生命、财产和物品。”

先知说：“你们谨防背后骂人。背后骂人确比通奸更严厉。通奸后忏悔者，真主宽恕他。背后骂人者，真主不饶恕他，直到被骂者原谅他。”

贤者们说：“背后骂人者，就如支起弩炮后左右开炮者。同样，暗地里骂人会伤及善行。”

先知说：“凡背地里意在揭短地责骂兄弟者，复活日，真主让其站在火狱的桥上，直到他摆脱他的所言所语。”

真主的使者说：“背后骂人就是，你谈及你兄弟所厌恶的事。”也就是说，你言及他身体、血统、行为、语言、宗教和现世的缺陷，甚至他的衣服、斗篷、骑乘的缺陷，甚至谈到前人，如果你说“某人的衣服长或者短”，这都是背谈。那么，你谈及你兄弟所讨厌的事情又如何呢？

据传，某侏儒女子因需来见先知，她出来后，阿伊莎谈及了她：

“她真矮!”先知说:“阿伊莎啊,你背谈了她!”

先知说:“你们避免背后骂人,因为其中蕴含着三件不幸——背后骂人者的祈祷不被应答,他的任何善行不被接受,他要承受堆积于他的所有罪行。”

先知就搬弄是非讲到:“复活日,最可恶的人是双面人——搬弄是非者,他以一种面孔来见这些人,以另一种面孔来见那些人。现世有两张脸的人,复活日,长有两条火舌。”

先知说:“任何搬弄是非者都不能进入乐园。”

如果有人就“真主给任何生物都创造了能言和不能言的舌头,但鱼根本没有舌头”,问其哲理是什么?答案是:“因为,真主创造阿丹后,命令众天使叩首阿丹,他们都叩了头,唯有恶魔易卜劣厮拒绝了。真主诅咒了恶魔,将他逐出乐园,使其破相,令其降至地球。恶魔来到大海,首先看见的是鱼,他告诉鱼,真主创造了阿丹。恶魔猎取海洋生物与陆地动物,鱼将阿丹的信息告诉了海洋生物,所以真主使鱼失去了舌头。”

阿慕尔·本·迪纳尔传述,有个麦地那人,住在郊区的姐姐生病了。他去探望姐姐。姐姐去世了,他送葬姐姐,并将她抬至墓地,埋葬了她。他返回姐姐家后,想起他的一个袋子遗失在墓中。他请一个朋友帮忙,与他一起来到墓地。两人挖开坟后,找到了袋子。他对朋友说:“请让开,让我看看她的情况如何。”他揭开坟坑壁龛的一角,发现坟中火焰燃烧。他回到母亲身边,问母亲:“请告诉我,我的姐姐怎么了?”母亲说:“你的姐姐曾到邻居家门口,为了搬弄是非而附耳偷听谈话。”他知道,这是坟墓惩罚的原因。

谁想要脱离火狱的惩罚,就让他避免搬弄是非与背后骂人吧!

据传，艾布·莱斯·布哈里远行朝觐，他将两枚迪尔汗装在口袋里。他发誓："如果我在往返麦加的路上，背后暗骂了任何人，我就为真主施舍这两枚银币。"他来到麦加，朝觐后返回家中，两枚银币仍然在口袋里。有人就此问他，他说："我宁愿通奸一百次，也不愿背后骂人一次。"

艾布·哈夫斯·凯比尔说："我宁愿不在莱麦丹月斋戒，也不愿背后骂人。"他又说："谁背后暗骂了教法学家，复活日复生时，脸上写着'此人无望真主的怜悯'。"

艾奈斯·本·马利克传述，真主的使者说："登霄之夜，我经过一伙人，他们用自己的指甲抓挠脸庞，食用腐尸。我说：'哲卜拉伊勒啊，这都是什么人？'他说：'这些人是在现世中食用人肉的人。'"也就是搬弄是非的人。

哈桑说："以真主起誓，信士背后骂人比食用尸体更迅速。"

艾布·胡莱尔说："你们看见兄弟眼中的微尘，却看不见自己眼中的树干。"

据传，赛勒曼与艾布·伯克尔、欧麦尔一起旅行，他为他俩做饭。他们居住一家客店，没有任何食品可供他们吃饭。两人派赛勒曼前往先知那儿，看先知那儿是否有食物。他没有找到食品，返回他俩身边。彼时，两人说："如果他去某口井那儿，井水肯定都枯竭了。"所以，真主降示了这节经文："你们不要互相背毁，难道你们中有人喜欢吃他的已死的教胞的肉吗？你们是厌恶那种行为的。"(49:12)

艾布·胡莱尔传述，真主的使者说："谁在现世中食用了他兄弟的肉，他在复活日被供吃兄弟的肉，听到命令：'你吃死人肉吧，因为你吃了活人肉。'于是,他就吃了肉。"真主的使者说完后,诵读了经文:"难道你们中有人喜欢吃他的已死的教胞的肉吗?"(49:12)

辅士圣门弟子贾比尔·本·阿卜杜拉传述,真主的使者时代,背谈之风昭然若揭,这是因为鲜有背谈。至于这个时代,背谈之风盛行,它充斥鼻息,令人不辨其味。这就如一个人来到鞣皮匠的家中,由于气味浓重和皮革恶臭而无法驻足,但皮匠家人却身在其中饮食,他们无法闻辨恶臭——臭味充斥了鼻息。我们时代,背后骂人的情状就是这样。

凯尔卜说,我在一本书中读到,谁因暗地骂人行为而忏悔后死亡,他就是最后一个进入乐园的人。谁怙而不悛地背后骂人而亡,他就是第一个进入火狱的人。

真主说:"悲伤啊!每个诽谤者,诋毁者。"(104:1)也就是说,最严厉的惩罚属于诽谤者——背后贬责人,以及诋毁者——当面指责人。该节经文因瓦利德·本·穆吉尔所降。当时,他当面指责先知与穆斯林大众。该节经文的降示背景具有针对性,但警告具有普遍性。

真主的使者说:"你们避免背后骂人,因为它比奸淫更严重。"圣门弟子问:"背后骂人怎么比奸淫还严重呢?"先知说:"奸淫后忏悔者,真主饶恕他。背后骂人者,真主不饶恕他,直到被骂者原谅他。"

所以,背后骂人者务必悔过自新,以便摆脱真主的惩罚,继而请求被骂者原谅,从而走出黑暗。

先知说:"谁背后责骂穆斯林兄弟,真主就在复活日将他的脸置于身后。"

背后骂人者务必在离座前、责骂之语传给被骂者之前，向真主求饶。这是因为，如果背后骂人者在骂语传给被骂者之前，他的忏悔就被接受。然而，骂语一旦传到被骂者耳中，只要没有找到解决的方法，其罪就不因忏悔而消除。同理，如果与有夫之妇通奸，女人的丈夫知道消息后，只要没有找到解决问题的方法，他的罪过不因忏悔而消失。

至于放弃拜功、天课、封斋与朝觐的罪过，不因忏悔而消失，而是凭借放弃者对此的补偿。真主最知！

第二十一章　天课

真主说："他们是完纳天课的。"(23:4)

艾布·胡莱尔传述，真主的使者说："凡拥有金银而不交纳天课的人，复活日，金银被铸成烙铁，放在火狱烧红，用来烙烤拒交天课之人的两肋和脊背[扩及全身——原注]。烙铁一凉，便再烧红。彼时的一天等于五万年，直到公审人类结束，他就看到自己的归宿，或进乐园，或入火狱。"

真主说："信道的人们啊！有许多博士和僧侣，的确借诈术而侵吞别人的财产，并且阻止别人走真主的大道。窖藏金银，而不用于主道者，你应当以痛苦的刑罚向他们报喜。在那日，要把那些金银放在火狱的火里烧红，然后用来烙他们的前额、肋下和背脊。这是你们为自己而窖藏的金银。你们尝尝藏在窖里的东西的滋味吧！"(9:34—35)

真主的使者说："悲伤啊，亏待了穷人们的富人们！复活日，穷人们说，富人们剥夺了我们的权利——真主给他们规定的天课，真主说：'以我的尊严和伟大发誓，我肯定亲近你们，绝对远离他们。'"然后，真主的使者诵读了经文"他们的财产中有一个定份，是用于施济乞丐和贫民的。"(70:24—25)

据传，先知在登霄之夜路过一伙人，他们的前胸后背上满是布片，他们在吃草，就如牲畜吃芒柄花、攒楛树和热石。先知问：“哲卜拉伊勒啊，这都是些什么人？”哲卜拉伊勒说：“这些人是没有交纳天课的人，真主没有亏待他们，真主绝不亏待仆人。”

据传，一些再传弟子拜访艾布·苏夫延。他们来到他家，坐在他身边。艾布·苏夫延说：“你们起来吧，我们一起去探望我的邻居，他哥哥归真了，我们去吊唁他。”穆罕默德·本·优素福·吉兹雅尼讲到，我们站起来，与艾布·苏夫延一起去他邻居家，看见他邻居为哥哥而泪如泉涌，悲痛欲绝。我们宽慰他，但他不接受宽慰与吊唁。我们告诉他：“难道你不知道，死亡不可避免吗？”他说：“当然知道。我早晚哭泣，是害怕真主对我哥哥的惩罚。”我们说：“真主已经让你知晓幽玄了吗？”他说：“没有。但是，当我埋葬他，填平坟坑，人们转身离开后，我坐在他的坟墓旁，突然听见一个来自坟坑的声音说：‘啊，你们留下了孤独的我，我在遭受惩罚。我曾经封斋，礼拜。’他的话令我痛哭。我揭开他的坟口，看他的情况如何。我发现坟中有火焰烧灼他，他的脖子上戴着火圈。手足之情油然而生，我伸手摘他脖子上的项圈，但火焰烧灼了我的指头和双手。我缩回手，手被烧黑。我重新填埋坟土后，回来了。我怎能不哭泣他的情况呢，我怎能不忧心他呢？”我们问：“你哥哥在世时曾经做过什么？”他说：“他不交纳财产的天课。”我们说：“这证实了真主的话——‘吝惜真主所赐的恩惠的人，绝不要认为他们的吝惜，对于他们是有益的，其实，那对于他们是有害的；复活日，他们所吝惜的[财产]，要像一个项圈一样，套在他们的颈项上。天地间的遗产，只是真主的。真主是彻知你们的行为的。’(3:180)你的哥哥在坟墓里就被提前惩罚，直到复活日。”我们出来后，来到圣门弟子艾

布·赞尔家,给他叙述了那个人的情况。我们告诉他:"犹太教徒和基督教徒死亡,我们都未曾看到这样的情况!"艾布·赞尔说:"毫无疑问,犹太教徒和基督教徒都在火狱。真主给你们昭示信士的情况,以便你们参悟。真主说:'从你们的主发出的许多明证,已降临你们;谁重视那些明证,谁自受其益;谁忽视那些明证,谁自受其害;我不是监护你们的。'"(6:104)

圣训集记载,先知说:"在真主看来,拒交天课的人,等同于犹太教徒与基督教徒。在真主看来,拒交什一税的人,等同于拜火教徒。"

谁拒绝交纳财产的天课和什一税,就遭受众天使和先知的诅咒,他的证词不被接受。

先知说:"恭喜交纳天课与什一税的人。恭喜不因天课而受罚的人,以及不受复活日惩罚的人。谁交纳财产的天课,真主给他解除坟墓之罚,禁止火狱焚烧他的肉体,无清算地让他进入乐园,他不受复活日的干渴之苦。"

第二十二章　通奸

真主说："他们是保持贞操的。"(23:5)也就是说，他们避免丑事与非法事务。

真主又说："你们不要临近明显的和隐微的丑事。"(6:151)明显的丑事即通奸，隐微的丑事即接吻、抚摸和目视。

圣训集记载，人类的领袖先知穆罕默德说："双手行奸，双脚行奸，双眼行奸。真主说：'你对信士们说，叫他们降低视线，遮蔽下身，这对于他们是更纯洁的。'"(24:30)

真主命令男女降低视线，非礼勿视；命令他们保护羞体，避免非法事务。真主在多节经文中禁止通奸，他说："他们只祈祷真主，不祈祷别的神灵；他们不违背真主的禁令而杀人，除非由于偿命；他们也不通奸。谁犯此类[罪恶]，谁遭惩罚。"(25:68)

据传，某圣门弟子说："你们谨防通奸。通奸导致六件灾难，三件在现世，三件在后世。现世的三件灾难是：收入降低，寿限将尽，脸色黝黑。后世的三件灾难是：真主恼怒，清算严酷，进入火狱。"

据传，先知穆萨说："我的养主啊，通奸者的刑罚是什么？"真主说："我给他穿上火盔甲。如果火盔甲被放在崇山峻岭上，它亦化为灰烬。"

据传，一个淫妇，比一千个奸夫，更受恶魔喜欢。

《明灯》(*Al-maṣābīḥ*)记载,真主的使者说:“人在行奸时,信仰离开他,就像影子悬在他的头上。他结束奸淫时,信仰复归他。”

《说服》(*Al-'iqnā'*)记载,先知说:“在真主看来,再也没有比男人将精液射于婚外女人子宫中更严重的罪过了。”

鸡奸比通奸更严重。艾奈斯·本·马利克传述,先知说:“鸡奸者,闻不到乐园的芳香。的确,乐园的芳香,在距离五百年的里程外就能闻到它。”

典故:阿卜杜拉·欧麦尔坐在家门口,看见一个美少男后,逃回家中,关上门。停留一个小时后,他问:“不幸是否走了。”他们说:“走了。”于是他走出家门,有人问他:“阿卜杜拉,你怎么了?”他说:“难道你没听真主的使者说:‘看他们是非法,与他们说话是非法,和他们同坐也是非法。’”

加迪·伊玛目说:“我听某筛海讲:‘的确,每个女人都被一个恶魔伴随着,每个少男都被十八个恶魔伴随着。’”

据传,凡带着情欲亲吻少男的人,真主惩罚他五百年的火狱之刑。谁带着情欲亲吻女人,就如他与七十个处女通奸了。谁与处女通奸,就如他与七十个已婚女子通奸了。

《注释精华》(*Rawnaq al-tafāsīr*)记载,凯勒比说,恶魔易卜劣厮是第一个行鲁特民众行为[①]者。他扮作俊美的无胡须少男,引诱鲁特民众亲近他,他们就与他交媾了。此后,此行径成为他们对待陌生人的常规。于是,真主给他们派遣了先知鲁特。鲁特禁止他们行此丑事,号召他们崇拜真主,以真主的惩罚告诫他们的怙

① 即鸡奸。——译者

而不悛。他们对他说："你把真主的刑罚昭示我们吧，如果你是诚实的人。"(29:29)鲁特祈求他的养主，援助他对抗他们。他说："我的主啊！求你助我，以对抗伤风败俗的人们。"(29:30)所以，真主命令天降石雨击打他们。每颗石头上写着被击者的名字，这就是经文"那些陶石是在你的主那里打上标记的"(11:83)之意。

典故：鲁特民众中的一个商人行商麦加，来到一颗石头前，想以石头击打禁地。天使对石头说："你回到原来的地方吧，一个男人在真主的禁地。"石头返回，在禁地外的天地间停留了四十日，直到该男子结束商业。他走出麦加时，禁地外的那颗石头将他击死。

鲁特偕妻子一起出城，他禁止追随他的人不要回头看。唯有他妻子回头看了——她听见惩罚之声后回眸目视，并说："你们站住！"于是，石头落在她的头上，击死了她。

穆扎希德说："次日清晨，哲卜拉伊勒来到他们的城镇，摇晃城池并将翅膀插入城镇后，卷起城中一切，升至天空。众天使听到了城镇里的鸡鸣、犬吠和心跳。这是第一个变为废墟的城镇，它的居民遭受了前人未曾经历的惩罚。"

此后，真主使该城镇居民目盲，将他们的城镇夷为平地。该城镇是麦德彦城的五分之一，它的最大城镇是苏杜姆城，即《古兰经》忏悔章讲到的"被倾覆的城市"①，有人说城中有四百万居民。

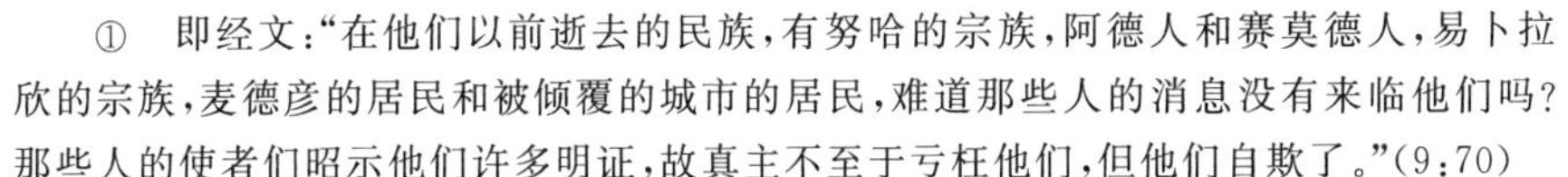

① 即经文："在他们以前逝去的民族，有努哈的宗族，阿德人和赛莫德人，易卜拉欣的宗族，麦德彦的居民和被倾覆的城市的居民，难道那些人的消息没有来临他们吗？那些人的使者们昭示他们许多明证，故真主不至于亏枉他们，但他们自欺了。"(9:70)

第二十三章　联系亲族

真主说："你们当敬畏真主——你们常假借他的名义，而要求相互的权利的主——当尊重血亲。"(4:1)这节经文是讲，人们要尊重亲族[①]，不要断交他们。

真主说："假若你们执政，你们会不会在地方上作恶，并断绝亲戚的关系呢？这等人，是真主所弃绝的，故他使他们变聋，使他们变瞎。"(47:22—23)

真主说："他们与真主缔约之后，并断绝真主命人联络的，且在地方上作恶；这等人，确是亏折的。"(2:27)

真主说："与真主缔约，然后加以破坏的，断绝真主命人连结者的，在地方上进行破坏的，这等人将被诅咒，将吃后世的恶果。"(13:25)

布哈里与穆斯林根据艾布·胡莱尔传述，真主的使者说："真主创造众生。他结束创造后，骨肉站起来说：'这是求你保护的人免遭断交的地方。'真主说：'是的。谁联系你，我联系他。谁断交你，我断绝他。难道你不满意吗？'骨肉说：'满意。'真主说：'这是你的权利。'"真主的使者接着说，如果你们意欲的话，就诵读经文："假若你们执政，你们会不会在地方上作恶，并断绝亲戚的关系呢？这等人，

---

① 即经文中的血亲。——译者

是真主所弃绝的，故他使他们变聋，使他们变瞎。”(47:22—23)提尔米兹圣训集也传述了这段圣训，界定这是一段正确的健全圣训。伊本·马哲与哈基姆也传述了这段圣训，肯定它的传述系统确凿无误。

艾布·拜克尔传述，真主的使者说：“再没有比为非作歹和断交亲族更应受到惩罚的罪过了——真主在现世提前惩罚罪人的同时，也在后世惩罚他。”

布哈里与穆斯林传述，先知说：“断交者不能入乐园。”苏夫延说：“即断交亲族的人。”

艾哈迈德根据权威传述人传述，先知说：“每周四和周五晚上，人的所有功修被呈报给真主，唯有断交亲族者的功修不被接受。”

拜海吉传述，先知说：“哲卜拉伊勒天使前来告诉我：‘舍尔邦月[①]的半月内，真主从火狱赦免的人数，等同于凯里布部落的羊毛数。真主在此时间内不眷顾以物配主者、与人为敌者、断交亲族者、骄傲自大者、忤逆父母者、嗜好饮酒者。’”

伊本·欣班等人传述，先知说：“三类人不能进乐园：沉湎饮酒者、断交亲族者、相信魔术者。”

艾哈迈德、伊本·艾布·顿亚与拜海吉传述，这个民族中的一些人通宵达旦地吃喝玩乐。清晨，他们被变为猴子与猪，遭受了地陷与击打。人们说：“昨晚，某些人遭受了地陷，尤其是某座宅院地陷了。”他们遭受天石的击打，就如鲁特族的部落和宅院遭受的那样。他们遭受飓风的袭击，就如阿德族的部落和宅院遭受的那样。

① 伊历八月。——译者

这都是由于他们嗜好饮酒、穿戴丝绸、沉醉歌女、吞吃利息、断交亲族所致。

泰卜拉尼在《中间》(*Al-'awsaṭ*)记载,贾比尔传述,真主的使者来到我们面前,我们坐在一起。使者说:"穆斯林啊!你们敬畏真主,联系亲族,没有比联系亲族更快获得恩赐的赏赐了。你们谨防为非作歹,没有比为非作歹更快受到惩罚的惩罚了。你们谨防忤逆父母。乐园的芳香,在千年里程之外就能闻到它。以真主起誓,忤逆父母者、断交亲族者、老迈通奸者、骄傲自大者闻不到乐园的芳香。王权只归真主——众世界的养育者。"

艾斯拜哈尼说,我们坐在真主的使者周围,他说:"今天,断交亲族的人不能与我们同座。"一个与姨妈有过节的青年站起来,来到姨妈家,请求原谅,姨妈原谅了他。他返回原座后,先知说:"怜悯不会降临这样的民众——他们中有断交亲族者。"

泰卜拉尼传述,先知说:"天使不降临这样的民众——他们中有断交亲族者。"

泰卜拉尼根据艾阿迈什的确凿传述系统传述,圣门弟子伊本·麦斯欧德晨礼后,参加了一个学习讲座,他说:"真主应答断交亲族者——他在我们中间站起来,我们为他祈祷真主。乐园的所有门已被关闭,除非为断交亲族后又联系亲族的人开启。"

布哈里与穆斯林传述,先知说:"骨肉悬挂于阿勒舍,说:'谁联系我,真主联系他。谁断交我,真主断交他。'"

阿卜杜·拉哈曼·本·奥夫传述,我听先知说:"伟大的真主说:'我是真主,我是普慈的主。我创造了骨肉,我以我的名字命名他。所以,谁联系了骨肉,我联系他。谁断交了骨肉,我断交他。'"

艾哈迈德根据确凿的传述系统传述，先知说："最严重的高利贷，莫过于无理侵害穆斯林的名誉。'骨肉'(Al-Raḥim)派生于'普慈'(Al-Raḥmān)。所以，谁断交了骨肉，真主禁止他进入乐园。"

艾哈迈德与伊本·欣班传述，先知说："'骨肉'派生于'普慈'。骨肉说：'我的养主啊，我被断交了！我的养主啊，我被伤害了！我的养主啊，我被亏待了！养主啊，我的养主！'真主应答他：'谁联系你，我联系他；谁断交你，我断交他。难道你不满意吗！'"

根据圣训，单词"普慈"派生于真主的名称——"普慈的主"。

班扎勒传自哈桑，先知说："骨肉紧勾着阿勒舍，用舌尖说：'主啊！谁联系我，你联系他。谁断交我，你断交他。'真主说：'我是普慈特慈的主，我以我的名字命名了骨肉。谁联系骨肉，我联系他。谁断交骨肉，我断交他。'"

班扎勒说，三物挂着阿勒舍。骨肉说："主啊，我与你在一起，我不断交。"诚信说："主啊，我与你在一起，我不背信。"恩惠说："主啊，我与你在一起，我不忘恩。"

班扎勒与拜海吉传述，印章挂着阿勒舍的柱子。当骨肉患病、遭受罪过后勇于求助真主时，真主派印章封闭断交亲族者的心，他从此不能明白任何事理。

布哈里与穆斯林传述，先知说："谁信仰真主与末日，就当尊重客人。谁信仰真主与末日，就当联系亲族。谁信仰真主与末日，就当口说善言，或沉默不语。"

布哈里与穆斯林传述，先知说："谁喜悦生活富足与延年益寿，就当联系他的亲族！"

艾布·胡莱尔传述，我听真主的使者说："谁喜悦生活富足与延年益寿，就当联系他的亲族。”

布哈里与提尔米兹传述，先知说：“你们向你们的亲人学习联系亲族。联系亲族就是爱亲，就是财源，就是增寿。”

阿卜杜拉·本·伊玛目·艾哈迈德在《多种传述》(*Zawā'id al-musnad*)中传述，班扎勒、哈基姆也传述，先知说：“谁喜悦延年益寿、生活富足与避免恶死，就当敬畏真主，联系他的亲族。”

班扎勒与哈基姆传述，先知说：“《讨拉特》记载：‘谁喜悦长寿与富足，就当联系他的亲族。’”

艾布·耶尔拉传述，先知说：“真主借助施舍与联系亲族增加人的寿数，提防人的恶死、可憎与灾祸。”

艾布·耶尔拉根据确凿传述系统传述，海斯阿姆部落的某人说，我来拜访正坐在一些圣门弟子中间的先知。我说：“你就是声称真主使者的人？”先知说：“是的。”我说：“真主的使者啊，哪件工作最受真主喜悦？”先知说：“信仰真主。”我说：“真主的使者啊，其次呢？”先知说：“联系亲族。”我说：“真主的使者啊，哪件工作最受真主恼怒？”先知说：“以物配主。”我说：“真主的使者啊，其次呢？”先知说：“断交亲族。”我说：“其次呢？”先知说：“命人作恶，止人行善。”

布哈里与穆斯林传述，一个游牧人出现在旅途中的先知穆罕默德面前，他抓住先知的骆驼笼头，说：“真主的使者啊，请你告诉那些让我接近乐园和远离火狱的工作吧？”先知停下，然后看了看他的门弟子，说：“此人成功了，或者此人得道了。”游牧人说：“你何出此言呢？”先知又重复了他的话，接着说：“你崇拜真主，不要以物配主。你履行拜功，交纳天课；你联系亲族。你放开骆驼吧。”游牧人转身离去后，真主的使者说："如果他遵从了我所命令他的工作，他进入乐园了。"

艾哈迈德根据多位权威传述人传述，先知说："谁善待同伴们，他就被赋予两世幸福。联系亲族、善待邻居、品行端正能建造家宅，增加寿数。"

艾布·筛海、伊本·欣班、拜海吉传述，圣门弟子问："真主的使者啊，谁是最优秀的人？"先知说："最敬畏养主者，最联系亲族者，最命人行善者，最止人作恶者。"

泰卜拉尼与伊本·欣班的《实录》(*Al-ṣaḥīḥ*)传述，艾布·赞尔说，我的朋友——先知忠告我行善。他忠告我，不要看我之上的人，不要看我之下的人。他忠告我，要喜欢穷人，接近穷人。他忠告我，要联系我的亲族，即使亲人逝去。他忠告我，因为真主而不要害怕谴责者的责备。他忠告我，要说良言，即使良言苦口。他忠告我，让我常做"无能为力，只靠真主"的人。这些忠言，是乐园的宝库之一。

布哈里与穆斯林等人传述，圣妻梅蒙娜未请示先知，就释放了自己的一个女奴。轮到她与先知共同生活的那一天时，她说："真主的使者啊，你感到我释放了一个女奴了吗？"先知说："你做了吗？"她说："是的。"先知说："如果你把她送给她的舅舅，你会获得更多恩赐。"

伊本·欣班与哈基姆传述，某人来见先知，说："我犯了大罪，能忏悔吗？"先知说："你有姨妈吗？"他说："有。"先知说："你孝敬她。"

布哈里等人传述，先知说："联系亲族的人绝不是酬谢的人。

联系亲族者的人是，当他的亲族断交他后，他联系亲族。”

提尔米兹传述，哈桑说：“你们不要成为人云亦云者——人们行善时，你们说：‘他善待我们了’；人们不义时，你们说：‘他亏待我们了’。你们要使自己习惯于人们行善时，你们也行善；人们不义时，你们勿不义。”

穆斯林传述，有人请教先知：“真主的使者啊，我有些亲人，我联系他们，他们断交我。我向他们示好，他们向我示恶。我宽恕他们，他们疏远我。”先知说：“如果你所言其实，就如同你让他们吞吃热灰。只要你锲而不舍，真主帮助你善待他们。”

泰卜拉尼、伊本·海济姆的《实录》（*Al-ṣaḥīḥ*），以及哈基姆传述，最好的施舍是向结仇的亲人施舍。这就是先知所说的“你联系断交你的人”之意。

班扎尔、泰伯里、哈基姆传述，先知说：“谁具备三件品格，真主就非常容易地清算他，让他凭借自己的怜悯进入乐园。”他们问：“真主的使者啊，哪三件？”先知说：“你给予剥夺你的人，联系断交你的人，原谅亏待你的人。如果你这样做了，真主让你进入乐园。”

艾哈迈德根据阿格卜·本·阿米尔传述，他说，我与真主的使者不期而遇。我握着他的手，说：“真主的使者啊，请你告诉我最尊贵的工作？”先知说：“阿格卜啊，你联系断交你的人，给予剥夺你的人，原谅亏待你的人。”哈基姆又对此增加了先知的话：“须知，谁想要益寿延年和生活宽裕，就当联系他的亲族。”

泰卜拉尼传述，先知说：“难道我没有给你指引今后两世最优秀的品德吗——联系断交你的人，给予剥夺你的人，原谅亏待你的人。”

泰卜拉尼传述，先知说："最优秀的品德莫过于，联系断交你的人，给予剥夺你的人，原谅责备你的人。"

班扎尔传述，先知说："难道我没有把你们引导至这些工作——真主借此提升品级吗？"圣门弟子说："真主的使者，告诉了。"先知说："宽容疏远你的人，原谅亏待你的人，给予剥夺你的人，联系断交你的人。"

伊本·马哲传述，先知说："受赐最快的善行是孝顺父母与联系亲族。受罚最快的恶行是为非作歹与断交亲族。"

泰卜拉尼传述，先知说："再没有比断交亲族、背信弃义和信口雌黄更应受到惩罚的罪过了——真主在现世提前惩罚罪人的同时，也在后世惩罚他。恩赐最快的善行莫过于联系亲族，直到家人腰缠万贯，财产增加。如果他们互相来往，则家族兴旺。"

第二十四章　孝顺父母

布哈里与穆斯林传述，伊本·麦斯欧德说，我请教真主的使者："真主最喜悦那项工作？"先知说："按时礼拜。"我说："然后呢？"先知说："孝顺父母。"我说："然后呢？"先知说："为主道奋斗。"

穆斯林等人传述，先知说："孩子不能报答他的父亲，除非他买回身为奴隶的父亲，使他成为自由民。"

穆斯林传述，某人来见真主的使者，说："我就迁徙与吉哈德向你效忠，我寻求真主的报酬。"先知说："你父母中有无健在者。"他说："是的，父母都健在。"先知说："你寻求真主的报酬？"他说："是的。"先知说："你回到父母身边，侍奉他俩吧！"

艾布·耶尔拉与泰卜拉尼传述，某人来见真主的使者，说："我渴望圣战，但无法参加圣战。"先知问："你父母中有无健在者？"他说："我母亲。"先知说："你就孝顺她而祈求真主吧。如果你这样做了，你就是正朝者、副朝者和奋斗者。"

泰卜拉尼传述，某圣门弟子说："真主的使者啊，我想要参加圣战。"先知说："你母亲在世吗？"他说："是的。"先知说："你陪伴她吧，那里有乐园。"

伊本·马哲传述，某圣门弟子说："真主的使者啊，儿女对父母的义务是什么？"先知说："父母是你的乐园，是你的火狱。"

伊本·马哲、奈萨仪、哈基姆传述，某圣门弟子说："真主的使者啊，我想要参战，来与你商讨。"先知说："你母亲健在吗？"他说："是的。"先知说："你侍奉她。乐园在她的双脚下。"另一段确凿的传述中，先知说："你父母健在吗？"他说："是的。"先知说："你侍奉他俩。乐园在父母的脚下。"

提尔米兹传述，某人来见艾布·代尔达厄，说："我有妻室，我母亲命令我离异她。"艾布·代尔达厄说："我听真主的使者说：'父母是乐园之门，如果你意欲的话，就舍弃它，或者保护它。'"

伊本·欣班在《实录》（*Al-ṣaḥīḥ*）中传述，某人来见艾布·代尔达厄，说："我的父亲抚育我长大成人，直到给我娶了妻子。他现在命令我离异她。"艾布·代尔达厄说："我既不是命令你忤逆父母的人，也不是让你离异妻子的人。但是，如果你需要的话，我就给你告诉我听自真主的使者的话吧。我听使者说：'父亲是乐园的门，如果你意欲的话，就保护它，或者放弃它。'"于是，他离异了妻子。

四大部圣训集[①]与伊本·欣班传述，伊本·欧麦尔说："我曾有个爱妻，可父亲欧麦尔讨厌她，对我说：'你离异她吧。'我拒绝了。欧麦尔拜访真主的使者，给他提及了此事。真主的使者对我说：'你离异她。'"

艾哈迈德传述，先知说："谁乐于延年益寿和生活富足，就当孝顺父母，联系亲族。"

---

① 《艾布·达吾德圣训集》、《提尔米兹圣训集》、《奈萨仪圣训集》、《伊本·马哲圣训集》的合称。——译者

艾布·耶尔拉等人传述,真主的使者说:“恭喜孝顺父母者,真主给他增寿。”

伊本·马哲、伊本·欣班的《实录》,以及哈基姆传述,先知说:“人因犯罪而断给养,只有祈祷恢复前定,唯有孝亲增加寿数。”

提尔米兹传述,先知说:“只有祈祷恢复前定,唯有孝亲增加寿数。”

哈基姆传述,先知说:“你们让人们的女人安分守己,你们的女人就安分守己。你们孝顺你们的父母,你们的儿女就孝顺你们。谁的兄弟与他断交关系,就让他接受吧,无论真假与否。如果他没有这样做,我就没有抵达仙池。”

泰卜拉尼传述,先知说:“你们孝顺你们的父母,你们的儿女就孝顺你们。你们安分守己,你们的女人就安分守己。”

穆斯林传述,先知说:“他亏本了,他亏本了,他亏本了。”圣门弟子问:“真主的使者,谁啊?”先知说:“一个人正值父母或其中之一年迈,但他没有进入乐园。”

泰卜拉尼传述,先知登上讲台,说:“求主准我所求!求主准我所求!求主准我所求!”他接着说:“哲卜拉伊勒天使来见我,说:‘穆罕默德啊,谁正值父母之一在世而没有孝顺父母,死后进入火狱,真主远离他。你说‘求主准我所求!’我说:‘求主准我所求!’他说:‘穆罕默德啊,谁正值斋月而没有孝顺父母地死亡,就不被饶恕并进入火狱,真主远离他。你说‘求主准我所求!’我说:‘求主准我所求!’他说:‘有人提到你,但听者没有赞颂你,他死后进入火狱,真主远离他。’你说‘求主准我所求!’我说:‘求主准我所求!’”

伊本·欣班的《实录》传述,先知说:“谁正值父母或其中之一在世而没有孝顺他俩，死后进入火狱，真主远离他。你说‘求主准我所求！’我说：‘求主准我所求！’”

泰卜拉尼传述，先知说：“谁正值父母或其中之一在世而没有孝顺他俩，他就进入火狱，真主远离他。我说：‘求主准我所求！’”

艾哈迈德传述，先知说：“谁让一个穆斯林女奴成为自由民，她就是他脱离火狱的救赎。谁正值父母之一在世，之后他没有被饶恕，真主远离了他。”

布哈里与穆斯林传述，某圣门弟子问：“真主的使者啊，我最应该善待谁？”先知说：“你的母亲。”他说：“其次呢？”先知说：“你的母亲。”他说：“其次呢？”先知说：“你的母亲。”他说：“其次呢？”先知说：“你的父亲。”

布哈里与穆斯林根据艾布·伯克尔的女儿艾斯玛传述，她说：“我的母亲——她在真主的使者时代是多神教徒——看望我，我去请教真主的使者：‘我的没有皈依伊斯兰教的母亲来看望我，我能联系我的母亲吗？’先知说：‘可以，你联系你的母亲吧！’”

伊本·欣班的《实录》与哈基姆传述，先知说：“真主的喜悦取决于［人之］父亲（父母）的喜悦，真主的恼怒取决于［人之］父亲（父母）的恼怒。”

泰卜拉尼传述，先知说：“顺从真主取决于顺从父亲（父母），违逆真主取决于忤逆父亲（父母）。”

班扎尔传述，先知说：“养主的喜悦取决于［人之］父母的喜悦，养主的恼怒取决于［人之］父母的恼怒。”

提尔米兹、伊本·欣班的《实录》与哈基姆传述，某人拜访先知，说：“我犯了大罪，能忏悔吗？”先知问：“你母亲健在吗？”他说：

"不在。"先知问："你姨妈健在吗？"他说："是的。"先知说："你孝顺她。"

艾布·达吾德与伊本·马哲传述，某圣门弟子请教先知："真主的使者啊，我父母去世后，还有什么可以让我孝顺父母？"先知说："有。为父母祈祷，为父母求饶，完成父母未尽的协约，联系父母曾经联系的亲族，尊敬父母的朋友。"

穆斯林传述，阿卜杜拉·欧麦尔在前往麦加的途中路遇一个游牧人，向他问安，让他骑自己的毛驴，将自己的头巾送给他。伊本·迪纳尔传述，我们说："真主善待你，他是游牧人，他喜欢步行。"阿卜杜拉·欧麦尔说："此人父亲曾经是欧麦尔的故交。我听真主的使者说：'最大的孝顺莫过于儿女联系父亲的生前故交。'"

伊本·欣班的《实录》传述，艾布·布尔德说，我来到麦地那，阿卜杜拉·欧麦尔看望我，他说："你知道我为什么要看你吗？"我说："不知道。"他说："我听真主的使者说：'谁喜欢在父亲的坟墓上联系父亲，就在父亲去世后联系他的兄弟们。'我父亲欧麦尔与你父亲有着兄弟般的友谊，所以我喜欢联系你。"

《布哈里圣训实录全集》、《穆斯林圣训实录全集》等权威圣训集记载了一段传述不同的圣训。真主的使者讲到，从前，有三个人正在赶路，碰到大雨，他们进入一个山洞中避雨。山上滚下的一块巨石堵住了洞口。他们说："没有人拯救你们移开巨石，除非凭借你们的善功祈求真主。"其中一个人说："主啊！我有老迈龙钟的父母，还有一群孩子，我为他们放牧。我回家后挤奶，先让父母喝，然后再让我的孩子们喝。有一次，我去远处放牧，回来时天色已晚，我发觉父母已入睡，就像往常一样挤了奶，端着奶罐立于他俩跟前，但不忍心叫醒他俩。我也不忍心让孩子们在他俩之前先喝，孩子们饿得在我脚下哭喊，我就这样一直等到天亮。若你知道我这样做是为了取得你的喜悦，请你给我们启开一道我们能看见天空的缝隙吧！"接着，真主给他们开启了一道缝隙，直到他们透过缝隙看到天空。第二个人回忆了他安分守己而未与堂妹私通的善行，第三个人回忆了他替雇工发展财富的善行。于是，巨石完全移开，他们走出山洞，继续上路。①

① 参见《布哈里圣训实录全集》，祁学义译，宗教文化出版社，2008年版，第2卷第30—31页，第4卷第58页。——译者

第二十五章　天课与吝啬

真主说："吝惜真主所赐的恩惠的人，绝不要认为他们的吝惜，对于他们是有益的，其实，那对于他们是有害的；复活日，他们所吝惜的[财产]，要像一个项圈一样，套在他们的颈项上。"(3:180)"悲伤啊，以物配主者！他们不纳天课，不信后世。"(41:6—7)真主将不交纳天课的人，称之为"以物配主者"。

真主的使者说："谁不交纳财产的天课，复活日，他的财产变成一条秃蛇，缠住他的脖子。"

真主的使者说："迁士们啊！如果你们遭受降临你们的五件灾难的考验，我祈求真主，使你们不要受此殃及——只要一个民族明目张胆地奸淫成风，就会在他们中流行前人从未经历过的病症；只要他们短斤少两，就遭受飞沙扬砾、举步维艰和暴虐统治；只要他们拒绝交纳财产的天课，就不会逢雨，如果不是牲畜的话，绝无降雨；只要他们违背真主及其使者之约，就会有敌人统治他们，夺取他们的手中之物；只要他们的伊玛目没有以真主的经典判律，真主就会在他们中间引发苦战。"

先知说："真主憎恶毕生吝啬而临死时慷慨的人。"

先知说："信士不会同时具备两种德性——吝啬与坏脾气。"

先知说："真主发誓，他不会让吝啬者进入乐园。"

先知说："你们谨防吝啬。吝啬招致人们拒交天课、断交亲族与杀人流血。"

有人就吝啬请教哈桑，他说："吝啬就是，一个人将他的消费视为损害，将他的守财视为荣耀。"

吝啬的根本是喜爱钱财、一味希望、害怕贫穷、喜欢子女。圣训："孩子令人担惊受怕，舍不得为己花钱。"

有一种人，不愿交纳钱财的天课，不愿善待自己与家人，他的快乐与兴趣在于目视金币，明知自己将死而分文不花，正如诗人所云：

貌似聪慧人，实为动物类。
明知财中灾，不觉债中祸。

诗人云：

吝啬是顽固之症，不合慷慨与智慧。
宁肯吝啬而敛财，不怕富足肤浅死。
拒绝两世幸福者，不幸以教换现世。

诗人云：

被继承者本来富，钱财无益其亲朋，
继承人拥为己有，吝啬人追悔莫及。

拜希尔说：

不幸路遇吝啬人，看他导致心肠硬。

阿拉伯人曾经互相指责对方吝啬与胆小，诗人云：

消费切莫怕贫穷，普慈真主育万物。
今世吝啬毫无益，消费更不损兴旺。

诗人云：

慷慨被视为忠实，吝啬定受人唾弃。
我见吝啬殃家人，我避人们说我吝。

吝啬者足以卑贱——他为别人敛财，自己却承担自伤的罪孽，尝不到敛财的愉快与幸福，正如诗人沃基阿所云：

守财奴依然敛财，守财只为继承人。
饥饿猎狗守猎物，猎物只为主人享。

阿拉伯哲言讲道："你给吝啬者报以钱财的不幸或继承。"

艾布·哈尼法说："我不认为要纠正吝啬者，因为，吝啬致使他清楚，自己要变本加厉地受到责备，而且担心被遗忘。这样的人，不是可信托之人。"

典故：先知叶哈雅碰见恶魔易卜劣厮，说："易卜劣厮，你告诉我，你最喜欢哪种人，你最讨厌哪种人？"易卜劣厮说："我最喜欢吝啬的信士，最讨厌慷慨的荡子。"叶哈雅问："为什么？"易卜劣厮说："因为，吝啬者的吝啬令我满足。我害怕真主因慷慨荡子的慷慨而让其明白事理后，真主接受他。"易卜劣厮转身离去时，说："如果你不是叶哈雅，我肯定不告诉你。"

第二十六章　痴心妄想

先知穆罕默德说："对于你们，我最担心两件事情：痴心妄想与顺从私欲。痴心妄想令人忘却后世，顺从私欲阻碍真理。"

先知穆罕默德说："我为贪恋现世者，以三件事情保证三件事情：吝啬后绝无富贵，繁忙后绝无休闲，忧愁后绝无快乐。"

艾布·代尔达厄主政叙利亚霍姆斯时，曾说："你们难道不羞愧吗？你们建造你们不居住的宅院，你们妄想你们得不到的事情，你们积攒你们不食用的食品。的确，你们之前的人更加能建筑，更加能积攒，更加能希望。他们的住宅变为坟墓，他们的妄想化为泡影，他们的积攒成为腐烂。"

阿里对欧麦尔说："如果你接待同伴时，脱下长袍，并拢鞋子，戒除妄想，食而不饱。"

先知阿丹以五件事情忠告他的儿子先知史斯，并命令史斯忠告他的孩子们。

第一，你告诉孩子们："你们不要安心于现世，我安心于永恒的乐园，但真主将我驱逐出乐园。"

第二，你告诉他们："你们不要顺从妻子的私欲，我顺从了妻子的私欲而吃了禁果，追悔莫及。"

第三，你告诉他们："你们想要做的每件工作，都要考虑它的后果。如果我考虑了事情的结果，就会幸免于难。”

第四，你告诉他们：“如果某物使你们心绪不宁，你们就避之。我吃了禁果时，心神不安。但我没有回头，后悔莫及。”

第五，你告诉他们：“你们凡事要商量。如果我与天使们商量，就会幸免于难。”

穆扎希德说，阿卜杜拉·欧麦尔告诉我：“清晨，你不要给自己谈论晚上。晚上，你不要给自己谈论清晨。你在离世前，珍惜你的生活。你在病症前，珍惜你的健康。你不知道，明天你叫什么名字。”

先知问圣门弟子：“你们都想进入乐园吗？”他们说：“真主的使者啊，是的！”先知说：“你们戒除妄想，真实地愧对真主。”他们说：“我们愧对真主。”先知说：“这不是羞愧。愧对真主是，你们记着坟墓与灾难，保护好心灵及心中所想，保护好头脑及脑中所记。”谁想要后世的尊严，就当放弃现世的繁华。如此，仆人才真正地愧对真主，仆人也因此得到真主的眷顾。

先知说：“伊斯兰民族的首善是修行与坚信，末善是吝啬与希望。”

温姆·蒙济尔传述，有一个傍晚，真主的使者来看圣门弟子们，他说：“人们啊，难道你们不愧对真主吗？”圣门弟子们说：“真主的使者啊，这怎么回事？”真主的使者说：“你们积攒你们不吃的食物，妄想你们得不到的事物，建造你们不居住的房屋。”

艾布·萨义德·胡德里传述，欧萨迈·本·宰德花一百迪纳尔，雇用了宰德·本·萨比特的一个女奴，期限是一个月。我听真主的使者说：“欧萨迈雇用了一个月的女奴，你们不觉奇怪吗？欧萨迈肯定满怀妄想。以掌握我生命的真主起誓，只要我闭眼，我认为我的双唇不能相碰，真主已使我归真。我不睁眼，我认为我已离世。只要我吃一口食物，我认为没有下咽就噎死。"他接着说："人们啊！如果你们明白的话，就当让自己准备死亡。以掌握我生命的真主起誓，你们只许诺未来，但你们无能为力。"

伊本·阿拔斯传述，真主的使者出来倒掉水后，以土代净。我对先知说："真主的使者啊，水在你身边。"先知说："我怎么知道。但愿我没有水。"

据传，先知拿了三根棍子，将一根插在他前面，一根插在他侧面，一根插在远处，然后说："你们知道，这是什么吗？"圣门弟子们说："真主及其使者最知。"先知说："在前面的是人，在侧面的是寿限，远处的是妄想。人们互相取之，寿限令他苦恼而毫无希望。"

典故：先知尔萨正坐着，看见一个老翁拿着锹翻地。尔萨说："主啊！你戒除他的妄想吧。"老翁就放下了锹，在地上躺了一个小时。尔萨说："主啊！你增加他的希望吧！"老翁就开始工作。尔萨就此请教老翁，老翁说："我正干活时，我的性灵说，你干到什么时候呢，你已是个耄耋老人了。于是，我放下锹，躺下了。然后，我的性灵又说，以真主起誓，只要你活着，你必须生活。于是，我就拿起了锹。"

第二十七章　顺从真主与远离罪恶

顺从之意是，履行真主的命令，远离真主的禁令，不越真主的法度。

穆扎希德就经文“你不要忘却你在今世的定分”(28:77)讲道：“这是指仆人顺从真主。”

你们要知道，顺从的根本是认知真主，害怕真主，期望真主，敬畏真主。如果仆人失去了这些，就没有明白信仰的实质。因为，唯有认知真主，才能真正地顺从真主，才能信仰真主的存在，信仰真主是创造者、全知者和大能者，任何人不能窥测他的玄妙，不能想象他，“任何物不似像他。”(42:11)

一个游牧人问穆罕默德·本·阿里·本·侯赛因：“你崇拜真主时，看见他吗？”他说：“我不崇拜我看不见的。”游牧人问：“你怎么看见真主呢？”他说：“肉眼不能看见真主，但是，心灵凭借真正的信仰而看见真主——五官不能感知他，人们不能比喻他，他知晓经义，各种迹象可证他，他不亏待任何事。这就是真主，万物非主，唯有他是天地的主宰。”游牧人说：“真主最知，他安排了各种使命。”

有人就“隐微的知识”请教某学者，学者说：“隐微的知识是真主的机密之一，他将其置于他的密友心中，任何天使和人都不能知晓它。”

凯尔卜·艾哈巴尔说："如果人们因坚信而能获得真主的一粒之能，他们定能水漂，风中行。"

真主伟大，他使承认不能感知他的知识成为了信仰。同样，他使受恩者承认无法感谢他也成为感谢。马哈茂德·万拉格的诗云：

如谢主恩也是谢，更应感谢真主恩。
感谢惠恩唯凭主，即使漫漫岁月长。
主赐安乐处处乐，主降灾难寿限尽。
安乐患难均为恩，思想陆海为此窄。

如果人们确信真主，就当承认真主是受崇拜的主。如果人们心中有信，就当顺从真主。

信仰分外在信仰与内在信仰。外在信仰是语言表白，内在信仰是内心诚信。

信士们接近真主的品级各不相同，顺从的等级也是互有差异。信仰是他们的集成——每个人均有禀赋之份，并因虔敬真主、信托真主和喜悦真主之判而能获得高品。

"虔敬真主"就是，仆人不以功修请求创造者真主的报酬，"真主创造你们，和你们的行为。"(37:96)如果顺从仅仅是为了希望报酬与害怕惩罚，那么，仆人就不是全心全意地顺从，只是为自己努力而已。

先知说："你们不要像恶狗，若害怕主人就工作。你们也不要像懒惰的佣人，若不给薪金就怠工。"

真主说："有人在边缘上崇拜真主，若获福利，他就安然享受；

若遭祸害，他就轻率背叛。他将丧失今世和后世，这是明显的亏损。”(22:11)

我们务必崇拜真主，应当顺从真主——真主早已惠顾和善待我们，尤其命令我们崇拜他，从而赋予我们特别的惠恩，公正地惩罚迷悟而不崇拜真主的人。

“信托真主”就是，需要时依靠真主，有求时依托真主，灾难时信托真主，保持心平气和，心灵安定。信托真主的人们深知，真主是前定者，一切因素都是在创造者、安排者真主的决断内。人们无法依托父母、儿女、钱财和工作，而是凭借真主的引导，将一切事情交给他。任何情况下，人们只能信托真主，“谁信托真主，他将使谁满足。”(65:3)

“喜悦真主”就是，心甘情愿地接受真主的一切定然。某学者说：“最接近真主的人们是，最喜悦真主给他们分配的一切。”某贤哲说：“高兴也许就是疾病，病症也许就是医治。”诗云：

几多幸福伴灾难，灾难过后幸福降。
坚忍人生之不幸，凡事必然有结果。
忧愁必有高兴伴，纯洁定有污点随。

真主的语言足以使我们思考：“也许你们厌恶某件事，而那件事对你们是有益的；或许你们喜爱某件事，而那件事对于你们是有害的。”(2:216)

要知道，仆人唯有借助脱离红尘，才能完美地顺从他的养主。某哲人说：“最直接的劝解是，心灵不受任何物——现世障碍——的干扰！”

某哲人说："现世是一时，你将现世当作顺从吧。"

艾布·瓦利德·巴基吟道：

应知一生即一时，弃世顺主做善事。

某人对真主的使者说："我讨厌死亡。"使者说："你有钱吗?"他说："有。"使者说："你花尽千金吧，人往往爱财如命!"

据传，先知尔萨说："顺从为三——语言、观看与沉默。谁的语言不是为了赞主，就是妄语；谁的观看不是为了正当，就是犯错；谁的沉默不是为了思考，就是沉迷。"

脱离红尘是，所思所想恰到其位，不贪恋红尘享受。思想催生意志，从而使性灵与思想息息相关。

谨防不正当地观看——伤人之箭，压力之威。先知说："观看是恶魔的一支箭。谁为敬畏真主而放弃不正当的观看，真主赋予他信仰，他内心品尝信仰的甘甜。"

某贤哲讲道："谁的眼睛放任自流，他的忧伤就会更多。"

目不转睛地观看，透漏着人的信息，揭示着人的喜讯，好心情因此而持久。

护好你的双眼吧！如果你放任眼睛，它会使你陷入困境。如果你管好了双眼，你就守住了全身。

某人请教柏拉图："对于心而言，眼睛和舌头哪个更有害?"柏拉图说："眼睛和舌头之于心，就如鸟的双翅，缺一不可。鸟唯有凭借双翅才能展翅飞翔，一只翅膀折断，另一只翅膀只能辛苦振翅。"

穆罕默德·本·代厄说："非礼而视，在真主看来是缺点，在智者看来是卑贱。"

某修士看到某人嘲笑仆人，就对他说："短见薄识的人啊，心地不善的人啊，难道你不愧对记录善恶的天使与监视行为的天使吗？他们监视一切行为，记录所有工作，他们注视着你，让你看到明显的艰辛，以及潜在的怨恨。"

加迪·艾尔加尼云：

两眼片刻之享受，招致心灵之不幸。

眼睛心灵相分离，两相俱伤皆不义。

阿里说："眼睛是恶魔的罗网，是身体中透视最快、坚忍最强的器官。所以，谁让他的全身顺从了养主，就会心想事成；谁让他的全身恣意享乐，他的功修就荡然无存。"

阿卜杜拉·本·穆巴拉克说："信仰的根本是，确信众使者带来的一切。谁相信《古兰经》，就遵循它，进而摆脱永久的火狱。谁远离了犯罪，就已忏悔。谁获取合法给养，就已虔诚。谁履行了主命，他的信教正确了。谁的语言诚实，他的结局完美了。谁恢复正义，就摆脱了惩罚。谁遵循了圣训，他的功修就纯洁了。谁虔敬了真主，他的功修就被接受了。"

艾布·代尔达厄传述，他对真主的使者说："真主的使者啊，你忠告我吧！"先知说："你赚取合法钱财，多做善功，天天向真主祈求给养，为死亡做好准备。"

谨防居功自傲——最大的灾难，最无效的功修。居功自傲者，是对真主的邀赏，却不知，真主接受还是拒绝。

也许，引起卑贱与失败的罪过，胜于导致自负与高傲的顺从。

谨防沽名钓誉。有人就经文"他们没有料到的刑罚，将从真主那里，对他们显现出来"(39:47)讲道："他们所做的工作，在现世看到诸多好处，但在复活日却表现为诸多过错。"某先贤读到该节经文时，说："悲伤啊，沽名钓誉的人！"

有人就经文"不要以任何物与他的主受同样的崇拜"(18:110)讲道："这就是说，既不要沽名钓誉地崇拜真主，也不要羞羞答答地隐藏崇拜。"

伊本·麦斯欧德传述，最后降示的一节经文是，"你们当防备将来有一日，你们要被召归于主，然后人人都得享受自己行为的完全的报酬而不受亏枉。"(2:281)

穆罕默德·本·拜希尔诗云：

见证者昨天已去，今天也是见证者。
昨天你为非作歹，今天你行善受赞。
勿等明天再行善，明天来临你已去。

诗云：

私欲使你忙犯罪，你希冀明天忏悔。
昏聩后死亡即至，理智之行又奈何。

先知达吾德对先知苏莱曼说："三件事情证明信士的虔诚——对于无获，殷切信托；对于所获，由衷高兴；对于失去，隐忍不言。"

某哲人讲道："谁坚忍了灾难，谁就成为忠义者。"诗云：

有朝一日遭不幸，忍而不言勿焦躁。
现世荣华富贵诱，忍为善与敬之证。
迫己行善与虔诚，定能放弃心所怕。

诗云：

坚忍乃所望之钥，永助人们克困难。
黑夜漫漫当坚忍，坚忍定助你消愁。
凭借坚忍或有获，遥不可及变现实。

诗云：

忍耐是信仰坚柄，是恶魔教唆掩体。
忍耐有美好结局，鲁莽有亏本结果。
如有一日遇困难，当等时间来消磨，
当穿忍耐之铠甲，坚信忍耐是喜兆。

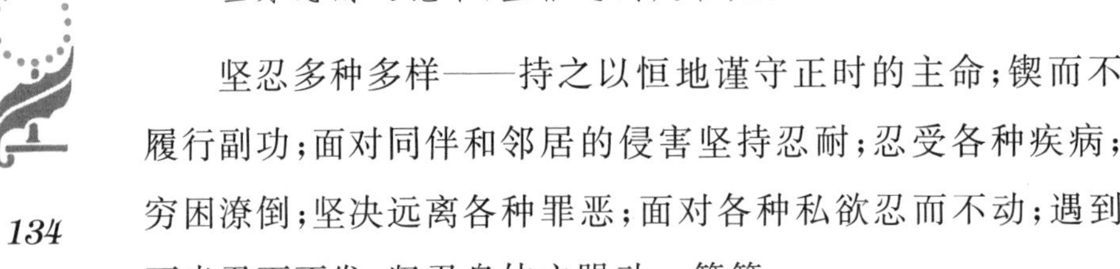

坚忍多种多样——持之以恒地谨守正时的主命；锲而不舍地履行副功；面对同伴和邻居的侵害坚持忍耐；忍受各种疾病；坚忍穷困潦倒；坚决远离各种罪恶；面对各种私欲忍而不动；遇到各种不幸忍而不发；坚忍身体之躁动。等等。

第二十八章　牢记死亡

真主的使者说："你们要经常谈论斩断快乐的利剑！"也就是说，你们凭借牢记死亡而变乐为苦，以便你们停止各种享乐，心向伟大的真主。

真主的使者说："如果临死的家畜知道人们所知，你们不会食用它。"

阿伊莎说："真主的使者啊！是否有人与烈士们被一起复生呢？"先知说："有，白昼夜晚谈论死亡二十次的人。"

牢记死亡的功能在于，促使人们远离红尘，启迪人们准备后世。忽视死亡，令人致力于追求红尘欲望。

真主的使者说："信士的珍宝就是死亡。"先知之所以这样说，是因为现世是信士的狱所，信士身处现世而饱尝其苦——内心受难，私欲受炼，反抗恶魔。然而，死亡令信士摆脱这些苦难，解脱是他们自由的珍宝。

真主的使者说："死亡是每个穆斯林的救赎。"先知所指的穆斯林是坚持真理的人，所指的信士是诚心诚意的人——穆斯林从其口手中得以平安，信士的品德在他身上得以证实，他不犯大罪而只有小罪，但死亡使他从中清白，并在他避免大罪和履行主命后救赎他。

阿塔·胡拉萨尼传述，真主的使者路过一个欢声笑语的讲席，说："你们让你们的讲席充满那令人不快之事吧！"他们说："何谓令人不快之事？"先知说："死亡。"

艾奈斯传述，真主的使者说："你们经常谈论死亡，死亡确能减少罪过，厌弃红尘。"

真主的使者说："死亡足以分离。"

真主的使者说："死亡足以劝诫。"

真主的使者来到清真寺，发现寺中的人们欢声笑语，就说："你们记着死亡，以掌握我生命的真主起誓，如果你们知道我所知，你们肯定少笑多哭。"

有人在真主的使者面前提到某人，他们极其赞扬他。先知说："你们言及的同伴如何谈论死亡呢？"他们说："我们几乎没听他说过死亡。"先知说："你们的同伴不在这儿。"

伊本·欧麦尔说，我来见真主的使者，某辅士说："真主的使者啊，谁是最聪明的人，谁是最慷慨的人？"先知说："时常记着死亡的人，精心准备死亡的人。他们是最聪明的人，他们带着现世的荣誉与后世的尊严离世。"

哈桑说："死亡揭示现世，它不给聪明人留下丝毫愉快。"

拉比尔·本·胡赛姆说："信士期待不存在，胜于死亡。"又说："你们不要让我感到孤独，你们把我送到我的养主那儿去吧！"

某哲人在致兄弟的信中写道："兄弟啊，你在走向你希望死在其中但不能如愿的后世之前，就当在现世提防死亡。"

每当有人在伊本·西林面前提到死亡，他就四肢发软，不能活动。

欧麦尔·本·阿卜杜·阿齐兹每个夜晚都要召集法学家们谈论死亡、复活日和后世，他们泣不成声，似乎前面放着一个亡人。

易卜拉欣·泰米说："两件事情剥夺了我的现世享受——牢记死亡与站在真主前。"

凯尔卜说："谁认识了死亡，就轻而易举地面对现世的艰难困苦。"

穆坦里夫说："我梦见一个人在巴士拉清真寺中说，'牢记死亡切断恐惧者的心，以真主起誓，你看他们都神魂颠倒。'"

艾什阿斯说："我们拜访哈桑，他正说着火狱、后世和死亡。"

圣妻哈芙赛说，某妇女给阿伊莎抱怨自己心硬。阿伊莎说："你经常念及死亡，你就心软。"该妇女照做后心软意活，前来感谢阿伊莎。

每当有人在先知尔萨面前言及死亡，他就皮肤流血。

先知达吾德每当提及死亡与末日，就泣不成声，以至于人事不省。他言及怜悯时，便恢复如常。

哈桑说："我认为智者就是警惕死亡，忧心死亡。"

欧麦尔·本·阿卜杜·阿齐兹对某学者说："你劝劝我吧！"学者说："你不是第一个归真的哈里发。"欧麦尔说："再劝劝我吧！"学者说："自阿丹至你的父辈，每个人都死了。你的灾难已到。"欧麦尔为此而哭。

拉比尔·本·胡赛姆在自家挖了一个坟墓，每天在坟中睡眠数次，不断念及死亡。他曾说："如果我的心离开了谈论死亡一时，我的心就堕落了。"

穆坦里夫·本·阿卜杜拉·本·尚希尔说："死亡阻止了幸福

的人享受他们的幸福。你们追求永不消失的恩典吧!”

欧麦尔·本·阿卜杜·阿齐兹对安拜斯说:“你经常谈论死亡,如果你生活富裕,死亡使你生活拮据;如果你生活拮据,死亡使你生活富裕。”

艾布·苏莱曼·达拉尼说,我问温姆·哈伦:“你喜欢死亡吗?”她说:“不。”我说:“为什么?”她说:“如果我违抗了人,我不希望见到他。如果我不服从死亡,我如何喜欢它呢?”

艾布·穆萨·泰米穆说,法拉兹达格的妻子去世了,巴士拉的达官贵人出席她的殡礼,其中包括哈桑。哈桑说:“艾布·菲拉斯啊,你为这一天准备了什么?”他说:“我见证,万物非主唯有真主。六十年来,我时刻准备着。”法拉兹达格埋葬妻子后,站在她的坟上,吟道:

站在坟前我害怕,窄坟烈火尤可怕。
末日严酷天使来,驱赶法拉兹达格。
火狱居民已失败,枷锁在身心不安。

诗人们就坟中人吟道:

你从坟中起来说,是谁身陷黑暗中。
谁是坟中受敬者,享受平安与幸福。
坟中平安人鲜有,尊贵品级各不同。
天使问讯你回答,知情之后真相明。
顺从者入住乐园,随心所欲乐享受。
犯罪者倒入火狱,毒蛇缠身为归宿。
蛇蝎纷纷扑向他,心灵受罚胜蛇咬。

马利克·本·迪纳尔说，我路过墓地时，吟道：

我来呼唤墓中人，受敬受辱今何在。
仗势欺人者何在，清白不骄者何在。

马利克·本·迪纳尔说，我听见有人——只闻其声而不见其人——吟道：

他们死亡无信息，已死之人焉有信。
墓中虫子早晚出，花容月貌皆有变。
人中问者快行走，所见所闻足以劝。

某墓志铭写道：

墓中人默不作声，坟墓悄然哭诉你。
贪恋现世无止境，将死之人为谁聚。

伊本·桑玛克说，我路过墓地，见某墓志铭写道：

亲人路过我坟墓，好似与我不相识。
后人瓜分我财产，否认我债不奉还。
享受遗产过日子，他们飞快忘记我。

某墓志铭写道：

爱人俨然已受惑，护卫无法阻死亡。
巧言善思之人啊，何以享乐现世呢。
疏忽者身陷卑微，你沉湎娱乐耗时。
死亡不怜悯愚者，死亡不同情知者。
我所居住之坟墓，无语回答墓中情。

曾建宫殿引为荣，而今墓地有你坟。

某墓志铭写道：

我立爱人坟墓边，坟墓成行如马队。
不觉潸然泪下时，但见墓地有我坟。

某医生的墓志铭写道：

言者言时我也言，鲁格曼化为坟土。
精于诊脉开药方，敢问名医今何在。
不能自我救助者，焉能保护其他人。

某墓志铭写道：

我曾经怀有希望，寿限令我难企及。
人人当敬畏真主，功修使其能生活。
我非孤独被送别，君见人人将辞世。

第二十九章　天空

根据传述，真主创造的首物是珠宝，真主威严地看了看它，它因害怕真主而颤抖，并且溶化为水。真主又怜悯地看了看它，它的一半即时凝固了。真主从中创造了阿勒舍，阿勒舍颤抖不止。真主在阿勒舍上面写了“万物非主唯有真主；穆罕默德是真主的使者”，它才停止颤抖。水在此状态下川流不息，直至复活日。

这就是真主所说：“他的宝座原是在水上的。”(11:7)水流澎湃，波涛汹涌，水中升起滚滚蒸气，夹杂着泡沫。真主从中创造了诸天诸地，彼时各层天和各层地相互连接在一起。真主从中创造了风，故各层天和各层地才得以隔开，正如真主所说：“然后，他志于造天，那时，天还是蒸气。”(41:11)

某哲人说，真主之所以用蒸气而不是蒸汽造天，是因为蒸气相互黏附，始终恒定，而蒸汽则能倒流。这是真主的完美知识和智慧所致。然后，真主怜悯地看了看水，水凝固了。

月球与地球之间的距离，以及各层天之间的距离是五百年的里程。每层天无边无际。

有一种说法，第一层天(月球天)的颜色比奶子还白，但因嘎夫山的绿色而逐渐变绿，名为“拉基尔”(Al-Raqī‘ah)。第二层天造自闪闪发光的铁，名为“费杜姆”(Al-Faydūm)。第三层天造自铜，

名为“麦莱苦特”(Al-Malakūt)或“哈尔尤奈”(Al-Ḥāryūn)。第四层天造自璀璨夺目的白银，名为“扎希尔”(Al-Zāhirah)。第五层天造自红金，名为“穆济奈”(Al-muzinah)或“穆斯希尔”(Al-mushirah)。第六层天造自金光闪闪的珠宝，名为“哈利斯”(Al-khāli ṣah)。第七层天造自红宝石，名为“拉比耶”(Al-rābiyyah)或“达米尔”(Al-dābī‘ah)，《古兰经》所言“众人朝觐的天房”(Bayt al-ma‘mūr,52:4)即在其中，它有四角，一角造自红宝石，一角造自绿玉石，一角造自白银，一角造自红金。

另说，“众人朝觐的天房”造自光玉髓，每天有七万天使进去朝觐后不再出来，直至末日。

权威资料记载，地球贵于天空，因为众先知生自地球，葬于地球。逐层地中最贵的是最上层，即地球，因为它是裨益世界之地。

伊本·阿拔斯传述，最贵的天是天顶近于普慈真主的阿勒舍的那层天，即库勒希。因为，除七颗行星之外，其他受益于库勒西的恒星均在其中。至于七颗行星，则在七层天中。其中，土星在第七层天，代表星期六；木星在第六层天，代表星期四；火星在第五层天，代表星期二；太阳在第四层天，代表星期日；金星在第三层天，代表星期五；水星在第二层天，代表星期三；月亮在第一层天，代表星期一。

令人诧异的是，创造者真主用蒸气创造了七层天，但每层天却互不相同。真主从天空中降下了雨，但雨水灌溉出的各种植物与果实，颜色和味道却互有差异，正如真主所说：“大地上有许多邻近的区域，有葡萄园，有庄稼，有椰枣树，其中有二株同根生的，二株异根生的，(这些都是)用同样的水灌溉的，我却使这一部分果实比那一部分佳美。对于能理解的民众，此中确有许多迹象。”(13:4)真主将阿丹的子孙造化为不同的层次——既有黑色人种，也有白色人种；既有温文尔雅的人，也有粗鲁无礼的人；既有信仰真主的人，也有不信仰真主的人；既有学者，也有愚者，但他们的根都是阿丹。精密地创造一切的真主真伟大！

第三十章　库勒西与阿勒舍及给养与信托

真主说："他的知觉，包罗天地。"（2:255）"库勒西"（知觉）有几种解释，一说是隐喻"真主的知识"，一说是隐喻"真主的王权"，一说是隐喻"众所周知的天体。"

阿里传述，库勒西是一颗珍珠，只有真主知道它的长度。

伊本·马哲传述，诸天在库勒西之间，库勒西在阿勒舍之前。

阿克拉姆说，太阳是库勒西之光的七十分之一，阿勒舍是幔帐之光的七十分之一。

据传，承载库勒西的天使与承载阿勒舍的天使之间，有七十个黑暗幔帐和七十个光明幔帐，每个幔帐之间的行程是五百年。否则的话，承载库勒西的天使肯定因光而燃。

阿勒舍是在库勒西之上的神圣发光体。它有多种解释，一说造自红宝石，一说造自绿宝石，一说造自白珍珠，一说造自光。天文学家们将它称之为"第九天体"、"最高天体"、"天体之天"、"无星之天"——根据古代天文学家的说法，它恒定在第八天体中，他们将它称之为"十二宫之天"。

教义学界认为，库勒西与阿勒舍是一切被造物之极。任何物不能走出它的范围，它是人类知识的终结，既没有领悟它的任何空间，也没有寻求它的任何需要。真主说："如果他们违背正道，你就说：'真主是能使我满足的，除他外，绝无应受崇拜的。我只信托他，他是有伟大的宝座的。'"(9:129)真主之所以将它形容为"伟大"，是因为它是最大的被造物。正如经文所命令，先知确证了信托，因此《讨拉特》和《引支勒》将他称之为"信托者"。

信托是认主独一与认知的组成部分，先知穆罕默德是认主独一的人们的领袖，是认知者们的领导，任何情况下他都不违背信托，而是受命信托。一个游牧人问他："我拴住骆驼呢，还是放开它而信托真主呢？"先知说："你拴住骆驼并且信托真主。"

先知说："如果你们真真切切地信托真主，真主就恩赐你们，正如他恩赐早出觅食、饱食晚归的鸟儿。"圣训中的"早出"，指的是找原因。

典故：易卜拉欣·阿德汉姆与舍吉格·拜勒希相遇麦加。易卜拉欣问舍吉格："促使你到达麦加的原因是什么？"舍吉格说："我路过一个荒无人烟的地方，看到一只双翅折断的鸟。我想，这只鸟吃什么呢？于是，我就坐在鸟的对面观察。突然，我看见一只鸟，将叼着的蚂蚱放入翅膀折断的鸟嘴。我自语道，为一只鸟准备了另一只鸟的真主，无论我身处何方，他都赐我给养。于是，我放弃谋生，专事功修。"易卜拉欣说："你为什么不成为那只喂养了病鸟的健康鸟呢，从而优于病鸟。难道你没有听先知说'高手要比低手好'吗？"[①]信士的标志之一是，凡事都要追求最高品级，从而达到善人之品。舍吉格遂亲吻了易卜拉欣的手，说："艾布·伊斯哈格

① 即勤奋之手优于乞求之手。——译者

啊,你是我们的导师!"

如果人们寻找原因,就尽量不要关注因素,不要面对因素就停止,而将养主视为终极目标,就像乞丐,施舍者只关注乞丐手中的容器而不关注乞丐,乞丐只关注给他施舍的人。

先知说:"谁乐意成为最富的人,就当凭借真主的恩典,借着自己拥有的财富成为最坚信真主的人。"

有人请教侍奉易卜拉欣·阿德汉姆的胡宰法·穆尔伊什:"你从他身上看到的最惊奇的是什么?"胡宰法说:"我们在麦加的路上滞留了数日,没有找到任何食品。我们进入库法,寄宿在一座倒塌的清真寺。易卜拉欣看了看我,说:'胡宰法,我看你饥肠辘辘。'我说:'筛海所言极是。'他说:'你拿来我的纸墨。'他写完'奉普慈特慈的真主之名'后写道:'任何情况下,你都是目标。'然后赋诗一首:

我赞我谢我颂你,我饥我饿我赤身。

我担负一半责任,你担负一半责任。

我不赞主进火狱,你让贫仆离火狱。

然后,易卜拉欣将写好的纸交给我,说:'你出去,你只心系真主。你把纸交给你遇到的第一个人。'我出来后,遇到的第一个人骑在骡子上。我把纸递给他,他接过纸,看到上面的内容后哭了。他说:'这张纸的主人在干什么?'我说:'他在某座清真寺。'他就把一个装有六百金币的钱袋交给我。我又遇见一个人,向他询问那个骑骡子的人是谁?他说:'他是个基督教徒。'我回到易卜拉欣身边,告诉了他事情的经过。他说:'你不要动钱袋。他一小时后就来。'果然，那个基督教徒一小时后来了，俯身亲吻易卜拉欣，皈依了伊斯兰教。"

伊本·阿拔斯传述，真主创造了承载阿勒舍的众天使，对他们说："你们承载我的阿勒舍吧！"他们无能为力。真主依照他们中的每个天使，创造了等同于七层天中所有天使数目的众天使，他说："你们承载我的阿勒舍吧！"他们也无能为力。真主依照他们中的每个天使，创造了等同七层天中所有天使数目和地球上人类数目的众天使，他说："你们承载我的阿勒舍吧！"他们也无能为力。真主说："你们念'无能为力，只靠真主。'"众天使念完这句话后，承载起了阿勒舍，在第七层地的风中行走。他们的脚步不能行走于任何物体时，就抓住阿勒舍。他们因害怕任何天使跌倒而不知掉向何处，所以坚持不懈地诵念'无能为力，只靠真主'。众天使承载着阿勒舍，真主承载着众天使。真主与众天使皆以各自的能力承载着。

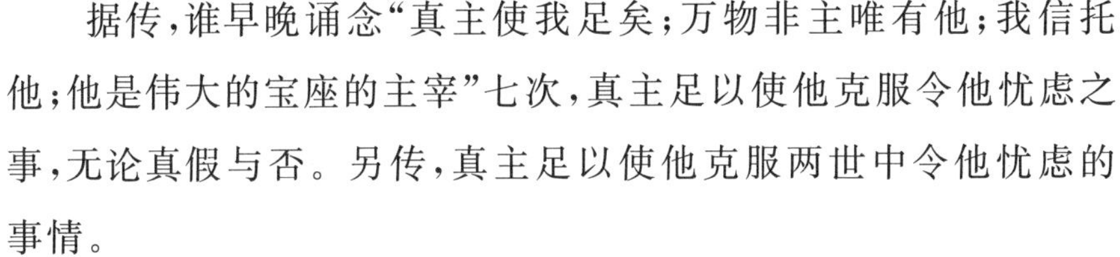

据传，谁早晚诵念"真主使我足矣；万物非主唯有他；我信托他；他是伟大的宝座的主宰"七次，真主足以使他克服令他忧虑之事，无论真假与否。另传，真主足以使他克服两世中令他忧虑的事情。

第三十一章　现世(一)

《古兰经》中关于淡泊现世的经文有很多,多节经文鼓励世人淡泊现世,劝人远离红尘、让人追求后世。甚至说,这是真主派遣众先知的目的。此处无须引证多节经文,我们仅列举关于它的一些圣训和传闻。

真主的使者路过一只死羊,说:"你们看到这只被主人丢弃的死羊了吗?"圣门弟子们说:"轻视死羊的人丢弃了它。"先知说:"以掌握我生命的真主起誓,在真主看来,现世比这只被主人丢弃的死羊更卑微。如果现世在真主面前等同于蚊子的一只翅膀,不信主者都不喝现世中的水。"

真主的使者说:"现世是信士的监狱,不信主者的乐园。"

真主的使者说:"现世远离真主的怜悯。除真主眷顾的之外,现世一切皆为不幸。"

艾布·穆萨·艾什尔里说,真主的使者说:"谁喜悦他的现世,谁就损害了他的后世;谁喜悦他的后世,谁就损害了他的现世。因此,你们选择永恒的后世,淡泊消亡的现世。"

真主的使者说:"贪恋现世是万错之首。"

宰德·本·艾勒格姆说,有一次,我们和艾布·伯克尔在一起,他要了饮料,有人给他端来水和蜂蜜。他举至嘴边时哭了,以至于在座的人都哭了。他们沉默不语,他也默不作声。随后,他又哭了,以至于他们觉得无法问他。他擦干眼睛后,他们问:“真主的使者的哈里发啊!你怎么哭了?”他说:“我曾和真主的使者在一起,我看他自我保护,但我没有看见任何人和他在一起。我就问:‘真主的使者啊!你为何自我保护呢?’使者说:‘现世在为我表演,我告诉它,你远离我。它返回后说,如果你摆脱了我,你之后的人就不会摆脱我。’”

真主的使者说:“相信永恒后世但又追求虚幻现世的人真奇怪!”

据传,真主的使者站在垃圾堆旁边说:“快来看现世吧!”他捡起垃圾堆上的破布和腐蚀的骨头,说:“这就是现世。”这意味着,现世之美将会腐朽,犹如那块破布。现世的一切物体将会变为腐朽之骨。

真主的使者说:“现世甘美且翠绿,真主让你们成为大地的代治者,想想你们如何治理。以色列人受恩享受现世时,他们迷失在装扮、女人、香水和服饰中了。”

先知尔萨说:“你们不要将现世视为主宰,否则它就视你们为奴隶。你们不要将财宝寄存给遗失它的人。拥有现世财富的人,害怕灾难降临他;拥有真主财富的人,不害怕灾难降临他。”

先知尔萨说:“众门徒啊!现世已为你们本末倒置,我之后,你们不要沉湎它。的确,现世之染中不乏违逆真主,现世之脏往往令人忘却后世。须知,你们走过现世而不要修建它。你们要知道,贪恋现世乃万错之根。享乐一时,终身后悔。”

先知尔萨说:“现世已为你们铺平,你们坐享其上。王权与女人不要让你们斗争其中。至于国王们，你们不要为现世与他们斗争，只要你们放弃他们和他们的现世，他们绝不会与你们为敌。至于女人，你们以斋戒与礼拜来谨防她们。”

先知尔萨说：“现世是追求者和被求者。追求后世的人，现世追求他，直到他生活美满。追求现世的人，后世追求他，直到死亡降临，撒手人寰。”

穆萨·本·耶萨尔说，先知说：“真主没有创造比现世更令他恼怒的生物。自真主创造现世后，就没有看过它。”

据传，先知苏莱曼乘骑行路，群鸟为他遮荫，精灵与人群在他左右。他路过一个以色列修士，修士说：“达吾德的儿子啊！以真主起誓，真主赋予你伟大的王权。”苏莱曼听后说：“信士册本中的一句赞词，胜于达吾德之子受赏的一切。达吾德之子受赏的一切会消失，而赞词永存。”

真主的使者说：“竞赛富庶已使你们疏忽。人类说：‘我的钱财，我的钱财。’你用你的钱财吧，你是食而消亡呢，还是穿而腐朽呢，抑或是施舍而永存呢？’”

真主的使者说：“现世是无家之人的家，无钱之人的钱。无智者为它积攒，无知者为它结怨，无学者为它嫉妒，无信者为它奋斗。”

真主的使者说：“现世成为其志向的人，得不到真主的丝毫恩赐，真主让他的心灵常具四种习性：永不停止的志向、永不空闲的工作、永不富足的贫穷、永无止尽的希望。”

艾布·胡莱尔说，真主的使者对我说：“艾布·胡莱尔啊，难道我没让你看到现世的一切吗？”我说：“真主的使者啊，看到了。”然后,真主的使者拉着我的手,来到麦地那的一个谷地。谷地里有个垃圾堆,里面有人的骷髅、粪便、破布、骨头。使者说:“艾布·胡莱尔啊!这些人曾如你们般贪恋,如你们般希望,而今成为无皮的骷髅,最终化为灰烬。这些粪便曾是他们从四面八方获取的各种饮食,排出肚腹后成为粪便,人们避而远之。这些破烂衣衫,曾是他们的华丽服饰,变为破布后随风而散。这些骨头曾是他们四处寻找牧场的骑乘。谁哭泣他的现世,就让他哭泣吧!”艾布·胡莱尔说:“我们没有离开就已泣不成声。”

据传,伟大的真主将阿丹降至地球后,对他说:“你为废墟而建设,你为消亡而生育。”

达吾德·本·希拉勒说,真主在先知易卜拉欣的经典里写道:“现世啊,对于你为他们装饰和点缀的善人们而言,你真卑微啊!我在他们的心灵里安置了对你的憎恶和拒绝。我没有创造过比你更卑微的生物了,你的一切都微不足道且化为乌有。自我创造你的那天起,我就决定你不会对任何人永恒,任何人也不会对你永恒,即使拥有你的人珍惜你,贪婪你。高兴啊,善人们!他们让我看到了他们对我的喜悦之心,对我的忠实和诚心。恭喜啊!当他们从坟墓行至我时,他们享受我对他们的恩赐——光明照耀他们,天使款待他们,直到我告诉他们对我期望的怜悯。”

真主的使者说:“现世静止在天地之间,自真主创造它以来,就没有看它。复活日,它说:‘我的养主啊!今天,你让我成为你朋友中福分最少者。’真主说:‘微不足道之物啊,你住口。尘世中,我没有让你满意他们,今天,我怎么让你喜悦他们呢?’”

据传,先知阿丹吃禁果后,他的胃因艰难吐果而颤抖不止。食用乐园所有食品后，都不是这样，唯有这棵树的果实。因此，真主禁止食用此树。阿丹在乐园不停地行走。真主命一个天使问他："你想要什么？"阿丹说："我想要吐出伤胃之物。"真主对天使说，你问他："你想把它吐到哪儿呢？被褥上？床上？河上？还是树下？你看哪个地方适合？你到地球上吧！"

真主的使者说："复活日，肯定有这样一伙人出现，他们的功修如贴哈麦[①]的群山，但他们受命进入火狱。"圣门弟子们问："真主的使者啊，是礼拜的人们吗？"他说："是的。他们曾经礼拜与封斋，他们夜不成寐。但是，现世的一物呈现在他们面前时，就扑向它。"

真主的使者在一次演讲中说："信士介于两次害怕之间。业已过去的岁月里，他不知真主对他的所作；尚在生活的日子里，他不知真主对他的决断。所以，信士当为自己做好准备，当在现世准备后世，活着时做好死亡准备，青年时做好老迈准备。现世为你们而被造，你们为后世而被造。以掌握我生命的真主起誓，死亡之后绝无疲惫，现世之后绝无家宅，唯有乐园与火狱。"

先知尔萨说："在信士心中，喜悦现世与后世不能并存，就如水火不能相容一个器皿。"

据传，哲卜拉伊勒天使对先知努哈说："寿命最长的先知啊，你觉得现世如何呢？"努哈说："就像一个宅院，有两道门，我从一道门进去，从另一道门出来。"

有人对先知尔萨说："如果你建造一间房屋，它会遮荫你！"尔萨说："我们前人的旧房足够我们用了。"

---

① 汉志地区和也门的山脉与红海沿岸的低谷。——译者

我们的先知穆罕默德说:“你们谨防现世吧！它比天使哈鲁特和马鲁特更有魔力。”

哈桑传述,有一天,真主的使者出现在圣门弟子们面前,他说:“你们中有人想让真主消除目盲,使他明目吗?须知,这就是,谁贪恋现世且对它抱有希望,真主就使他心盲而不能于此;谁弃绝红尘且减小对它的希望,真主就赋予他未经学习的知识,未经引导的正道。须知,你们之后将要来临的民众,国王只以杀戮与傲慢对待他们,富人只以自豪与吝啬对待他们,爱慕只为了追随私欲。须知,你们中谁正值那个时代,就坚忍贫穷,即使他能够富有;坚忍痛恨,即使他能够爱慕;坚忍屈辱,即使他能够尊贵。他这样做,只为了取悦真主——真主赐予他五十个忠贞者的赏赐。”

据传,有一天,先知尔萨横遭暴雨、雷鸣和闪电,就寻找借以避难的地方。他发现远处有一顶帐篷,进帐篷后看到里面有一个妇女,就离开了帐篷。他又发现一个山洞,进洞后看见里面有一头狮子。他把手放在狮子身上,祈求真主,说:“主啊,你给凡物都安排了居所,你没有给我安排居所。”真主启示他:“你的居所在我的怜悯之所。复活日,我肯定让你娶一百个我亲手创造的仙女。我肯定让人们享用你的喜宴四千年,一日等同于现世的寿命。我肯定命令召唤者呼喊:弃绝红尘的人在哪儿?你们拜访弃绝红尘者——先知尔萨的喜宴吧。”

先知尔萨说:“悲伤啊,拥有现世的人！他如何死亡,如何丢下现世及其一切呢?现世引诱他,他却信任它?他信任它,它却离弃他?悲伤啊,被引诱的人们！他们讨厌的事务呈现给了他们,他们喜悦的事务分离了他们,他们受到的许诺实现了。悲伤啊,现世是其志向的人，犯罪是其工作的人！明天，他将由于罪过而丑态毕露。”

真主启示先知穆萨：“穆萨啊！什么属于你，属于不义者们的现世呢？现世绝不是你的宅院，你的志向不在于追求它，运用你的智慧离弃它。对于信士的功修而言，现世真糟糕，后世真美好！穆萨啊！谁施害，我监察谁。最终，我要为受害者伸张正义。”

真主的使者派遣艾布·欧拜德·本·吉拉赫执行任务。他带着巴林的钱财来向先知复命，辅士们听说艾布·欧拜德来了，就前来和真主的使者一起履行晨拜。使者结束拜功后，转过身去，他们迎向他。使者看见他们时，笑着说：“我认为，你们听说艾布·欧拜德带来了东西。”他们说：“是的，真主的使者。”使者说：“你们喜欢与期望那些令你们高兴的事情。以真主起誓，我不担心你们贫穷，但我担心你们容易地享受现世，就如你们的前人容易地享受它。你们为它而互相争夺，就如前人互相夺取它，然后毁灭你们，就如毁灭前人。”

艾布·赛义德·胡德里说，真主的使者说：“我最担心你们的是，真主为你们取缔了大地的吉祥。”有人问：“何为大地的吉祥？”先知说：“世界的瑰丽。”

真主的使者说：“你们不要让你们的心灵忙于现世。”先知禁止常提现世，尤其是眼睛受其害。

安马尔·本·赛义德说，先知尔萨路过一个村庄，见村人尸体遍及庭院与路道。他说：“众门徒啊，这些人死于愤怒。如果他们非此般死去，肯定被埋葬了。”众门徒说：“真主的精神啊！但愿我们不知道他们的消息。”尔萨祈求真主，真主启示他：“如果夜幕降临，你呼唤他们，他们就回答你。”夜幕降临后，尔萨身处高地，呼唤到：“村人啊！”有人答复他：“真主的精神啊，我来了！”尔萨问：“你们怎么了，发生了什么事？”他说：“入夜时我们正常而眠，清晨时我们已身葬火狱。”尔萨说：“这是怎么回事？”他说：“因为我们贪恋现世，我们顺从犯罪者。”尔萨说：“你们如何贪恋现世？”他说：“就如幼童喜欢母亲。现世迎面时，我们因它欢呼雀跃。现世离去时，我们为它愁眉苦脸并痛哭流涕。”尔萨说：“你同伴的情况如何，他们没有答应我？”他说：“因为极其严酷的天使给他们戴上了火笼头。”尔萨说：“你在他们中，怎么回答了我？”他说：“我虽在他们中间，但我不属于他们。惩罚降临他们时，我与他们一道遭罪了。我被挂在火狱边上，我不知道脱离火狱呢，还是掉进火狱呢？”尔萨对众门徒说：“吃细盐面饼、穿粗毛衣服、睡在垃圾堆且两世幸福者大有人在。”

艾奈斯说，先知穆罕默德的骆驼耳朵有豁口，任何人都无法让它赛跑。一个游牧人骑着骆驼来了，他使先知的骆驼跑步了。穆斯林们对此大惑不解。先知说：“这是真主的权力，他只要擢升现世之事，就能贬低它。”

先知尔萨说：“谁在滔滔海水上建筑宅院？现世就这样，因此你们不要将其视为永恒之宅。”

有人对先知尔萨说：“你给我们教授一种知识，真主因它而喜悦我们。”尔萨说：“你们厌恶现世，真主就喜悦你们。”

艾布·代尔达厄说，真主的使者说：“如果你们知道我所知，必定少笑多哭。现世对你们而言，肯定微不足道，你们必然选择后世。”

然后，艾布·代尔达厄自己讲道："如果你们知道我所知，你们肯定来到高地，大声哀求，痛哭自己。你们肯定放弃你们的钱财，无人看管它，也不回看它，除非必需的钱财。然而，钱财让你们的心灵忽略了常记后世，现世占据了你们的大半，你们变得好似一无所知。你们中有些人比那些因害怕结局而不放弃私欲的牲畜还可恶。"

"你们怎么了，你们不互相喜悦，不彼此忠告，你们都是主道上的弟兄啊？只是你们的丑陋私密分离了你们之间的友爱。如果你们集体行善，你们肯定彼此喜爱。你们怎么了，你们为现世事务而互相忠告，而不为后世事务彼此尽忠。你们不为自己喜欢的人尽忠言，不帮助他追求后世？这都是因为你们心中信仰的薄弱。正如你们相信现世那样，如果你们确信后世的幸福和悲惨，你们肯定选择了追求后世，因为后世占据了你们的全部。"

"如果你们说，喜爱现世是常人之情，那我看你们是在追求现世而放弃后世。你们为追求现世而辛苦劳作，但愿你们不要如愿以偿。你们真糟糕，你们没有以你们拥有的完美信仰来实践你们的信仰。如果你们对先知穆罕默德带来的一切有所怀疑的话，你们来找我，我给你们阐述，我让你们看到你们心灵得以安宁的光明！以真主起誓，你们并不短见薄识，我怎能给你们找借口呢。你们清醒地认识你们的现世，果断地处理你们的事务吧！"

"你们怎么了，你们为容易地得到现世利益而高兴，你们为失去的现世利益而忧伤，甚至体现在你们的脸上，表现在你们的语言中，你们将它称之为灾难，并为此举行悼念会。你们绝大部分人经常放弃他们的宗教，以至于没有体现在你们的脸上。你们的情况不改变吗?”

“的确,我看真主已经远离你们了,你们高兴地互弃吧。你们每个人都因害怕以牙还牙而以己所不欲之事来对待他人,你们变得彼此怀恨和互相嫉妒。你们的牧场在期望中滋生,你们切实地拒绝寿终正寝。我希望真主让你们中间的我去世,让我追随我乐见的人——假设他活着,他不忍耐你们。如果你们行过善,我已让你们听见了。如果你们追求真主的恩典,你们发现它轻而易举。我为我和你们求助真主!”

先知尔萨说:“众门徒啊!你们拥有完美的信仰但却喜悦现世的卑贱,就如世俗之人享受现世浮华的同时欣悦信仰的卑微。”关于此意,有人吟道:

人们乐意卑之信,不喜无信之生活。
满足信仰不求今,犹如国王不求信。

先知尔萨说:

求现世者当行善,弃绝红尘乃至善。

我们的先知穆罕默德说:“我之后,吞吃你们信仰的时代——就如火焰吞噬柴草——肯定来临你们。”

真主启示先知穆萨:“穆萨啊!你只要不倾心于贪恋现世,它就绝不会使你触犯大罪——现世比大罪更可恶。”

先知穆萨路过一个正在哭泣的人,返回时看此人还在哭,就说:“我的养主啊!你的仆人因为害怕你而哭泣。”真主说:“仪姆兰的儿子啊!如果他的脑浆随着流泪溢出,他掌手祈祷至双手脱落,我都不会饶恕贪恋现世的他。”

阿里说，谁具备了六种习性，他就不经祈求地进入乐园，不经请求地远离火狱——认识真主而顺从者；认识恶魔而违抗者；认识真理而追随者；认识谬误而谨防者；认识现世而拒绝者；认识后世而追求者。

哈桑说："真主怜悯一伙人——现世是他们的寄存物，他们使它物归原主后轻松离世。"

哈桑说："谁就你的宗教与你竞争，你与他针锋相对；谁就你的现世与你竞争，你把它扔在他的前胸上。"

鲁格曼对儿子说："儿子啊！现世是深海，多少人溺死其中。因此，让敬畏真主成为你的海船，信仰真主成为船料，信托真主成为船帆。但愿你获救，我多么希望你获救！"

伏代勒说，我久久思考这节经文："我确已使大地上的一切事物成为大地的装饰品，以便我考验世人，看谁的工作是最优美的。我必毁灭大地上的一切事物，而使大地变为荒凉的。"(18:7—8)

某贤哲说："现世中，你一无所是。你的前人撒手人寰，你的后人接踵而至。你的现世仅仅是晚餐和早点，所以你不要殒命于吃喝，而是封斋于现世，开斋于后世。现世的资本是私欲，利润是火狱。"

有人请教某修士："你如何看待时光？"修士说："身体腐朽，希望重燃；死亡在即，希望远去。"问者又请教："世人的情况如何？"修士说："赢得时光者筋疲力尽，失去时光者也精疲力竭。"对此，诗云：

赞美现世福生活，寿限将近怨现世。

现世离去人亏本,现世来临多志向。

某贤哲说:“现世在时,我曾不在其中;现世去时,我亦不在其中,不居其间。现世生活是灾难,现世生活是磨难。世人惶恐而生活——或享受即逝之恩典,或饱受降临之灾难,或经受即刻之死亡。”

某贤哲说:“现世的缺陷在于,它不赋予任何人所得,而是或增加,或减少。”

苏夫延说:“君不见恩典就如受谴责者——坐享其成者,名不符实。”

艾布·苏莱曼·达拉尼说:“谁喜欢现世而追求它,但凡得其一物就贪得无厌;谁喜欢后世而追求它,但凡得之一物就寻求更多。两者的追求均无止境。”

某人对艾布·哈济姆说:“我向你诉苦,我喜欢尘世,但无家可归。”艾布·哈济姆说:“你看看真主已经赐给你的现世之物,你只取合法之物,你只为真理而用,那么,喜悦现世就不会伤及你。”艾布·哈济姆之所以这样说是因为,如果诉苦人就此自我治罪,定会疲惫不堪,最终厌烦现世,寻求脱离红尘。

叶哈雅·本·穆阿兹说:“现世是恶魔的店铺,所以你不要偷盗店铺中的任何物,恶魔来寻找丢失物而抓住你。”

伏代勒说:“假设现世出自腐朽的黄金,后世出自永固的瓷器,那么我们务必选择永固的瓷器而放弃腐朽的黄金。难道我们已经选择了腐朽的瓷器而放弃了永固的黄金?”

艾布·哈济姆说:“你们谨防现世。我得知,复活日,仆人被复活，如果他曾重视现世，就被告知：‘此人重视现世，但真主轻蔑它。’”

伊本·麦斯欧德说：“清晨，任何人都是客人，他的钱财是无息借贷。客人启程出发，无息借贷则被退回。”对此，有诗云：

钱财与人乃寄存，终有一天归原主。

拉比阿的朋友拜访她，他们谈及现世时，就贬责它。她说：“你们不要谈论现世，如果现世不植根你们心中，你们焉能经常谈它。要知道，谁喜欢某物，就经常提起它。”

有人问易卜拉欣·阿德汉姆：“你怎么样？”他说：

离弃信仰固现世，宗教现世非万古。
高兴选择真主者，现世努力望后世。

有人对此吟道：

求现世者百岁命，获取红尘喜与福。
犹如建筑师筑宅，家宅竣工必定毁。

有人亦就此吟道：

放弃现世求饶恕，现世归宿焉不移？
你之现世犹如影，遮荫之后晓谕走。

鲁格曼对儿子说：“儿子啊！你以后世卖现世，你就双赢；你以现世卖后世，你就双亏。”

穆坦里夫·本·尚希尔说：“你不要看君王们的安逸生活和华丽服装，而看他们的转瞬即逝和悲惨结局。”

伊本·阿拔斯说:“真主将现世分为三个部分:一部分属于信士;一部分属于伪信士;一部分属于不信主者。信士在准备后世,伪信士在装饰,不信主者在享受。”

有人说:“现世是腐尸,谁想要获取其中之物,就当忍着与狗为伍。”对此,有诗云:

呼唤现世之人啊,弃绝红尘求平安。
现世乃过眼云烟,场景近乎追悼会。

艾布·代尔达厄说:“真主轻视现世,所以你们不要在现世中违逆真主,但凡得到的恩惠,都会烟消云散。”诗云:

智者若考验现世,红尘朋友实为敌。

诗云:

睡者初夜兴奋眠,清晨灾难陡然降。
繁华时光不复返,朝朝夕夕复复反。
几多时光已消亡,时光不乏利与害。
享受现世不长久,朝夕驻留如过客。
问君何不弃现世,请君早日赴乐园。
君若永久住乐园,请君务必离火狱。

艾布·欧玛迈·巴希里说,先知穆罕默德被派遣时,恶魔易卜劣斯的兵卒来见他。他们说:“一个先知已被派遣,一个民族产生了。”他说:“他们喜欢现世吗?”他们说:“是的。”他说:“如果他们喜欢现世,我不关心他们不崇拜偶像,而早晚只以三件事情往返于他们——赚取非法钱财,非法消费钱财,阻止为真理花钱。万恶皆出此。”

某人对阿里说:“信士们的官长啊!你给我描述一下现世吧!”阿里说:“我没给你描述过一个宅子吗:康居其中者患病了,安宁其中者后悔了,贫穷其中者忧愁了,富裕其中者受难了。合法蕴含着清算,非法蕴含着惩罚,含糊蕴含着谴责。”

还有一次,有人就此问及阿里,阿里说:“我长说呢,还是短说呢?”问者说:“短说。”阿里说:“房宅中的合法是清算,非法是惩罚。”

马利克·本·迪纳尔说:“你们谨防现世,它迷惑学者们的心灵。”

艾布·苏莱曼·达拉尼说:“如果心中有后世,现世就与后世竞争。如果心中有现世,后世不与现世竞争。因为,后世是高贵的,现世是卑微的。”

此话很重,但愿桑雅尔·本·哈克姆的话更加精准。他说:“现世与后世齐聚于心,哪一方取胜,另一方就追随胜者。”

马利克·本·迪纳尔说:“就像你愁于现世那样,你的心中无后世之忧。就像你愁于后世那样,你的心中无现世之忧。”

马利克·本·迪纳尔的话与阿里所言如出一辙。阿里说:“后世与现世互为冤家,就像两个人一样,一方喜悦,另一方生气。”

哈桑说:“以真主发誓,我正值这些民众,他们视现世如同行走其上的尘土。他们毫不关心现世是东向,还是西向呢?前往这儿呢,还是去往那儿呢。”

有人请教哈桑:“你如何看待此人——真主赐他钱财,他就从中施舍并联系亲族?他是否美满地生活其中呢?”哈桑说:“不,如果他享有现世的一切,现世对他而言只是糊口之资,他要提前为他的贫困之日做好准备。”

伏代勒说:“如果现世一切都被合法地呈给我,并且在后世我不就此受清算的话,我肯定受到它的污染,就如你们经过死尸而衣服被污染那样。”

据传,欧麦尔来到沙姆,艾布·欧拜德·本·吉拉赫骑在头戴笼头的骆驼上迎接了他。欧麦尔向艾布·欧拜德致以色兰和问候,来到他家。欧麦尔见艾布·欧拜德的家只有剑、盾牌、驼鞍。欧麦尔说:“如果你添置家什,日子会好过的。”艾布·欧拜德说:“信士们的官长啊,此屋足以使我午休。”

苏夫延说:“你为你的身体,取之于现世;你为你的心灵,取之于后世。”

哈桑说:“以真主起誓,以色列人崇拜普慈的真主后,由于贪喜红尘而崇拜偶像。”

沃赫卜说:“我在一本书上读过:‘现世是智者的猎物,愚者的昏聩——他们不曾认识它就离开了现世,问询归路却没有回来。’”

鲁格曼对儿子说:“儿子啊!自你降世的那一天,你已远离现世,迎面后世。你到达你所接近的住宅,近于你所远离的住宅。”

萨义德·本·麦斯欧德说:“如果你看到一个人的红尘享受在增加,后世裨益在减少,而且他乐此不疲,那他就是个愚人,受到愚弄却浑然不觉。”

哈桑诵读经文“绝不要让今世的生活欺骗你们”(31:33)后说:“谁说了这句话?创造今世者和最知今世者说了这句话。你们谨防现世事务,现世事务不计其数。任何人只要打开事务之门,那道门几乎给他引开十道门。”

哈桑说：“人真可怜！他喜欢合法行为被清算、非法行为受惩罚的住宅。如果他取之有道，则就此被清算；如果他取之无道，则就此受惩罚。”

人的钱财会增长，人的功修不增多。人因其宗教遭损而高兴，因其现世遭损而忧伤。

哈桑在致欧麦尔·本·阿卜杜·阿齐兹的信中写道：“愿真主使你平安！赞主赞圣！你似乎注定是个最后离世的人。”欧麦尔回复到：“愿真主使你平安！你在现世犹如不在，好似你永在后世。”

伏代勒·本·安雅德说：“进入现世轻而易举，但离开现世却举步维艰。”

某人说：“此人真怪！他知道死亡是真的，焉能高兴！他知道火狱是真的，焉能欢笑！他看到现世令世人头脚倒置，怎能放心现世呢！他知道前定是真的，怎能懈怠前定呢！”

奈吉兰的一个两百岁老人来拜访穆阿维叶。穆阿维叶请教老人，如何看待现世？老人说：“灾难之年有之，昌盛之年有之。日复一日，夜复一夜。婴儿出生，亡者已故。若不是婴儿出生，人类肯定终结。要不是亡者离世，世界定人满为患。”老者说：“你随便问吧！”穆阿维叶说：“岁月如流，焉能倒流！”老人说：“无能为力。”穆阿维叶说：“我对你一无所求！”

达吾德·塔伊说：“人啊！你满足于已所拥有，你所得仅仅是你寿限已尽而已。你延迟你的功修，好似它裨益他者。”

比希尔说：“谁向真主请求现世，他只是要求自己长久地站在真主面前受审而已。"

艾布·哈济姆说:"现世中,但凡令你高兴之事,真主就使令你忧伤之事伴随着你。"

哈桑说:"人的灵魂只带三件遗憾离世:没有满足所敛,没有实现所望,没有备好未来盘费。"

有人对某修士说:"你已如愿以偿。"修士说:"唯有现世中的自由人才能如愿以偿。"

艾布·苏莱曼说:"唯有心系后世者,坚忍现世的各种欲望。"

马利克·本·迪纳尔说:"我们不约而同地喜悦现世,我们互相不令不禁,真主就此不放弃我们。但愿我感觉到,真主的哪件惩罚降临我们呢!?"

艾布·哈济姆说:"现世的少福,干扰后世的多福。"

哈桑说:"你们淡泊现世。以真主起誓,对淡泊现世的人而言,再没有比现世更卑微的了。"

哈桑说:"如果真主意欲仆人幸福,就会赐予他现世之福,然后停止给予。如果所赐用完,真主就再次赏赐。如果仆人轻而易举地获得幸福,真主就使他的现世美好。"

某人祈祷真主:"掌管天空的主啊!唯有经过你的允许,恩赐才能降至地球。你让我离世!"

穆罕默德·蒙凯德尔说:"你曾见过这样的人吗?他终生封斋而不开斋,整夜礼拜而不睡眠,施舍所有钱财,为主道奋斗,远离真主禁令。但在复活日,他被复生时,天使却说:'在此人眼中,真主轻蔑之事,他尊崇;真主尊崇之事,他轻蔑。你看他的情况如何呢?'我们中谁不是这样呢,尽管我们罪恶累累,但现世在其眼中仍非同小可?”

艾布·哈济姆说:“今后两世困难重重。后世困难在于,你得不到任何援助。今世困难在于,只要你将手触及现世之物,你就发现已有坏人先你而行。”

艾布·胡莱尔说:“现世如旧皮袋般地悬挂于天地之间,他自受造以来直至腐朽之日,始终呼喊真主:‘养主啊养主!你为什么痛恨我呢?’真主对他说:‘微不足道之物啊,你住口。’”

阿卜杜拉·本·穆巴拉克说:“贪恋现世与心中之恶,已将人层层包围,他何时才能抵达幸福呢?”

沃赫卜·穆南比赫说:“谁心喜现世之物,谁就错失了智慧;谁将私欲踩于脚下,恶魔就害怕谁的影子;谁的知识战胜了私欲,谁就是胜者。”

某人对比希尔说:“某人去世了。”比希尔说:“他贪恋现世,前往后世,失去自我。”此人又对比希尔说:“他曾行善,人们都谈到了他的各种善事。”比希尔说:“这无济于事,他贪恋现世。”

某贤哲说:“现世深恶痛绝我们,而我们对它却喜不胜喜。如果它喜欢我们,如何呢?”

某人请教某哲人:“现世属于谁?”哲人说:“属于放弃现世的人。”又问:“后世属于谁?”哲人说:“属于追求后世的人。”

某哲人说:“现世是废墟之宅,比它更废墟的是修建现世者的心。乐园是坚固之宅,比它更坚固的是追求后世者的心。”

朱奈德说,伊玛目沙菲尔是现世中直言真理的求道者,他忠告一个穆斯林兄弟,让他敬畏真主。他说:“兄弟啊!现世是失足之地与卑微之宅,它的建筑化为废墟,它的居民归入坟墓,它的整体化为零散，它的富有变为贫穷。现世求福实为求贫，现世求贫实乃求福。所以，你敬畏真主，喜悦真主之赐，你不要以你的腐朽之宅借贷你的永恒之宅。你的现世生活昙花一现，墙垣倒塌。你多行善事，少抱希望。”

易卜拉欣·阿德汉姆对某人说：“你喜欢梦时的银币，还是醒时的金币呢？”他说：“醒时的金币。”易卜拉欣·阿德汉姆说：“你撒谎。因为，你在现世，喜欢之物犹如你梦中喜欢它；你在后世，不喜欢之物犹如你醒时不喜欢它。”

伊斯玛仪·本·安雅什说，我们的同伴曾将现世称为母猪，他们说：“滚远点，母猪。”如果他们找到比这更难听的名字，他们肯定以此称呼现世。

凯尔卜说：“现世向你们示好，以便你们崇拜它。”

叶哈雅·本·穆阿兹·拉齐说：“智者为三——现世抛弃他之前，他已抛弃现世；进入坟墓之前，他已挖好坟墓；真主见他之前，他已使真主满意。”

叶哈雅·本·穆阿兹·拉齐就现世讲道：“现世的不幸在于，它使你向往它，从而使你淡忘了顺从真主。你怎能身陷其中呢？”

伯克尔·本·阿卜杜拉说：“谁想要以现世满足现世，就好似以草灭火的人。”

本达尔说：“如果你看到红尘之人谈论修行，你要知道，他们是在服务恶魔。”

本达尔说：“谁迎面现世，现世之火焚烧他，直到化为灰烬。谁迎面后世，后世之光纯洁他，他化为金锭，裨益他人。谁迎面真主，认主独一之光点燃他，他化为珠宝，价值无限。”

阿里说：“现世莫过于六物——食品、饮料、衣服、骑乘、婚姻和香料。最高贵的食品是蜂蜜，但它却是蜜蜂的分泌液。最高贵的饮料是水，但好人坏人均从中汲取。最高贵的衣服是丝绸，但它却是桑蚕所织。最高贵的骑乘是马，但男人骑马杀敌。最高贵的婚姻是娶妻，但却要倍加爱护她，女人是现世的最美，也是现世的最丑。最高贵的香料是麝香，但它却是血液。”

第三十二章　现世(二)

某哲人说:“人们啊！你们要不断行善,敬畏真主。你们不要被殷殷希望与忘却寿限所迷惑,你们不要信赖现世,因为它背信弃义且惯于诱骗。现世为你们美化了它的诱惑,使你们迷恋于对它的期望。现世装扮了它的吹鼓手。现世就像一个国色天香的新娘,万众瞩目她,心驰神往她,朝思暮想她——几多恋人为她而亡,几多念者被她所弃。你们以真理之眼看待现世吧,它是灾难重重之地,创造它的真主贬责它。它化新为旧,化财为无,变贵为贱,变多为少,它的友爱死亡,它的善良消失。”

“愿真主怜悯你们！在有人说‘某人病重,有药可治？可有药方?’之前,你们从昏聩中清醒吧,你们从睡眠中醒来吧！家人给你们请来医生,但无望痊愈。然后,有人说:‘某人立遗嘱,他在数钱。’此后,有人说:‘他口齿不清,不与兄弟说话了,不认识邻居了。’此刻,你的眉心出汗,呼吸局促,信念坚定,眼睑睁开,情真意切,讷讷而言,你的弟兄们潸然泪下。有人对你说:‘这是你的某个儿子,这是你的某个兄弟。’但你语言受阻不能谈,舌头僵硬不能言。此刻,你大限已到,灵魂出体并升天。你的弟兄们围聚在你的周围,有人拿来了你的裹尸布。他们洗你的尸体,给你穿上殓衣。探望你的人止步了,嫉妒你的人消停了。你的家属瓜分了你的财产，你带着你的功修踽踽而行。”

某人对某国王说：“最有权力贬责和憎恶现世的人，是容易获得现世的人，以及现世需求得到满足的人。因为，他预料灾难要降临他的财产并根除它，聚敛他的财产并分散它，侵犯他的权力并摧毁其基础，伤害他的身体并使他患病，剥夺他的心爱之物而令他悲痛欲绝。”

“现世最应受到贬责。它夺回赏赐，收回赠礼。世人为它欢笑时，它却嘲笑世人；世人为它哭泣时，它却哭丧世人；它慷慨赐予时，却无情收回。今天，它给世人戴上桂冠；明天，它将世人埋入土中。现世中，逝者将逝，活者仍活。活者前赴后继，代不乏人。”

哈桑·巴士里在致欧麦尔·本·阿卜杜·阿齐兹的信中写道：“赞主赞圣！现世是客栈，非久居之地。先知阿丹受罚而从乐园降至现世。信士们的官长啊！你谨防现世，现世的盘费会消失，现世的富有会变穷。每时每刻都有亡者，现世使贵人变贱人，使富人成穷人。”

“现世如毒药，不知者食用后致死。现世中，你似乎要接受外科手术。因为讨厌托病，你必须坚持须臾；因为害怕久病，你必须坚忍药剂之苦。”

“你谨防这个背信弃义、惯于诱骗的现世吧！现世美化了它的诱惑，点缀了它的浮华，装饰了它的希望，打扮了它的鼓手。现世就像一个花容月貌的新娘，万众瞩目她，心驰神往她，朝思暮想她。她憎恨她的所有丈夫，所以活者不关注逝者，后人不呵斥前人。有人给智者讲述现世时，他已不认识真主。他内心牵挂着满足他需求的现世而忘乎所以，鬼迷心窍，忘却归宿。他心牵现世，以至于失足后追悔莫及，万分悲痛，饱尝死亡的痛苦。”

“贪恋红尘的人，得不到心中所望还疲于奔命，无盘费地离世，前往无铺之地。信士们的官长啊，你谨防现世吧！你乐意现世一切，但谨防贪恋现世。世人每当心安理得地享受现世，现世就将其送往憎恶之地。世人中受害者是贪恋者，世人中受益者是受骗者和受害者。现世的幸福伴随着灾难，现世的存在化为乌有。现实的高兴夹杂着忧愁，现世一切一去不复返，尚不知结局如何？现世的安慰是谎言，现世的承诺是虚幻，现世的纯洁是浑浊，现世的生活是苦难，世人处于危难中。”

“如果人们沉思默想，就知道自己虽然幸福但却面临危险，受难但要警惕。如果创造者真主没有告诉现世的任何信息，没有为现世举例的话，现世肯定叫醒睡者，唤醒昏者。真主派遣的警告者和劝诫者已经来了，不是吗？在真主面前，现世无能为力，自真主创造它以来，就没有看过它。天使将现世的所有宝库和钥匙——哪怕是蚊子的翅膀都丝毫不差——呈现给你的先知，但他拒绝接受现世。因为他讨厌自己违背真主的命令，喜悦真主让他恼怒的事情，尊崇真主轻蔑的事情。所以，他让贤哲们离开现世的考验，而将它的浮华送给了他的敌人们。被现世迷惑的人与富裕的人，认为受到现世的优待，但他忘却了真主如何对待先知穆罕默德——[饥饿的他]将石头绑在肚腹上。”

据传，真主对先知穆萨说：“如果你看见富人迎面而来，就说‘从速受罚的罪过。’如果你看见穷人迎面而来，就说‘欢迎贤哲们的标志。’”

如果你意欲的话，就追随先知尔萨吧——他曾说：“我的坚持是饥饿，我的标志是敬畏，我的衣服是羊毛，我的灯盏是月亮，我的骑乘是双脚，我的食品和水果是大地所产，我一无所有地过夜，身无分文地醒来，地球上再没有比我更富有的人了。”

沃赫卜·穆南比赫说，真主派遣先知穆萨与哈伦前往法老那儿时，说：“你俩不要害怕法老所穿的华丽衣服。他的脑门被我抓着，不能言语、眨眼和呼吸，除非凭借我的许可。”

“你俩不要羡慕法老的荣华富贵，它只是现世生活的花朵，养尊处优者的装饰。如果我以现世浮华装扮你俩，而法老看见后，就知他无能于我赐给你俩的恩典，我肯定赐予你俩。但我不喜欢你俩这样，所以我不让你俩享受现世浮华。我也同样对待我的卧里们，保护他们免享现世之福，就如仁慈的牧羊人保护他的羊群免遭有害牧场之祸；我让他们远离现世的庇护所，就如仁慈的牧驼人让他的驼群远离诱惑之圈。这不是我轻视他们，而是他们肯定平安地、圆满地从我的荣耀中成全了他们的福分。”

“为了我，我的卧里们扮以卑微、害怕和谦恭。敬畏出自他们的内心，体现在他们的身上。敬畏是他们身穿的服装、外穿的罩衣。敬畏是他们感知的心事、借以成功的得救、殷切期盼的指望、引以自豪的荣耀、让人认识的标志。如果你遇见他们，就彬彬有礼、内心谦虚、低声细语地与他们相交。须知，谁让卧里害怕，谁就与我为敌，复活日，我为卧里复仇。”

有一天，阿里演讲时说：“须知，你们都要死亡，死后被复生，目睹你们的工作，并因此而受赏罚。所以，你们不要迷恋现世生活，它灾难重重，它的腐朽已众所周知，被形容为诱骗，它的一切化为乌有。世人形成许多国家且互相争战，它的情况不长久，世人不能安于它的邪恶。世人既在其中受灾受惑,也从中幸福安乐。世情形形色色,反反复复。世间生活备受诘难,现世安乐过眼云烟。世人目的五花八门,各人红尘之份得以实现,红尘注定远离世人,人人皆死,归宿皆定。”

“真主的仆人们啊！要知道,你们和你们在现世的一切,就如已逝的前人——他们比你们寿命更长,更加勇猛,更能建筑,更有影响。他们的声音由于现世的长期变化而悄无声息,他们的身体已成腐尸,宅院已成废墟,足迹化为乌有。他们的宅院代之以坟墓住宅,石头铺成的睡床和枕头,以及石头砌成的石柱和石门。宅院是临近的,主人是异乡人,居住在孤寂之人和匆忙之人的中间。尽管他们互为邻里,家宅相近,但他们互不串门,不联系邻居和兄弟。他们怎能联系呢？石头和土地吞吃了他们,他们活人变成死人,身体变成遗骸。亲人因他们而悲伤,他们居住土中,已经启程而无归路。真远啊！真远！‘等到死亡降临他们中,一旦有人临危时,他才说:‘我的主啊！求你让我返回人间,也许我能借我的遗留的财产而行善。’绝不然！这是他一定要说的一句话,在他们的前面,有一个屏障,直到他们复活的日子。’(23:99—100)你们好像已经变成他们,尝受归宿之宅中的灾难和孤独。你们成为那张床上的抵押品,寄存处收留了你们。你们怎么办呢？如果你们目睹了坟墓之事,坟墓被折腾,内心受煎熬,你们因归宿而被迫站在伟大真主的面前,心灵因谨防前世的罪过而怦怦直跳,遮住你们的幔帐被揭开,你们的缺点和隐私暴露无遗。后世,每个人都因自己所作所为而受到赏罚。真主说:‘他创造万物,以便他依作恶者的行为而报酬他们,并以至善的品级报酬行善者’(53:31)真主说:‘功过簿将

展现出来，所以你将会看到罪人们畏惧其中的记录。’(18:49)真主使我们成为遵循他的经典的人们，追随他的卧里的人们，以便允许我们凭借他的恩典居住永恒之宅。他是受赞的主，荣耀的主。”

某贤者说：“日子是羽箭，人们是目标。每一天，时光都在箭射你。它日日夜夜地射杀着你，直到射光你的一切。所以，随着你身体的昼夜遭遇，你如何平安过活呢？如果每天发生在你身上的不足都呈现给你的话，你每天都会感到孤独，感觉时间过得真慢。然而，真主的安排超越人们的深思熟虑。人们凭借忘却现世的灾难，方能尝到现世的幸福滋味。但如果明哲的真主使世界纷乱的话，现世之福比苦瓜还苦。你已经意识到现世行为的种种不足，现世的各种迹象远远多于劝解者的关心。”

主啊！求你引导我们于正道吧！

某贤者说：“现世就是你的时间，你回看它，对度过的时间毫无感觉，对未来的时间丝毫未知。时光是未来的一天，夜晚向它报丧，时刻逐渐近它。各种事件接二连三地给人们带来了改变与缺失。时光受命，化整体为零散，令一切消失殆尽，使王朝更迭交替。人有殷殷希望，寿命却不长久。一切终归真主！”

欧麦尔·本·阿卜杜·阿齐兹演讲时，说：“人们啊！你们受造于现世，如果你们相信它，你们就是傻子；如果你们不信它，你们就是死人。你们受造不是为了永久，而是从现世走向后世。真主的仆人啊！你们的现世之宅有噎人的食品，有呛人的饮料。你们享受的幸福恩典终将离开你们，即使你们舍不得离开。须知，你们绝不会重返现世之家，而要永居后世之宅。”欧麦尔讲完，泣不成声，走下讲台。

阿里在演讲中说:“我忠告你们敬畏真主,弃绝红尘——它放弃了你们,即使你们不愿意放弃它。你们的身体已经腐朽,而你们想要让它恢复如初。你们和你们的身体,就如旅行人——行走途中,似乎结束路途;通向路标,好似抵达目标。他多么希望结束路程,到达终点!他多么希望在世的每一天,让自己迅即离世!你们不要因为现实的艰难困苦而忧伤,因为它终将结束;你们不要因为现世的荣华富贵而高兴,因为它终会消失。我惊讶的是,追求现世的人,死亡追逐着他;昏聩于世的人,死亡不放过它。”

穆罕默德·侯赛因说:“当贵人、智者、学者们知道真主轻视现世、真主因他的卧里们而不喜悦现世、现世在真主面前分文不值,知道真主的使者弃绝红尘、使者提醒圣门弟子谨防现世诱惑时,他们食有目的,甘做贵人,只取够用,放弃欲望,穿衣蔽体,食而不饱。他们视现世为腐朽,待后世为永恒。在现世,他们如旅行者那样准备盘费。他们拆毁现世,用来修建后世。他们用心看待后世,明白自己将目睹后世,从而带着心灵前往后世。他们深知,带着身心前往后世就会少些劳累,多些幸福。这一切都凭借伟大真主默赐的成功。他们所喜,就是真主为他们所喜;他们所憎,就是真主为他们所憎。”

第三十三章　知足的高贵

要知道，穷人应当知足，不要向人行乞，既不羡慕他们的财富，也不希望多赚钱，而是安贫乐道。赚钱只为满足衣食住行的需要而已，达到生活最低保障足矣。穷人应寄希望于明天或下月，心灵不要牵挂月后之事。如果穷人渴望太多，希望太久，就会失去知足之贵，免不了受贪婪之染。贪心致人道德败坏，罪恶深重，失去信义。人，生来就有贪婪不知足的本性。

真主的使者说："如果人有两个金谷，肯定寻求第三个金谷，唯有土填满人的肚腹。真主饶恕忏悔者。"

艾布·瓦基德·莱斯说，真主的使者每当接到启示，就给我们传达他所接到的启示。有一天，我来见使者，他说："真主说：'我赐人们钱财，为的是完成拜功与交纳天课。如果人有一个金谷的话，肯定想拥有第二个金谷。如果他有二个金谷，肯定想拥有第三个金谷，唯有土填满人的肚腹。真主饶恕忏悔者。'"

艾布·穆萨·艾什尔里传述，《古兰经》"忏悔章"降示后又升起，其中记载着："真主凭借身无财产的人援助伊斯兰教。如果人有两谷金钱，他希望有第三谷金钱。唯有土填满人的肚腹。真主饶恕忏悔者。"

真主的使者说："两种人贪得无厌：渴求知识而不知足，贪图钱财而不满足。”

真主的使者说：“高寿之人，两件事与他一道长寿——希望与爱钱。”

当贪婪成为害人与伤人的本性时，真主及其使者赞扬了知足。使者说：“恭喜享受伊斯兰正道的人，他满足于糊口之资的生活。”

真主的使者说：“复活日，任何穷人和富人都抱有希望——前世被供给够用之物。”

真主的使者说：“富人不是腰缠万贯，而是心灵富有。”

真主的使者禁止贪得无厌和过分要求，他说：“人们啊！你们不要过分地要求，每个人都有自己的定数。人不离世，直到他的现世——现世是屈服的——定数来临他。”

据传，先知穆萨请教真主：“你的仆人中，谁最富有？”真主说：“最满足于我所赐的人。”穆萨问：“他们中谁最公道？”真主说：“心最公正的人。”

伊本·麦斯欧德传述，真主的使者说：“圣洁的精神告诉我的心灵，灵魂绝不死亡，直到完美它的给养。你们敬畏真主，不要过分地要求。”

艾布·胡莱尔传述，真主的使者对我说：“艾布·胡莱尔啊！如果你饥肠辘辘，就吃面包，喝水。现世必毁。”

艾布·胡莱尔传述，真主的使者说：“你虔诚，你就是人们中最有功修的人。你知足，你就是人们中最为感谢的人。你为人们喜自己所喜，你就是信士。”

真主的使者禁止贪婪。

艾布·安尤布·安萨尔传述，一个乡下人拜访先知，说：“真主的使者啊！你言简意赅地忠告我。”先知说：“如果你礼拜，就辞世般地礼拜。你谈话中不要给明天找借口，你不要指望人们的财富。”

奥夫·本·马利克·艾什杰伊说，我们九个人（或七八个人）与真主的使者在一起，使者说：“难道你们不向真主的使者效忠吗？”我们说：“真主的使者啊！难道我们没有向你效忠吗？”使者说：“难道你们不向真主的使者效忠吗！”然后，我们伸出手，效忠使者。我们中有人说：“我们向你效忠，我们怎么向你效忠呢？”使者说：“你们崇拜真主，不要以物配主；你们履行五次拜功；你们倾听，顺从，保守秘密。你们不要乞讨人们。”奥夫·本·马利克·艾什杰伊说，这些人放下他们的乞讨鞭，不向任何人乞讨任何物。

欧麦尔说：“贪婪是贫穷，无望是富有。谁无望人们手中所有，谁就无求于他们。”

有人请教某哲人，何为富有？哲人说：“少点希望，多喜现有。”对此，诗云：

生活如过眼云烟，灾难时日必来临。
安于生活满足它，放弃私欲潇洒活。
死亡或许即刻到，黄金珠宝催人死。

穆罕默德·本·瓦希尔曾经用水泡着干面包吃。他说：“谁满足于此，谁就无求于人。”

苏夫延说：“你们的现世幸福在于你们没有受到现世事务的考验，你们受现世事务考验的幸福，在于你们手中一无所有。”

伊本·麦斯欧德说：“每一天，都有天使在呼唤：‘人们啊！少而令你够，胜于多而令你贪。'”

萨米特·本·阿吉兰说：“人们啊！你的肚腹就是一拃，但为什么火焰穿入你的肚腹呢？”

有人请教某贤哲：“你的财产是什么？”贤哲说：“美在外表，意在内心，无望人们手中拥有。”

据传，伟大的真主说：“人们啊！如果现世及其一切都属于你，你在现世只不过享受够用之物而已。如果我把现世的够用之物供给你，并就此清算他人的话，我是在向你行善。”

伊本·麦斯欧德说：“如果你们中有人寻求所需的话，就少些追求吧！没有人前来告诉他'这是你的你的'后转身离去，而是他的给养定数来临他。”

伍麦叶族的某人写信效忠艾布·哈济姆，没有向他提要求。他写道：“我已经向我的养主诉说了我的要求，他赐给我的，我接受；他禁止我的，我知足。”

有人问某贤哲：“什么最令智者开心？什么最有助于解忧？”贤哲说：“最令智者开心的是他曾经的善行，最有助于解忧的是喜欢前定。”

某贤哲说：“我发现，最令人忧伤的是嫉妒，最令人轻松生活的是知足，最令人坚忍伤害的是贪婪，生活要求最低的人是最看破红尘的人，最后悔的人是最挥霍现世的人。”对此，有诗云：

青年人丰衣足食，坚信真主恩赐他。

生活保障且纯洁，精神饱满人抖擞。

知足人处处潇洒，人生际遇无烦恼。

又云：

我何时自由启程，终身都忙忙碌碌。
离乡之人请别走，亲人不知我境况。
一辈子东奔西走，死亡无视我所望。
安逸来临我知足，知足是福非财多。

欧麦尔说：“难道我没有告诉你们，我从真主的财产中寻求合法钱财吗——我有两件衣服，一件是我的冬装，一件是我的夏装；一匹供我正朝和副朝的骑乘；我的给养就如古莱氏族中任何人的给养，不高不低。以真主起誓，我不知道，这是合法，还是非法呢？”他好似有点疑心，此量是否超过了应该知足的量？

一个乡下人责备他的贪心哥哥，说：“哥哥啊！你是寻求者，也是被寻求者。没有失望于你的人在寻求着你，而你在寻求着满足他。这好似，你失去的已经出现，你拥有的已经离开。哥哥啊！你好像没有看见无福分的贪婪者，受恩赐的厌世者。”对此，诗云：

万贯家财促你贪，贪婪现世似不死。
贪婪是否有尽头，离世时喜称足矣。

舍阿比说，某人抓了一只云雀。云雀说：“你想把我怎么样？”他说：“我宰了吃你。”云雀说：“以真主发誓，我既不能作药物，也不能填饱肚腹。但我可以告诉你三件事情，它胜于你吃我。第一件事情，我在你手中告诉你。第二件事情，我在树上告诉你。第三件事情，我在山上告诉你。”他说：“你说第一件事情吧。”云雀说：“你绝不要对失去的事情唉声叹气。”他放飞云雀，云雀飞到了树上。他说：“你说第二件事情吧。”云雀说：“你绝不要相信不可为之事。”

云雀飞到山上，说："可怜的人啊！如果你宰了我，你肯定从我的嗉囊中取出两颗珍珠，每颗重二十个米斯噶里"①。他咬住嘴唇，唉声叹气地说："你说第三件事情吧。"云雀说："你已经忘记了两件事情，我如何告诉你第三件事情呢？难道我没有告诉你，你不要对失去的事情唉声叹气，不要相信不可为之事吗？我的肉、我的血和我的羽毛加起来没有二十个米斯噶里，我嗉囊中如何有两颗各重二十个米斯噶里的珍珠呢？"云雀说完，飞走了。

这个寓言说明了人的过分贪婪。贪婪令人不明真理，以至于将不可为之事视作可为之事。

伊本·桑玛克说："希望是你心中的绳索，脚上的镣铐。所以，你祛除心中的希望，摘下脚上的镣铐。"

艾布·穆罕默德·耶兹德说，我拜访哈里发拉希德，见他在看一张金水写成的纸。他看见我，笑了。我说："愿真主善待信士们的长官！精彩吗？"他说："是的。我在伍麦叶人写的诗歌中发现这两首诗，觉得特别精彩，就续写了第三首。"说完，他给我吟道：

无求之门亦被锁，后世之门为你开。
饱食暖衣令你幸，避免罪恶令你福。
珍惜名誉洁身好，避免犯罪不受罚。

阿卜杜拉·本·塞拉姆请教凯尔卜："学者们掌握和理解知识后，是什么使学者们心中的知识消失殆尽？"凯尔卜说："贪图，贪心，贪求。"

① 每个米斯噶里等于4.68克。——译者

某人对伏代勒说:“请你为我解释凯尔卜的话。”伏代勒说:“一个人贪图追求之物,所求之物令他忘记了宗教;贪心就是得陇望蜀,以至于不想有任何缺失;你需要彼,也贪求此。你的愿望一旦付诸实现,你就生命耗尽,需求把你带到它所意欲的地方后控制你,你顺从了它。谁为现世喜悦你,如果你经过他,就给他道安;如果他生病,就探望他——你不是因为真主给他道安,不是因为真主探望他。如果你对他无所求的话,这对你最好不过。”

第三十四章　穷人的高贵

先知穆罕默德说:“伊斯兰乌玛中最善良的人是穷人,迅速入住乐园的人是弱者。”

先知穆罕默德说:“我有两门手艺——贫穷、为主道奋斗。谁喜欢它们,谁就喜欢了我;谁讨厌它们,谁就讨厌了我。”

据传,哲卜拉伊勒天使来见真主的使者,说:“穆罕默德啊!真主祝你平安,他说:‘你喜欢我将群山化为金子吗,无论你在哪儿,它都与你在一起?’”真主的使者沉思片刻后说:“哲卜拉伊勒啊!现世是无家之人的家,无钱之人的钱,无智之人为它敛财。”哲卜拉伊勒对他说:“穆罕默德啊,真主因你的铿锵之语而使你的信念坚定不移。”

据传,先知尔萨旅行中路过一个穿着长袍、蜷缩着身体睡觉的人,叫醒了他,说:“睡觉的人啊,起来吧,你赞美真主。”他说:“你想让我做什么呢?我已经将现世留给了喜爱它的人。”于是,先知尔萨对他说:“我的朋友啊!你继续睡吧!”

先知穆萨路过一个穿着长袍睡在地上的人,头枕土坯,面庞和胡须沾满泥土。穆萨说:“我的养主啊!你的这个仆人是个穷人。”真主启示他:“穆萨啊!难道你不知道,如果我专注地凝视仆人的话,我就让现世的一切远离他。”

艾布·拉菲尔传述，真主的使者家里来了客人，但他没有招待客人的食物，就让我去一个来自海拜尔的犹太人家。他说："你告诉他，穆罕默德对你说：'你给我借点面，或者卖给我，七月份还给你。'"我来到那个犹太人家，他说："以真主起誓，唯有抵押。"我告诉了真主的使者，他说："以真主起誓，我绝对是乐园里的忠实人，地球上的忠实人。如果他卖给我，或者借给我，我肯定还给他。你拿我的这件盔甲去给他作抵押。"我出去后，降示了这节经文："你不要觊觎我所用以供给他们中各等人享受的，那是今世生活的浮华，我用来考验他们；你的主的给养，是更好的，是更久的。"(20：131)这节经文安慰真主的使者，不要指望现世。

真主的使者说："贫穷装饰信士，胜于马头上漂亮的笼头坠。"

真主的使者说："你们谁身体健康，心胸开阔，日有所食，他就好似获得了整个世界。"

凯尔卜·艾哈巴尔传述，真主启示先知穆萨："穆萨啊！如果你迎面看到穷人，就说：'欢迎贤者们的标志。'"

阿塔尔·胡拉萨尼传述，某先知路过一个海滩，看见一个人在捕鱼，此人说完"奉真主之名"后撒了网，但没有捕到一条鱼。他又路过另一个海滩，见一个捕鱼人说完"奉恶魔之名"后撒了网，捕获到了纷纷入网的鱼。于是，他说："我的养主啊！这是怎么回事呢？我知道，所有事情都取决于你。"真主对众天使说："你们为我的这个仆人，揭示两个捕鱼人的品位吧。"当他看见真主为前者安排了尊贵，为后者安排了卑贱时，说："我的养主啊，我明白了。"

我们的先知说："我环视乐园，看见其中最多的是穷人。我环视火狱，看见其中最多的是富人和女人。"另传，我问："为什么富人多呢?”先知说:“现世的荣华富贵监禁了他们。”

另一段圣训:“我看见火狱中最多的居民是女人。”我说:“她们怎么了?”先知说:“她们沉醉于两种赤色——黄金与番红花。”

真主的使者说:“在现世,信士的珍宝就是贫穷。”

先知说:“最后进入乐园的先知是苏莱曼,这是因为他的王权所致。我的圣门弟子中最后进入乐园的人是阿卜杜·拉哈曼·本·奥夫,这是因为他的富有所致。”另一段圣训:“我看他蹒跚着进了乐园。”

先知尔萨说:“富人艰难地进入乐园。”

据圣裔传述,先知说:“如果真主喜悦仆人,就考验他。如果真主极其喜悦他,就让他富贵。”圣门弟子问:“他怎么富贵呢?”他说:“真主没有赐予他任何子嗣与钱财。”

圣训:“如果你迎面看见穷人,就说:‘欢迎贤者们的标志’。如果你迎面看见富人,就说:‘迅速受到惩罚的罪过’。”

先知穆萨说:“我的养主啊!你的众生中,谁是你最喜悦的人,以便我为你而喜悦他们?”真主说:“所有的穷人,穷人。”第二个“穷人”,或者是为了强调,或者是指赤贫。

先知尔萨说:“我喜悦贫穷,讨厌安乐。”他最喜悦的名称是,人们唤他“穷人”。

阿拉伯的头面人与富人们对先知说:“你为我们安排一天,为他们安排一天。他们来见你时,我们不来。我们来见你时,他们不来。”这指的是诸如比俩里、塞利玛、苏海布、艾布·赞尔、韩巴布·本·艾勒特、安玛尔·本·雅西尔、艾布·胡莱尔,以及身穿羊毛制衣的穷人们。先知答应了他们请求。这是因为,他们向先知诉苦，他们深受穷人的气味之苦——酷热中身穿羊毛制衣的穷人一旦流汗，衣服的味道四处飘散，所以艾格勒阿·本·哈比斯·泰米姆、欧耶奈·本·哈斯尼·法拉齐、阿拨斯·本·米尔道斯·赛里米等富人们对此不能忍受。真主的使者答应他们，不让穷人富人聚在一起，而是各有一个讲席。于是，真主降示了经文："在早晨和晚夕祈祷自己的主而求其喜悦者，你应当耐心地和他们在一起，不要藐视他们，而求今世生活的浮华。我使某些人的心忽视我的教训，而顺从自己的欲望。他们的行为是过分的，这种人你们不要顺从他们。你说：'真理是从你们的主降示的，谁愿信道就让他信吧，谁不愿信道，就让他不信吧。'"(18:28—29)

伊本·温姆·麦克图姆请见先知，先知身边有个古莱氏贵人。先知感到困难，于是，真主降示了经文："他曾皱眉，而且转身离去，因为那个盲人来到他的面前。你怎能知道呢？他也许能受熏陶，或听忠告，而蒙教益。至于自满者，你都逢迎他。"(80:1—6)

先知说："复活日，一个仆人被带来，真主向他道歉，就如人给人道歉那样。真主说：'以我的尊严和伟大起誓，我剥夺你的现世，不是因为你对我的喜悦，而是因为我给你准备的尊严与优越。我的仆人啊，你到这些队列中去，谁因为我而供你饮食或服装，并就此取悦于我，你就拉着他的手，他属于你。在那日，汗水令人们苦不堪言。'于是，他进入队列中，看到了供他饮食和服饰的人，拉着他的手，一道进了乐园。"

先知说："你们多认识穷人，拉着他们的手，因为他们有一个家园。"圣门弟子们问："真主的使者啊，他们的家园是什么？"先知说："复活日，穷人们被告知：'你们看看，谁给你们面包，或者饮料，或者服饰，你们就拉着他的手，带他进入乐园。'"

先知说："我进入乐园，听见我的前面有声音，于是我看见了比俩里。我看了看乐园的上面，见到了我乌玛中的穷人和他们的孩子们。我看了看乐园的下面，里面有少数富人和女人。我说：'我的养主啊！他们是怎么回事？'真主说：'女人们，她们受两赤之害——黄金与丝绸；富人们，他们忙着精打细算。'我寻找我的圣门弟子，没有看到阿卜杜·拉哈曼·本·奥夫。然后，他哭着来了，我问：'你怎么落在我后面了？'他说：'真主的使者啊，以真主起誓，我没有跟上你，直到我遇到了很多白发苍苍的妇女。我想，我见不到你了。'我说：'为什么？'他说：'我正在算账呢。'"

看看，阿卜杜·拉哈曼是先知穆罕默德的著名弟子，是被许诺进入乐园的十人之一，是先知所称的富人——"唯有以钱财如此如此说话的人"。尽管如此，他也受富有之害到了这个程度。

真主的使者来到一个穷人家，看他家徒四壁，就说："如果这道光播撒给地球人，肯定使他们蓬荜生辉。"

真主的使者说："难道我没有给你们告诉乐园居民的国王吗？"他们回答："真主的使者啊！没有。"使者说："每个弱者都是饥肠辘辘、披头散发、衣衫褴褛、惨不忍睹的顺从者，如果他向真主发誓，真主肯定使其誓言成真。"

伊穆兰·本·胡赛尼传述，我在真主的使者面前有面子和地位。使者说："伊穆兰啊！你在我们面前有面子和地位。那么，你能否探望真主的使者的女儿法图麦呢？"我说："可以，真主的使者啊，愿我的父母为你赎身。"使者站起来，我和他同时站起来前往法图麦家。来到她家门口，使者敲门，说："愿真主使你平安，我能进去吗?”她说:“真主的使者啊,请进。”使者说:“与我一起的人能进去吗?”她说:“真主的使者啊,谁与你在一起?”使者说:“伊穆兰。”她说:“以凭着真理派遣你为先知的真主起誓,我只穿着坎肩。”使者以手示范地说:“你这样这样做。”她说:“我遮住了我的身体,但我的头怎么办呢?”使者遂将他身穿的旧斗篷递给她,说:“你用它遮住你的头。”然后,她允许使者进去。使者进门后说:“女儿啊,愿真主使你平安!你怎么了?”她说:“以真主起誓,我苦不堪言。家里很长时间没有食物了,正遭受饥饿呢。”真主的使者哭着说:“我的女儿啊,你不要担心。以真主起誓,我已经三天没进食了。较之你,我更受真主优待,如果我祈求我的养主,他肯定让我饱食,但我选择后世而放弃了现世。”然后,使者将手放在她的肩上,对她说:“你高兴吧!以真主起誓,你是乐园里所有妇女的领袖。”她说:“法老的妻子阿希娅、伊穆兰的女儿麦尔彦在哪儿呢?”使者说:“阿希娅是她的世界的妇女领袖,麦尔彦是她的世界的妇女领袖,你是你的世界的妇女领袖。你们都住在宫殿的房屋里,没有伤害,没有喧哗,没有劳累。”使者接着对她说:“你满足于你叔父的儿子吧。以真主起誓,我把你嫁给了今后两世的领袖。”

阿里传述,真主的使者说:“如果人们讨厌他们中的穷人,炫耀现世的建筑,贪婪聚财,真主就让他们遭受四件灾难——干旱之年、不义的统治者、法官的失信、敌人的进攻。”

艾布·代尔达厄说:“拥有两枚迪尔汗的人,较之拥有一枚迪尔汗的人,受到更加严厉的清算。”

欧麦尔送给萨义德·本·阿米尔一千枚迪纳尔。萨义德愁眉苦脸地回到家,妻子问:“有事?”他说:“非常严重,让我看看你的旧坎肩。”他撕开坎肩，将它制成几个布袋后，装进钱币并分散了它，然后开始礼拜，哭泣，直到天亮。他说：“我听真主的使者说：‘我乌玛中的穷人早于富人进入乐园达五百年之久，以至于一个富人进入穷人队伍中，有人拉着他的手，要求他出去。’”

艾布·胡莱尔说：“三种人不受清算地进入乐园：想洗衣服但没有旧衣可穿的人，火炉上没有两口锅的人，要了饮料但没人对他说‘你想要什么’的人。”

据传，某穷人参加苏夫延·塞里的讲席。塞里对他说：“你越过人们，坐到我的旁边。如果你是个富人，我肯定不让你接近。”塞里弟子中的富人们，希望自己是穷人，因为塞里经常接近穷人，远离富人。

穆安米里说：“我没有见过比塞里讲席中更卑微的富人，没有见过比塞里讲席中更有尊严的穷人。”

某贤哲说：“如果穷人害怕火狱就如害怕贫穷那样，他肯定同时脱离了火狱和贫穷。如果穷人渴望乐园就如渴望富有那样，他肯定同时获得了乐园与富有。如果穷人秘密地敬畏真主就如公开地害怕真主的众生那样，他肯定两世幸福。”

伊本·阿拔斯说：“被真主剥夺了享受怜悯的人，是尊重富人而轻视穷人的人。”

先知鲁格曼对儿子说：“你绝不要轻视任何衣衫褴褛的人，因为你的养主和他的养主是同一个主。”

叶哈雅·本·穆阿兹说：“你喜欢穷人，就具有众使者的德性；你选择与他们同座，就具有众贤哲的标志；你躲避与他们为伍，就具有伪信士的标志。”

列圣经典(如《讨拉特》、《引支勒》、《宰逋尔》)中记载,真主启示他的某先知:"你谨防我对你的厌恶。你离开我的视野,我就将世界倾注给你。"

阿伊莎曾在一天内,将穆阿维叶、伊本·阿米尔等人送给她的十万枚迪尔汗施舍了,而她的衬衫则打着补丁。女仆对她说:"如果我用一枚迪尔汗,给你买一块肉,斋戒的你就能以此开斋。"阿伊莎说:"如果你提醒了我,我肯定作了。"

真主的使者忠告阿伊莎:"如果你想跟上我,就要过穷人的生活;谨防和富人们同座;不要换下衬衫,直到给它补补丁。"

某人带着一万枚迪尔汗来见易卜拉欣·阿德汉姆。易卜拉欣拒绝接受迪尔汗,此人再三请他收下。易卜拉欣对他说:"你想要让我以一万枚迪尔汗,将我的名字从穷人册本中删除吗?我永远不会这样做。"愿真主喜悦他。

真主的使者说:"得到伊斯兰正道的人真幸福——他的生活仅有糊口之资且满足于此!"

真主的使者说:"穷人们啊!你们真心实意地喜悦真主,就能获得你们受穷的惠赐。否则,就得不到。"所以,人们应当知足常乐。这被理解为,贪婪的人不因贫穷而得到惠赐。但是,关于贫穷之贵的经文和圣训,证明穷人必得惠赐,正如将会实现那样。也许,"厌恶"指的是因真主使其现世拮据而不情愿。喜欢钱财并不意味着否认真主,以及厌恶真主的所为。厌恶会使贫穷之赐消失殆尽。

欧麦尔传述,先知说:"任何事物都有打开它的钥匙。坚守赤贫和贫困,就是打开乐园的钥匙。复活日,穷人与真主同席。"

阿里传述，先知说："真主最喜悦的仆人是，满足于给养的穷人，以及喜悦真主的人。"

先知说："主啊！你使穆罕默德家属的粮食仅为糊口之资吧！"

先知说："复活日，任何富人和穷人都希望前世被给予糊口之资。"

真主启示先知伊斯玛仪："你在伤心人的面前祈求我。"伊斯玛仪说："他们是谁？"真主说："坚忍的穷人们。"

先知说："没有任何人比心满意足的穷人更尊贵。"

先知说："复活日，真主说：'我的众生中，优秀的人何在？'天使们说：'我们的养主啊！他们是何人？'真主说：'穆斯林穷人、满足我的恩典者、喜悦我的定然者。你们请他们进入乐园。'然后，他们进入乐园，享受恩典，而其他人还在忧心忡忡地等待清算。"

这是满足者和喜悦者之贵。至于修行者之贵，下文述之。

关于喜悦与满足的经文不胜枚举。众所周知，满足的反面是贪婪，欧麦尔说："贪婪是贫穷，无望是富足——无望他人财富且满足于不求富人的人。"

伊本·麦斯欧德说："每一天，都有一个天使在阿勒舍之下呼吁：人们啊，少而令你足，胜于多而令你奢。"

艾布·代尔达厄说："每个人的理智都有缺点。这是说，如果世界给他带来更多财富，他就开心快乐。然而，白昼黑夜夜以继日地消耗着他的寿数，但财富的增加使他不忧不愁。可怜的人啊！财富的增加无济于事，寿数则在减少。"

有人请教某贤哲："何谓富有？"贤哲说："你少一点希望，满足于供你够用之物。"

易卜拉欣·阿德汉姆曾在呼罗珊富甲一方。有一天,他查看自家庭院,看到有个人吃完面饼后就睡了。于是,他对仆人说:“如果他醒了,带他来见我。”此人醒来后,仆人带他去见易卜拉欣·阿德汉姆。易卜拉欣说:“你在饥饿的情况下吃面饼吗?”此人回答:“是。”易卜拉欣说:“然后,你安然入睡?”此人回答:“是的。”易卜拉欣遂自言自语:“我如何对待现世呢,人仅满足于此啊?!”

某人路过阿米尔·本·阿卜杜·盖斯,他正在吃撒了盐的蔬菜。路人说:“阿卜杜拉啊,你在现世中仅满足于此吗?”阿米尔说:“我可以带你去见满足于比此更差的人吗?”路人说:“是谁。”阿米尔说:“喜悦后世代之以现世的人。”

穆罕默德·本·瓦希尔曾拿出干饼子,用水浸泡后,撒上盐吃。他说:“谁在现世中满足于此,谁就无求于人。”

哈桑说:“真主诅咒这些人——他们向真主发誓后,没有相信真主。”然后,他诵读了经文:“在天上,有你们的给养,也有应许你们的赏罚。以天地的主盟誓,这确是真实的,犹如你们能说话一样。”(51:22—23)

有一天,艾布·赞尔坐在人们中间,妻子来找他,对他说:“你坐在这些人中间?以真主起誓,家里既没喝的,也没吃的。”他说:“老婆啊!我们面前有不可克服的困难,唯有生活窘迫的人才能克服它。”于是,她心满意足地回家了。

祖·努尼·米苏尔说:“最接近违信的人,是不能坚忍的穷人。”

有人问某贤哲:“你的财产是什么?”贤哲说:“装扮在外表,意念在内心,无望人们手中所有。”

据传,真主在启示给前人的经典中说:“人们啊!如果现世的一切属于你,你仅有其中的口粮足矣。如果我给予你口粮,而将现世的清算给予别人,那么,我是在向你行善。”

诗人就知足吟道:

祈求真主勿求人,尊严隐于不奢求。
勿求亲朋与好友,富贵人乃无求者。

有诗人亦就此吟道:

时光紧盯敛财者,真主关闭道道门。
想想死亡如何来,清晨死亡来敲门。
聚财之人对我说,聚财之日分离你。
财产全归继承人,消费财产是你财。
安逸青年坚信主,真主恩赐他给养。
身体受护不被染,容光焕发不沧桑。
知足之人知足来,失眠之愁不见来。

第三十五章　舍弃真主护佑

真主说:“你们不要倾向不义的人,以免遭受火刑。”(11:113)

阿卜杜·拉哈曼·宰德解释,经文中的“倾向”,意为讨好,指的是承认不义者的违信。

宏观上,这节经文的意思是,禁止穆斯林倾向多神教徒,以及穆斯林中的作恶者。

尼萨布尔在其经注典籍中记载,权威学者们讲道:“被禁止的倾向,指的是喜悦不义,或者点缀不义之道,或者在他者面前美化不义,以及参与任何不义之事。至于与不义者为伍,无论是为了防止坏事,或者是为了招徕现世利益,均不属于倾向。”尼萨布尔说:“我之所以这样说,是出于生活之道和许可之道。敬畏的要求是,全方位地避免不义的人们。真主说:‘难道真主不能使他的仆人满足吗?’”(39:36)

我认为,尼萨布尔言之确凿,应该限定“倾向不义者们”的具体内容,尤其在这样的时代——无法否定坏事,不能命人行善,无法避免倾向不义者们的各种诱惑。如果诱惑是指倾向不义者且致其进入火狱的常态,你又如何看待那些深陷不义与侵害的倾向者呢——追求与不义者们沆瀣一气,与其狼狈为奸,以其装束为荣,渴望其荣华富贵,羡慕其现世享受。事实上,这只是微不足道的果实，轻如蚊子的一只翅膀，不足以令人心驰神往。追求者和被追求者皆弱不禁风。

真主的使者说："坚守正教的人，要看与谁为伍。"

据传："与贤士同座，就如与身带麝香的人同座，即使他没有给你麝香，但你闻到了麝香味。与恶人同座，就如与带着油灯的人同座，即使他没有烧你，但其烟雾熏到了你。"

真主说："有些人，舍真主而别求监护者，他们譬如蜘蛛造屋，最脆弱的房屋，确是蜘蛛的房屋。"(29:41)

真主的使者说："谁因富人之富而尊重富人，他的正信的三分之二已消失。"

真主的使者说："如果坏人受夸，真主恼怒，阿勒舍为此震动。"

真主说："[你记住，]在那日，我将召唤每个民族及其表率。"(17:71)也就是说，真主在复生场上召唤。注释学家们就"被召唤的各民族表率"持不同见解。伊本·阿拔斯等人认为："这是指每个人的功过簿，里面记载着他的工作。换言之，被召唤的每个人拿着他的功过簿，有经文为证：用右手接受自己的功过簿的人将说：'你们拿我的功过簿去读读吧！'"(69:19)伊本·宰德说："表率就是天启的经典。人们说，信仰《讨拉特》的人啊！信仰《引支勒》的人啊！信仰《古兰经》的人啊！"穆扎希德与甘塔德说："民族表率就是他们的先知。人们说，你们继承易卜拉欣的追随者，你们继承穆萨的追随者，你们继承尔萨的追随者，你们继承穆罕默德的追随者。"阿里说："表率指的是每个时代的民族表率，各时代的民族都与他们遵循其命令和禁令的表率一道被召唤。"

伊本·欧麦尔传述，真主的使者说："复活日，真主汇集千秋万代的人，他给每个背信者树立一杆旗帜。人们说，这个背信者是某某之子。”

提尔米兹等人根据艾布·胡莱尔传述，关于经文“用右手接受自己的功过簿的人将说：‘你们拿我的功过簿去读读吧！’”(69:19)真主的使者解释到：“每个人都被召唤，他用右手接受他的功过簿。他身高六十腕尺，脸色白皙，头戴闪闪发光的珍珠桂冠。然后，他前往同伴们那儿，他们远远看到他，说：‘主啊！你给我们带来这个人，你因他而使我们吉祥。’他行至他们跟前时，真主说：‘你们因你们中有类似这样的人而高兴吧！’至于不信教者，脸色黝黑，身高六十腕尺，其形如人，头戴冠冕。他的同伴们看见他，说：‘我们求真主护佑，免遭此人之害。主啊！你不要让此人来于我们。’真主说：‘他来于你们。’他们说：‘主啊！你毁灭他吧！’真主说：‘真主驱逐你们，你们每个人都像这个人。’”

真主说：“当大地猛烈地震动，抛其重担。”(99:1—2)伊本·阿拔斯说：“也就是说，大地的根基震动，抛出了地上的所有死人和被埋物。”

艾布·胡莱尔传述，真主的使者诵读经文“在那日，大地将报告它的消息”(99:4)后，说：“你们知道，大地的消息是什么吗？”圣门弟子们说：“真主及其使者最知。”使者说：“大地的消息是，大地见证每个人和每个民族在大地上的所作所为。”

真主的使者说：“你们保护地球，它是你们的母亲。任何人在大地上的善恶之行，大地都报告之。”

第三十六章　复活日的号角与恐惧

真主的使者说："如何幸福呢，掌管号角的天使已将号角放入口中，侧脸附耳细听，等待着何时受命吹响号角？"

穆加提勒传述，伊斯拉菲勒天使将嘴放在状如喇叭的号角上，号角的圆口宽如天地之间的距离。他目视阿勒舍的方向，等待着何时受命吹响第一声号角。如果他吹响号角，天地之间的一切生物因极度恐惧而死亡，唯有真主意欲者例外——哲卜拉伊勒天使、米卡伊勒天使、伊斯拉菲勒天使和迈莱库·毛提天使。然后，真主命令迈莱库·毛提天使先后摄取哲卜拉伊勒天使、米卡伊勒天使、伊斯拉菲勒天使的灵魂。真主接着命令迈莱库·毛提天使死亡，他遂死亡。第一声号角吹响之后，众生在屏障内等待了四十年。此后，真主复活了伊斯拉菲勒天使，命令他吹响第二声号角，正如真主所说："号角一响，凡在天地间的，都要昏倒，除非真主所意欲的。然后，号角再响一次，他们就忽然站起来，东瞻西顾的。"(39:68)也就是说，众生站着环顾复活。

真主的使者说："我被复活时，掌管号角的天使来了，他放下号角，来回徘徊地等待着何时受命吹响号角。所以，你们谨防号角的吹响。"

你参悟复活时宇宙万物及其因恐惧此般死亡，以及等待福祸之判而有的卑微、失败、可怜吧！你在他们中间，如他们般失败和狼狈。不然，如果你在现世属于养尊处优和享受荣华富贵的人，那么在复活日，地球上的国王们是人类中最卑微、最渺小、最可怜的人，如蚂蚁般被踩踏。

彼时，狂野和群山中的野兽耷拉着脑袋出现了，失去野性后的它们与万物在一起。尽管它们因复活日而卑贱，并且不受任何罪过之染，但极痛的死亡与恐惧的号角惊醒了它们，致使它们忙不迭地逃离和躲避万物，正如真主所言："当野兽被集合的时候。"(81:5)然后，失去了骄横跋扈的众恶魔和暴虐者出现了，他们因畏惧真主而诚惶诚恐，这验证了真主所言："指你的主发誓，我必将他们和众恶魔集合起来。然后我必使他们去跪在火狱的周围。"(19:68)

你参悟你彼时的境况和心情吧！你想想，复活后赤着脚、裸着身、未割包皮的人们，如何被集中在一处人迹罕至、一马平川的复活场上——既看不见崎岖不平，也看不到丘陵地带；既看不见人们藏身其后的山岭，也看不到隐蔽人们视线的洼地。这是一个宽阔的、无崎岖的平地，人们被成群结队地集中于此。

赞美真主！他从地球的四面八方集合了不同种类的生物。世界末日的第一声号角吹响时，他集合了万有，紧接着就是第二声号角。

毋庸置疑，在那日，万物胆战心惊，瞠目结舌。

真主的使者说："复活日，人们被复生在一块人迹罕至，状如纯洁圆盘的土地上，上面没有任何人迹。"传述人说："你不要以为这块土地如同地球上的土地，只不过是名字相同而已。"

真主说："在那日，这大地要变成别的大地，诸天也要变成为别

的诸天，他们要出来见独一的、全能的真主。”(14:48)

伊本·阿拔斯说：“天地可扩可缩。地上的树林、群山与河谷等消失得无影无踪，地表被拉长，洁白的土地如白银，地上既没有杀过生，也没有生过罪。天上的太阳、月亮和群星消失殆尽。”

可怜的人啊！你思考复活日的恐惧和严酷吧！那日，万物集合在这块土地上时，他们上端的群星纷纷落下，太阳和月亮黯淡无光，大地因太阳的隐蔽而漆黑。此情此景中的万物，头顶的天空不但旋转，而且剧烈爆炸达五百年之久，众天使站在天空的四面边际。传入你耳朵的天空爆裂声多可怕啊！天空剧烈爆炸的日子多恐惧啊！然后，天上流水，犹如被溶解的银子，伴有黄色后化为红玫瑰。诸天化为溶解的铜，群山化作五颜六色的羊毛，人们犹如飘扬的羽毛四处飞散，赤着脚，裸着身，走着路。

真主的使者说：“人们赤着脚、裸着身、未割包皮地被复活。汗水令他们苦不堪言，脂肪臃至耳朵。”该段圣训的传述者、先知妻子苏黛说：“我说，真主的使者！真丢人啊！我们互相观看吗？”真主的使者说：“人们忧心忡忡，无暇顾及。”真主说：“在那日，各人将自顾不暇。”(80:37)

你重视羞体暴露的日子吧！尽管羞体暴露，但无人注目。人们匍匐行走，以脸走路，哪有能力去关注他人呢？

艾布·胡莱尔传述，真主的使者说：“复活日，人们被复生为三类：骑乘而行，步行而走，以脸走路。”有人问：“真主的使者啊！他们如何脸着地走路呢？”使者说：“让他们以脚走路的真主，也能够让他们以脸走路。”

人本来就有否定未曾认识事物的本能。如果人们没有看见如闪电般匍匐行走的蛇,肯定否认非脚走路的概念。对于没有见过脚步走路的生物而言,脚走路不可思议。

因复活日的任何奇迹与现世景象截然不同,所以你谨防对它的否定。如果你未曾见过现世的奇象,然后它被呈现给此前未见的你,你必然更加否定它,并且内心生出你的事物景象。彼时,你一丝不挂、卑微低贱、孤立无援、狼狈不堪、惊慌失措地裸站着等待真主对你的福祸之判。你重视这种情况吧,这确是大事!

你参悟众生的拥挤不堪和成群结队,天地之间的生物——天使、精灵、人类、群魔、动物、飞禽——拥挤在一个地方。太阳照射万物,较之它在现世的微热,其热铄石流金,临近众生头顶,犹如两弓一箭的距离。地上没有任何阴影,只有众世界之主的阿勒舍影子,唯有接近真主的人才能借此遮荫。凡在阿勒舍荫影与正午太阳酷热之间的人,阳光照射得他头昏脑胀,并且因灼热的阳光而更加愁眉苦脸,悲痛欲绝。

众生因摩肩接踵和步调不一,伴着面见诸天之主时的极度羞愧与害臊而互相推动。阳光的酷热和呼吸的热气交织在一起,心灵饱受着羞愧与害怕的火焰。汗水从发根流至复活场,然后根据他们在真主阙前的品级而淹没他们的身体,有的淹没了膝盖,有的淹没了腰部,有的淹没了耳垂,有的几乎淹没其中。

伊本·欧麦尔传述,真主的使者说:“复活日,人们为众世界的养主而站立,以至于他们中有人淹没在齐耳的汗水中。”

艾布·胡莱尔传述,真主的使者说:“复活日,人们流汗,以至于他们的汗水流在地上达七十肘尺,淹没至他们的耳垂,使他们苦不堪言。”《布哈里圣训实录全集》与《穆斯林圣训实录全集》均传述了该段圣训。另一段圣训："人们站着，目光注视天空达四十年之久，因极度悲伤而生的汗水令他们苦不堪言。"

阿格卜·本·阿米尔传述，真主的使者说："复活日，太阳临近地面，人们大汗淋漓。他们中有的汗水淹没脚后跟，有的淹没小腿的一半，有的淹没膝盖，有的淹没大腿，有的淹没腰部，有的淹没嘴唇，有的淹没全身。"使者用手捂嘴，口不能语。他也用手按着头。

可怜的人啊！你参悟复活场上人们的汗水，以及他们的极度悲伤吧！人们中有人祈求："我的养主啊！求你让我免受这悲伤和等待之苦吧，即使到火狱。"这都是在他们尚未接受清算和惩罚的时日。你是他们中的一员，你不知道，汗水淹至你的哪个部位？

你们要知道，但凡不因主道——朝觐、奋斗、斋戒、礼拜、经常解决穆斯林急需、承受扬善抑恶之苦——而流淌的汗水，将在复活场上流淌出羞愧和惧怕的汗水，其间的悲伤久久不息。如果人们不是愚昧无知的话，肯定知道承受顺从真主的辛苦汗水，较之复活日悲伤与等待的汗水，事情更为简单，时间更为短暂。复活日确是极其严酷的日子，时间极为长久的日子。

第三十七章　审判众生

艾布·胡莱尔传述，真主的使者说："你们可知谁是破产者？"我们说："真主的使者啊！我们的破产者就是既无金银币，也无家财的人。"使者说："我乌玛中的破产者是，他在复活日既带着礼拜、斋戒、天课的功修而来，也带着辱骂这人、诽谤那人、侵吞这人钱财、枉杀和殴打那人的罪过而来。他把自己的善功拱手送给这人与那人。如果他的善功在还清债务之前已消耗殆尽，就将别人的罪行转负于自己身上。然后，他被投入火狱。"

看看你在如此之日的结局吧！彼时，由于伪善之灾和恶魔之骗，你没有任何善功可言。如果你一生中只做了一件善功，你的敌人也争抢它。如果白昼封斋、晚上礼拜的你清算自己，你肯定知道，只要你活一天且背谈穆斯林，你的所有善功就荡然无存。那么，其他恶行——吞吃非法、不良言行、疏忽善功——怎么办呢？你如何才能希望摆脱复仇之日——仅仅为一只无角绵羊也要复仇——的各种不幸呢？

艾布·赞尔传述，真主的使者看到两只羊在互相抵触，就说："艾布·赞尔啊！你知道两只羊为何抵触吗？"我说："不知道。"真主的使者说："但真主知道，他将在复活日判决两只羊。"

关于经文"在大地上行走的兽类和用两翼飞翔的鸟类，都跟你们一样，各有种族的——我在天经里没有遗漏任何事物；一切鸟兽，都要被集合在他们的主那里。”(6:38)艾布·胡莱尔讲道：“复活日，真主复活所有的生物——动物与飞禽等。真主公正地判决无角绵羊。绵羊说：‘但愿我是尘土。’而这正是不信道者所言：‘啊！但愿我原是尘土。’”(78:40)

可怜人啊！你在那天——你看见你的功过簿没有了你长期辛苦换来的善功——怎么办呢？你说：“我的善功何在？”回答是：“被转移到了你对手的功过簿上了。你看你的功过簿吧，它写满了罪行。你长期疲惫不堪地忍受这些罪行吧，你会更加痛苦地承受它的疲乏。”你说：“我的养主啊！我从未做过这些罪恶啊。”回答是：“它是这些人的罪过——你暗骂过、责备过、恶猜过他们，你在买卖中、为邻中、谈话中、争论中、商议中、学习中，以及其他交往中亏待过他们。”

伊本·麦斯欧德传述，真主的使者说：“恶魔已对阿拉伯土地上的偶像崇拜绝望了，但他喜欢你们中不及于此的罪恶。你们力所能及地谨防不义吧。复活日，一个仆人肯定带着群山般的善功而来，并且认为这些善功将会拯救他。另一个仆人也来了，他说：‘我的养主啊！某人以某种不义之行亏待了我。’真主说：‘你从他的善功中勾销吧！’就这样，他的善功荡然无存。这就如来到荒凉之地后没有找到干柴，四散拾柴后马上点火取暖做饭的旅客们。罪恶也如此。”

经文“你确是要死的，他们也确是要死的。然后，在复活日，你们必定要在你们的主那里，互相争论”(39:30—31)降示时，祖拜尔说：“真主的使者啊！我们在现世所犯的特殊罪过会对我们再次发生吗?”真主的使者说:“是的。它肯定对你们再次发生,直到你们每个有权益的人各享其权。”祖拜尔说:“以真主发誓,事情确实很严重!”

你认真对待复活日的严重性吧——不原谅丝毫过错,不宽恕一记耳光,不放过任何恶语,直到真主为被亏者报复亏人者。

艾奈斯传述,我听真主的使者说:“真主复活赤身裸体、卑微低贱、一无所有的人们。然后,他们的养主以远方人能听见——正如附近的人能听见——的声音呼吁他们:‘我是万物的拥有者,我是清算者。乐园居民的任何人不应该进入乐园,火狱居民的任何人不应受到亏待,直到我为他复仇。火狱居民的任何人不应进入火狱,乐园居民的任何人不应受到亏待,直到我为他复仇。’”我们说:“如何复仇呢?我们赤身裸体、卑微低贱、一无所有地来见真主?”使者说:“真主凭借善功与恶行复仇。”

真主的仆人啊,你们敬畏真主吧!你们谨防亏待人们——侵吞他们的财产,侵犯他们的名誉,伤害他们的心灵,恶意地交往他们。仆人与真主之间有着特殊关系,真主快速地饶恕他。谁罪恶累累且已忏悔,并且难以寻求摆脱不义之门,就应为复仇日而多多行善,就当潜心敬意地、愉快地在他和真主之间积善。因为,真主只看他的虔诚,虔诚几近使他临近真主,并且由此获得真主的仁慈——真主为自己喜欢的信士们所储备,以避免人们对他们的不义。

艾奈斯传述,真主的使者坐着时,我们看见他笑而露齿。欧麦尔说:“真主的使者啊,你怎么笑了,愿我的父母为你赎身?”使者说:“我乌玛中的两个人坐在真主前,其中一个人说:‘我的养主啊,你为我，向我的兄弟索取我的权益吧。’伟大的真主说：‘你把你兄弟的权益交给他吧！’他说：‘我的养主啊！我的善功丝毫无存。’真主说：‘你怎么作的，他的善功丝毫无存。’他说：‘他替我承担我的重负。’”真主的使者潸然泪下，说：“复活日确是重大的日子，人们需要他人替自己承担重负。”真主的使者接着说：“真主对他说：‘你抬起头，看看乐园吧。’他抬起头，说：‘我的养主啊！我看到了纯银建造的诸多城堡，以及镶嵌着珠玑的黄金修建的许多宫殿。这属于哪位先知呢？或者哪位忠诚者呢？或者哪位烈士呢？’真主说：‘属于给予我价值的人。’他说：‘我的养主啊！谁拥有价值呢？’真主说：‘你拥有它。’他说：‘是什么呢？’真主说：‘你原谅你的兄弟。’他说：‘我的养主啊！我已经原谅他了。’真主说：‘你拉着你兄弟的手，与他一道进入乐园吧！’”真主的使者就此说：“你们敬畏真主，互相排解纠纷，因为真主排解信士们的纠纷。”

这是在提醒，人们应仿效真主的属性，既在自己人之间互相排解纠纷，也与其他人互相排解纠纷。

现在，你参悟自己吧！如果你的功过簿没有记录不义，或者真主和蔼地对待你，直到饶恕你，而你坚信永久的幸福，那么，你就自己摆脱审判环节而有多恭喜啊！真主赐予你喜悦，你带着永无不幸的幸福和永不腐朽的恩典而归。此刻，你的心灵愉快地飞翔，你的白皙面容熠熠生辉，就如圆月夜的融融月光。你因没有承担重负而在众生中高昂着头。幸福的清风沁人心扉，欣喜闪耀在你的眉间。古往今来的人们注目着你和你的待遇，他们羡慕你的花容月貌，天使们簇拥在你的前后，高声呼唤：“这是某某之子，真主喜悦他，他幸福美满，永无不幸。”

君不见，这样的品位不比你在现世中凭借沽名钓誉、虚情假意、矫揉造作、刻意粉饰而在人们心目中获得的地位伟大吗？

如果你知道，后世的幸福远胜于现世的恩典，甚至两者不可同日而语，那么，你当虔心实意地与真主交往，从而获取这种品位，唯如此方能实现。反之，求主护佑，如果你的功过簿中出现你视其微不足道但真主视其严重的罪行，真主就会因此而厌恶你，他说："犯罪的仆人啊，你承受我的诅咒吧，我不接受你的功修。"只要你听见这样的呼唤，你的面容就变黑。然后，众天使因真主之怒而怒，他们说："你承受我们和众生的诅咒吧！"此时，因创造者真主之怒而怒的、专司火狱的天使泽巴尼叶，凶恶地、暴躁地、狰狞地来到你面前，抓着你的脑门，拖着你的脸庞当众游走，人们看着你黝黑的面色、耻辱的脊背，而你悲伤地呼唤着。天使们对你说："今日，你不是哀叫一声，而要哀声不断。"天使们唤道："这是某人之子某人，真主揭露了他的罪行，因他的丑陋行径而诅咒他，所以他遭受不幸且永无幸福。"也许，这是由于你为了隐瞒真主的众仆，或者为了追求在他们心目中的地位，或者害怕在他们面前丢丑而犯的罪过。你真无知啊！因为，你在必将消亡的现世中，小心谨慎地避免着不要在人们面前丢丑，而不害怕复活日大庭广众之下的极度出丑，并且遭受真主的怒闹和严惩，还被泽巴尼叶天使赶至火狱。这就是你的状况，而你却浑然不觉其险！

第三十八章　财产

真主说："信道的人们啊！你们的财产和子女，不要使你们忽略了记念真主。谁那样做，谁是亏折的。"(63:9)

真主说："你们的财产和子嗣，只是一种考验，真主那里有重大的报酬。"(64:15)

谁舍弃真主的恩典而选择财产和子嗣，谁就严重亏折了，被诱惑了。

真主说："凡欲享受今世生活及其装饰的人，在今世我要使他们享受自己行为的完全的报酬；在今世，他们不受亏待。"(11:15)

真主说："绝不然，人确是悖逆的，因为他自己是无求的。"(96:6—7)人们无能为力，只靠至高无上的、伟大的真主。

真主说："竞赛富庶，已使你们疏忽。"(102:1)

真主的使者说："喜欢财产和荣誉，滋生心中的伪善，就如水滋养青草。"

真主的使者说："放在羊圈中的两只恶狼，不比信仰伊斯兰教并且喜欢荣誉、财产和名誉的穆斯林更坏。"

真主的使者说："富翁们毁灭了，除非为崇拜真主而如此如此之说的人，但他们很少。"

有人请教真主的使者："你乌玛中谁最坏？"使者说："富人们。"

真主的使者说:“你们之后,将会出现一伙民众,他们食用现世的各色美味佳肴,身穿各种绫罗绸缎。他们的肚腹很少吃饱,他们的私欲常不满足。他们致力于现世并且早晚奔波于此。他们崇拜现世而舍弃了他们的真主,将现世作为养主而放弃了他们的养主。他们追求着现世,顺从着他们的私欲。对于正值这个时代的人和你们之后的人而言,穆罕默德·本·阿卜杜拉决定不给他们道色兰,不探望他们的病人,不送葬他们的亡人,不尊重他们的老人。谁这样做了,谁就在帮着毁灭伊斯兰教。”

真主的使者说:“你们将现世留给喜欢它的人吧。谁在现世索取了超过够用之物,谁就浑然不觉地索取了死亡。”

真主的使者说:“人们说:‘我的财产啊,我的财产!’你的财产只是你所食,尔后消化它;或者只是你所穿,尔后穿烂它;或者只是你所施,尔后费尽它。”

某人说:“真主的使者啊,我怎么不喜欢死亡呢?”使者说:“你有财产吗?”他说:“有,真主的使者。”使者说:“你奉献出你的财产吧!因为人心与财产同在,如果奉献了它,财产就喜欢跟着他;如果留下了它,财产就喜欢与他一起死亡。”

真主的使者说:“三样事物伴随人们:第一样伴随他到灵魂出体;第二样伴随他到坟墓;第三样伴随他到复活场。伴随他到灵魂出体的是他的财产,伴随他到坟墓的是他的家人,伴随他到复活场的是他的功修。”

使徒们对尔萨说:“你怎么能在水上行走,而我们却不能于此?”尔萨对他们说:“迪纳尔和迪尔汗在你们面前的地位怎样?”他们说:“好。”尔萨说:“但两者与泥土对我来说都一样。”

赛勒曼·法尔斯致信艾布·代尔达厄："我的兄弟啊！你在现世谨防那些聚敛但无法感谢的财富吧！我听真主的使者说，现世中顺从真主的富人被带来，他的财产在手上。他拿着财产经过隧拉特桥时，财产对他说：'你过桥吧，你完成了真主为我规定的任务。'然后，现世中没有顺从真主的富人被带来，他的财产在他的肩膀上。他扛着财产经过隧拉特桥时，财产对他说：'你好可怜啊，你没有完成真主为我规定的任务。'他就这样走着，悲鸣不已。"

真主的使者说："人死时，众天使说：'他奉献了什么？'人们说：'他留下了什么？'"

真主的使者说："你们不要屈从于财产，否则，你们就喜欢现世。"

据传，某人诽谤艾布·代尔达厄，视其为坏人。艾布·代尔达厄说："主啊！谁对我行恶，你就让他身体健康，延年益寿，财富多多。"

看看，艾布·代尔达厄如何视多财——尽管财主身体健康和长命百岁——为灾难的极限，因为多财者必定走向横行霸道。

阿里将一枚迪尔汗放在掌心，说："要知道，只要你没有离开我，就对我没有任何意义。"

据传，欧麦尔给圣妻栽娜卜·宾特·杰赫什送去礼物，她说："这是什么？"他们说："欧麦尔送给你的礼物。"她说："愿真主饶恕他。"说完摘下面纱并将它制作成若干袋子，放进礼物后分送给她的家人、亲戚和孤儿。然后，她掌手祈祷："主啊！今年之后，但愿我再也不要收到欧麦尔的礼物。"真主的使者归真后，栽娜卜是第一个随他而去的妻子。

哈桑说："以真主起誓，任何视迪尔汗为宝贝的人，真主使他为卑贱。"

据传，恶魔易卜劣厮是第一个制作迪纳尔和迪尔汗者，他拿起它俩，放在额头，然后亲吻着它，说："凡喜欢它俩的人，就是我真正的仆人。"

苏米特·本·阿吉兰说："迪纳尔和迪尔汗是伪信士们的缰绳，他们被它拉至火狱。"

叶哈雅·本·穆阿兹说："迪尔汗是蝎子，如果你取之无道，就抓不住它。但是它叮咬了你，就会毒死你。"

阿拉艾·本·齐雅德说，花枝招展的"现世"出现在我的面前。我说："我求真主护佑，免遭你的伤害。""现世"说："如果你愿意让真主护佑你而免遭我的伤害，你就讨厌迪尔汗和迪纳尔吧。"

这是因为，迪尔汗和迪纳尔是现世的全部，借此能够获得现世的一切。所以，谁克制了对此的贪婪，谁就克制了现世。

迈斯里麦·本·阿卜杜·马利克传述，他来拜访行将去世的欧麦尔·本·阿卜杜·阿齐兹，说："信士们的长官啊！你做了一件前人从未做过的事情——你丢下了你的孩子们，他们既无迪尔汗，也无迪纳尔。"有13个孩子的欧麦尔说："你们扶我坐起来。"他们扶他坐起来，他说："你所说'我没有给他们留下迪纳尔和迪尔汗'，是因为我没有阻碍他们的权利，也没有把他们的权利给予他人。我的孩子成为两种人之一：或者是顺从真主的人，真主使他足矣，真主援助贤者们；或者是违逆真主的人，我管不了他的所作所为。"

据传，穆罕默德·本·凯尔卜赔了很多钱，有人对他说："如果你为你的孩子储存它的话，你就不会赔本！”他说：“不，我为我自己，把它储存给我的养主。我的养主为我的孩子储存。”

据传，某人对艾布·阿卜杜·兰拜说：“我的兄弟啊！你不要带着恶行离开人世，你给你的孩子们留下善吧。”于是，艾布·阿卜杜·兰拜施舍了他财产中的10万迪尔汗。

叶哈雅·本·穆阿兹说：“关于人们死亡时的钱财，前人后人从未听说过类似的两件灾难。”有人问：“哪两件？”他说：“他的钱财荡然无存，而且他要被清算。”

第三十九章　天秤与火刑

我的兄弟啊，你不要忽略了对天秤的参悟！功过簿展开在左右手，复活日清算后，人们分为三伙人。

一伙人毫无善功。火狱中走出一群黑色天使，就像鸟儿啄食那样，拎起他们后卷起来扔进火狱，火焰遂吞噬他们。有个声音呼唤："真不幸啊！悲惨后绝无幸福！"

另一伙人毫无恶行。呼唤者唤道："任何情况下都赞美真主的人站起来吧！"于是，赞美真主的人们站起来，前往乐园；接着轮到夜晚立站拜功的人；接着轮到商业买卖没有耽误他们赞颂真主的人们。有个声音呼唤："真幸福啊！幸福后绝无悲惨！"

第三伙人最多——善恶参半，他们原地不动。也许，他们一无所知自己善行和恶行孰多孰少，但真主一清二楚。然而，真主不愿让他们对此有所知晓，以便说明他饶恕时的恩惠、惩罚时的公平。记载善恶的功过簿被展开，天秤被放好。万众目视功过簿，是落入右手，还是左手？万众注目天秤上的指针，是偏向恶行的一边，还是善行的一边？这种情况令人生畏，众生对此神志不清。

哈桑传述，真主的使者将头放在阿伊莎的怀里后睡着了。想起了后世的阿伊莎潸然泪下，以至于泪水滴落在使者的脸上。使者醒了，说："阿伊莎，你怎么哭了？"她说："我想起了后世。复活日，你们记着亲人吗?"真主的使者说："以掌握我生命的真主起誓，在三个地方，任何人只记得他自己：天秤被放置后称量功修时，人们在看，他的天秤是轻还是重；功过簿展开时，人们在看，他是用右手还是左手接他的功过簿；经过隧拉特桥时。"

艾奈斯说："复活日，人们被带来，站在天秤前。一个天使称量他，如果他的天秤重，天使就以众生听见的声音高呼：'某人真幸福，幸福后绝无悲惨。'如果他的天秤轻，天使就以众生听见的声音高呼：'某人真悲惨，悲惨后绝无幸福。'天秤中的善功轻时，管理火狱的天使们迎面而来，手拿铁棍，身穿火衣，抓起火狱居民，走进火狱。"

真主的使者就复活日说："复活日，真主呼唤先知阿丹，对他说：'阿丹，你站起来，你派遣火狱代表吧。'阿丹说：'火狱代表有多少?'真主说：'每个代表团有1999个天使。'"圣门弟子们听到此话时，因极度害怕而默不作声，以至于门牙都露不出来。真主的使者看到圣门弟子们的情状，说："你们工作，你们留心。以掌握穆罕默德生命的真主起誓，你们肯定与两种生物在一起——只要它俩与任何人在一起，就会与他争荣，同时增加人类与恶魔中的死亡者。"圣门弟子们说："真主的使者啊，它俩是什么?"真主的使者说："雅朱者和马朱者。"真主的使者说："你们工作，你们留心。以掌握穆罕默德生命的真主起誓，复活日，只要你们在人群中，就如骆驼身上的黑痣，或者牲畜前肢的斑点。"

忽视自己的人——被腐朽而终结的现世事物所引诱的人啊，你当放弃思考你所要离开的现世，转而参悟你的归宿吧！因为你已知道，火狱是所有人的去向，真主说："你们中没有一个人不到火

狱的，那是你的主决定要施行的。然后，我将拯救敬畏者，而让不义者跪在那里面。”(19:71—72)

你属于坚信的人，属于摆脱怀疑的人。所以，你当用心去感受那个归宿的恐惧吧。但愿你为摆脱火狱做好准备，参悟众生的状况——他们遭受复活日的灾难，置身复活日的不幸与恐惧时，等待着复活日的真实消息，期待着说情人的央请。彼时，重重黑暗包围了罪人们，火焰覆盖了他们，他们听到火狱因极度愤怒而发出呼喇呼喇的燃烧声。

面对此景，罪人们坚信必毁无疑，各民族胆战心惊地席地而跪，甚至无罪的人们也因罪人们的悲惨结局而战战兢兢。管理火狱的一个天使走出来喊道：“某人之子某人——现世中痴心妄想的人、将生命消耗在恶行中的人——在哪儿呢？”天使们用铁棍驱赶他，以骇人的灾难迎接他，将他逐向严刑地，把他拖入火狱底层，对他说：“你尝试吧！你确是显赫的，确是尊贵的！”(44:49)

罪人们被安置在一个狭窄的居地，路道黑暗，危险重重。罪人们永居其中，火狱被点燃。罪人们的饮料是滚水，居处是火宅。管理火狱的天使敲打他们，火刑袭击他们。在火狱，他们的幻想破灭了，他们的希望瓦解了。他们的脚被绑至脑门，面庞因罪恶之重而变黑。他们在火狱的四面八方呼唤：“马利克天使啊！对我们的警告业已实现。马利克天使啊！我们已经承受了铁棍。马利克天使啊！我们的皮肤已经烧熟了。马利克天使啊！你让我们离开火狱吧，我们不再回来。”

泽巴尼叶天使说：“好遥远啊！承诺已经错过了。你们绝对走不出火狱，卑贱地待着吧，不要说话。假设你们离开火狱，你们肯定重新去做那些曾经禁止你们做的事情。”此时此刻，罪人们绝望至极，他们因怠慢真主而追悔莫及。懊悔不能拯救他们，惋惜对他们毫无裨益。反之，他们脸着地，火在他们的头顶，在他们的脚下，在他们的右边，在他们的左边，他们淹没在火海中。他们的食物是火，饮料是火，衣服是火，床铺是火。他们经受着火焰的撕裂，火衣的烧灼、火棍的敲打、火链的重击。他们在火狱的窄道里哀号不断，在火狱的阶梯上碰撞着，在火狱的灾难中晃悠着。火焰在他们身上沸腾，就如煮沸了的水锅。他们哀鸣不断，每当叫苦不迭时，天使就将火焰泼洒在他们的头上，熔化他们的脏腑和皮肤。他们遭受铁棍的锤击，铁棍敲碎了他们的额头。脓水从他们的口中流出，他们的肝脏因干渴而开裂。他们的瞳仁扩至脸腮，脸肉掉落，头发脱落，皮肤滑落。他们的皮肤每每烧熟，就被换上一层新的皮肤。他们的骨头脱离了肉体，唯有附在躯体与神经上的灵魂，在火狱的灼烧中枯竭着。在此情况下，他们盼望着死，但他们不会死。

如果你看到了他们——面庞比墨黑还黑，眼睛已瞎，舌头不语，背部断裂，骨头破碎，耳朵被割，皮肤碎裂，手被缚至脖子，脑门与双脚绑在一起，脸走在火上，眼球踩踏着铁蒺藜，火舌穿肠，火蛇与火蝎依附在肢体的各部分，你当如何呢？

这仅仅是他们情状的一部分。现在，你看看他们的恐惧细节吧！你也参悟火狱的火谷及其支谷吧！

先知说：“火狱里有七万道火谷，每道火谷有七万道支谷，每道支谷里有七万条蟒蛇与七万只蝎子，非信士和伪信士走不尽，直到遭遇其中的一切。”

阿里传述，真主的使者说：“你们求真主护佑，以免进入灾难的深谷。”某圣门弟子问：“真主的使者啊！何为灾难的深谷？”使者说：“它是火狱的一道火谷，火狱每天就此求主护佑七十次，真主为沽名钓誉的诵经家准备了它。”

这就是宽阔的火狱及其火谷的支谷，其数目等同于现世所有河谷和各种欲望的数目。火狱门的数目等同于人们用来违逆真主的七窍数目，每道火狱门都在另一道火狱门的上面。最上端的火狱是“杰罕奈姆”，其次是“塞格尔”，其次是“莱扎”，其次是“胡泰麦”，其次是“塞伊尔”，其次是“杰希姆”，其次是“哈维耶”。

现在，你看看哈维耶的深度吧！哈维耶深不见底，正如现世的欲望无穷无尽一样。犹如现世的期望达到最大限度那样，哈维耶达到了最深程度。

艾布·胡莱尔传述，我们曾经和真主的使者在一起，听到了物体落地的声音。真主的使者说：“你们知道这是什么声音吗？”我们说：“真主及其使者最知。”使者说：“这是七十年前投入火狱的一块石头，刚刚落到狱底。”

你看看等级的不同吧！后世是最高的等级，最大的恩惠。正如人们致力于现世而各有所获——沉湎现世达到了醉生梦死的无止境程度，人们领受火狱的程度也各不相同。的确，真主不亏待一个小蚂蚁重的善或恶，因此，火狱中每个人受罚的形式互有差异，每个人根据其罪行程度而获得明确的罚度。要知道，他们中受罚最轻的人，如果将整个现世呈送给他，他肯定因自己的重罪而以现世来赎身。

真主的使者说：“复活日，火狱居民中刑罚最轻的人，穿着一双火鞋走路，他的脑浆因双鞋的炽热而沸腾。”

现在，你看看受到轻罚的人，并且应当以受到重罚的人引以为戒！你何时怀疑火狱惩罚的严酷，就将自己的手指头伸入火中并加以衡量，你就知道你的衡量出错了。因为，现世之火与火狱之火不能相提并论。但是，现世最严厉的惩罚是火刑时，由此可知火狱惩罚之重。好遥远啊！如果火狱居民得享现世之火，他们肯定顺从地冲进去，逃离置身其中的火。对此，某先贤说："现世的火，被七十种怜悯之水洗过了，以至于世人才能经得起它。"

真主的使者阐明了火狱的属性，他说："真主命令火狱燃烧一千年，直到它变红；然后燃烧一千年，直到它变白；然后燃烧一千年，直到它变黑。所以，它是暗黑色。"

真主的使者说："火狱向它的养主诉苦，说：'我的养主啊！我的一部分吞吃另一部分。'所以，真主允许它呼吸两次，一次呼吸在冬天，一次呼吸在夏天。你们感受到的酷暑，来自它的炎热。你们感受到的隆冬，来自它的严寒。"

艾奈斯·本·马利克说："现世里最享福的非信士被带来，有个声音说：'你们把他浸入火中。'然后他被问道：'你见过如此幸福吗？'他说：'没有。'现世里最艰苦的人被带来，有个声音说：'你们让他进入乐园。'然后他被问道：'你见过如此苦难吗？'他说：'没有。'"

艾布·胡莱尔说："如果清真寺里有十万或更多的人，火狱中某个人呼吸一声，他们必死无疑。"

某学者就经文"火焰烧灼他们的脸"(23:104)说："火焰烧了他们一下，骨头上的肉就荡然无存，而且将他甩出去。"

你看看他们身上流下的臭脓，以至于他们淹没在脓水中。

艾布·萨义德·胡德里传述，真主的使者说："如果将火狱里的一桶脓水泼在现世，地球人都发出臭味。"

如果他们寻求饮水，这就是他们的饮料，他们每个人都饮用，"在他的身后，将有火狱，他将饮脓汁，一口一口地饮，几乎咽不下去。死亡将从各处降临他，但他永不会死。"(14:16—17)"如果他们(为干渴而)求救，就以一种水供他们解渴，那种水像沥青那样烧灼人面，那饮料真糟糕！那归宿真恶劣！"(18:29)

你再看看他们的食物——攒楛木果，正如真主所言："然后迷误的、否认复活的人们啊！你们必定食攒楛木的果实，而以它充饥，然后痛饮沸水，像害消渴病的骆驼饮凉水一样。"(56:51—55)

真主说："它是火狱底生长的一棵树，它的花篦，仿佛魔头。他们必定要吃那些果实，而以它充实肚腹。然后他们必定要在那些果实上加饮沸水的混汤，然后他们必定要归于火狱。"(37:64—68)

真主说："他们将入烈火，将饮沸泉。"(88:4—5)

真主说："我那里确有沉重的镣和强烈的火，有噎人的食物，和痛苦的刑罚。"(73:12—13)

伊本·阿拔斯传述，真主的使者说："如果攒楛木树上的一点液汁滴落在现世的海域里，它就破坏了地球人的生活资源。"

食用攒楛木的人当如何呢？

艾奈斯传述，真主的使者说："你们渴求真主让你们喜悦的事情，你们谨防与害怕真主使你们恐惧的惩罚与火狱。因为，你们生活的现世里，如果你们享受到乐园的一点恩惠，它就使你们愉悦；你们生活的现世里，如果你们受到火狱的一点惩罚，它就使你们卑贱。"

艾布·代尔达厄传述，真主的使者说："火狱居民横遭饥饿，甚至等同于他们遭受到的惩罚。他们寻求食物，却被供给芒柄花属植物，无济于事。他们寻求食物，却被供给骨鲠，并且想起他们曾在现世被允许喝骨鲠汤。他们寻求饮料，却被供给带有铁钩的滚水。滚水接近他们脸庞时，烧灼了他们的脸庞。滚水入腹后，烫碎了他们的脏腑。他们说：'你们请求管理火狱的天使吧！'他们就请求管理火狱的天使：'请你们祈祷你们的主，求他给我们减轻一日的刑罚。'(40:49)他们说：'难道你们族中的使者，没有昭示你们若干明证吗？'他们说：'不然！'天使们说：'你们祈祷吧！但不信道者的祈祷只在迷误中。'(40:50)他们说：'你们请求马利克吧！'他们就请求：'马立克啊！请你的主处决我们吧！'他说：'你们必定要留在刑罚中。'(43:77)"

艾阿迈什说："我得知，火狱居民的请求与马利克天使的答复时间长达一千年。"真主的使者说："天使说：'你们请求你们的养主吧！没有任何人比你们的养主更善。''他们说：'我们的主啊！我们的薄命，曾制服我们，而我们变成迷误者。我们的主啊！求你让我们从火狱出去，如果我们再次犯罪，我们就确是不义者。'(23:106—107)真主回答他们：'你们在火狱中应当忍气吞声，不要对我说话。'(23:108)此时此刻，他们绝望于任何善行，受到灾难、悲哀与不幸的惩罚。"

艾布·欧玛迈传述，真主的使者就经文"他将饮脓汁，一口一口地饮，几乎咽不下去"(14:16—17)说："脓汁被端给火狱居民后，他厌恶脓汁。脓汁接近他时，烧灼了他的脸庞，头皮脱落。他饮用脓汁时，烫碎了他的肠子，以至于从他的肛门流出。"真主说："永居乐园者，难道与那永居火狱，常饮沸水，肠寸寸断的人是一样的吗?”(47:15)“如果他们[为干渴而]求救,就以一种水供他们解渴,那种水像沥青那样烧灼人面,那饮料真糟糕!”(18:29)

这就是他们饥饿与干渴时的食品与饮料。现在,你看看火狱的蛇蝎及其毒害,看看火狱居民的庞大身躯,看看火狱场景的恐怖吧。火狱的居民已被控制,并且受到蛇蝎的引诱,一刻不停地螫咬他们。

艾布·胡莱尔传述,真主的使者说:“真主恩赐了钱财,而未交纳天课的人,复活日,那钱财变成蛇蟒。剧毒无比的蛇蟒有两颗獠牙,缠住他不放,张开两颌,对他说:‘我就是你的钱财,我就是你的财宝。’”然后,使者诵读了经文:“吝惜真主所赐的恩惠的人,绝不要认为他们的吝惜,对于他们是有益的,其实,那对于他们是有害的。”(3:180)

真主的使者说:“火狱里有很多蛇,就像骆驼的脖子,它咬一下,人感到蛇毒的剧痛达四十年之久。火狱里有许多蝎子,就如背负驮鞍的骡子,它螫一下,人感到蝎毒的剧痛达四十年之久。”

这些蛇蝎,仅仅被用来对付那些现世里吝啬的人、性情恶劣的人、伤害人们的人。谁从中受到保护,谁就受到保护而不被这些蛇蝎叮咬,蛇蝎也不会出现在他面前。

你看看火狱居民的庞大身躯吧!真主增加了他们的身高和身围,以至于对他们的惩罚由此而倍增。他们遭受着火狱的炽热,以及蛇蝎从四面八方接连不断地、一次次地叮咬他们。

艾布·胡莱尔传述,真主的使者说:“火狱里,不信道者的臼齿如同武侯德山,皮厚宛如三天路程。”

真主的使者说:“不信道者的下嘴唇垂至胸部,上嘴唇向上翻,遮盖了他的脸。”

真主的使者说：“复活日，不信道者的舌头伸长，人们踩踏它。”

火狱居民的庞大身躯遭受烈火无数次地焚烧，他们的皮肤与肌肉不断地被更新。

哈桑就经文“每当他们的皮肤烧焦的时候，我另换一套皮肤给他们”(4:56)说：“每一天，烈火吞噬他们七万次。每当烈火吞吃他们，他们被告知：你们还原吧，他们遂还原如初。”

你看看火狱居民哭泣、哽咽和悔恨的请求吧！这仅仅是他们刚被投入火狱受到的酷刑。

真主的使者说：“那一天，火狱被七万根缰绳带来，每根缰绳有七万个天使拉着。”

艾奈斯传述，真主的使者说：“哭泣被派至火狱的居民，他们就哭泣，以至于泪水枯竭。然后，他们哭出血，就像两条河水流淌在他们的脸上，如果把船放进去，船会漂起来。”

火狱居民持续不断地哭泣、哽咽、哀叹、悔恨地请求着。他们有休息的地方，但被禁止歇息。

穆罕默德·本·凯尔卜传述，火狱居民想请求五次，但真主回答了他们的四次请求。他们请求第五次时，已经永无话语。他们说：“我们的主啊！你使我们死两次，你使我们生两次，故我们承认我们的罪过了。还能有一条出路吗？”(40:11)真主回答他们：“这是因为祈祷真主的时候，你们否认了他的独一；如果以物配他，你们就承认那是合理的，故判决只归真主——至尊至大的主。”(40:12)他们说：“我们的主啊！我们已经看见了，听见了，求你让我们转回去，我们将做善事。”(32:12)真主回答他们：“难道你们以前没有发誓说，你们绝不会灭亡吗？”(14:44)他们说：“我们的主啊！求你放我们出去，我们将改过迁善。”(35:37)真主回答他们：“难道我没有延长你们的寿数，使能觉悟者有觉悟的时间吗？警告者已降临你们了。你们尝试刑罚吧，不义者绝没有任何援助者。”(35:37)他们说：“我们的主啊！我们的薄命，曾制服我们，而我们变成迷误者。我们的主啊！求你让我们从火狱出去，如果我们再次犯罪，我们就确是不义者。”(23:106—107)真主回答他们：“你们在火狱中应当忍气吞声，不要对我说话。”(23:108)此后，他们永远不说话，这是严惩的极限。

马利克·本·艾奈斯传述，宰德·本·艾斯莱姆就经文“我们无论急躁或忍耐，这在我们是一样的，我们绝无避难所”(14:21)说：“他们忍耐一百年后急躁了一百年，又忍耐一百年后说：‘我们无论急躁或忍耐，在我们都是一样的。’”

真主的使者说：“复活日，死亡被带来，像一只伶俐的绵羊，在火狱与乐园之间被屠宰。然后，有声音说：‘乐园的居民们啊，你们将永生不死！火狱的居民们啊，你们也将永不死亡！”

哈桑说：“一千年后，火狱中走出一个人。但愿我就是那个人！”

有人看见哈桑坐在一个角落里哭泣，就问他：“你怎么哭了？”他说：“我害怕真主把我扔进火狱而不管我。”

这就是火狱惩罚种类的全部，及其永无止境的各种悲哀、忧愁、灾难与悲伤的细节。火狱居民遭受着严惩，但最惨重的不幸，莫过于失去乐园的恩典，以及相见真主及其喜悦。尽管他们知道自己用可数的银币，廉价出卖了这些恩典——他们仅仅以现世短暂日子中卑贱而不纯洁、浑浊而迷乱的私欲出卖了这些恩典，但他们还是自言自语："悲哀啊！我们怎么以违逆我们的养主来伤害我们呢？我们为何没有在少许的日子里控制我们自己呢？如果我们忍耐，就会度过真主规定的日子，现在就是众世界之主的邻居，享受着真主的喜悦与满意。"

这些人真可悲啊！他们一无所有且饱尝种种灾难。他们在现世享受的任何恩典荡然无存。如果他们没有看到乐园的恩典，悲伤就不会增强，但却被呈现给他们。真主的使者说："复活日，火狱里的一群人被带至乐园。他们接近乐园时，闻到了它的芬芳，看到了它的宫殿，以及真主为乐园居民准备的各种恩典。他们被唤道：'你们让他们远离乐园，他们没有享受它的福分的资格。'于是，他们如同前前后后的人一样，悔恨地返回火狱。他们说：'我们的养主啊！如果你在我们看到你的恩赐及你为你的卧里们准备的恩典之前，让我们进入火狱，那对我们更容易。'真主说：'我曾想这样对待你们，但你们独处时，骄傲自大；遇到人们时，对他们谦恭温顺；看待人们的心态，不同于看待我的心态；害怕人们，但没有害怕我；尊重人们，但没有尊重我；为人们倾其所有，但对我丝毫不舍。今天，我让你们饱尝痛苦的刑罚，并且剥夺你们享受永久恩典的权利。'"

艾哈迈德·哈尔卜说："我们中不乏有人选取阴荫，避免日晒；随后，他却选择了火狱，舍弃了乐园。"

先知尔萨说："多少健康的身躯、俊美的面庞、善辩的舌头，明天将在火狱的层级里。"

先知达吾德说："我的主啊！我无法忍受你的太阳的热度，如何忍受你的火狱的炽热呢？我无法忍受你的怜悯声，如何忍受你的惩罚声呢?”

可怜的人啊！你看看这样的恐惧吧！你要知道，真主创造了火狱及其恐惧，并为它创造了不加不减的居民。这些事情业已判决和完成，真主说：“你应当警告他们悔恨之日，当日一切事情已被判决，而他们现在还在疏忽之中。他们不信正道。”(19:39)凭我的宗教起誓，这指的是复活日，不然，是永久之日。复活日，业已判决的事情昭然若揭。

你真奇怪啊！你在欢笑，你在嬉戏。你忙着现世的琐碎小事，却浑然不知对你的判决是什么！如果你说，但愿我知道我来自哪里？归宿何去？对我的判决是什么？那么，有一种迹象，你可以亲近它，它能验证你期望的原因。也就是说，你看看你的各种情况和所有工作吧，每件事情被创造时，都很容易。如果行善对你容易，你就欣喜吧，因为你已远离火狱。如果你不想行善，只想着重重困难包围你而你要排除它，只想着容易作恶的手段，那么，你要知道，你已被判决。这就是对归宿的证明，就如雨水证明植物，烟雾证明火焰。真主说：“善人们，必在恩泽中；恶人们，必在烈火中。”(82:13—14)你参悟这两节经文吧！你已经知道了你在两个世界的归宿了。真主最知！

第四十章　顺从真主的高贵

要知道，顺从真主是万善之源。真主在《古兰经》多节经文中，敦促人们顺从真主，并因此派遣了列圣，以便将人们从内心的重重黑暗，引导至认识至洁真主的道道光明上；以便他们在真主为敬畏者安排的世人眼所未见、闻所未闻、想所未想的幸福乐园里享受恩典。真主造化人们，不是为了嬉戏，而是“以便他依作恶者的行为而报酬他们，并以至善的品级报酬行善者。”(53:31)真主不依赖人们的顺从，人们的违逆不会伤及他，也丝毫无损他的完美。“如果他们自大，那么，在你的主那里的众天使，则是昼夜赞颂他，他们并不厌倦的。”(41:38)[①]“行善者自受其益，作恶者自受其害。你的主绝不会亏枉众仆的。”(41:46)“真主确是无求的，你们确是有求的。”(47:38)

真奇怪！我们中有人买了一个奴仆，他喜欢奴仆忠心耿耿地履行对主人的各种义务，完成主人交给他的各项任务。奴仆要是有一次失误，他就会嫌弃奴仆，或者不给他发放工钱，或者驱逐他，或者卖掉他。然而，我们呢，尽管我们没有顺从创造与健全我们的

① 《古兰经》中共有15节经文属于诵读时必须叩头的经文，此节经文属于其中一节。——译者

真正主宰，并且陷入多如雨点的过错中，但真主没有停止对我们的种种恩惠和各种襄助——离开这些襄助，我们必死无疑。仅仅因为我们的一次犯错，真主就能够惩治我们，但真主宽容了我们。但愿我们忏悔后，真主接受我们的忏悔，饶恕我们的过错，掩盖我们的缺陷。

智者深知，谁最值得被顺从，就当趋向他，全身心地朝向他。每当他犯罪，就向创造他的主悔罪，不绝望于主的怜悯，以感谢主恩的方式求得真主的原谅和喜悦，并致力于此，期盼真主将他写入喜悦真主者的行列！死亡来临时，他渴望见到他的养主，他的养主比他更想见他。

艾布·代尔达厄对凯尔卜说："请你告诉我《讨拉特》中最特殊的一节经文。"凯尔卜说，真主说："善人们渴望见到我，我更渴望见到他们。"凯尔卜接着说，这句经文的旁边写着："谁寻求我，就能见到我；谁寻求我之外者，就见不到我。"艾布·代尔达厄说："我见证，我确实听见真主的使者言及此话。"

在有关先知达吾德的圣训中记载着，真主说："达吾德啊，你告诉世人，我是喜悦我者的朋友、与我同座者的同伴、常赞我者的亲近者、伴随我者的伴随者、选择我者的选择者、顺从我者的顺从者。我肯定为我自己接受我的仆人——我知道他内心坚定不移地喜悦我；我对他的极其喜悦，超过我对众生中任何人的喜悦。谁真正地寻求我，就能见到我；谁寻求我之外者，就见不到我。世人啊！你们拒绝你们沉迷其中的现世，赶快奔赴我的荣耀，来陪同我，来伴随我吧！你们亲近我，我就亲近你们，并快速地喜悦你们。我用我的朋友易卜拉欣、我的密友穆萨、我的挚友穆罕默德的秉性，造化了我的朋友们的秉性。我用我的光，造化了思念我者的心灵，并将我的尊严赐给他。”

先贤们传述，真主启示某个诚实的人：“我有一些仆人，他们喜欢我，我喜欢他们；他们思念我，我思念他们；他们赞美我，我赞美他们；他们注目我，我观看他们。如果你步他们的后尘而行，我就喜悦你。如果你偏离他们，我就憎恶你。”他说：“我的养主啊！他们的标志是什么？”真主说：“他们白天遮荫，就如仁慈的牧羊人照看他的羊群；他们渴望太阳西下，就如傍晚的鸟儿渴望归巢。夜幕笼罩，万籁俱静，万家入睡，夫妻相卧时，他们为我立站拜功，面容朝向我，通过诵读我的经文而与我交谈，用我的恩典赞美我。他们呼唤与哭泣时、祈祷与哭诉时、立站与静坐时、鞠躬与叩头时，由于我的应答而承受不了我的注视，因为我的喜悦而不怀疑我的倾听。我赐予他们三件恩典：第一，我把我的光置入他们的心中，他们与我交流，就如我与他们交流。第二，如果天地及其之间的一切都被放置在他们的天秤上，我肯定使天秤单独称量他们。第三，我亲近他们，你看，凡我亲近的人，任何人都不知道我赐给他的恩典！”

有关先知达吾德的圣训中记载着，真主启示达吾德：“达吾德啊！你想起多少次乐园，你不问我那些渴望我的人吗？”达吾德说：“我的养主啊！谁是渴望你的人？”真主说：“渴望我的人是这些人，我纯洁他们于一切污浊，提醒他们小心谨慎，开启他们注目我的心智，亲自托起他们的心并将其放在我的天上。然后，我唤来我的优秀的天使们。天使们集合后给我叩头，我说：‘我召唤你们来，不是为了叩首我，而是为了给你们介绍那些渴望我的人。你们与渴望我的人争荣。在我的天空里，他们的心灵肯定照亮我的天使们，就如太阳照亮地球人。'达吾德啊！我用我的喜悦，创造了渴望者们的心，将我的荣光赐给他们。我为我自己，将他们视为与我谈话的人。我将他们的身体，作为我观看地球的地方。我从他们的心中，开辟了一条他们借此注目我的路道。他们对我的渴望与日俱增。"

达吾德说："我的养主啊！你让我看看喜悦你的人吧！"真主说："达吾德啊！你去黎巴嫩的山上。山上有十四个人，有老有少。如果你去见他们，向他们致以我的问安。你对他们说：'你们的养主向你们道安，并问你们，难道你们没有任何要求吗？你们是我的挚友、我的密友、我的卧里。我因你们的高兴而高兴，并快速地喜悦你们。'"

达吾德来见他们，看见他们在参悟真主的伟大。他们看到达吾德时，站起来要离开他。达吾德说："我是真主派遣给你们的使者。我来见你们，是为了给你们传达你们的养主的使命。"他们就趋向他，耳听其语，眼观大地。达吾德说："我是真主派遣给你们的使者，他向你们道安，并问你们，难道你们没有任何要求吗？难道你们不呼唤我吗，我在听你们的声音与话语？你们是我的挚友、我的密友、我的卧里。我因你们的高兴而高兴，并快速地喜悦你们。我每时每刻都看着你们，就如慈母看着爱女。"达吾德说："他们的泪水顺腮而下。"

他们中一个老者说："赞美你真主，赞美你真主！我们是你的仆人，是你的仆人的后裔。请你饶恕我们以往岁月中那些阻碍我们心灵赞美你的事物吧！"

另一个人说："赞美你真主，赞美你真主！我们是你的仆人，是你的仆人的后裔。请你凭借我们与你之间的善意观看，赐我们平安吧！”

另一个人说：“赞美你真主，赞美你真主！我们是你的仆人，是你的仆人的后裔。我们敢祈求吗！你知道，我们对任何事情都没有丝毫的需求。请你让我们坚定不移地走你的路道，并借此为我们完善你对我们的恩典。”

另一个人说：“对于寻求你的喜悦，我们是懈怠的。请你以你的慷慨，襄助我们寻求你的喜悦吧！”

另一个人说：“你用一滴精液，创造了我们。你恩赐我们参悟你的伟大。忙着参悟你伟大、感悟你尊严的人，敢说话吗！我们的要求是，接近你的光。”

另一个人说：“因为你的伟大，以及你临近你的卧里，经常赐福喜悦你的人，所以我们祈求你的话苍白无力。”

另一个人说：“请你引导我们的心灵赞美你，让我们有空侍奉你。由于我们懈怠了对你的感谢，所以请你饶恕我们吧！”

另一个人说：“你已经知道了我们的需求——唯有注目你的尊容！”

另一个人说：“仆人如何敢向他的主祈祷需求，因为你用你的慷慨命令我们祈祷。请你给我们恩赐光明吧，我们借此在重重天空的重重黑暗中求道。”

另一个人说：“我们祈求你亲近我们，使你的亲近常伴我们。”

另一个人说：“我们祈求你完成你赐给我们的恩典，惠顾我们。”

另一个人说：“我们对你的任何被造物都没有丝毫的需求，你赐福我们注目你的完美尊容吧！”

另一个人说："在他们中间的我向你祈求，你使我目盲而不观现世及其一切，使我心盲而不顾及后世之外的事情。"

另一个人说："我知道，你清高伟大，喜欢你的卧里们。你使我们的心灵平安地、不受任何干扰地赞美你吧。"

真主启示先知达吾德："你对他们说：'我已经听见了你们的话，我实现了你们喜欢的事情。你们中的每个人离开他的同伴，为自己建造一个地下室。我是揭开遮蔽在我与你们之间的幔帐者，直到你们注目我的光和尊严。'"

达吾德说："我的养主啊！他们凭借什么获得了你的这些恩典？"真主说："凭借善意的想法、放弃红尘及其一切、与我独处、同我交流。唯有拒绝现世及其一切的人、任何事物不会使他想起现世的人、用心赞美我的人、选择我而放弃我的众生的人，才能获此地位。彼时，我怜悯他，我使他空闲。我揭开遮蔽在他与我之间的幔帐，直到他看见我，就如一个人亲眼看到某物。我每时每刻给他显示我的荣光，让他接近我的尊容之光。如果他生病，我看护他，就如慈母照料她的子女。如果他渴了，我给他解渴，让他品尝记念我的食品。达吾德啊！如果我这样对待他的话，我让他的性灵无视现世及其一切，不让性灵喜悦它，从而不忽略对我的记念。他的死亡临近，而我不愿意让他死亡，因为他是我观看我的众生之地，他看不见我，我也不看他之外的人。达吾德啊！如果你看见了心慈的、消瘦的、疲惫的他，以及听见我的名字就颤抖的他，我就凭借他，与我的众天使和我的诸天上的生命争荣。然而，他更加害怕，功修更多。达吾德啊！以我的伟大和尊严发誓，我绝对让他入住乐园，开启他注目我的心胸，直到他喜上加喜！"

第四十一章 感谢

要知道，真主在《古兰经》中将感谢与记念真主相提并论。

真主说："记念真主确是一件更大的事。"(29:45)真主说："故你们当记忆我，[你们记忆我]，我就记忆你们；你们当感谢我；不要辜负我。"(2:152)

真主说："如果你们感恩而且信道，真主何必惩罚你们呢？真主是博施的，全知的。"(4:147)

真主说："我将报酬感谢的人。"(3:145)

真主就受诅咒的恶魔说："我必定在你的正路上伺候他们。"(7:16)有注释家认为，"正路"即"感谢之路"。真主诅咒恶魔，说："你不至于发现他们大半是感谢的。"(7:17)

真主说："我的仆人中，感谢者是很少的。"(34:13)

真主已经许诺，他要酬谢，并且不将任何感谢者视为例外，所以他说："如果你们感谢，我誓必对你们恩上加恩。"(14:7)

真主特殊对待五件事情——满足、应答、供给、饶恕和忏悔。真主说："那么，真主将以他的恩惠使你们满足，如果他意欲。"(9:28)"如果他意欲，他就解除你们祈求他解除的灾难。"(6:41)"真主将无量地供给他所意欲者。"(2:212)"真主必不赦宥以物配主的罪恶，他为自己所意欲的人而赦宥比这差一等的罪过。"(4:48)"真主

将准许他所意欲的人悔过自新。”(9:15)

感谢是真主的属性之一,因为真主说:“真主是善报的,是至容的。”(64:17)

真主将“感谢”作为乐园居民说话的钥匙。真主说:“他们说:‘一切赞颂全归真主!他对我们实践了他的约言,他使我们继承乐土,我们在乐园中随意居住。’”(39:74)“他们最后的祈祷是:‘一切赞颂全归真主——全世界的主。’”(10:10)

关于感谢的圣训,真主的使者说:“感谢的饱食者,等同于坚忍的封斋者。”据阿塔传述,他说,我来见圣妻阿伊莎,说:“请你告诉我们,你在真主的使者那儿看到的最奇异之事。”阿伊莎哭了,说:“他的哪一件事情不奇异?有一晚,他来我这儿,钻入我的被窝,肌肤相亲。然后,他说:‘艾布·伯克尔的女儿啊!让我去崇拜我的养主吧!’”阿伊莎说:“我说:‘我喜欢你的亲近,但我尊重你的意愿。’然后,我许可了使者,他站起来,走到水袋边洗小净,没有用很多水。他礼拜时站着哭泣,以至于泪水流至胸脯;鞠躬时哭泣,叩头时哭泣,抬头时哭泣。他就这样一直哭着,直到比拉里来通知他参加集体礼拜。我说:‘真主的使者啊!你怎么哭了,真主已经饶恕了你过去的罪过和以后的过错?’他说:‘难道我不是一个感谢的仆人吗,我为什么不这样做呢,真主启示我:‘天地的创造,昼夜的轮流,利人航海的船舶,真主从云中降下雨水,借它而使已死的大地复生,并在大地上散布各种动物,与风向的改变,天地间受制的云,对于能了解的人看来,此中确有许多迹象。’”(2:164)

这就说明,人要常哭。某个典故说了其中奥妙——某先知路过一块小石头,石头汩汩流水,先知惊讶不已,真主就让石头说话。

石头说:“自从我听真主说‘你们当防备火狱,那是用人和石做燃料的’(2:24),我就因害怕真主而哭泣。”先知为石头祈求真主,让石头远离火狱。真主遂让石头远离了火狱。过了一段时间,先知又看见了那块哭泣的石头,说:“你现在因何而哭?”石头说:“那次是害怕之哭,这次是感谢与高兴之哭。”

人心硬如石,甚至比石头还硬。唯有害怕与感谢并存状态下的哭泣,才能令人心软意活。

据传,真主的使者说:“复活日,天使呼唤,以便感恩真主的人们站起来。于是,一伙人站起来,天使为他们竖立了一面旗帜,他们进入了乐园。”有人请教:“哪些人是感恩真主的人?”使者说:“任何情况下都感谢真主的人。”另一段圣训传述:“在安乐与患难中感谢真主的人。”

真主的使者说:“感赞是普慈之主的斗篷。”

真主启示先知安尤布:“我喜欢以感谢酬劳我的卧里们。”

真主又就坚忍者的品格,启示先知安尤布:“他们的家园是和平之宅。如果他们进入宅院,我给他们启迪感谢——最优美的语言。感谢时,我给他们增加感恩;观我时,我给他们增加感恩。”

当经文“窖藏金银,而不用于主道者,你应当以痛苦的刑罚向他们报喜”(9:34)降示时,欧麦尔说:“我们赚取的钱财是什么?”真主的使者说:“让你们中任何人,言记主之语,存感恩之心。”然后,真主的使者命令人们获求感恩之心,代之以赚取钱财。

伊本·麦斯欧德说:“感谢是信仰的一部分。”

要知道,感谢与心、舌头、身体的各个肢体息息相关。感谢与心的关系是,心是善之源,它能包容众生。感谢与舌头的关系是,人们运用各种感赞之语来显示他们对真主的感谢。感谢与肢体的关系是,人们借助真主的各种恩典来顺从真主,并借此避免对真主的违逆——眼睛的感谢是遮蔽眼见的穆斯林的任何缺点,耳朵的感谢是掩盖耳听的任何缺点。身体肢体都是在感谢真主恩典的范畴内。感谢与舌头的关系还在于表现人对真主的喜悦,也是受命所在。

真主的使者问某人:"你情况如何?"此人回答:"很好。"真主的使者重复了问题,直到此人第三次说"我赞美真主,我感谢真主,我很好",真主的使者说:"这就是我想让你说的。"

先贤们曾经互相询问,意在表达对真主的感谢,以便感谢者成为顺从者,被要求感谢的人成为顺从者。他们的目的不在于通过表达谢意来沽名钓誉,每个被问及情况的人都表明,或谢恩,或抱怨,或沉默。感谢是顺从,抱怨是来自信仰者的罪孽的违逆。抱怨王权之主,以及万物皆在其掌握——任何人对任何事都无能为力——的真主,如何不罪孽呢?

人们如果没有很好地坚忍灾难和前定,而一味抱怨,那么,他最好向真主诉苦。真主是考验者,是能够解除灾难的主。人们对他的养主的卑微,就是尊贵;人们向真主之外的人诉苦,就是卑贱;人们向人们——尽管他们同样是人——表现卑微,是最可恶的卑微。真主说:"你们舍真主而崇拜的[偶像],不能主持你们的给养,所以,你们应当到真主那里寻求给养,你们应当崇拜他,你们应当感谢他,你们只被召归他。"(29:17)"你们舍真主而祈祷的,确是跟你们一样的奴仆。"(7:194)语言的感谢,是感谢的总和。

据传,一个代表团晋见欧麦尔·本·阿卜杜·阿齐兹。某年轻人站起来想说话，欧麦尔说："老人先说，老人先说。"年轻人说："信士们的长官啊！如果事情取决于年龄的话，那么，穆斯林们中还有谁比你更年长呢。"欧麦尔说："你说吧！"年轻人说："我们既不是出于欢喜，也不是出于害怕的代表团。至于欢喜，你的尊贵将它传递给了我们；至于害怕，我们相信你的公正。我们只是谢恩的代表团，我们来见你，只为了亲口感谢你，然后就走。"

第四十二章　贬责骄傲(一)

真主在《古兰经》多节经文中，批评了骄傲，贬责了每一个骄傲自大的人。

真主说："我将使那些在地方上妄自尊大的人离弃我的迹象，即使他们看见一切迹象，他们也不信它；如果他们看见正道，他们不把它当作道路；如果他们看见邪道，他们把它当作道路。这是因为他们不信我的迹象，而且忽视它。"(7:146)

真主说："没有真凭实据，而争论真主的迹象者，据真主和信士看来，是很讨厌的。真主这样封闭一切自大的高傲者的心。"(40:35)

真主说："他们曾要求判决。每个顽固的暴虐者都失望了。"(14:15)

真主说："无疑的，真主知道他们所隐讳的，和他们所表白的，他确是不喜爱自大者的。"(16:23)

真主说："不希望与我相会者曾说：'怎么不使众天使降临我们，或者得见我们的主呢？'他们确已妄自尊大，确已大逆不道。"(25:21)

真主说："你们的主说：'你们要祈祷我，我就应答你们；不肯崇拜我的人，他们将卑贱地入火狱。'"(40:60)

《古兰经》贬责骄傲的经文不胜枚举。

真主的使者说："心中存有芥子粒般骄傲的人不会进入乐园，心中存有芥子粒般信仰的人不会进入火狱。"

艾布·胡莱尔传述，真主的使者说："真主说：'尊荣是我的外衣，尊大是我的披风。谁与我竞争其中之一，我就毫不留情地将他扔入火狱。'"

据艾布·塞里迈·本·阿卜杜·拉哈曼传述，阿卜杜拉·本·阿慕尔与阿卜杜拉·本·欧麦尔相遇在索法，两人站在一起。然后，阿慕尔走了，欧麦尔在哭。人们问："阿卜杜·拉哈曼的父亲，你哭什么？"他说："阿卜杜拉·本·阿慕尔认为，他听见真主的使者说：'心中存有芥子粒般骄傲的人，真主将他倒着扔入火狱。'"

真主的使者说："一个趾高气扬走路的人被写入骄傲者的行列，尔后遭受骄傲者们遭受的惩罚。"

有一天，先知达吾德的儿子苏莱曼对鸟群、人们、精灵和动物说："你们出来吧！"于是，走出来 20 万人，20 万精灵。苏莱曼抬起头，以至于听见天使们在诸天上高声赞颂真主。然后，他低下头，以至于双脚踏入海中，听见一个声音在说："如果你们任何人的心里存有芥子粒般骄傲，我就让大海的深度超过天空的高度。"

真主的使者说："火狱里走出一个两耳能听、两眼能观、舌头能言的人。他说：'我受托带走三种人：顽固的骄傲者、舍真主而祈祷他者、画像者。'"

真主的使者说："吝啬者、骄傲者、性情恶劣者不能进入乐园。"

真主的使者说："乐园与火狱争论。火狱说：'我被选择用来承载骄傲自大的人们。'乐园说：'我怎么办呢，只有羸弱的人、卑微的人、无能的人才来我这儿？'于是，真主对乐园说：'只有你是我的怜悯，我将你恩赐给我所意欲的人。'真主对火狱说：'只有你是我的惩罚，我用你惩罚我所意欲的人。你们两个里面，满是人。'"

真主的使者说:“骄傲自满的人真可恶,他忘记了伟大的、强有力的真主!傲慢自大的人真可恶,他忘记了伟大的、至尊的真主!专横跋扈和为非作歹的人真可恶,他忘记了来源与归宿!”

萨比特传述,有人说:“真主的使者啊,某人真骄傲!”真主的使者说:“难道骄傲过后没有死亡吗?”

阿卜杜拉·本·阿慕尔传述,真主的使者说:“先知努哈临近归真时,叫来他的两个儿子,说:‘我以两件事情命令你俩,以两件事情禁止你俩。我禁止你俩以物配主和骄傲自大。我以‘万物非主唯有真主’命令你俩。如果诸天诸地及其之间的一切被放在天秤的一个秤盘,‘万物非主唯有真主’被放在另一个秤盘,则它比前者更重。如果诸天诸地及其之间的一切是一个圆环,将‘万物非主唯有真主’放在圆环的上面,则它要毁坏诸天诸地。我以‘赞美真主’命令你俩,它是万物的祈祷,万物因它而受恩泽。’”

先知尔萨说:“恭喜此人!真主教授他经典,他没有骄傲地死亡!”

真主的使者说:“火狱居民都是骄傲自大者、趾高气扬者、妄自尊大者、聚敛钱财者、吝啬小气者。乐园的居民都是羸弱不堪者、一贫如洗者。”

真主的使者说:“你们中最受我喜欢、后世最接近我的人是你们中品德最好的人。你们中最让我恼怒、后世离我最远的人是喋喋不休的人、夸夸其谈的人、趾高气扬的人。”

真主的使者说:“复活日,骄傲自满的人被复生,形如蚂蚁,人们踩踏他们。蚂蚁被复生,形如人,所有的微小生物都在它们的上面。然后,骄傲自满的人们被赶至称之为‘布莱斯’的火狱。肆虐的火焰燃烧在他们的头顶,他们在脓泥中被迫饮用火狱居民的脓汁。”

艾布·胡莱尔传述,真主的使者说:“复活日,骄傲自大者被复生,形如蚂蚁,人们踩踏他们。他们在真主面前真耻辱!”

穆罕默德·本·瓦希尔传述,他说,我来拜访比拉里·本·艾布·布尔德。我对他说:“比拉里啊!你父亲告诉我,他父亲根据先知传述,先知说:‘火狱里有一道被称之为‘海卜海卜’的火谷,真主确实让所有骄傲者入住其中。’比拉里啊!你谨防成为入住其中的人。”

真主的使者说:“火狱里有一座宫殿,骄傲自大的人们居住其中且被封锁。”

真主的使者说:“主啊!我向你求护佑,免于骄傲自满。”

真主的使者说:“谁的灵魂分离身体,并且与三件事情无关——骄傲、债务与仇恨,他就进入乐园。”

艾布·伯克尔说:“穆斯林绝对不轻视穆斯林。在真主看来,弱小的穆斯林就是强大的穆斯林。”

沃赫卜说:“真主创造了‘阿德乃’乐园[①]时,说:‘对于任何骄傲者来说,你都是禁区。’”

艾哈奈夫·本·盖斯与穆斯阿卜·本·祖拜尔经常在穆斯阿布家的床上促膝而坐。有一天,艾哈奈夫来到穆斯阿布家,穆斯阿布伸展双脚,没有收拢它。艾哈奈夫挤了挤穆斯阿布,见他面露不快。于是,艾哈奈夫说:“真奇怪,骄傲的人!”穆斯阿布听后,两次尿流。

哈桑说:“人们真奇怪,他每天亲手清洁肛门一两次,但他违逆

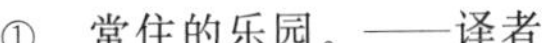

① 常住的乐园。——译者

制服诸天的真主。真主说:'在你们自身中也有许多迹象,难道你们看不见吗?'"(51:21)肛门与尿道是人的自身迹象。

穆罕默德·本·侯赛因·本·阿里说:"只要人心里有丝毫骄傲,其理智缺乏的程度等同于心中所生的骄傲,无论多少与否。"

有人就毫无裨益的过错,请教先知苏莱曼,苏莱曼说:"骄傲。"

努尔曼·本·巴希尔站在演讲台上,说:"恶魔有很多圈套。诸如,享福真主的各种恩典但得意忘形;享受真主的各种恩赐但忘乎所以;骄傲自满而不崇拜真主;舍真主而随心所欲。"

我们凭借真主的恩典与慷慨,向真主祈求饶恕与安康!

真主的使者说:"真主不理睬骄傲自大地拖长裤腿的人。"

真主的使者说:"身穿斗篷且趾高气扬的人,真主使大地吞噬他。他在大地里下坠,直至复活日。"

真主的使者说:"骄傲自大地拖长衣服的人,复活日,真主不理睬他。"

宰德·本·艾斯莱姆说,我来拜访伊本·欧麦尔,见阿卜杜拉·本·瓦基德身穿新衣路过他。我听他说:"我的孩子啊,你缩短你的裤腿,我听真主的使者说:'真主不理睬骄傲地拖长裤腿的人。'"

据传,有一天,真主的使者将唾沫吐在手掌上,搓了搓手掌后讲到,伟大的真主说:"人类啊!难道你认为我无能为力吗,你此般被造啊?我健全和匀称你时,你身穿斗篷行走大地,且脚步沙沙作响。你聚敛财产,吝啬小气,以至于奄奄一息时说:'我施舍,何时何地施舍呢?'"

真主的使者说:"我乌玛骄傲自满地行走在大地,并且波斯与罗马人服务他们时,真主让他们中的一部分统治另一部分。”

真主的使者说:“谁骄傲自大且趾高气扬地走路,他就面见愠怒他的真主。”

据艾布·伯克尔·海宰里传述,他说,我们与哈桑在一起时,伊本·艾赫塔姆趾高气扬地路过我们。他想要缩短身穿的丝质长袍,将其提高至小腿部位,露出他的外套。哈桑看了他一眼,说:“呸,呸,自高自大、目中无人、骄傲自满的人。”哈桑看着伊本·艾赫塔姆的骄傲,说:“你真愚蠢。你看看你的骄傲,享受主恩却不感恩,不遵循真主对此的命令,不执行真主对此的规定。身体的每个部位既有真主的恩典,也有恶魔地觊觎。以真主发誓,人们自然自在地走路,或者疯子般摇摇摆摆地走路,远胜于趾高气扬地走路。”伊本·艾赫塔姆听到此话后,向哈桑道歉。哈桑说:“你不要向我道歉,你向你的养主忏悔吧。难道你没听真主说:‘你不要骄傲自满地在大地上行走,你绝不能把大地踏穿,绝不能与山比高。’”(17:37)

某青年身穿华丽衣服路过哈桑,哈桑叫住他,对他说:“人们欣赏你的年轻,喜欢你的性格,好似坟墓已经埋葬了你的身体,恰如你已经看到了你的功修。你真可怜,你治疗你的心灵吧!真主对仆人的需要,就是治疗他们的心灵。”

据传,欧麦尔·本·阿卜杜·阿齐兹就任哈里发之前朝觐。塔乌斯看见了走路时骄傲自满的欧麦尔,给他打了个手势,到自己身边来,然后说:“这不是腹中有粪便者的走法。”欧麦尔道歉地说:“叔叔啊!我身体的各个部位都为此般走路而受拷打,直到我对此醒悟。”

穆罕默德·本·瓦西阿看到儿子骄傲自满地走路,叫来他,说:“你知道你是谁吗?至于你的母亲,我用一百迪尔汗聘娶了她;

至于你的父亲，真主不会让更多的穆斯林像他那样。”

伊本·欧麦尔看见一个拖长裤腿的人，说：“恶魔有很多兄弟。”他重复说了两三遍。

据传，穆坦里夫·本·阿卜杜拉·本·尚西尔看见身穿丝质长袍、骄傲自满走路的穆汉莱卜，说：“阿卜杜拉！真主及其使者讨厌这种走法。”穆汉莱卜对他说：“你不认识我吗？”穆坦里夫说：“我认识你。你的开始是一滴腐臭的精液，你的结束是一具肮脏的臭尸，活着的你则腹中有粪。”穆汉莱卜放弃骄傲自满的走法，走了。

诗人们就此吟道：

我真惊叹骄傲人，昨天是一滴精液。
明天如花似月貌，变作坟中一具尸。

哈里夫·艾哈麦尔吟道：

我朋友喜好异样，错误多而正确少。
顽固堪比屎壳郎，走比乌鸦更得意。

另一诗人吟道：

傲人言己不回头，我劝傲慢自大人：
生命将尽之人啊，为何毫不谦虚呢！

祖·努尼·米苏尔也就此吟道：

骄傲自满之人啊，泥土之人祝你安。
现世仅仅为享受，死亡人人皆一样。

穆扎希德就经文“然后他傲慢地走回家去”(75:33)说：“他骄傲自大地走路。”真主最知！

第四十三章　思考

真主在《古兰经》中命人思考和计划的经文不胜枚举。诸如，真主说："天地的创造，昼夜的轮流，利人航海的船舶，真主从云中降下雨水，借它而使已死的大地复生，并在大地上散布各种动物，与风向的改变，天地间受制的云，对于能了解的人看来，此中确有许多迹象。"(2:164)真主说："他就是为欲觉悟或欲感谢者，而使昼夜更迭的。"(25:62)阿塔说："真主要使昼夜在明与暗、加与减方面有所不一。"

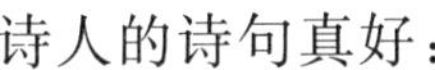

诗人的诗句真好：

入眠而喜前半夜，祸事已于破晓至。

切勿高兴前半夜，也许后夜使火旺。

另一诗人吟道：

夜晚乃睡眠之源，生命尽在梦中耗。

短寿随志是为长，长寿随乐是为短。

真主赞扬了思考的人们："他们站着，坐着，躺着记念真主，并思维天地的创造，[他们说]：'我们的主啊！你没有徒然地创造这个世界。我们赞颂你超绝万物，求你保护我们，免受火狱的刑罚。'"(3:191)伊本·阿拔斯传述，一些人在思考真主，先知说："你们思考真主的创造,不要思考真主。确实,你们绝不能够思考真主。”

阿塔传述:有一天,我和欧拜德·本·阿米尔拜访了阿伊莎。她隔着帘子与我们说话。阿伊莎说:“欧拜德,你怎么不拜访我们呢?”欧拜德说:“因为真主的使者之语——隔日拜访,倍加亲切。”欧拜德说:“请你告诉我们,你在真主的使者那儿看到的最奇异之事。”阿伊莎哭了,说:“来自他的每一件事情都是奇迹。在轮到我与他过夜的那晚,他来我这儿,肌肤相亲后,他说:‘你让我去崇拜我的养主吧!’于是,他去水袋边作了小净。尔后,他礼拜时站着哭泣,以至于胡须湿透;叩头时哭泣,以至于地面湿润。之后,他侧卧而眠,直到比拉里来唤他做晨拜。比拉里说:‘真主的使者啊!你怎么哭了,真主已经饶恕了你过去的罪过和以后的过错?’使者说:‘比拉里啊,你真可怜!没有什么能阻碍我哭。今夜,真主给我降示了经文‘天地的创造、昼夜的轮流,在有理智的人看来,此中确有许多迹象。’(3:190)然后,真主的使者说:‘悲伤啊!诵读这节经文但没有思考它的人。’”有人就思考这节经文的目的请教奥扎伊,他说:“诵读并理解这节经文。”

穆罕默德·瓦希尔传述,一个巴士拉人在赞尔的父亲去世后,前来探望他的母亲。他就赞尔父亲的功修请教她,她说:“他整日坐在房间的角落里思考着。”

哈桑说:“思考一时,胜于一夜拜功。”

伏代勒说:“思考是一面镜子,它让你看见你的善与恶。”

有人对易卜拉欣说:“你长时间地思考着。”易卜拉欣说:“思考是智慧的精粹。”

苏夫延·本·艾耶奈常常以这句诗引以为鉴：

人当常思考，凡事有殷鉴。

塔乌斯传述，使徒们对麦尔彦之子尔萨说：“真主的精神啊！当今世界上，还有像你这样的人吗？”尔萨说：“有。话语是赞词、沉默作思考、观看求殷鉴的人，就如我一样。”

哈桑说：“话语无哲理，则为妄语；沉默无思考，则为粗心；观看无殷鉴，则为消遣。”

真主说：“我将使那些在地方上妄自尊大的人离弃我的迹象，即使他们看见一切迹象，他们也不信它；如果他们看见正道，他们不把它当作道路；如果他们看见邪道，他们把它当作道路。这是因为他们不信我的迹象，而且忽视它。”(7：146)哈桑就经文“我将使那些在地方上妄自尊大的人离弃我的迹象”解释说：“我禁止他们的心灵去思考我的事情。”

艾布·萨义德·胡德里传述，真主的使者说：“你们赋予眼睛的功修权吧！”他们说：“真主的使者啊！眼睛的功修权是什么？”使者说：“注目《古兰经》，思考《古兰经》，参悟《古兰经》奇迹。”

居住在麦加郊野的一个妇女说：“如果敬畏者们的心灵带着思考，去参悟幽玄幔帐里为心灵储存的后世幸福，则现世生活不为他们所动，他们也不会关注现世。”

鲁格曼曾经长时间独坐，他的仆人走过他，说：“鲁格曼啊！你一个人坐了很长时间。如果你和人们坐在一起，对你更加亲切。”鲁格曼说：“长时间独处会使思考更加长久，长思是通往乐园的路标。”

瓦希卜·本·穆南比赫说:“人的思考唯有凭借知识才能长久,人的知识唯有凭借实践才能长久。”

欧麦尔·本·阿卜杜·阿齐兹说:“参悟真主的恩典,是最好的功修。”

有一天,阿卜杜拉·本·穆巴拉克对正在默不作声思考的塞赫里·本·阿里说:“你到哪儿了?”塞赫里说:“隧拉特桥。”

拜舍尔说:“如果人们思考真主的伟大,就不会违逆真主。”

伊本·阿拔斯说:“带着思考的短时间跪拜两次,胜于没有思考的整晚礼拜。”

走在路上的艾布·舍里赫坐下来,披着衣服哭泣。有人问他:“你怎么哭了?”他说:“我在思考我的漫漫人生、少量功修和行将结束的生命。”

艾布·苏莱曼说:“你们让你们的眼睛习惯于哭泣,让你们的心灵惯常于思考。”

艾布·苏莱曼又说:“思考现世,是对后世的遮蔽,对卧里的惩罚。思考后世,产生智慧,复活心灵。”

哈提姆说:“殷鉴增加知识,记主增加喜爱,思考增加害怕。”

伊本·阿拔斯说:“思考善,致人行善;后悔恶,致人弃恶。”

据传,真主在他的部分经典里说:“确实,我不接受每个智者的话语,但我看他的意志和爱好。如果他的意志和爱好是为了我,我使他的沉默成为思考,使他的话语成为赞颂,即使他没有说话。”

哈桑说:“智者经常带着赞颂去思考,带着思考去赞颂,以至于他们与心灵交流时,都在智慧地交谈。”

伊斯哈格·本·哈里夫说:“某个月夜,达吾德·塔伊坐在房顶思考着诸天地的王权。他哭着仰望星空，以至于掉在邻家院子里。邻居以为来了小偷，从床上跳跃而起，手持利剑。他看见是达吾德，剑如削，返身问：‘谁把你从房顶扔下来？’达吾德说：‘我浑然不觉。’”

朱奈德说：“最尊贵、最高端的讲席，莫过于坐在一起思考认主独一的事务，吮吸认知的清风，畅饮爱慕之杯，以及凭借着善思真主的创造而去观察。”他接着说：“此等讲席多么高贵啊！此等饮料多么可口啊！高兴啊，享受此般恩赐的人！”

沙菲尔说：“对事物的正确思考，令人免于疏忽；准确的见解，不会令人大意与后悔。见解与思考展现着果断，智力与商议是智者性灵的安定和证据的力量。所以，你当在决定之前先思考，进攻之前先计划，行动之前先商议。”

沙菲尔说：“美德有四：第一，智慧，它的支柱在于思考。第二，贞洁，它的支柱在于克欲。第三，力量，它的支柱在于抑怒。第四，公正，它的支柱在于中和。”

第四十四章　死亡的严厉

哈桑传述，真主的使者言及了死亡及其严厉与痛苦："死亡等同于剑击三百次。"

有人就死亡及其严厉请教先知，先知说："最容易的死亡等同于羊毛中的刺，拔刺必然带出羊毛。"

先知探望一个病人后，说："我知道他经受的痛苦，他的每一根经脉，都因死亡的严厉而疼痛。"

阿里曾经鼓励战斗，他说："假若你们没有战斗，你们就死亡。以掌握我生命的真主起誓，对我而言，剑击一千次比我死在床上更容易。"

奥扎伊说："我们听说，亡人在坟墓里没有被复活时，就已感到死亡的痛苦。"

尚达德·本·奥斯说："对于信士而言，死亡是今后两世最令人恐惧的可怕。死亡比锯子锯、剪子剪、滚水烫更严厉。如果亡人被复活，他会以死亡劝诫世人：不要迷恋生活，不要享受睡眠。"

宰德·本·艾斯莱姆根据其父传述，他说："如果信士尚存一点因死亡之迫而没有得到的品级，他会在垂死时获得它，他的痛苦是他在乐园里的品级。如果非信士有知但没有得到恩赐且容易地死亡，他肯定要求完成对他的知识所赐，然后进入火狱。"

据传，某人经常探问病人："你们感觉死亡如何。"他生病时，有人问他："你觉得死亡如何？"他说："好似诸天覆盖着诸地，好似我的灵魂要从针孔出来。"

真主的使者说："突然死亡，对信士而言，是恩典；对罪人而言，是悲哀。"

迈克胡里传述，真主的使者说："如果将亡人的一根毛发放在诸天地的生物上，他们肯定奉真主之命而亡。因为，每一根毛发都要死亡，死亡发生在任何物上，它必死无疑。"

据传，如果将死亡的一点痛苦放在现世的群山上，群山肯定粉碎了。

据传，先知易卜拉欣奄奄一息时，真主对他说："我的挚友啊，你觉得死亡如何？"易卜拉欣说："如同剪羊毛的铁钳插入湿润的羊毛里钩毛。"真主说："我让你容易地死亡。"

据传，先知穆萨复命归真时，他的养主对他说："穆萨，你觉得死亡如何？"穆萨说："我感觉我的灵魂如同一只麻雀，它在锅上被煎时，不死亡，焉能歇息；不得救，焉能飞走。"

据传，先知穆萨说："我感觉我的灵魂就像一只被屠夫活剥皮的羊。"

据传，先知穆罕默德咽气时，身边有一杯水，他将手伸入水中，然后以水擦脸，并说："主啊！你让我容易地去世吧！"法图麦说："父亲啊！我为你的痛苦而痛苦！"先知说："从今以后，你的父亲再无痛苦！"

欧麦尔对凯尔卜·本·艾赫巴尔说："凯尔卜，请给我们谈谈死亡。"凯尔卜说："信士们的长官，遵命！死亡就如多刺的树枝，刺入人腹后，每根刺扎着一根经脉。然后，人拼力拔刺，有的被拔掉了，有的留下了。”

先知穆罕默德说：“人肯定要垂死挣扎，他的各个关节互相致意：祝你平安，你离开我，我分离你，直到复活日。”

真主的卧里和挚友死亡的痛苦尚且如此，深陷于罪过的我们又如何呢？伴随着死亡的痛苦，我们还要遭受其他灾难。死亡的灾难有三。

第一，濒死的严厉，如前所述。

第二，眼见摄命天使迈莱库·毛提的形貌，及其可怕的入心。如果人看到迈莱库·毛提以大力士形象摄取罪人的灵魂，人都不敢看。

据传，先知易卜拉欣对迈莱库·毛提说：“你能给我显现你摄取罪人灵魂时的形貌吗？”迈莱库·毛提说：“你不能于此。”易卜拉欣说：“我想看。”迈莱库·毛提说：“你离我远点。”于是，易卜拉欣离开迈莱库·毛提，然后回头看，顿时，迈莱库·毛提成为一个黑人，头发竖立，气味恶臭，身穿黑衣，嘴巴和鼻孔吐出火焰和烟雾。易卜拉欣当即昏厥过去。醒来后，迈莱库·毛提已恢复原貌。易卜拉欣说：“迈莱库·毛提啊！如果罪人去世时仅仅看到你的容貌，他已足矣。”

艾布·胡莱尔根据先知穆罕默德传述，先知达吾德曾经是一个多疑者，每逢出门必上锁。有一天，他锁门外出，妻子眼望窗外，突然发现院子里站着一个人，说：“谁让这个人进来了？如果达吾德回来，肯定对他大发雷霆。”达吾德回来后看见此人，问：“你是谁？”他说：“我既不害怕国王，幔帐也阻止不了我见他们。”达吾德说:“以真主起誓,那你就是迈莱库·毛提。”达吾德保护了迈莱库·毛提所站的位置。

据传,先知尔萨路过一个骷髅,拨了拨它,说:“你奉真主之命说话。”骷髅说:“真主的精神啊!我是某个时代的国王,我在位时,头戴皇冠,士兵成排,卫士侧立在我的龙座左右。迈莱库·毛提出现在我面前时,我的肢体脱离其位,灵魂出体。哎,但愿昔日的团聚是分离!哎,但愿曾经的亲近是野蛮!这就是违逆真主的人们遭遇的灾难,顺从真主的人们足以为戒!”

某先知说:“我濒临死亡仅仅是痛苦,而没有那些亲见迈莱库·毛提形貌的人的惊恐。如果人在夜梦里见到迈莱库·毛提的形貌,其余生痛苦不堪,那么,亲见此景的人又当如何呢?”

至于顺从真主的人,会看到迈莱库·毛提最俊美的形貌。

阿克拉姆根据伊本·阿拔斯传述,先知易卜拉欣曾经是一个多疑者,他有个专事修行的房子,每逢出门就上锁。有一天,他返回后看到房中站着一个人,说:“谁让你进入我的房间?”那人说:“房子主人让我进入房间。”易卜拉欣说:“我就是房主。”那人说:“比我和你更能拥有房子者让我进入其中。”易卜拉欣说:“你是哪位天使?”那人说:“我是迈莱库·毛提。”易卜拉欣说:“你能让我看到你摄取信士灵魂时的形貌吗?”迈莱库·毛提:“可以,你离我远点。”于是,易卜拉欣离开迈莱库·毛提,然后回头看,顿时,迈莱库·毛提成为一个青年,面容俊美,衣着华丽,气味芬芳。易卜拉欣说:“迈莱库·毛提啊!如果信士去世时仅仅看到你的容貌,他已足矣。”

此等灾难中还有亲见记录善恶的两位天使。瓦希卜说:“我们听说,只要有一个人行将去世,记录其工作的两位天使就会为他显现。如果他是顺主者,两位天使对他说:'真主替我们善报你。你经常带我们参加真诚的讲席,你给我们带来虔诚的功修。'如果他是犯罪者,两位天使对他说:'真主不会替我们善报你。你经常带我们到龌龊的场所,你给我们带来虚妄的工作,让我们听见污秽之语。真主不会替我们善报你。'"死人抬眼看了看两位天使,永不返世。

第三,违逆真主的人们亲见他们在火狱的位置,以及眼见火狱之前的恐惧。他们在临死的痛苦状态下软弱无力,屈服于灵魂的出体。他们的灵魂在没有听到迈莱库·毛提所扮的一种人声时,绝不会出体。

真主的敌人啊,你享乐于火狱吧!真主的朋友啊,你欣喜于乐园吧!

智者对此莫不害怕!

先知穆罕默德说:"你们任何人绝不能离世,直到他知道自己归宿何方,看见他在乐园或火狱的位置。"

第四十五章　坟墓及审问

真主的使者说："坟墓对刚入土的亡人说：'可怜的人啊！是什么使你忽视了我呢？难道你不知道我是苦难之屋、黑暗之屋、孤独之屋、虫子之屋吗？你曾经独自路过我时，是什么使你忽视了我呢？'"

如果亡人曾是善人，回答者替他回复坟墓："他曾经扬善止恶，你可见过？"坟墓说："那我使他青春，他的身体恢复光鲜，他的灵魂升至伟大的真主。"

欧拜德·本·阿米尔·莱斯说："只要有人去世，埋葬他的坟墓说：'我是黑暗、寂寞和孤独之屋。你在世时，如果你是个顺从真主的人，今天你就享受怜悯；如果你是个违逆真主的人，今天我就惩罚你。凡顺从真主而入我，他就高兴而出；凡违逆真主而入我，他就艰难而出。'"

穆罕默德·本·萨比赫说："我们听说，人一旦被埋入坟墓并受到惩罚后，他的亡邻呼唤他：'步弟兄和邻居后尘而来的人啊，难道你不曾以我们引以为悟吗？你不参悟我们先你而行吗？难道你没有看到我们的工作终止了吗，而你还悠闲自得？你没有感受到你兄弟的所失吗？'"

一块土地呼唤亡人："迷恋尘世表象的人啊！你以那些早已埋

入地下的亲人，以及那些被红尘迷恋而先你去世后被埋葬的人们为参悟了吗？你亲眼看见他被亲朋好友送入了他的必然归宿了啊！”

耶济德·拉加什说：“我们听说，亡人一旦被埋入坟墓，他的所有工作就包围了他。然后，真主让这些工作说话，它说：‘坟墓中的孤独之人啊！你的亲朋好友都离你而去，今天，你和我们之间没有任何亲近可言。’”

凯尔卜说，行善的仆人被埋入坟墓后，他的善功——礼拜、封斋、朝觐、天课、奋斗和施舍，都聚集在他的周围。惩罚的天使们来到他的双脚边，拜功说：“你们离开他，你们没有理由惩罚他，他经常双脚站立着崇拜真主。”天使们来到他的头边，斋戒说：“你们没有理由惩罚他，他在世时经常为真主而口干舌燥，所以你们没有理由惩罚他。”天使们来到他的身边，朝觐与奋斗说：“你们远离他，他使自己身心皆累，他因真主而朝觐和奋斗，所以你们没有理由惩罚他。”天使们来到他的双手边，施舍说：“你们不要惩罚我的主人，这双手施舍了多少啊，以至于它为寻求真主的喜悦而千金散尽，所以你们没有理由惩罚他。”于是，有个声音对他说：“祝你幸福，你生而幸福，死而幸福。”

凯尔卜说，怜悯的天使们来到亡人身边，为他摆好乐园的床铺，铺上乐园的毯子，给他扩展坟墓内的眼界，拿来乐园的灯盏，他以灯照明，直到真主复生他的日子。

欧拜杜拉·本·欧拜德·阿米尔在一次殡礼上说：“我们听真主的使者说：‘亡人坐起来听见送殡人的脚步声，唯有坟墓与他说话：‘可怜人啊，你小心我吧，小心我的狭窄、恶臭、恐惧与虫子。你为我做了哪些准备呢?'"

拜拉艾·本·阿齐卜传述,我们和真主的使者参加一个辅士的殡礼,使者坐在他的坟上,低着头祈求:"主啊! 我向你求护佑,免遭坟墓的惩罚。"使者连续祈求三次后,说:"信士走向后世时,真主派遣了面如太阳的众天使,他们拿着信士的防腐香料和裹尸布坐下来,让他睁开眼睛。他的灵魂出体时,天地间所有天使和天上的众天使都祝福他们。乐园的所有门被打开,但凡有道乐园门,都欢迎他的灵魂入内。天使带他的灵魂升空时,有天使说:'养主啊,这是你的某个仆人。'真主说:'你们让他返回大地,让他看到我为他准备的恩惠,我确已给他许诺——我从大地创造你们,我使你们复返于大地,我再一次使你们从大地复活。'(20:55)他肯定听到送殡人返回的脚步声,直到天使问:'这位信士啊,谁是你的养主? 你的宗教是什么? 谁是你的先知?'他回答:'我的养主是真主,我的宗教是伊斯兰教,我的先知是穆罕默德。'然后,两位天使极其严厉地斥责他,这是亡人遭受的最后一次灾难。此时,呼唤者说:'你说实话了。'此乃真主之语'在今世和后世,真主以坚固的言辞使信道者坚信'(14:27)的意义。然后,一个面容俊美、气味芬芳、衣服华丽的来者光临他,说:'你欣喜你的养主的恩赐,以及永恒幸福的乐园吧!'他说:'你是谁,愿真主带给你善喜。'来者说:'我是你的善功,以真主起誓,我知道,你曾迅疾地顺从真主,迟缓地违逆真主。真主赐你幸福!'然后,呼唤者说:'你们为他铺好乐园的床铺,为他打开通往乐园的门。'于是,天使为他铺好床,打开通往乐园的门。他说:'主啊! 你推迟末日来临吧,以便我返至我的家人和钱财。'"

真主的使者接着说:"至于非信士,他走向后世而结束现世时,

身穿火衣和沥青铠甲的凶狠天使们来临他，包围在他的身边。他的灵魂出体时，天地之间的所有天使和天上的众天使都诅咒他。乐园的所有门被关闭，但凡有道乐园门，都讨厌他的灵魂入内。天使带他的灵魂升空后，他被抛弃了。有天使说：'养主啊！你的某个仆人，天地都不接受他。'真主说：'你们让他返回，让他看到我为他准备的严惩，我确已给他许诺——我从大地创造你们，我使你们复返于大地，我再一次使你们从大地复活。'(20:55)他肯定听到送殡人们返回时的脚步声，直到天使问：'这位非信士啊！谁是你的养主？谁是你的先知？你的宗教是什么？'他回答：'我不知道。'天使对他说：'你不曾知道。'然后，一个面容丑陋、气味恶臭、衣服褴褛的来者光临他，说：'你欣喜真主的恼怒与永恒的惩罚吧！'他说：'你是谁，愿真主带给你恶报？'他说：'我是你的恶行，以真主起誓，你曾迅疾地违逆真主，迟缓地顺从真主。真主赐你灾难。'他说：'真主也赐你灾难。'然后，一个又聋又瞎又哑，拿着一把铁锤——人类和精灵合力无法扛它、击山则山夷为平地——的天使抓起他，打了他一下，他就化为土。他的灵魂又复归入体，天使又用铁锤在他的双目之间敲了一下，诸层地上除人类和精灵之外的所有生物都听见了这次敲打声。尔后，呼唤者说：'你们为他铺好两块火板，为他打开通往火狱的门。'于是，有天使为他铺好火板，打开通往火狱的门。"

穆罕默德·本·阿里说："但凡有人要去世，他的善行与恶行就在他死亡时为他显形。他来到他的善行边，躲避他的恶行。"

艾布·胡莱尔传述，真主的使者说："信士垂死时，众天使拿着一块散发着麝香和清香味的丝绸——四射的芳香就如面团中露出的毛发——光临他，说：'安定的性灵啊！你喜悦、被喜悦地去见真主的精神和他的尊严吧！'他的灵魂出体后，被放在那块麝香和清香上，丝绸卷着它，被送往乐园中最高的地方。非信士垂死时，天使带着里面有木炭的麝香光临他，他的灵魂艰难地离去。天使说：'恶劣的灵魂啊！你恼怒、被恼怒地出去吧，你享受真主的凌辱和惩罚吧！'他的灵魂出体后，被放在那块有水沸声的木炭上，麝香卷着它，被带往火狱。"

穆罕默德·本·凯尔卜·古尔吉传述，他诵读经文"等到死亡降临他们中，一旦有人临危时，他才说：'我的主啊！求你让我返回人间，也许我能借我的遗留的财产而行善'"(23:99—100)后说："你想要什么？你希望什么？你想要返回人间去聚财、种植、建筑、开河吗？"他说："也许我能借我的遗留的财产而行善。"(23:99)威严的真主说："绝不然！这是他一定要说的一句话。"(23:100)也就是说，他肯定在死亡时说这句话。

艾布·胡莱尔传述，先知穆罕默德说："墓中信士是在绿色花园，他的坟墓被扩大七十腕尺。他光彩熠熠，以至于如同圆月夜的月亮。你们知道经文'谁违背我的教诲，谁必过窘迫的生活'(20:124)为何而降示吗？"圣门弟子们说："真主及其使者最知。"先知说："为惩罚坟墓里的非信士。九十九条蟒蛇控制着他，每条蟒蛇有七颗头。它们撕咬他，在他的身体里吹气，直到他们被复生的日子。"

人不应当惊讶于这些特殊的数字，这些蛇蝎的数目等同于受贬责的品性数目，诸如骄傲、沽名、嫉妒、吝啬、怨恨等品性。其可数之根生出若干分枝后，又产生诸多枝杈。这些品性本质危险且变为蛇蝎。其中的凶悍者，蟒般地叮咬；其中的弱小者，蝎般地叮咬;介于两者之间者,蛇般地伤人。

有理智和眼光的人,远见卓识地目睹这些危险及其分叉。但是,危险数目的量,唯有凭借先知之光才能停止。类似这样的讯息,既有正确的表象,也有幽玄的奥秘。但是,有远见的人对此清晰可见。真相没有为谁揭示,谁就不要否定它的表象。不然,信仰的最低程度就是相信与顺从。

第四十六章　真知灼见与复活审问

真主说："真的，假若你们有真知灼见，[你们必不疏忽]。"(102:5)也就是说，假若你们真知复活日的事情，它肯定使你们忽略竞赛富庶和自高自大，你们肯定做有利于你们的善行，放弃有害于你们的恶行，所以真主说："真的，假若你们有真知灼见。"(102:5)正如列圣所教导，金钱财宝与算计争荣，在复活日，对你们毫无裨益，故你们不要以满贯钱财引以为荣，"你们必定看见火狱。"(102:6)真主发誓，你们肯定在复活日目睹火狱及其严酷。"然后，你们必亲眼看见它。"(102:7)也就是说，你们必然要亲眼看到火狱，这毫无疑问。

有人问："真知灼见（'ilm al-yaqīn）与目睹（'ayn al-yaqīn）的区别是什么？"回答是："真知灼见属众先知所有，具有先知性。目睹属众天使所有，因为他们亲见乐园、火狱、仙牌、天笔、阿勒舍、库勒希，所以属于他们。"

你可以说："真知灼见就是知死亡，坟墓属于活人，因为活人知道亡人在墓中，但不知道他们在墓中的情形。目睹属于亡人，因为他们亲见了坟墓——或者是乐园的一座花园，或者是火狱的一个坑。"

你可以说："真知灼见就是知复活日，目睹就是眼见复活日及

其各种恐惧。”

你可以说：“真知灼见就是知乐园与火狱，目睹就是眼观。”

“在那日，你们必为恩泽而被审问。”（102:5）也就是说，在复活日，你们肯定被问及现世的恩泽，诸如身体、耳朵、眼睛的健康，以及各种收获和各类饮食等。那么，你们感谢赐恩者真主了吗？你们凭借这些恩泽认知了真主，还是否定了真主？

伊本·艾布·哈提姆和伊本·迈尔达威赫，通过宰德·本·艾斯莱姆记录了其父的传述，真主的使者诵读了经文“竞赛富庶，已使你们疏忽”［顺从］（102:1）“直到你们去游坟地。”（102:2）使者说：“直到死亡来临你们。”“真的，你们将来就知道了。”（102:3）［如果你们已经进入你们的坟墓］“真的，你们将来就知道了。”（102:4）使者说：“如果你们从坟墓走向复生场。”“真的，假若你们有真知灼见，［你们必不疏忽］。”（102:5）使者说：“如果你们已经就自己的工作站在了养主面前，”“你们必定看见火狱。”（102:6）这是因为，隧拉特桥建在火狱的中间，获救的穆斯林、受责备的穆斯林和受责者都在火狱中。“在那日，你们必为恩泽而被审问。”（102:5）也就是说，你们要被问及饱食、冷饮、凉房、诚实和美梦。

阿里说：“恩泽就是健康。”

阿里说：“谁有麦饼可食，有幼发拉底河的凉水可饮，有房子可住，这都是要被审问的恩泽。”

艾布·格拉布传述，先知穆罕默德就经文“在那日，你们必为恩泽而被审问”（102:5）说：“我乌玛中的人们，将奶油和纯蜜拌在一起后食用它。”

阿克拉姆传述，经文“在那日，你们必为恩泽而被审问”（102:5）

降示时，圣门弟子们说："真主的使者啊！我们就那件恩泽受审问呢？我们的肚腹仅仅填饱了大麦饼。"所以，真主启示他的先知："你对他们说：'难道你们不穿鞋，不饮凉水吗？这都属于恩泽。'"

提尔米兹等圣训学家传述，经文"竞赛富庶，已使你们疏忽"(102:1)降示时，先知穆罕默德诵读至经文"在那日，你们必为恩泽而被审问"(102:5)后，圣门弟子们说："真主的使者啊！我们就哪样恩泽受审问呢？仅有的两种黑色食品是水与椰枣，我们的剑已悬在脖子上，敌人就在眼前，所以我们就哪样恩泽受审呢？"使者说："如果是这样，这也将是恩泽。"

艾布·胡莱尔传述，真主的使者说："复活日，仆人受审的首要恩泽是，'难道我没有让你的身体健康，我没有给你供饮凉水吗？'"

穆斯林等圣训学家根据艾布·胡莱尔传述，先知穆罕默德出门，看到艾布·伯克尔和欧麦尔，就问："何事让你俩此刻在外呢？"他俩说："真主的使者啊，饥饿！"使者说："以掌握我生命的真主起誓，使你们在外的事情，也让我在外了，你俩站起来吧！"于是，他俩站起来和使者一起去某辅士家，但他不在家。辅士的妻子看见使者，说："欢迎！"使者说："他去哪里了？"她说："他去给我们找水。"此时，辅士回来了，他看见真主的使者和他的两个门弟子，就说："一切赞颂全归真主。今天，没有比我更能招待贵客的人了。"说完，他拿来一个装有生椰枣和熟椰枣的容器，说："你们请吃这个。"然后，他拿起一把刀，真主的使者对他说："你不要宰奶羊。"但他为客人们宰了羊。他们吃了羊肉和容器里的椰枣，喝了茶，茶足饭饱后离开了。真主的使者对艾布·伯克尔和欧麦尔说："以掌握我生命的真主起誓，复活日，你们必定就这件恩泽受审问。"

第四十七章　记念真主的高贵

真主说:“故你们当记忆我,[你们记忆我],我就记忆你们。”(2:152)

萨比特·本·拜纳尼说:“确实,我知道,我的养主何时记念我。”人们害怕地听他说这话,遂问:“你如何知道呢?”他说:“当我记念真主时,真主记念我。”

真主说:“信士们啊!你们应当常常记念真主。”(33:41)

真主说:“你们从阿赖法特结队而行的时候,当在禁寺附近记念真主,你们当记念他,因为他曾教导你们,从前你们确是迷误的。”(2:198)

真主说:“你们在举行朝觐的典礼之后,当记念真主,犹如记念你们的祖先一样,或记念得更多些。”(2:200)

真主说:“他们站着、坐着、躺着记念真主,并思维天地的创造。”(3:191)

真主说:“当你们完成拜功的时候,你们当站着、坐着、躺着记念真主。”(4:103)伊本·阿拔斯就该节经文说:“即在白昼与黑夜、陆地与海上、旅行与居家、富贵与贫穷、生病与健康、悄悄与公开地记念真主。”

真主贬责伪信士,说:“伪信者,的确想欺骗真主,他将以他们的欺骗回报他们。当他们站起来去礼拜的时候,他们懒洋洋地站

起来，他们沽名钓誉，他们只稍稍记念真主。”(4:142)

真主说：“你当朝夕恭敬而恐惧地记念你的主，应当低声赞颂他，你不要疏忽。”(7:205)

真主说：“记念真主确是一件更大的事。”(29:45)伊本·阿拔斯说：“这节经文有两个方面，其一，对你们而言，真主记念你们，比你们记念真主更伟大。其二，记念真主，超过了除此之外的任何功修。”

还有其他经文言及记念真主。

真主的使者说：“疏忽的人们中，记念真主的人犹如枯树林中的一棵绿树。”

真主的使者说：“疏忽的人们中，记念真主的人犹如逃兵中的战斗者。”

真主的使者说：“真主说：‘仆人记念我，并且两片嘴唇因我而动时，我与他同在。’”

真主的使者说：“能拯救仆人摆脱真主惩罚的工作，莫过于记念真主。”圣门弟子们说：“真主的使者啊，不是为主道而奋斗吗？”使者说：“不是为主道而奋斗，除非你以剑杀敌至断剑，尔后你再次以剑杀敌至断剑，然后你再次以剑杀敌至断剑。”

真主的使者说：“谁喜欢在乐园里享福，就经常记念真主。”有人就此请教真主的使者：“哪件工作最好？”使者说：“你临死时，舌头还在记念伟大的真主。”

真主的使者说：“你的舌头早晚都在记念伟大的真主。”

真主的使者说：“你的舌头早晚都在记念真主，早晚你都不犯错误。”

真主的使者说："早晚记念真主，优于为主道而断剑，胜于经常施舍钱财。"

真主的使者说："清高的真主说：'如果我的仆人独自记念我，我就独自记念他。他在群体中记念我时，我在比他的群体更好的群体里记念他。他近我一拃，我近他一尺；他近我一尺，我近他五尺。他来于我时，我迅速响应他。'"

真主的使者说："七种人，在只有真主遮荫的日子里，真主给他们遮荫。其中就有独自记念真主的人，他的双目因害怕真主而泪流满面。"

艾布·代尔达厄传述，真主的使者说："难道我没有将你们的最好工作告诉你们吗——它在你们的财产中最纯洁，在你们的品级中最高，它胜过你们施舍的钱币与黄金，优于你们迎敌并且与敌人厮杀？"圣门弟子们问："真主的使者啊！是什么工作？"使者说："经常记念伟大的真主。"

真主的使者说："真主说：'凡忙于记念我而没有向我祈求的人，我对他所赐优于我对祈求者所赐。'"

夫代里说："我们听说，真主说：'我的仆人啊，你凌晨后记念我一时，晡时后记念我一时，我就让你在这两个时段内心满意足。'"

哈桑说："记念分两种：在自己与真主之间记念真主，鸿恩真浩荡啊！比这更好的记念是，在真主禁止的事务面前记念真主。"

据传，每个离世的人都口干舌燥，唯有记念真主的人例外。

穆阿兹·本·哲拜里说："乐园的居民不痛惜任何物，唯痛惜他们流逝的时间——此间没有记念真主。"

真主的使者说："人们只要参加一个记念真主的座席，众天使就祝福他们，怜悯笼罩他们，真主在近己的天使面前言及他们。”

真主的使者说：“人们相聚，只要是为了求真主喜悦而记念真主，天上的呼唤者呼唤他们：被饶恕的人们，你们站起来，你们的恶行已经转化为善行。”

真主的使者说：“人们坐在一起，只要没有记念真主，没有赞颂先知，他们在复活日就满面愁容。”

先知达吾德说：“我的养主啊！当你看见我越过记念者们的坐席而去昏聩者们的座席，你就折断我的脚而使我不与他们同流合污，这是你赐予我的恩典。”

真主的使者说：“一个虔诚坐席，替信士抵消二百万个罪恶座席的罪过。”

艾布·胡莱尔：“天使们看见地球上记念真主名称的每个家庭，就如看见群星一样。”

苏夫延·本·艾耶奈说：“记念真主的人们聚会时，恶魔和现世避而退之。恶魔对现世说：‘难道你没有看见他们在做什么吗？’现世说：‘你让他们做吧，他们分开后，我提着他们的头来见你。’”

艾布·胡莱尔来到市场，说：“我看你们在这儿，真主的使者的遗产在清真寺呢。”于是，人们离开市场，来到清真寺，但没有看到遗产，问：“艾布·胡莱尔，我们没有看到清真寺里的遗产啊！”他说：“那你们看到了什么？”他们说：“我们看到人们在记念真主，诵读《古兰经》。”他说：“这就是真主的使者的遗产。”

艾阿迈什根据艾布·萨利赫，传述了艾布·胡莱尔与艾布·萨义德·胡德里所传圣训，先知穆罕默德说：“真主的很多天使旅行在大地上，尤其是记录人类行为的天使。当他们看到记念真主的人们，就呼唤：‘你们快说出你们的希望吧。’记念真主的人们遂来到，天使们招待他们升天。

真主问天使们：‘你们看见我的仆人在做什么？’他们说：‘我们看见他们在赞颂你，赞扬你，赞美你。’真主说：‘他们看见我了吗？’他们说：‘没有。’真主说：‘怎么呢，如果他们看见我呢？’他们说：‘如果他们看见你，肯定会更加赞颂你，赞扬你，赞美你。’

真主说：‘他们就何物求护佑？’他们说：‘火狱。’真主说：‘他们看见火狱了吗？’他们说：‘没有。’真主说：‘怎么呢，如果他们看见火狱呢？’他们说：‘如果他们看见火狱，肯定会更加逃避它，远离它。’

真主说：‘他们寻求什么？’他们说：‘乐园。’真主说：‘他们看见乐园了吗？’他们说：‘没有。’真主说：‘怎么呢，如果他们看见乐园呢？’他们说：‘如果他们看见乐园，肯定会更加珍视它。’

真主说：‘确实，我让你们作证，我已经饶恕他们了。’他们说：‘他们中的某人没有来于他们，他仅仅是为了需求才来。’真主说：‘这些人，他们的座席不悲惨。’”

真主的使者说：“我与我之前的列圣所说的最好话是：万物非主唯有真主，独一无二，无配无偶。”

真主的使者说：“谁每天赞颂一百遍‘万物非主唯有真主，独一无二，无配无偶。王权归他，赞颂归他，他对于万事是全能的’，就等于他释放了十个奴隶，天使为他记录一百件善行，为他勾销一百件恶行，他在赞颂当天直到晚上被护佑而免遭恶魔的侵犯。没有任何人做出比他更好的工作，唯有比他更能做这项工作的人例外。”

真主的使者说："只要有仆人完美地洗小净后眼望天空说'我作证万物非主唯有真主，独一无二，无配无偶。我作证穆罕默德是他的仆人及使者'，乐园里所有的门为他敞开，他随心所欲地进入任何一道门。"

第四十八章　礼拜的优越

真主说："拜功对于信士，确是定时的义务。"(4:103)

真主的使者说："真主为仆人制定了五次拜功。谁履行了它，并且没有忽略拜中任何细节，没有轻视拜功的责任，真主许诺他进入乐园。谁没有履行它，真主就没有许诺他。真主愿意的话，惩罚他；真主愿意的话，让他进入乐园。"

真主的使者说："五次拜功就如流经你们任何一家门前的甜水河，他每天在河里洗五次澡。你们认为他身上还会有一点污垢吗？"圣门弟子们说："没有任何污垢。"真主的使者说："的确，五次拜功清除罪过，就如清水洗涤污垢。"

真主的使者说："确实，拜功清除各次拜功之间的罪过，只要他避开大罪。"正如真主所言："你当在白昼的两端和初更的时候谨守拜功，善行必能消除恶行。"(11:114)

布哈里、穆斯林等圣训学家根据伊本·麦斯欧德传述，某人亲吻了妻子，然后来拜访先知，向他提及了此事，好似要询问关于接吻的赎罪金。所以，真主降示了经文："你当在白昼的两端和初更的时候谨守拜功，善行必能消除恶行。这是对于能觉悟者的教诲。"(11:114)男子说："真主的使者啊，这属于我吗？"使者说："属于我乌玛中谨守拜功的人。"

艾哈迈德、穆斯林等圣训学家根据艾布·艾玛迈传述，某人来见先知穆罕默德，说了一两次："真主的使者啊！你执行真主的法度吧。"先知离开了他，开始礼拜。结束礼拜后，先知说："此人在哪儿呢？"来人说："我在这。"先知说："你刚才完美小净，与我们一起礼拜了吗？"来人说："是的。"先知说："的确，你的过错就如你母亲生育你的那一天，你再不要重犯。"此时此刻，真主给他的使者降示了经文："你当在白昼的两端和初更的时候谨守拜功，善行必能消除恶行。"(11:114)

真主的使者说："我们与伪信士之间的区别，是参加伪信士们没有参加的宵礼与晨礼。"

真主的使者说："谁放弃拜功地会面真主，真主不会留意他的任何善行。"

真主的使者说："拜功是伊斯兰教的支柱，谁放弃了它，谁就摧毁了伊斯兰教。"

有人请教真主的使者："哪项工作最好？"使者说："按时礼拜。"

真主的使者说："谁完美小净和按时坚守五次拜功，他就在复活日享受光明与明证；谁忽视拜功，就与法老与哈曼一起被复生。"

真主的使者说："乐园的钥匙是拜功。"

真主的使者说："继认主独一后，真主给他的众生没有制定比礼拜更受他喜悦的功修了。如果有比礼拜更受真主喜悦的功修，真主的众天使肯定要遵循它。他们中有鞠躬者、叩头者、站者、坐者。"

真主的使者说："谁故意放弃拜功，谁就是异教徒。"也就是说，他由于解除伊斯兰教的坚柄，以及使伊斯兰教的支柱倒塌而几近脱离信仰，就如人们对进城的人说："他已进城了。"

真主的使者说："谁故意放弃拜功，就与穆罕默德的保护无关。"

艾布·胡莱尔说："谁完美小净后前去礼拜，拜中就含有前往礼拜的报酬，天使为他的一步记录善，为他的另一步勾销恶。你们任何人听见入拜词，都不应当推迟礼拜。你们受赐最大者就是你们居家最远者。"他们问："艾布·胡莱尔啊，为什么？"他说："因为步伐多啊。"

真主的使者说："仆人以任何功修向真主祈求，都不会胜过悄悄叩头。"

真主的使者说："只要穆斯林为真主叩头，真主就会以此给他擢升一个品级，替他勾销一件罪过。"

某人对真主的使者说："你祈求真主，让我成为你说请的人之一，恩赐我在乐园里伴随你。"使者说："我的意思是，你多叩头。"

某学者说："仆人最近真主的功修，莫过于他是叩头者。"这是经文"你应当为真主而叩头，你应当亲近真主"之意。(96:19)[①]

真主说："你看他们鞠躬叩头，要求真主的恩惠和喜悦，他们的标记就在他们的脸上，那是叩头的效果。"(48:29)有学者解释："这是指，叩头时脸部与地面结合。"另有学者解释："这是指，敬畏真主之光从内照到外。"这是最准确的说法。还有学者解释："这是指，复活日，他们额头上由于小净痕迹而泛白光。"

真主的使者说："人们诵读叩头经文后叩头时，恶魔哭着逃离，

---

① 此节经文属于叩头经文。——译者

并且说:‘悲伤啊,此人受命叩头就叩头,所以他享受乐园。我受命叩头但违抗命令,所以我享受火狱。’”

据传,阿里·本·阿卜杜拉·本·阿拔斯每天叩头一千次,所以人们称他为“经常叩首者。”

据传,欧麦尔·本·阿卜杜·阿齐兹只在土地上叩头。

优素福·本·艾斯巴特说:“年轻人啊!你们在生病前赶快享受健康,还没有任何人让我嫉妒,除非是完美鞠躬与叩头的人。病症已成为我与礼拜之间的障碍。”

萨义德·本·朱拜尔说:“我对现世的任何事情都不忧伤,唯有叩头例外。”

阿格卜·本·穆斯林说:“仆人的任何习性,都不比喜见真主更受真主喜欢;仆人的任何时间,都不比叩头时更接近真主。”

艾布·胡莱尔说:“仆人最近真主的时刻是叩头时。所以,你们叩头时多多祈求。”

第四十九章 放弃礼拜的惩罚

真主询问火狱的居民："你们为什么堕入火狱呢？他们说：'我们没有礼拜，也没有济贫，我们与妄言的人们一道妄言。'"(56:42—45)

艾哈迈德辑录，真主的使者说："信士与非信士之间的区别就在于放弃礼拜。"

穆斯林辑录，真主的使者说："信士与以物配主者或非信士之间的区别在于放弃礼拜。"

艾布·达吾德与奈萨仪辑录，真主的使者说："信士与非信士之间的区别在于放弃礼拜。"

提尔米兹辑录，真主的使者说："非信士与信士之间的区别在于放弃礼拜。"

伊本·马哲辑录，真主的使者说："信士与非信士之间的区别在于放弃礼拜。"

提尔米兹等传述，真主的使者说："我们和他们之间的契约就是拜功，谁放弃了拜功，谁就不信教了。"

泰伯里传述，真主的使者说："谁故意放弃拜功，谁就公开不信教了。"

另一段圣训："信士与非信士或以物配主者之间的区别就在于放弃拜功。如果信士放弃了拜功，他就不信教了。"

另一段圣训:“信士与以物配主者之间的区别在于放弃拜功。如果信士放弃了拜功,他就以物配主了。”

伊巴德·本·萨米特传述,我的挚友先知穆罕默德给我嘱咐了七件事情,他说:“你们不要以物配主,即使你们被斩首,或被烧,或被钉十字架;你们不要故意放弃拜功,谁故意放弃拜功,就已脱离了伊斯兰教;你们不要犯罪,犯罪乃真主之怒;你们不要饮酒,酒乃万恶之源;……”

提尔米兹传述,先知穆罕默德的门弟子曾经不将放弃任何功修视为异教徒,唯有礼拜例外。

健全的圣训:“信士与非信士及信仰之间的区别就是礼拜,如果信士放弃了拜功,他就以物配主了。”

比扎尔传述,真主的使者说:“谁没有礼拜,谁就得不到伊斯兰教的福气;谁没有小净,谁就不得履行拜功。”

泰伯里传述,真主的使者说:“谁没有信托,谁就没有信仰;谁没有小净,谁就不得礼拜;谁没有礼拜,谁就没有宗教。礼拜在伊斯兰教中的地位,如同头在身体中的位置。”

伊本·马哲与拜海吉根据艾布·艾布·代尔达厄传述,他说,我的挚友先知穆罕默德嘱托我:“你丝毫不要以物配主,即使你被斩首、被焚烧;你不要故意放弃主命拜,谁故意放弃拜功,就与真主的保护无关;你不要饮酒,酒是万恶的钥匙。”

比扎尔等根据哈桑传自伊本·阿拔斯,他说,眼睛尚能看清的巴士里站起来礼拜,有人说:“我们医治你,你放弃礼拜数日吧!”他说:“不,真主的使者说:‘谁放弃拜功,他会面真主时,真主恼怒他。’”

泰伯里传述，某人来见真主的使者，说："真主的使者啊！你教给我一件完成就能进入乐园的工作。"使者说："你丝毫不要以物配主，即使你被惩罚，被焚烧；你孝顺你的双亲，即使他俩剥夺了你的钱财和你拥有的任何物；你不要故意放弃拜功，谁故意放弃拜功，谁就与真主的保护无关。"

另一段圣训："你不要以物配主，即使你被杀、被烧；你不要忤逆父母，即使他俩命令你离开你的家人与财产；你不要故意放弃主命拜，谁故意放弃主命拜，谁就与真主的保护无关；你绝不要饮酒，酒乃万丑之源；你谨防违逆，违逆招致真主的恼怒；你谨防临阵脱逃，如果人们受伤或战死，你要镇定；你将你的财富消费给你的家人，严厉地管教你的家人，并使他们敬畏真主。"

伊本·欣班传述，真主的使者说："在阴天，你们提前拜功。谁放弃拜功，谁就不信教。"

泰卜拉尼传自真主的使者的女仆欧迈麦，她说："我侍奉真主的使者洗小净，某人进来，说：'你忠告我。'使者说：'你丝毫不要以物配主，即使你被杀、被火烧；你不要忤逆父母，如果他俩命令你放弃你的家人和你的现世，你就放弃；你绝不要饮酒，酒乃万恶的钥匙；你绝不要故意放弃拜功，谁这样做，他就与真主及其使者的保护无关。……'"

艾布·纳伊姆传述，真主的使者说："谁故意放弃拜功，真主就将他的名字写在火狱门上，他属于进入火狱的人。"

泰卜拉尼与拜海吉传述，真主的使者说："凡放弃拜功者，好似他的家人和财产受损失。"哈基姆根据阿里传述，真主的使者说："古莱氏人啊！你们必须履行拜功，完纳天课，或者我肯定要给你们派一个人，他因你们不交纳伊斯兰教的天课而斩首你们。”

艾哈迈德传述，真主的使者说：“真主为伊斯兰教制定了四项主命，谁履行了其中三项，就丝毫不要满足于此，直到他履行全部——礼拜、天课、莱麦丹月斋、朝觐。”

艾斯拜哈尼传述，真主的使者说：“谁故意放弃礼拜，真主就使他的工作徒劳无功，他与真主的保护无关，直到他向真主忏悔。”

泰卜拉尼传述，真主的使者说：“谁放弃拜功，谁就公开不信教了。”

艾哈迈德传述，真主的使者说：“你不要故意放弃拜功，谁故意放弃拜功，他就与真主及其使者的保护无关。”

伊本·艾布·谢卜传述，布哈里也在《历史大全》传述，阿里说：“谁没有礼拜，谁就是非信士。”

穆罕默德·本·纳斯尔与伊本·阿卜杜·班勒传述，伊本·阿拔斯说：“谁放弃了拜功，谁就不信教了。”

伊本·纳赛尔传述，伊本·麦斯欧德说：“谁放弃拜功，谁就没有信仰。”

伊本·阿卜杜·班勒传述，贾比尔说：“谁没有礼拜，谁就是非信士。”

伊本·阿卜杜·班勒等人传述，艾布·代尔达厄说：“谁没有礼拜，谁就没有信仰；谁没有小净，谁就不得礼拜。”

伊本·艾布·谢卜传述，真主的使者说：“谁放弃拜功，谁就不信教了。”

穆罕默德·本·纳赛尔传述，我听伊斯哈格说，先知穆罕默德确信，放弃拜功的人是异教徒。同样，学者们从圣训中得知，无缘无故放弃拜功而失去礼拜时间的人是异教徒。

安尤布说，放弃拜功乃异教徒，与其毫无区别。真主说："在他们去世之后，有不肖的后裔继承他们，那些后裔废弃拜功，顺从嗜欲，他们将遇迷误的果报。但悔罪而信道，且行善者除外，他们将入乐园，不受丝毫亏待。"(19:59—60)伊本·麦斯欧德解释，经文"那些后裔废弃拜功"并不意味着完全放弃拜功，而是延迟了礼拜时间。

再传弟子的伊玛目萨义德·穆散伊布说："他不履行晌礼，直到晡礼时间到；他不履行晡礼，直到昏礼时间到；他不履行昏礼，直到宵礼时间到；他不履行宵礼，直到晨礼时间到；他不履行晨礼，直到太阳升起。谁坚持这种状况且没有忏悔地去世，真主许诺他进入火狱中一个深不见底的'甘伊'火谷，谷底之深即为他的酷刑之重。"

真主说："信道的人们啊！你们的财产和子女，不要使你们忽略了记念真主。谁那样做，谁是亏折的。"(63:9)注释学家们解释，经文中的"记念真主"即为五次拜功。谁在拜功时间内从事买卖、劳作或儿女等事务而忽略拜功，就属于亏折的人。因此，真主的使者说："复活日，仆人受清算的首要工作就是他的拜功。如果拜功完美，他就成功了，如愿了；如果拜功欠缺，他就失败了，亏本了。"

真主说："悲伤啊！礼拜的人们，他们是忽视拜功的。"(107:4—5)先知穆罕默德说："他们是推迟礼拜时间的人们。"

艾哈迈德、泰卜拉尼、伊本·欣班传述，有一天，先知穆罕默德提到了拜功，说："谁坚守拜功，谁就享受复活日的光明、明证和成功。谁没有坚守拜功，谁就不能享受光明、明证和成功。复活日，他和噶伦、法老、哈曼和乌班耶·本·哈里发在一起。”某学者说，他之所以和这些人一起被复生，是因为他像噶伦一样忙于钱财而忽略了拜功，所以和他一起被复生；或者像法老一样忙于王权而忽略了拜功，所以和他一起被复生；或者像哈曼一样忙于宰辅而忽略拜功，所以和他一起被复生；或者像麦加的非信士商人乌班耶·本·哈里发一样忙于商业而忽略拜功，所以和他一起被复生。

比扎尔传述，塞阿德·本·艾布·万加斯说，我就经文“他们是忽视拜功的”(107：5)请教先知，先知说：“他们是推迟礼拜时间的人们。”

艾布·耶尔拉传述，穆斯阿卜·本·塞阿德说，我对父亲说：“父亲啊！你知道经文‘他们是忽视拜功的’(107：5)之意吗，我们谁都没有忽视，谁也没有发生这事啊？”他说：“不是这样，而是失去礼拜时间。”“维勒”是一种酷刑，有人说，它是火狱的一道谷，如果世上的群山在其间，肯定因其极度炽热而溶化。它就是忽略拜功和延迟礼拜时间的人的居处，除非他向真主忏悔，后悔他的怠慢。

布哈里与穆斯林等四大圣训集传述，真主的使者说：“失去晡礼的人，好似丧失了亲人和钱财。”

奈萨仪辑录，真主的使者说：“礼拜人中不乏有人失去晡礼，好似丧失了亲人和钱财。”

穆斯林与奈萨仪辑录，真主的使者说：“晡礼曾被作为你们前人的定制，但他们忽视了它。今天，你们谁坚守了晡礼，就享受两倍的报酬。晡礼后再无拜功，直到星星出现。”

艾哈迈德、布哈里与奈萨仪辑录，真主的使者说：“谁放弃晡礼，谁的功修就徒劳无益。”

艾哈迈德、伊本·艾布·谢卜传述，真主的使者说："谁故意放弃晡礼，以至于错过了时间，谁的功修就徒劳无益。"

伊本·艾布·谢卜传述，真主的使者说："谁故意放弃晡礼，以至于太阳西下，谁的功修就徒劳无益。"

泰卜拉尼与艾哈迈德传述，真主的使者说："谁故意放弃晡礼，以至于太阳落山，好似丧失了亲人与钱财。"

沙菲尔与拜海吉传述，真主的使者说："谁失去了拜功，好似丧失了亲人和钱财。"

布哈里根据赛迈尔·本·仲达卜传述，真主的使者常问圣门弟子："你们中有人做梦了吗？"接着，做梦的人向他叙述梦境。有一天早晨，使者说："昨夜我梦见两位天使前来带走我，他俩对我说：'你走。'我与他俩一起走了。我们来到一个侧卧的人跟前，忽然看见另一个人手拿一块岩石立于那个人头前，又见他用岩石对准那个人的头部，砸破了他的头。岩石砸得那人头颅向这边摆动，站的那个人又拿来岩石，直到那人的头部复原如初时，他又如同前次一样砸那人的头。我问两位天使：'赞主超绝！这两人是什么人？'两位天使对我说：'你快走！快走！'

我们继续走，来到一个仰卧的人跟前，忽然看见另有一人手持一把铁钩立于那人头前，他走到那人一侧，将那人口角、鼻子和眼睛钩至脑后。然后又钩另一侧，刚钩完一侧，另一侧又复原如初，他又去钩；刚钩完一侧，另一侧又复原如初，他又去钩，如同第一次一样。我说：'赞主超绝！这两人是什么人？'两位天使对我说：'你快走！快走！'

我们行至如同火炉的一个地方，忽听里面吵闹哀叫。我们往里一看，里面有许多赤身裸体的男女，又见他们下边升出一股火焰，每当那股火焰上升时，他们就叫嚣。我问两位天使：'这是些什么人？'他俩对我说：'你快走！快走！'

我们又行走，来到一条河水呈血红色的河边，看见河中有人浮游，又见河岸上站着一个人，身边堆着一大堆石头。我们看见那个浮游者慢慢游到身边堆放石头的人跟前，向他张开嘴，站在河边的那个人往他嘴里塞石头，他又游回去。每当他游过来时就张开嘴，那人便向他嘴里塞石头。我问两位天使：'这两人是什么人？'他俩说：'你快走！快走！'

我们又行至一个相貌丑陋的人——是你见到的相貌最丑陋的人——跟前，看见那人点燃一堆火，围着火堆跑。我问两位天使：'这是什么人？'他俩对我说：'你快走！快走！'

我们又行至一座百花锦簇的花园，见花园中有一个身材高大的人，我几乎看不到他高入空中的头，那人身边有许多我未曾见过的孩童。我问两位天使：'这是什么人？这些孩童又是什么人？'他俩对我说：'你快走！快走！'

我们又行至一座大花园，我从未见过比它更大更漂亮的花园。两位天使对我说：'你上去。'于是，我上去了。接着，他俩又带我行至一座用金银砖块修造的城前。我们来到城门边，要求开门。门开后，我们进去，里面许多人迎接我们，其中一部分人是你见到的最漂亮的相貌，另一部分人是你见到的最丑陋的相貌。两位天使对他们说：'你们快钻到那条河里。'忽然，一条河在横流，河水如纯乳一样洁白。他们钻到河里，不久回到我们跟前，丑相全部消失，变成了最漂亮的相貌。两位天使对我说：'这就是常住的乐园，是你的住所。'我举目一望,看见一座白云般的宫殿。两位天使对我说:'那就是你的住所。'我对他俩说:'愿真主赐福你俩,你俩让我进去吧!'他俩说:'你现在还不能进去,不久将会入住。'

我对他俩说:'今夜,我看到很多奇怪的事,我看到的究竟是些什么人?'他俩对我说:'我们告诉你吧。你经过的被岩石砸烂头的第一个人,是通背《古兰经》又忘记,睡觉且不礼主命拜的人。你经过的那个口角、鼻子和眼睛被钩至脑后的人,是早晨从家里出来撒弥天大谎的人。火炉般建筑中的那些赤男裸女,都是些奸夫淫妇。你经过的那个游于河中,嘴里被投掷石头的人是吃高利贷的人。点火并绕着火堆跑的那个相貌丑陋的人,是监管火狱的马立克天使,花园中那个高个子是易卜拉欣,他身旁的那些孩童,都是死于伊斯兰天性的儿童。'"

有一位圣门弟子说:"真主的使者啊!多神教的儿童呢?"真主的使者说:"多神教的儿童们也同样。至于其中一半相貌漂亮,另一半相貌丑陋的那些人,他们是既行善也作恶的人,真主原谅了他们。"

比扎尔传述,然后,真主的使者来到一伙头被石块砸烂的人们跟前。他们的头被砸烂后,又恢复如常,就这样毫不懈怠。使者说:"哲卜拉伊勒天使啊!这是些什么人?"他说:"拖延拜功的人。"

哈推卜与伊本·南加尔辑录,真主的使者说:"伊斯兰教的标志是礼拜,谁按时、按规完成了拜功,谁就是信士。"

伊本·马哲传述,真主的使者说:"真主说:'我给你的乌玛制定了五次拜功,我许诺,谁按时谨守拜功,我就让他进入乐园;谁没有谨守拜功,我就没有许诺他。'"

艾哈迈德、哈基姆传述，真主的使者说：“谁认知，礼拜对他而言是主命并履行它，就进入乐园了。”

提尔米兹、奈萨仪、伊本·马哲辑录，真主的使者说：“复活日，仆人受清算的首要工作是他的拜功。如果拜功完美，他就成功了，如愿了；如果拜功欠缺，他就失败了，亏本了。如果他欠缺了主命拜，养主说：‘你们看看，我的仆人有无副功拜？’真主就以副功拜补偿他缺失的主命拜。他的其他功修也如此。”

奈萨仪辑录，真主的使者说：“复活日，仆人受清算的首要工作是拜功，人与人之间受审判的首要事情是命案。”

艾哈迈德、艾布·达吾德、奈萨仪、伊本·马哲与哈基姆传述，真主的使者说：“复活日，仆人受清算的首要工作是他的拜功。如果他完成了拜功，就为他完善记录。如果他没有完成拜功，真主对众天使说：‘你们看看，能为我的仆人找到副功拜吗？’天使们遂用副功拜补偿他的主命拜。天课也如此。依此类推，所有工作受审。”

泰卜拉尼传述，真主的使者说：“复活日，仆人受审的首要工作，就是他的拜功。如果拜功完美，他就成功了；如果拜功失效，他就失败了，亏本了。”

伊本·阿萨克尔传述，真主的使者说：“复活日，仆人受清算的首要工作是他的拜功，如果拜功完美，其他工作完美了。如果拜功失效，其他工作失效了。真主说：‘你们看看，我的仆人有副功吗？’如果有副功，就补偿主命。其他主命功课因真主的鸿恩与怜悯也如此。”

艾哈迈德、艾布·达吾德、奈萨仪、哈基姆传述，真主的使者说:“复活日,人们所有的工作中,受清算的首要工作是拜功。至知的养主对众天使说:‘你们看看我的仆人的拜功,他完成了呢,还是缺失了呢?如果拜功完善,我就记录完美。如果其中有所缺失,你们看我的仆人有副功拜吗?如果有副功拜,你们就用我的仆人的副功拜,完美他的主命拜。’真主就这样审问其他工作。”

塔雅丽斯、泰卜拉尼、齐亚传述,真主的使者说:“真主的哲卜拉伊勒天使来见我,他说:‘穆罕默德啊,真主说:“我给你的乌玛制定了五次拜功。谁有小净、按时、鞠躬、叩头地履行了拜功,拜功与他的契约是,我让他进入乐园。凡拜功有所缺失地会面我的人,我不给他许诺,如果我愿意,惩罚他;如果我愿意,怜悯他。”’”

拜海吉传述,真主的使者说:“拜功是天平,量足者,完美了。”

达莱米传述,真主的使者说:“拜功令恶魔的面容黝黑,施舍砍断他的后背,为真主互喜与渴求知识则断其根。如果你们这样做了,他就逃离你们,就如太阳东升与西落。”

提尔米兹、伊本·欣班、哈基姆传述,真主的使者说:“你们敬畏真主,履行五次拜功,封莱麦丹月的斋,完纳钱财的天课,顺从管理事务的人,你们就进入你们的养主的乐园。”

艾哈迈德、布哈里、穆斯林、艾布·达吾德、奈萨仪传述,真主的使者说:“真主最喜爱的工作是按时礼拜,尔后是孝顺父母,然后是为主道而奋斗。”

拜海吉根据欧麦尔传述,某人来见先知,说:“真主的使者啊!伊斯兰教的哪项工作最受真主喜爱?”先知说:“按时礼拜,谁放弃拜功,谁就没有信仰。”

拜功是伊斯兰教的支柱,因为,欧麦尔遇刺时,有人对他说:

"信士们的长官啊，礼拜！"他说："我知道。伊斯兰教里放弃拜功的人没有福分。"欧麦尔礼着拜，伤口上的血还在流。

扎哈比传述，先知说："仆人第一时间礼拜，拜功就闪闪发光地升上天，直到抵达阿勒舍，为礼拜者祈求至复活日。阿勒舍对他说：'真主保护你，就如礼拜保护我一样。'如果仆人没有按时礼拜，拜功就黯淡无光地升上天。它抵达天上时被卷起来，就如旧衣服被卷起来一样，天使用它抽打礼拜者的脸。"

艾布·达吾德记录，先知说："三种人，真主不接受他们的拜功。"先知提到了其中之一："拜时过后礼拜的人。"

先知说："谁谨守拜功，真主以五件恩典优待他：为他消除生活的窘迫，为他解除坟墓的惩罚，将他的功过簿放在右手，他闪电般地通过隧拉特桥，他不受清算地进入乐园。

谁忽略拜功，真主以十五种惩罚处治他，五种在现世，三种在临死时，三种在坟墓中，三种在他走出坟墓时。

现世的五种惩罚是：第一，褫夺他一生的吉祥。第二，清除他脸上的贤者标志。第三，他所做的每项工作都得不到真主的恩赐。第四，他的祈祷不会为他升至天上。第五，他得不到贤者们的祈求之福。

临死时遭遇的三种惩罚是：第一，卑贱地死亡。第二，饥饿地死亡。第三，干渴地死亡，即使他饮用了世间的所有海洋，都解除不了他的干渴。

坟墓中遭遇的三种惩罚是：第一，坟墓狭窄，以至于他的肋骨相互交错。第二，坟墓燃起火焰，木炭白天黑夜地翻转着。第三，坟墓里有一种被称之为光头蛇的蟒蛇控制着他。蟒蛇的眼睛是火眼,爪子是铁爪,每根长度有一天的路程。它与亡人说话:'我是光头蛇,'它的声音犹如沉雷,'我的养主命令,我就你忽视晨礼到日出而打你,就你忽视晌礼到晡礼而打你,就你忽视晡礼到昏礼而打你,就你忽视昏礼到宵礼而打你,就你忽视宵礼到晨礼而打你。'每当它打一下他,他就陷地七十尺。他在坟墓里一直受惩罚,直到复活日。

复活日,他走出坟墓时遭遇的惩罚是:严酷的清算,真主的恼怒,进入火狱。"

另一段圣训:"复活日,他被带来,脸上写着三行字。第一行字是:忽视主命的人啊!第二行字是:特受真主恼怒的人啊!第三行字是:正如你在世时忽视主命,今天你就绝望于真主的怜悯吧!"

这段圣训中提到了具体数字,但不符合 15 的总数,仅有 14 种。也许,传述人忘记了第 15 种惩罚。

伊本·阿拔斯传述,真主的使者说:"复活日,某人被带来,站在真主的面前,真主命令天使将他投入火狱。他说:'我的养主啊,因为什么?'真主说:'因为你延迟了礼拜时间,你对我的誓言撒谎了。'"

据传,有一天,真主的使者对圣门弟子们说:"你们说:'主啊!你不要将不幸者和受禁止者放入我们中间。'"他们说:"真主的使者啊!谁是不幸者和受禁止者呢?"使者说:"放弃拜功的人。"

真主的使者说:"复活日,面庞变黑的第一种人是放弃礼拜者。火狱里有一道被称之为莱姆莱姆的火谷,里面有很多蛇,每条蛇粗如骆驼脖子,长如一天的行程。它在螫咬放弃拜功的人,它的毒在他的身体里沸腾七十天,直到他的肉脱落。"

据传，某个以色列妇女来见先知穆萨，说："真主的先知啊！我犯了大罪，我已经向真主忏悔了。你向真主祈求，请他饶恕我，接受我的忏悔。"穆萨对她说："你犯了何罪？"她说："真主的先知啊！我通奸后生了孩子，并杀死了他。"穆萨对她说："罪人，你出去吧。天不下火，否则就因你的罪过而燃烧我们。"她精神沮丧地出去了。哲卜拉伊勒天使来了，说："穆萨啊，你的养主问：'你为何拒绝了忏悔的妇女呢？穆萨，难道你没有发现比她更可恶的人吗？'"穆萨说："哲卜拉伊勒天使啊，谁比她更可恶呢？"哲卜拉伊勒天使说："故意放弃拜功的人。"

据传，某先哲埋葬了他过世的姐姐，他不知道自己装有钱币的袋子掉在了姐姐墓中。离开坟墓后，他想起来了，于是返回墓地。人们全都离开后，他挖开姐姐的坟墓，见墓中烈火熊熊。他填埋坟墓后，哭丧着返回母亲身边，说："妈妈啊！请你告诉我，我的姐姐曾经做过什么？"母亲说："你怎么问起她了？"他说："妈妈啊！我看见她的坟墓燃烧烈火。"母亲哭了，说："我的孩子啊！你的姐姐曾经忽视拜功，延迟礼拜的时间。"

这就是延迟礼拜时间者的情形，没有礼拜的人又当如何呢？我们祈求真主，襄助我们按时地谨守拜功，完美拜功。真主是慷慨的主、仁慈的主、怜悯的主、特慈的主！

第五十章　火狱刑场及其惩罚

真主说："火狱有七道门，每道门将收容他们中被派定的一部分人。"(15：44)经文中的"部分"是指集体、群体、团伙。"门"指的是层级，一层高于一层。

伊本·杰利吉解释说："火狱有七层，即杰罕奈姆、莱扎、胡泰麦、塞伊尔、塞格尔、杰希姆、哈维耶。它的最高层属于认主独一的人们；第二层属于犹太教徒；第三层属于基督教徒；第四层属于萨比教徒；第五层属于拜火教徒；第六层属于多神教徒；第七层属于伪信士。杰罕奈姆在最高层，然后依此类推。"

有学者解释，经文意思是，真主将恶魔的追随者分为七个部分，各部分人进入相应的火狱层级。原因是，不信真主与违逆真主的等级各不相同，因此，他们在火狱里的等级也就不尽相同。

还有学者解释，真主根据人的七窍——眼睛、耳朵、舌头、肚腹、羞体、手、脚，将火狱分为七层，因为七窍是罪恶的源头，成为七道门的来源。

阿里说："火狱共七层，一层在一层之上，填满第一层后，再填第二层，然后是第三层，直到填满它。"

布哈里在《历史大全》中记载，提尔米兹也根据伊本·欧麦尔传述，真主的使者说："火狱有七道门，其中一道门属于剑杀我乌玛的人。”

泰卜拉尼传述，哲卜拉伊勒天使在非常规的时间里来见先知，先知站在他的旁边，说：“哲卜拉伊勒啊，我怎么看你形色异常呢？”哲卜拉伊勒说：“我刚到你这儿，真主就命令了火狱的吹风机。”先知说：“哲卜拉伊勒啊！你给我描述一下火狱。”

哲卜拉伊勒天使说：“真主命令火狱燃烧了一千年，以至于变白；然后又命令它燃烧了一千年，以至于变红；然后又命令它燃烧了一千年，以至于变黑。所以，火狱是漆黑的，它的火花不发光，火焰不熄灭。”

“以本着真理派遣你为先知的真主起誓，如果火狱被打开针孔般的程度，地球人必死无疑。以本着真理派遣你的真主起誓，如果管理火狱的一个天使出现在世人面前，地球人都因其面目狰狞与气味恶臭而必死无疑。”

“以本着真理派遣你的真主起誓，如果火狱居民链中的一环——正如真主在《古兰经》中所形容——被放在世间的群山上，群山肯定不能稳固而粉碎，被夷为平地。”

真主的使者说：“哲卜拉伊勒，这已令我足矣！我的心不碎裂，否则我就死亡。”

真主的使者看哲卜拉伊勒天使在哭，就说：“哲卜拉伊勒啊！你在哭，在真主面前，你享有无上殊荣？”哲卜拉伊勒天使说：“我怎么不哭呢，我是最应该哭的。真主至知，也许我要处于不是现在的状态。我不知道，也许我受到恶魔曾经受到的考验，他原本是天使。我不知道，也许我受到哈鲁特与马鲁特天使曾经受到的考验。”

先知哭了，哲卜拉伊勒也哭了。他俩一直在哭，直到被呼唤：“哲卜拉伊勒啊！穆罕默德啊！真主已让你俩安然而不违逆他。”

哲卜拉伊勒天使走了。真主的使者走出家门，路过一伙辅士，他们正谈笑风生。使者说：“你们还在笑？你们身后就是火狱。如果你们知道我所知，肯定少笑多哭，不思饮食，到高地上祈求真主。”这时，真主呼吁：“穆罕默德啊！你不要让我的仆人们失望，我派遣你只是为了报喜，我派遣你不是为了令人困难。”使者说：“你们得道，你们中和。”

伊玛目艾哈迈德传述，先知问哲卜拉伊勒天使：“我怎么从未见米卡伊勒天使笑过。”哲卜拉伊勒说：“自火狱被造以来，米卡伊勒天使就从未笑过。”

穆斯林传述，真主的使者说：“复活日，火狱被带来，它有七万根绳子，每根绳子被七万天使拉着。”

第五十一章　火狱的惩罚

艾布·达吾德、奈萨仪、提尔米兹传述，真主的使者说："真主创造乐园与火狱后，派哲卜拉伊勒天使前往乐园，说：'你去看看乐园，以及我为乐园居民准备的恩典。'哲卜拉伊勒天使去了，他看完乐园以及真主为乐园居民准备的恩典后复命，说：'以你的尊严起誓，任何人都未听说过它，唯有进去的人才能知晓。'然后，真主命令乐园被各种困苦所环绕，并说：'你返回乐园，看看我为乐园居民的安排。'哲卜拉伊勒天使遂前往乐园，看见它已被种种困苦所包围，就返回复命：'以你的尊严起誓，我害怕任何人都不能进入它。'真主说：'你去看看火狱，以及我为火狱居民的安排。'哲卜拉伊勒天使奉命去看火狱，突见火狱层层相叠，就返回复命：'以你的尊严起誓，任何人都没有听说过它，否则，就进入它。'真主命令火狱被种种私欲所包围，并说：'你再去看它。'哲卜拉伊勒天使从火狱返回后，说：'以你的尊严起誓，我害怕，唯有进入火狱的人才永驻其间。'"

拜海吉传述，伊本·麦斯欧德就经文"那火焰喷射出宫殿般的火星"(77:32)解释道："我不说树般的火星，而是说城堡般、城市般的火星。"

艾哈迈德、伊本·马哲、伊本·欣班、哈基姆传述，真主的使者说:“非信士抵达火狱的维勒谷底前,要下沉四十年。”

提尔米兹传述,真主的使者说:“维勒火谷在两座火山之间,非信士抵达谷底前,要下沉七十年。”

伊本·马哲与提尔米兹传述,真主的使者说:“你们求真主护佑,免入忧伤之井。”圣门弟子们问:“真主的使者啊,何谓忧伤之井?”使者说:“火狱的一道火谷,杰罕奈姆每天就其求护佑四百次。”他们问:“真主的使者啊!谁进入它呢?”使者说:“它是为沽名钓誉的诵经家们的工作而准备,真主最恼怒的诵经家就是拜访专制官长的人们。”

泰卜拉尼传述,真主的使者说:“火狱里有一道火谷,杰罕奈姆每天就它求护佑四百次,是为穆罕默德乌玛中的沽名钓誉者所准备。”

伊本·艾布·顿亚传述,真主的使者说:“火狱里有七万道火谷,每道火谷里有七万道支谷,每道支谷里有七万间房屋,每间房屋里有吞吃火狱居民脸庞的蛇。”

布哈里在《历史大全》中记载,真主的使者说:“火狱里有七万道火谷,每道火谷里有七万道支谷,每道支谷里有七万个宅院,每个宅院里有七万处住所,每处住所里有七万口井,每口井里有七万条蟒蛇,每条蟒蛇的口角里有七万只蝎子,非信士或伪信士走不尽,直到遭遇其中的一切。”

提尔米兹传述,真主的使者说:“一块巨石从火狱边被抛下,它在火狱里下坠七十年,尚未到达狱底。”

欧麦尔说:“你们经常记着火狱,其热炎炎,其底深深,其柱铁铁。”

比扎尔、艾布·耶尔拉、伊本·欣班、拜海吉传述，真主的使者说："如果一块石头被投入火狱，在抵达狱底前，要下坠七十年。"

穆斯林辑录，艾布·胡莱尔说，我们曾与先知在一起，听见了物体落地声。先知说："你们知道，这是什么声音吗？"我们说："真主及其使者最知。"先知说："这是真主七十年前投入火狱的一块石头，它刚刚落到狱底。"

泰卜拉尼传述，萨义德·胡德里说，真主的使者听到一种令他害怕的声音，哲卜拉伊勒天使遂来见他。真主的使者说："哲卜拉伊勒，这是什么声音？"他说："这是七十年前从火狱边坠下的一块石头，这是它落入狱底时的声音。真主愿意让你听到它的声音。"自此，直到真主的使者归真，人们从未见他开心笑过！

艾哈迈德、提尔米兹传述，真主的使者说："如果头颅般大小的石块被从天上扔在相距五百年路程的地上，它肯定在入夜前掉于地上。"

艾哈迈德、艾布·耶尔拉、哈基姆传述，真主的使者说："如果将火狱中的一根铁棍放在地球上，人类与精灵合力移动它，都无法从地上抬起它。"

哈基姆传述，真主的使者说："如果用火狱中的一根铁棍敲山，山肯定化为灰烬。"

伊本·艾布·顿亚传述，真主的使者说："如果将火狱中的一块石头放在现世的群山上，群山肯定因它而熔化。每个人都伴着一块石头与一个恶魔。"

哈基姆传述，真主的使者说："七层大地的各邻层之间，相距五百年的路程。

第一层在鲸鱼背上，鲸鱼的两翅分别在天际，鲸鱼在一块岩石上，岩石在天使手中。

第二层是风狱。真主决定消灭阿德族时，命令管理风狱的天使给他们吹去消灭他们的风暴。天使说：‘养主啊！我给他们吹去公牛鼻子程度的风吗？’真主说：‘那它就消灭了地球及其生物，你给他们吹去戒指程度的风吧。’这就是真主在《古兰经》中所言：‘凡经那暴风吹过的东西，无一不变成破碎的。’(51:42)

第三层里有火石。

第四层里有硫磺。圣门弟子们问：‘真主的使者啊！火狱里有硫磺？’使者说：‘是的，以掌握我生命的真主起誓，火狱里有许多硫磺谷，如果将它放在群山顶上，群山肯定熔化了。’

第五层里有火蛇，蛇口大如山谷，它螫一下非信士，他的骨头上就没有丝毫的肉。

第六层里有火蝎，其中最大的火蝎如负重的骡子那么大，它咬一下非信士，火狱的炽热就令他忘记了蝎子的叮咬。

第七层里有恶魔，前后手都被铁器束缚。如果真主要为他所意欲的仆人放走恶魔，真主就放走他。”

艾哈迈德、泰卜拉尼、伊本·欣班、哈基姆传述，真主的使者说：“火狱里有很多状如呼罗珊骆驼脖子般大小的蛇，螫一下人，人要尝受其热达七十年之久。火狱里有很多状如负重骡子般大小的蝎子，咬一下人，人要尝受其热达四十年之久。”

提尔米兹、伊本·欣班、哈基姆传述，真主的使者就经文“如果他们[为干渴而]求救，就以一种水供他们解渴，那种水像沥青那样烧灼人面，那饮料真糟糕”(18:29)中的“像沥青”说：“如油渣，如果将它泼在脸上，脸皮脱落。”

提尔米兹传述，真主的使者说：“滚水被泼在他们的头上后，穿过头颅进入腹中，烫断腹中内脏，以至于烫的脚皮脱落，成为骨头人。然后，他又被恢复如常。”

丹哈克说：“自真主创造诸天诸地以来，滚水一直沸腾着，直到他们饮用它的日子，并且被泼在他们的头上。”

又一种说法，滚水就是被汇集在火池里的火狱居民的泪水，他们饮用它。又说，不是这样，而是真主在《古兰经》中所说：“永居乐园者，难道与那永居火狱，常饮沸水，肠寸寸断的人是一样的吗？”(47：15)

艾哈迈德、提尔米兹、哈基姆传述，真主的使者就经文“在他的身后，将有火狱，他将饮脓汁，一口一口地饮，几乎咽不下去”(14：16—17)说：“脓汁接近他的嘴边，他憎恶它。脓汁在他嘴边时，烧灼他的脸，他的头皮脱落。他饮用脓汁时，肠寸寸断，以至于流出肛门。”

真主说：“永居乐园者，难道与那永居火狱，常饮沸水，肠寸寸断的人是一样的吗？”(47：15)

真主说：“如果他们[为干渴而]求救，就以一种水供他们解渴，那种水像沥青那样烧灼人面，那饮料真糟糕！那归宿真恶劣！”(18：29)

艾哈迈德、哈基姆传述，真主的使者说：“如果将一桶冷饮倒在现世，世人肯定恶臭了。”“冷饮”就是《古兰经》中提到的饮料：“这是事实。他们尝试刑罚，那刑罚是很热的饮料，和很冷的饮料。”(88：57)“只饮沸水和脓汁。”(78：25)对此，有不同说法。伊本·阿拔斯认为，“冷饮”流自非信士等人的皮肤。其他人认为是脓水。

凯尔卜说:“它是火狱中的一眼泉,蛇蝎等有毒动物的毒汁流淌其中后停滞。人被带来,将他浸泡在泉中,出来后皮肤和肉脱离骨头,挂在脚跟。人扯自己的肉,就如扯他的衣服一样。”

提尔米兹传述,真主的使者诵读经文“信道的人们啊!你们当真实地敬畏真主,你们不要去死,除非成了顺主的人”(3:102)后说:“如果攒楛树中的一滴树汁滴落在现世,它肯定破坏了世人的生活资源。那么,食用攒楛树的人又当如何呢?”

据传,伊本·阿拔斯就经文“噎人的食物”(73:13)说:“刺入喉咙的刺,咽不下,吐不出。”

布哈里与穆斯林传述,真主的使者说:“非信士两个肩膀之间的距离,是快行者的三天路程。”

艾哈迈德传述,真主的使者说:“非信士的臼齿如同武侯德山,他的大腿如同拜达山。他在火中,臀部就如盖迪德与麦加之间的三天路程。他的皮厚达也门尺的四十二尺。”伊本·欣班等人认为,是波斯尺。

穆斯林传述,真主的使者说:“非信士的牙齿犹如武侯德山,皮厚达三天路程。”

提尔米兹传述,真主的使者说:“复活日,非信士的臼齿如同武侯德山,他的大腿如同拜达山。他在火中,臀部达到了距离勒卜兹市的三天路程。”也就是说,恰如在麦地那与勒卜兹之间的距离。

艾哈迈德传述,真主的使者说:“复活日,非信士的臼齿就如武侯德山,皮厚达七十尺。他的肌肉如拜达山,大腿如同沃勒加尼山。他在火中,臀部就如我与勒卜兹市之间的距离。”另一段传述:“他在火中,臀部是前往勒卜兹市的三天路程。”

艾哈迈德、泰卜拉尼、提尔米兹传述，夫代里·本·耶济德说，真主的使者说：“非信士的舌头肯定要拉长三英里或六英里，人们踩踏它。”

夫代里·本·耶济德根据艾布·杰尔兰传述，真主的使者说：“复活日，非信士的舌头肯定拉长六英里，人们踩踏它。”

真主的使者说：“火狱里，火狱居民臃肿，以至于耳垂到肩膀之间有七百年的路程，皮厚达七十尺，臼齿如武侯德山。”

艾哈迈德、哈基姆根据穆扎希德传述，伊本·阿拔斯说：“你知道火狱有多宽敞吗？”我（指的是穆扎希德）说：“不知道。”伊本·阿拔斯说：“是的，以真主起誓，你不知道。火狱居民与他的肩膀之间有七十年的路程，脓谷与血谷流淌其中。”我说：“是河渠吗？”伊本·阿拔斯说：“不是河渠，而是河谷。”

第五十二章　谨防罪过的高贵

要知道，谨防罪过的最佳途径，莫过于敬畏真主，害怕真主的报复和威严，谨防真主的惩罚、恼怒和惩治。真主说："违抗他的命令者，叫他们谨防祸患降临他们，或痛苦的刑罚降临他们！"（24:63）

据传，真主的使者看望一个行将就木的年轻人，说："你感觉如何呢？"年轻人说："真主的使者啊！我期盼着真主，我害怕我的罪过。"

真主的使者说："希望与害怕不会同聚于仆人的心里，除非真主赐予他所希望的事情，让他安宁于害怕的事情。"

沃赫卜·本·沃尔德传述，先知尔萨说："喜欢乐园与害怕火狱，致使人们坚忍灾祸，促使人们远离现世的各种欲望和种种过错。"

哈桑说："以真主起誓，你们之前逝去了很多民众，如果他们中有人消费了屈指可数的、小石子般的金子，并且害怕自己不能得救，则他心罪大矣。"

真主的使者说："你们听到我所听到的声音了吗？天在发声，[①]它真的要发出声音。以掌握我生命的真主起誓，天空里只要

① 即众天使的常声使天空变得沉重，以至于发出声音。——译者

有四个指头的空位，就肯定有叩首真主的天使，或为真主立站的天使，或为真主鞠躬的天使。如果你们知道我所知，肯定少笑多哭，肯定因害怕真主的威严和严酷的报复而上山祈祷真主。”另一段传述：“你们不知道自己得救与否。”

伯克尔·本·阿卜杜拉·迈兹尼说：“谁笑着犯罪，就哭着进火狱。”

真主的使者说：“如果信士知道真主的所有惩罚，火狱都不能安宁。”

《布哈里圣训实录全集》与《穆斯林圣训实录全集》辑录，经文“你应当警告你的亲戚”（26：214）降示时，真主的使者站起来，说：“古莱氏人啊！你们解救自己吧，在真主那里，我对你们无济于事。阿卜杜·麦纳菲人啊！在真主那里，我对你们无济于事。真主的使者的叔叔阿拔斯啊！在真主那里，我对你无济于事。真主的使者的姑妈索菲娅啊！在真主那里，我对你无济于事。穆罕默德的女儿法图麦啊！你向我要求你想要的财富，但在真主那里，我对你无济于事。”

艾哈迈德传述，阿伊莎说：“真主的使者啊！经文‘有所施舍、但因为将归于主而心怀恐怖者’（23：60）是指奸淫、偷盗、饮酒而又害怕真主的人吗？”使者说：“不，艾布·伯克尔的女儿啊！他是礼拜、封斋、施舍的人，但又害怕真主不接受他的功修。”

有人请教哈桑·巴士里：“艾布·萨义德啊！我们如何对待那些给我们谈论希望，以至于我们的心都要飞了的人们呢？”哈桑·巴士里说：“以真主起誓，如果你陪同那些恐吓你而你感到安全的人们，远胜于你陪同那些给你带来安全但你深怕的人们。”

欧麦尔遇刺后奄奄一息，对他的儿子说："你真该死！你把我的脸颊放在地上，你没有教养。如果你没有怜悯我，我真可怜。"伊本·阿拔斯对他说："信士们的长官啊！你害怕什么呢？真主让你攻无不克，使你建城造市，借你做他意欲的事情。"欧麦尔说："我希望我不受报酬、没有罪恶地得救。"

宰努·阿比丁·阿里·本·侯赛因洗完小净后，颤抖不已。有人就此问他，他说："你们真可怜啊！难道你们不知道我为谁立站吗？我为我想要与其交谈者立站。"

艾哈迈德·本·罕百里说："敬畏阻止我饮食，所以我不奢望饮食。"

《布哈里圣训实录全集》与《穆斯林圣训实录全集》辑录，真主的使者提到了七种人，在只有真主遮阴的日子里，真主让他们在自己的阿勒舍之下遮阴。其中就有"独自记念真主而双眼流泪的人。"也就是说，他记着真主的警告和惩罚，害怕他所犯的各种罪过。

伊本·阿拔斯传述，先知说："烈火不会触及两种眼睛——深夜因敬畏真主而哭泣的眼睛，为主道而日夜守护的眼睛。"

艾布·胡莱尔传述，先知说："复活日，所有的眼睛都在流泪，唯有视而不见真主所禁的眼睛、为主道彻夜不寐的眼睛、因敬畏真主流出蝇头般泪滴的眼睛例外。"

提尔米兹辑录，艾布·胡莱尔传述，真主的使者说："因害怕真主而哭泣的人不会进入火狱，除非奶汁返流乳房。主道上的灰尘与火狱的烟雾不会相聚。"

阿卜杜拉·本·阿慕尔·本·阿斯说："我因害怕真主而流一

滴眼泪，比我施舍一千枚迪纳尔更令我喜悦。”

奥奈·本·阿卜杜拉说：“我们听说，人因害怕真主而流的眼泪，只要滴落在身体的任何部位，真主就禁止烈火燃烧那个部位。真主的使者的胸脯因哭泣而咕咕作响，就如火炉上沸腾的锅。”

肯迪说：“敬畏真主的泪水可熄灭火海。”

伊本·桑玛克曾责备自己的性灵，他对性灵说：“你说着修行者的话，做着伪信士的工作。尽管如此，你还寻求着进入乐园。遥不可及啊，遥不可及！乐园属于其他民众，他们有着与我们截然不同的功修。”

苏夫延·塞里说，我来拜访贾法尔·萨迪格，对他说：“真主的使者的后裔啊，你忠告我吧！”他说：“苏夫延啊！骗人者绝无仗义，嫉妒者丝毫不闲，烦恼者没有兄弟，恶德者不会高贵。”

我说：“真主的使者的后裔啊，你再给我点忠告吧！”他说：“苏夫延啊！你远离真主的禁令，你就是修士；你满足真主给你的分配，你就是穆斯林；你善交人就如你喜欢人善交你，你就是信士；你勿陪恶人，否则他会给你传授恶行——正如圣训所言：人在朋友之道上，所以你们任何人都要认清朋友；你就自己的事情，与那些敬畏真主的人们商议。”

我说：“真主的使者的后裔啊，你再给我点忠告吧！”他说：“苏夫延啊！谁想要不借家族而荣耀，不见君王而害怕，他就离开违逆真主的卑贱，趋向于顺主吧！”

我说：“真主的使者的后裔啊，你再给我点忠告吧！”他说：“我的父亲教给我三件事情，他告诉我：‘我的儿子啊！谁陪伴行恶者，就不能平安；谁进入丑恶之门，就会被污蔑；谁没有管好舌头，就会后悔。'"

伊本·穆巴拉克说,我问沃赫卜·本·沃尔德:"违逆真主的人可否尝到功修的甘甜?"他说:"不会。喜欢违逆真主的人尝不到功修的甘甜。"

伊玛目艾布·法尔季·焦兹说:"害怕是焚烧私欲的火。那么,害怕的功劳等同于焚烧私欲,制止罪恶,以及鼓励人们顺从真主。"

所以,害怕焉能不是美德呢——借助这种美德可获取廉洁、虔敬、敬畏、奋斗,以及借以接近真主的一切善功,正如经训教导。

真主说:"对于敬畏者,法版里有引导和慈恩。"(7:154)

真主说:"他们在他们的主那里的报酬是下临诸河的常住的乐园,他们将永居其中,真主喜悦他们,他们也喜悦他;这是畏惧真主者所有的。"(98:8)

真主说:"你们当畏惧我,如果你们是信道的人。"(3:175)

真主说:"凡怕站在主的御前受审问者,都得享受两座乐园。"(55:46)

真主说:"畏主的人,将觉悟。"(87:10)

真主说:"真主的仆人中,只有学者敬畏他。"(35:28)

这些经训都证明了知识的高贵,说明了敬畏的高贵。因为,敬畏是知识的结果。

伊本·艾布·顿亚传述,先知说:"如果仆人的身体因畏惧真主而颤抖,他的罪过就离开了他,就如枯树上的叶子脱离枯树一样。"

先知说:"伟大的真主说:'以我的尊严起誓,我既不让我的仆人同时面临两次害怕，也不会让他同时享有两次安宁。如果他在现世里不害怕我，我就在复活日让他害怕；如果他在现世里害怕我，我就在复活日让他安然无恙。’”

艾布·苏莱曼·达拉尼说：“但凡没有敬畏真主的心，都是废心。”真主说：“难道他们不怕真主的计谋吗？只有亏折的民众才不怕真主的计谋。”(7:99)

第五十三章　忏悔的高贵

《古兰经》多节经文言及了忏悔的高贵，例如：

真主说："信士们啊！你们应全体向真主悔罪，以便你们成功。"(24:31)

真主说："他们只祈祷真主，不祈祷别的神灵；他们不违背真主的禁令而杀人，除非由于偿命；他们也不通奸。谁犯此类[罪恶]，谁遭惩罚；复活日要受加倍的刑罚，而受辱地永居其中。惟悔过而且信道并行善功者，真主将勾销其罪行，而录取其善功。真主是至赦的，是至慈的。悔过而且行善者，确已转向真主。"(25:68—71)

论述忏悔之贵的圣训不胜枚举。

穆斯林传述，真主的使者说："真主在夜晚展开自己的手，以便白天犯罪者忏悔；白天展开自己的手，以便夜晚犯罪者忏悔，直到太阳西升。"

提尔米兹传述，真主的使者说："日落处有一道宽四十年或七十年行程的门，真主在创造诸天诸地的日子，为忏悔而开启了它。真主不关闭这道门，直到太阳西升。"

提尔米兹传述，真主的使者说："真主为忏悔而在日落处设置了一道宽七十年行程的门，只要太阳不西升，他就不关闭它。"这就是真主所言："你的主的一部分迹象降临之日，凡以前未曾信道，或

虽信道而未行善的人，在那日，即使信道，也无益了。”(6:158)

泰卜拉尼传述，真主的使者说：“乐园有八道门，七道门是关闭的，一道门为忏悔而敞开，直到太阳西升。”

伊本·马哲传述，真主的使者说：“如果你们犯罪，甚至罪恶滔天后忏悔，真主就饶恕你们。”

哈基姆传述，真主的使者说：“人的幸福莫过于长寿——真主恩赐他忏悔。”

提尔米兹、伊本·马哲、哈基姆传述，真主的使者说：“人人皆是犯罪者，最好的犯罪者是忏悔者。”

布哈里与穆斯林传述，真主的使者说：“某人犯了罪，说：‘我的养主啊，我犯了罪，求你饶恕我的罪过吧！’养主对他说：‘我的仆人知道，他的养主既能恕罪也能治罪。’真主饶恕了他。过了不久，他又犯了罪，说：‘我的养主啊，我犯了另一件罪，求你饶恕我的罪过吧！’养主说：‘我的仆人知道，他的养主既能恕罪也能治罪。’真主饶恕了他。又过了不久，他再次犯了罪，说：‘我的养主啊！我再次犯了罪，求你饶恕我的罪过吧！’养主说：‘我的仆人知道，他的养主既能恕罪也能治罪，我饶恕了我的仆人，让他随心所欲。’”蒙齐尔就“随心所欲”解释道：“随心所欲的意思——真主最知——是，每当人们犯罪后就洗心革面，不再重犯，证据是圣训中的‘他再次犯了罪’。‘让他随心所欲’就是，如果这是他的习惯，则每次犯罪后，他的忏悔和求饶勾销他的罪过，并且不伤及他。‘让他随心所欲’的意思不是说，犯罪且以语言求饶而不停止犯罪，屡悔屡犯，这是撒谎者的忏悔。”

圣训学家们传述，真主的使者说：“信士一旦犯罪，就心生黑点。如果他忏悔，止罪求饶，心上黑点就被擦掉。如果他再次犯罪，黑点就再生，直到心扉因黑点而被关闭。这种心锈就是真主在《古兰经》中所提：‘绝不然，但他们所犯的罪恶，已像锈样蒙蔽他们的心。’”(83:14)

提尔米兹传述，真主的使者说：“只要信士没有临终咽气，真主就接受他的忏悔。”

泰卜拉尼、拜海吉传述，穆阿兹说，真主的使者拉着我的手，走了一里路后说：“穆阿兹啊！我忠告你敬畏真主、说话诚实、履行诺言、切勿背信、怜悯孤儿、照顾邻居、抑制愤怒、语言温和、传播色兰、追随领导、参悟古兰、喜悦后世、忧心清算、减少妄想、全美善功。我禁止你责骂穆斯林、相信撒谎者、否定诚实者、违逆公正的领导、作恶于大地。穆阿兹啊！你在每棵树、每块石头边记念真主，你为每件罪过重新忏悔，明对明，暗对暗。”

艾斯法哈尼传述，真主的使者说：“如果仆人忏悔了罪过，真主就让天使忘记他的罪过、犯罪的肢体，以及大地上的罪迹，直到他在复活日会面真主，没有任何证人向真主证明他的罪过。”

艾斯法哈尼又传，真主的使者说“悔罪者期待真主的怜悯，自负者等待愠怒。真主的仆人们啊，你们要知道，每个修行者都将完成工作，他不离世，直到看见他的善功与恶行。一切工作唯看结局。白昼黑夜周而复始，所以你们当在昼夜好好地行至后世，谨防延迟，死亡会突然降临。你们任何人都不要幻想真主的宽容，烈火比鞋带更接近你们。真主的使者接着诵读了经文：‘行一个小蚂蚁重的善事者，将见其善报；作一个小蚂蚁重的恶事者，将见其恶报。’”(99:7—8)

泰卜拉尼传述，真主的使者说："忏悔罪过者，恰如无罪人。"拜海吉通过其他传述途径，又在此段圣训上增加："惯常犯罪的求饶者，就如轻视养主者。"

伊本·欣班、哈基姆传述，真主的使者说："懊悔就是悔罪。"也就是说，懊悔是悔罪的主体要素，正如圣训所言："朝觐就是驻阿拉法特山。"

哈基姆传述，真主的使者说："只要真主知道仆人悔过自新，就在仆人向他求饶之前饶恕他。"

穆斯林等传述，真主的使者说："如果你们都不犯罪，不求饶，真主定会使你们消失，并创造另一伙民众，他们犯罪并向真主求饶，真主就饶恕他们。"

穆斯林传述，真主的使者说："任何人都不比真主更喜欢赞颂，因此真主赞颂自己；任何人都不比真主更疾恶如仇，因此真主禁止一切丑事；任何人都不比真主更愿意消除辩解，因此真主降示经典，派遣使者。"

穆斯林传述，朱海奈的一个妇女因通奸怀孕而来见真主的使者，说："真主的使者啊！我触犯了戒律，请你处罚我吧！"真主的先知叫来她的家人，说："你善待她。如果她分娩了，你就带她来见我。"家人照做了，真主的使者命人用衣服绑住她后，下令以石击死她，并为她举行了殡礼。欧麦尔说："真主的使者啊！你给她举行殡礼吗，她通奸了？"使者说："她已虔诚悔罪了，如果将忏悔分配给麦地那的七十个人，已令他们足矣。她将自己奉献给了真主，你发现了比她更高贵的人了吗？"

提尔米兹、伊本·欣班、哈基姆传述，伊本·欧麦尔说，我不止一次听到真主的使者说:“以色列的一个恶人毫不顾惜自己的犯罪行为。某妇女来到他那儿,他给了她六十枚迪纳尔,要与她同房。他就如夫妻同房那样与她做爱时,女人颤抖而哭。他说:‘你哭什么呢,我强迫你了吗?’她说:‘没有。但我从未做过这样的事,我迫不得已才这样做。’他说:‘你做着从未做过的事,你走吧,钱归你。’以真主起誓,此后他再未犯罪。有一晚,他归真了,成为被写在真主的乐园最高门上的人:真主已经饶恕了恶人。”

伊本·麦斯欧德说:“曾经有两个村庄,一个是善人村庄,另一个是恶人村庄。恶人村庄中走出一个人,想要去善人村庄,可他死在路上。天使与恶魔因他而争辩。恶魔说:‘以真主起誓,他从未违抗过我。’天使说:‘他出来是为了忏悔。’真主就在他俩之间裁决,看死者更接近哪个村庄。天使们发现,死者更近于善人村庄一拃。于是,真主饶恕了他。”穆安米里说:“我听伊本·麦斯欧德说:‘真主让他接近善人村庄。’”

《布哈里圣训实录全集》与《穆斯林圣训实录全集》辑录,真主的使者说:“从前,某人杀了九十九个人,为此而遍访大地上最有知识的人。有人给他介绍了一位修士,他来拜访修士,对他说:‘我杀了九十九个人,能否悔罪。’修士说:‘不能。’于是,他杀死了修士,凑齐了一百人。然后,他又寻访大地上最有知识的人。有人给他介绍了一位学者,他见到学者后说:‘我杀了一百人,能否悔罪。’学者说:‘可以。谁能阻止你向真主忏悔呢。你到某某地方,那里有许多人崇拜真主,你与他们一道拜主吧。你再不要回到你的家乡,它是个罪恶之地。’于是,他启程前往,行至途中,死亡来临。怜悯天使与治罪天使为他争论不休。怜悯天使说:‘他忏悔而来,心向真主。'治罪天使说:'他从未行善。'此时,一位扮作人样的天使出现在他俩面前,他俩请他仲裁。这位天使说:'你们丈量两地之间的距离,看哪边最近,他就属于最近的那边。'他俩丈量距离,发现他更接近目的地。怜悯天使带走了他。"

另一段圣训传述:"他接近善人村庄一拃,属于该村人。"

另一段圣训传述:"真主启示这个村庄:'你远离吧!'真主启示那个村庄:'你靠近吧!'你们丈量两地间的距离。他们发现,他接近善人村庄一拃。于是,他被饶恕了。"

哈桑说:"我们得知,迈莱库·毛提来临他时,他用胸脯挣扎着向前爬行。"

泰卜拉尼传述,真主的使者说:"某人杀人如麻,碰见一个人,说:'我枉杀了九十九个人,你认为我可否忏悔?'此人说:'不可。'他就杀了他。他又来见另一个人,说:'我枉杀了一百个人,你认为我可否忏悔?'此人说:'如果我告诉你,真主不饶恕忏悔者,我就给你撒谎了。那儿有一些人,他们在崇拜真主,你去和他们一起崇拜真主吧。'于是,杀人犯前往拜主的人们那儿,但死在途中。怜悯天使与治罪天使争论不休。真主给他们派遣了一位天使。天使说:'你们丈量两地间的距离,哪边最近,他就属于哪边。'他们发现,他接近忏悔者的村庄一指尖。他被饶恕了。"

另一段圣训:"然后,他来见另一个人,说:'我杀了一百人,你认为我可否忏悔。'他说:'你过分了。我不知道,但那儿有两个村庄,一个被称之为纳苏尔,另一个被称之为库夫尔。纳苏尔人做着乐园居民所做的工作,其他人不在这个村庄居住。库夫尔人做着火狱居民所做的工作,其他人不在这个村庄居住。你前往纳苏尔村，如果你定居其中，并与该村人一道修行，毫无疑问，你就忏悔了。’于是，他前往纳苏尔村。当他介于两村之间时，死亡降临了他。天使们就他而请教真主。真主说：‘你们看哪个村庄最接近，就将他写入该村村民。’天使们发现，他接近纳苏尔村一指尖。他被写入纳苏尔村村民。”

第五十四章　禁止不义

真主说："惟信道而行善并多多记念真主，而且在被欺压之后从事自卫的人除外，不义者，将来就知道他们获得什么归宿。"(26:117)

真主的使者说："不义行为在复活日将成为重重黑暗。"

真主的使者说："谁抢占了一拃土地，复活日，真主给他罩上七层土地。"

真主在前代使者的经典中说："我变本加厉地愤怒此人——他亏待了除我之外再也找不到援助者的人了。"

诗句真好：

得势时切勿欺人，欺人后果终懊悔。

受欺人醒着咒你，你睡而真主不眠。

某先哲说："你不要亏待弱者，否则，你就属于最坏的强者。"

艾布·胡莱尔说："鸨肯定因害怕而死亡，它的巢中有不义者。"

据传，《讨拉特》中写着，隧拉特桥后面有个呼吁者呼唤："暴虐的专横者啊！狂妄的迷误者啊！确实，真主以他的尊严发誓，今天，不义者跨不过这道桥。"

贾比尔传述，迁往埃塞尔比亚的圣门弟子们返回真主的使者身边时，使者说："你们不告诉我，你们在埃塞尔比亚土地上见到的最奇异之事吗?”他们中的古泰卜说:“真主的使者啊,我说。有一天,我们正坐着,一位头顶陶水罐的老妇路过我们,她经过他们中的一个年轻人。年轻人将手放在她的两肩之间后推搡了她,她跌倒在地,陶水罐摔碎了。她站起来,看了看年轻人,说:‘你这个孽人,你将知道,如果真主放下库勒希,就集合古今的人们,他们的手脚开口说出他们的所作所为。明天,你将在真主那儿知道我的结局与你的结局!’”真主的使者说:“真主如何祝福这些人呢?他要为他们中的弱者,报复他们中的强者。”

真主的使者说:“真主恼怒五种人,如果他意欲,就在现世里迁怒他们,否则就让他们在后世里永居火狱——食百姓俸禄而不为他们主持正义和除暴安良的官员;大众服从但不能公平对待强者与弱者且以私欲说话的领导;既不教导家人和子女顺从真主也不教授他们宗教知识的家长;雇用工人并在完工后克扣工资的雇主;亏待诚实妻子的丈夫。”

阿卜杜拉·本·塞拉姆说:“真主创造人类后,他们站起来,抬头向着真主,说:‘我们的养主啊!你和谁在一起呢?’真主说:‘与受欺者在一起,直到他的权利复归。’”

沃赫卜·穆南比赫传述,某暴君修建了一座坚固的宫殿,某个一贫如洗的老妇人在旁边搭了一间栖身的茅草屋。有一天,暴君骑马出行,绕着宫殿转了一圈,看到茅舍,问:“这是谁搭的?”手下人说:“是一个穷妇用以栖身的。”于是,暴君命令手下人拆毁了茅草屋。老妇人回来后看到茅屋被毁,打听是何人拆毁了它。旁观者说:“国王看见后拆毁了它。”老妇人仰望天空说:“我的养主啊!我不在时,你在哪里呢?”于是,真主命令哲卜拉伊勒天使,将宫殿和里边的人一起颠覆了。

据传，拜尔麦克的一个人和儿子同时被监禁。儿子说："父亲啊！我们从荣华富贵变成了阶下囚徒。"父亲说："儿子啊！这都是受欺人夜间的祈祷所致，我们未能觉察，真主不会不觉察。"

耶济德·本·哈基姆说："我从未像害怕我所亏待的人那样，害怕过任何人。我知道，他没有援助者，唯有真主。他对我说：'真主使我足矣，真主仲裁你我。'"

艾布·欧玛迈说："复活日，欺人者来到火桥，与受欺者迎面相遇。他们的不义被公布，不能离开被他们亏过的人，直到受欺人夺取他们的所有善功。如果受欺人找不到欺人者的善功，欺人者则替受欺者承担罪过，就如他们曾亏待受欺者那样，最终被堕入火狱的最底层。"

阿卜杜拉·本·艾尼斯说，我听真主的使者说："复活日，一些人被复生，赤头光脚，身体消瘦。一个远方人能听见——正如附近的人能听见——的声音呼唤他们：'我是万物的拥有者，我是清算者。乐园居民的任何人都不应进入乐园，火狱中的某人向他索要被亏之债，即使是一巴掌或更小之债。火狱居民的任何人不应进入火狱，他有被亏之债，即使是一巴掌或更小之债。真主说：'你的主不亏枉任何人'"(18:49)我们问："真主的使者啊！如何呢？我们仅仅是赤身露体地来到。"使者说："凭借善行与恶行。真主说：'那是一个很适当的报酬。'(78:26)'你的主不亏枉任何人。'(18:49)"

真主的使者说："枉打一鞭者，复活日将抵偿。"

据传，波斯科斯鲁国王为儿子礼聘了一名老师传道授业。孩子品学兼优时，有一天，老师唤来他，将他无缘无故地痛打了一顿。

于是，孩子对老师怀恨在心，直到长大成人，父亲逝去，继承王位。国王召见老师，问："你为何在某日无缘无故地将我痛打一顿?"老师说："国王啊！你要知道，你品学兼优时，我知道你在父王逝世后要继承王位，我想让你尝受挨打的滋味和受欺的痛苦，以便你以后不要亏待任何人。"国王对老师说："愿真主赐你幸福!"国王遂命人厚待老师。

第五十五章 禁止虐待孤儿

真主说:“侵吞孤儿的财产的人,只是把火吞在自己的肚腹里,他们将入烈火之中。”(4:10)

甘塔德说:“此节经文因盖图凡族的某人而降示——他的侄子是个幼孤,他管理着侄子的财产,并吞吃了它。”

经文中的“侵吞”是说,他们成为不义的人们,但本着孤儿的实际需要而花销孤儿财产的人例外。例如,教法典籍中提到,监护人根据规定的条件,可花费孤儿财产。

真主说:“富裕的监护人,应当廉洁自持;贫穷的监护人,可以取合理的生活费。”(4:6)也就是量需而定,或者以借债方式,或者以支付劳动报酬的方式,或者急需时借取,方便时即还。如果不方便,则可推迟,此为合法。

继这节经文后,真主强调了孤儿的权益,提醒人们更加关心孤儿:“假若自己遗下幼弱的后裔,自己就会为他们而忧愁;这等人,应当也为别人的孤儿而忧虑,应当敬畏真主,应当对临终的病人说正当的话。”(4:9)

正如你成为债权人那样,你也会成为债务人。自己平安且支配他人财产及监护孤儿的人,死亡一旦光临他,真主就会对他的财产、儿孙、家人,以及其他息息相关的事务报酬他,善对善,恶对恶。

如果智者不忧虑他的债务，则当忧虑他的孩子和财产。如果他家里的孤儿享有财产，那么，他作为孤儿的监护人，就当照顾好他们。

据传，真主启示先知达吾德："达吾德啊！你慈父般地对待孤儿，爱夫般地对待寡妇。你要知道，你种什么，就收获什么。也就是说，你如何对待人们，人们就如何对待对你。你不免一死，留下遗孤和寡妻。"

严厉谴责侵吞孤儿财产和虐待孤儿的多段圣训，和与此相关的多节经文相辅相成，旨在警告人们避免这种恶劣且为大罪的丑行。

穆斯林等传述，真主的使者说："艾布·赞尔啊！我见你能力绵薄，我为你爱自己所爱。你不要负责行政事务，即使只管两人；不要监护孤儿财产。"

布哈里与穆斯林传述，真主的使者说："你们应该避开七种大罪。"圣门弟子们问："真主的使者啊！哪七种大罪。"使者说："以物配主；专事邪术；杀害无辜，除非因为正义；吞吃利息；侵吞孤儿财产……"

比扎尔传述，真主的使者说："大罪有七：以物配主、枉杀人、吃利息、侵吞孤儿财产……"

哈基姆传述，真主的使者说："四种人，真主绝对不会让他们进入乐园，不让他们尝受乐园的恩典：酒徒、吃利息者、枉吞孤儿财产者、忤逆父母者。"

伊本·欣班传述，所有的圣训集里都辑录着，真主的使者派遣阿慕尔·本·哈兹姆前往也门时，对他说："复活日，在真主看来，最大的罪过是：以物配主、枉杀信士、临阵脱逃、忤逆父母、诽谤贞妇、传授魔术、吞吃利息、侵吞孤儿财产。”

艾布·耶尔拉传述，真主的使者说：“复活日，坟墓中的一伙人被复活，他们口吐火焰。”有人问：“真主的使者啊！他们是谁？”使者说：“难道你没听真主说：‘侵吞孤儿的财产的人，只是把火吞在自己的肚腹里，他们将入烈火之中。’”(4:10)

穆斯林传述的登霄圣训中，真主的使者说：“忽然，我见到一伙被托给别人撬开自己牙叉骨的人，另一些人拿来火狱中的石头，将其扔进他们口中，尔后从后窍泄出。我问：‘哲卜拉伊勒天使！这是些什么人？’哲卜拉伊勒天使说：‘侵吞孤儿财产的人，只是把火吞在自己的肚腹里，他们将入烈火之中。’”(4:10)

古尔泰布的《古兰经》注释典籍里记载，艾布·萨义德·胡德里传述，真主的使者说：“我在登霄夜看到一伙嘴唇犹如驼唇的人，他们被托给别人撬开自己的嘴唇，并将火狱中的石头扔进口中，尔后从后窍泻出。我问：‘哲卜拉伊勒天使啊！这是些什么人？’哲卜拉伊勒天使说：‘侵吞孤儿财产的人。’”

第五十六章　贬责骄傲(二)

因骄傲之不幸及其恶果，我们在前述基础上，继续贬责骄傲。骄傲是恶魔所犯的首要罪过，因此，真主诅咒了他，将他从乐园——它的宽是诸地与诸地之间的距离——贬至火狱。

古杜斯圣训云："尊荣是我的外衣，尊大是我的披风。谁与我竞争其中之一，我就毫不留情地毁灭他。"

真主的使者说："骄傲的人们被复生，其形为人，其状如蚁。卑贱从四面八方笼罩他们，他们饮用脓疮汁——火狱居民的饮料。"

真主的使者说："三种人，真主在复活日不与他们说话，不理睬他们，他们遭受痛苦的刑罚——奸淫的老者、残暴的国王、骄傲的穷人。"

欧麦尔诵读经文"有人对他说：'你当敬畏真主'，他就因羞愤而犯罪"(2:206)后说："我们属于真主，我们归于真主。"某人站起来命人行善，然后被杀。另一人站起来，说："你们杀害命人行善的人们。"于是，反对他的骄傲者也被杀了。以真主起誓，这都是骄傲所致。

伊本·麦斯欧德说："此人足以犯罪——如果有人对他说：'你当敬畏真主。'他说：'管好你自己。'"

真主的使者对某人说："你用右手吃饭。"那人说："我不能够。"

使者说:“你不能。”这是他的骄傲所致。后来,他的右手再也没有伸到嘴上。

萨比特·本·盖斯·本·希玛斯说:“真主的使者啊！我是一个喜欢美丽的人。你看,这属于骄傲吗?”真主的使者说:“不属于。不然,骄傲是忘记真理,蔑视人们。”也就是说,他轻视和藐视人们,他们都与他一样,是真主的仆人,甚至优越于他。

沃赫卜·穆南比赫传述,先知穆萨对法老说“你信仰真主且享有王权”时,法老说:“我与哈曼商量。”法老与哈曼商量,哈曼说:“你是受拜的主子时,也是拜主的仆人。”法老不屑于崇拜真主与追随穆萨,于是,真主淹没了他。

一些古莱氏人言及了经文“怎么不把这本《古兰经》降示两城中任何一城的要人呢?”(43:31)甘塔德说:“两城的要人是瓦利德·本·穆伊尔与伊本·麦斯欧德·塞格夫,他们询问先知,谁是最伟大的领袖。当时,他们说:‘真主为何给我们派遣了一个孤儿?’于是,真主说:‘难道他们能分配你的主的恩惠吗?’(43:32)他们进入火狱时,真主回答了他们的惊讶。彼时,他们在后世里没有看到被他们轻视的人,如居住在清真寺屋檐下的一些圣门弟子。他们说:‘有许多人,从前我们认为他们是恶人,现在怎么不见他们呢?’(38:62)”据说是安玛尔、比拉里、苏海卜、米格达德,愿真主喜悦他们。

沃赫卜说:“知识如自天而降的、甘甜纯净的及时雨,各种树根饮用它,果实也根据饮用的量而味道各异,苦者愈苦,甜者愈甜。知识亦然,人们根据志向来看护它,傲者愈傲,谦者愈谦。这是因为,愚者志在骄傲,如其牢记知识,则有了借以为傲的资本,故其愈傲;畏者虽愚但更有知识,故其深知,其知为其证,故愈怕、愈慎、愈谦。”

所以,根据伊本·阿拔斯的传述,真主的使者说:“一伙人诵读《古兰经》,经文不会穿过他们的喉咙。”圣门弟子们说:“我们已经诵读了《古兰经》,何人比我们更能诵经呢? 何人比我们更有知识呢?”使者看了看他的众弟子,接着说:“我的乌玛啊,这些人就在你们中间,这些人是火狱的燃料。”

欧麦尔说:“你们不要成为骄傲的学者,你们的知识补偿不了你们的愚昧。”

据传,一个因恶贯满盈而被称之为“哈里阿·拜尼·以色列”(以色列人中的恶棍)的人,路过一个头戴遮阴缠巾的名为“阿比德·拜尼·以色列”(以色列人中的修士)的人,遂自言自语:“我是以色列人中的恶棍,此人是以色列人中的修士,如果我坐在他身边,也许真主会怜悯我。”于是,他坐在阿比德身边。阿比德自言自语:“我是以色列人中的修士,此人是以色列人中的恶棍,它怎么能和我坐在一起?”阿比德鄙视哈里阿,对他说:“你离我远点。”于是,真主启示该时代的某先知:“你去他俩那儿,让他俩重新工作吧。我已经饶恕了哈里阿,我使阿比德的功修徒劳无益。”

另一段传述:缠巾被戴在了哈里阿的头上。这让你明白,真主欲使仆人的心灵发生变化。

据传,圣门弟子们向先知提及了某人之好。有一天,此人来了,他们说:“真主的使者啊! 这就是我们给你提到的人。”先知说:“我在他脸上看到了来自恶魔的紫红色。”此人道了色兰,站在先知身边。先知对他说:“以真主起誓,我问你,你自忖民众中再也没有比你更好的人了吗?”此人说:“是的,确实如此。”真主的使者凭借先知之光,在此人脸上看到了隐藏在他心中的紫红色。

圣门弟子哈尔斯·本·朱兹阿·宰比德说:“我感叹于诵经家中的嘲笑他人者,你兴高采烈地遇见他,他却愁眉苦脸地迎面你,并给你传授他的知识。愿真主不要让穆斯林中像他这样的人更多。”

艾布·赞尔说,我与某人在先知面前争论,我对他说:“嘿,黑小子。”先知说:“艾布·赞尔啊! 你太小看同类了,你太小看同类了。白人不比黑人优越。人的优劣,只依敬主守法,建立功绩而定。”艾布·赞尔说:“我躺下来,对那人说:‘你来踢我的脸颊吧!’”

阿里说:“谁想看火狱居民中的某人,就让他看看此人——自己坐着,前面站着一些人。”

艾奈斯说:“没有任何人比真主的使者更受圣门弟子们喜悦。他们看见他时,不为他起立,因为他们知道,先知讨厌这种虚礼。”

有时候,真主的使者与一些圣门弟子一起走路,命令他们走在前面,自己走在他们中间。真主的使者这样作,或是为了教导他人,或是为了避开恶魔挑唆自己骄傲与自矜。同样,因这两个目的之一,真主的使者礼拜时脱掉新衣服,换上旧衣服。

第五十七章　谦虚与知足的高贵

真主的使者说："真主唯借饶恕，给仆人增加高贵。谁为真主而谦，真主擢升其品。"

真主的使者说："每个人都被两位天使伴随，他俩借助他的智慧抓着他。如果他骄傲，他俩抓着智慧，说：'主啊！你贬损他！'如果他谦虚，他俩说：'主啊！你擢升他。'"

真主的使者说："恭喜，富贵而谦者，消费净财者，怜悯卑微者，结交仁智者！"

据传，先知正与他的一些圣门弟子坐在他家吃饭，门口站着一个乞丐，他患有令人生厌的残疾。先知请他进来，让他坐在自己的腿边，说："你吃饭吧！"古莱氏的某人似乎很讨厌乞丐，但自此以后，他终生都患上了与那个乞丐一样的残疾。

真主的使者说："真主让我在两件事情之间作出选择，或者我是使者仆人，或者我是先知国王，我不知道选择哪一个。我的天使朋友中有哲卜拉伊勒天使，我仰首看着他，他说：'你为你的养主而谦恭吧！'于是，我说：'使者仆人。'"

真主启示先知穆萨："我只接受谦恭我的尊大、不傲视我的众生、心常敬畏我者的拜功。"

真主的使者说："慷慨即敬畏，荣誉即谦虚，诚信即富有。"

先知尔萨说:“恭喜!现世里谦虚的人,复活日是有发言权的人;恭喜!现世里和解人们的人,复活日是继承乐园的人;恭喜!现世里心灵纯洁的人,复活日是仰视真主的人。”

某圣门弟子传述,他说,我听先知说:“如果真主引导某个仆人信仰伊斯兰教,美容他的相貌,让他处于尊荣境地且赋予他谦虚,那他就属于真主的朋友之列。”

真主的使者说:“四样事物,真主只将它赐给他所喜欢的人:功修之首的沉默、信托真主、谦虚、厌弃红尘。”

据传,真主的使者正在吃饭,来了一个患有丘疹且已脱皮的黑人。黑人但凡坐在谁的身边,谁就起身离去。于是,先知让黑人坐在自己身边,说:“我感叹于此人——拥有手艺并养家糊口,而且克制自己内心的骄傲。”

有一天,真主的使者对圣门弟子们说:“我怎么在你们身上看不到功修的甘甜呢?”他们请教:“何为功修的甘甜?”使者说:“谦虚。”

真主的使者说:“如果你们在我乌玛中看到谦虚的人,就谦敬他们。如果你们看到骄傲的人,就傲视他们,那是对他们的羞辱和小看。”

诗句真好:

谦虚就如耀眼星,低至水面实为高。
切勿成为空中雾,高至气层实为低。

关于知足之贵,我们在前述基础上继续陈述。

真主的使者说:“信士的高贵在于不求人。”自由与高贵,尽在知足中。因此,有贤哲说:“你无求你所意欲者,你就与他一样。你求助你所意欲者,你就是他的俘虏。你行善你所意欲者,你就是他的王子。少而令你够,胜于多而令你奢。”

某贤哲说:“我没有见过比知足更富的富有,比贪婪更穷的贫穷。”他吟道:

知足给我穿贵服,焉有富贵超知足。
知足化为财之源,敬畏化作商之品。
得利无须求朋友,忍耐一时享乐园。

某诗人吟到:

心灵满足糊口资,否则过分要求你。
短暂人生过眼云,人生一世似一时。

某诗人吟道:

坚忍远去之恩典,满足当下手中获。
切勿劳心去获取,福分来时终归你。

每当真主的使者遇到特殊事务,就对圣门弟子们说:“你们去礼拜吧!我受命于此。”然后,他诵读了经文:“你应当命令你的信徒们礼拜,你对于拜功,也应当有恒。”(20:132)

诗人云:

放弃现世之浮华,切勿贪多而不厌。
满意真主之分配,知足实乃永恒财。
当弃荣华之生活,荣华之时觉无益。

某贤哲说："高贵并不在于服饰华丽。享受衣着和装扮服饰令人匆匆忙忙，以至于无暇顾及宗教事务而心向俗世。"诗人云：

大千世界之小我，唯喜干粮与布衣。

我见光阴不长久，光阴生命尽消失。

第五十八章　现世诱惑

世间凡事既会令人忧，也会使人乐。世间事对所有人都不见得有所帮助。根据智慧之主的定然，世界在变化。真主说："假若你的主意欲，他必使众人变成为一个民族。他们将继续分歧，但你的主所怜悯的人除外。"(11:118—119)一些注释家认为，"继续分歧"是指"生活的差异，真主意欲他们在富有和贫穷方面各不相同。"

受益于现世，并且真主让现世服务他的人务必感恩，当以避免厄运的各种善举趋向真主，不要受到现世的诱惑。真主的经文足矣："人们啊！真主的应许，确是真实的，所以绝不要让今世的生活欺骗你们，绝不要让猾贼以真主的优容欺骗你们。"(35:5)

真主说："他们将喊叫信道的人们说：'难道我们与你们不是同道吗?'他们说：'不然，你们自欺、观望、怀疑正道，种种妄想，欺骗你们，直到真主的命令来临，猾贼曾以真主的优容欺骗你们。"(57:14)世人啊，你们避免现世的诱惑吧！

真主的使者说："智者的睡眠和开斋真好！他们焉能羡慕愚者的彻夜娱乐呢。一微粒的敬畏与诚信，贵过满大地的诱惑。"

真主的使者说："智者是清算自己并为死后工作的人；愚者是追随私欲并对真主满怀希望的人。"

诗人云：

谁为幸事赞现世，嗣后定要责幸事。
幸事结束视为损，幸事光临满心乐。

诗人云：

如果世界归我们，幸福恩典降我们，
自由真理不贬它，恩典将在明天散。

伊本·班萨姆吟道：

厌哉现世及日子，它为忧愁而被造。
悲伤一刻也不停，国王平民皆如此。
大千世界真奇怪，虽为人敌但被喜。

诗人云：

科斯鲁凯撒皇宫，时光对其何作为？
时光召唤所有人，不留智者和愚者。

据传，某乡下人来到一伙人跟前，他们给他端上饭菜。他吃完后，睡在他们的帐篷里。他们拆除帐篷后，他遭受着太阳的暴晒。他醒来后，走了，并且吟道：

现世如搭建帐篷，遮阴终有一天消。
现世乃行者息地，解需后顶热上路。

某贤哲对同伴说："宣教者让你倾听，寻求者向你道歉，没有比失信和犯错更严重的灾难了。"

伊本·麦斯欧德说："敬畏真主足为知，欺骗真主足为愚。"

真主的使者说："谁喜悦现世并为此欢天喜地，他内心对后世的害怕就消失殆尽了。"

某贤哲说："仆人计较着现世所失且忧伤不已。如果他获得现世，就对现世喜不胜喜。虔诚的先贤对于他们可作之事的谨慎，远胜于你们大胆地作不可作之事。在你们看来无所谓的事情，在他们看来却是灭顶之灾。"

欧麦尔·本·阿卜杜·阿齐兹经常吟诵麦斯阿尔·本·基达姆的诗歌，引以为鉴：

你之白昼乃昏眠，你之夜晚乃死眠。
腐朽之事引诱你，梦人被诱沉湎睡。
现世匆匆厌后果，现世生活如动物。

第五十九章　谨防现世

艾布·欧玛迈·巴希里传述，塞阿莱卜·本·哈提卜说："真主的使者啊！请你祈求真主赐我钱财吧。"真主的使者说："塞阿莱卜，你能感谢的少，胜于你经不住的多啊！"塞阿莱卜说："真主的使者啊！请你祈求真主赐我钱财吧。"真主的使者说："塞阿莱卜啊！对我而言，你的钱财为榜样吗？难道你不喜欢自己就如真主的先知那样吗？以掌握我生命的真主起誓，如果我想要群山化作金银与我同行，群山肯定与我同行。"塞阿莱卜说："以本着真理派遣你为先知的真主起誓，如果你祈求真主赐我钱财，我肯定给每个应得者所得份额，我肯定做到，我绝对做到。"

真主的使者说："主啊！你赐给塞阿莱卜钱财吧！"于是，塞阿莱卜得到一群羊，羊群如快速繁殖的虫子那样繁殖着，以至于麦地那对他来说都变得狭小了。他离开麦地那，迁至麦地那郊区的一座山沟。自此，他只参加午拜和晡拜的聚众礼拜，放弃了其他拜功。羊群大量繁殖着，以至于他只能参加星期五的聚礼拜。羊群如虫子般地继续繁殖着，促使他甚至放弃了星期五的聚礼拜，无暇参加聚礼，转而向人们打听关于麦地那的信息。真主的使者问及他："塞阿莱卜·本·哈提卜忙什么呢？"有人说："真主的使者啊！他养了一群羊，麦地那对他来说都变得狭小了。"真主的使者得知塞阿莱卜的情况后，说："悲哀啊，塞阿莱卜！悲哀啊，塞阿莱卜！悲哀啊，塞阿莱卜！"

真主降示了经文："你要从他们的财产中征收赈款，你借赈款使他们干净，并使他们纯洁。你要为他们祈祷；你的祈祷，确是对他们的安慰。"（9:103）真主制定，天课是主命。于是，真主的使者派遣朱海奈族中的某人和拜尼·苏莱姆族中的某人去征收天课，为他俩写了一封征收天课的书信，命令他俩向那些须交纳天课的穆斯林们收取天课。使者说："你们到塞阿莱卜·本·哈提卜和拜尼·苏莱姆族中的某人那儿，征收他俩的天课。"两人来到塞阿莱卜家，向他征收天课，给他读了真主的使者的书信。塞阿莱卜说："这分明是人头税，这分明是人头税，这和人头税一模一样。你俩先去，得空再来我这儿。"两人又到拜尼·苏莱姆族的某人家，此人听后，站起来走到他的两峰头等骆驼边，解开缰绳，作为天课。两人看到骆驼后，说："这没有必要，我们不是来拉你骆驼的。"他说："不，你俩拉走它，我的心灵因放弃它而纯洁，你俩一定要拉走它。"

两人结束天课的征收后，返回时路过塞阿莱卜家，又向他征收天课。他说："你俩让我看看书信。"他看了看书信，说："这等于是人头税。"

两人给先知复命。先知看到两人，未等他俩先开口，就说："悲哀啊，塞阿莱卜！"先知为苏莱姆族的那个施舍骆驼的人作了祈祷。两人向先知汇报了塞阿莱卜和苏莱姆族那个人的所作所为。所以，真主因塞阿莱卜降示了经文："他们中有些人，与真主缔约：'如果真主把部分恩惠赏赐我们，我们一定施舍，一定成为善人。'当他把部分恩惠赏赐他们的时候，他们吝啬，而且违背正道，故真主使他们心中常怀伪信，直到见主之日，因为他们对真主爽约，而且常撒谎。”(9:75—77)真主的使者身边有塞阿莱卜的一个亲戚，他听见了真主为塞阿莱卜降示的经文，就去见塞阿莱卜。他说：“塞阿莱卜啊，你个没教养的！真主已经为你降示了如此如此经文。”塞阿莱卜遂出门去见先知，请求先知接受他的天课。先知说：“真主禁止我接受你的天课。”先知说完，将一把土撒在塞阿莱卜的头上，并对他说：“这就是你的工作，我命令你，而你没有顺从我。”先知拒绝接受塞阿莱卜的天课后，塞阿莱卜转身回家了。真主的使者归真后，塞阿莱卜带着天课来见艾布·伯克尔，但艾布·伯克尔拒绝接受他的天课。欧麦尔就任哈里发后，塞阿莱卜又带着天课来见欧麦尔，欧麦尔也拒绝接受他的天课。奥斯曼继任哈里发后，塞阿莱卜去世了。

加利尔·本·莱斯传述，某人陪伴先知尔萨，说：“我和你在一起，我陪你。”两人出行，来到一个河边，坐下来吃午饭。两人带了三块大饼，吃了两块，还剩一块。先知尔萨到河里喝水，回来后不见了第三块大饼，就问：“谁拿了大饼？”随行人说：“我不知道。”两人继续前行。先知尔萨看见一只母羚羊带着两只羚羊羔，就宰了一只羊羔。两人烧烤了羊羔，吃完后，尔萨对着被烧烤的羊羔说：“你奉真主之命，站起来吧。”羊羔遂站起来走路。尔萨对随行人说：“凭借让你看到这件奇迹的真主起誓，我问你，谁拿了大饼？”随行人说：“我不知道。”两人行至一个河谷，尔萨拉着随行人的手，行走在水面上。渡过河谷后，尔萨说：“凭借让你看到这件奇迹的真主起誓，我问你，谁拿了大饼？”随行人说：“我不知道。”

两人行至一个旷野，坐下来休息。先知尔萨抓起土和沙，搅在一起，然后说："你奉真主的命令，成为金子。"沙土遂化为金子。尔萨将他分作三份，说："三分之一归我，三分之一归你，三分之一归那个拿了大饼的人。"随行人说："我就是那个拿大饼的人。"尔萨说："这些金子都归你。"

先知尔萨告别了带着金子的那个随行人。旷野里来了两个人，想要谋财害命。那个人说："钱分三份。你们派一个人去村里给我们买食物。"他们派一个人去了。被派人心想，我为什么要给他们分这些钱呢？我在食物里放上毒，毒死他俩，就能独吞这些钱。于是，他就在食物里投了毒。另外两人说："我们为何要将金子分成三份呢？如果他回来，我们杀死他，我们就可以分这些钱了。"买食物的人回来后，他俩杀死了他，吃了有毒的食物，死了。三个人因钱而死，将它留在旷野里。先知尔萨路过这三个人，看到此情后，对门徒说："这就是现世，你们谨防它。"

据传，双角王（马其顿王亚历山大的别号）视察一个民族，不仅没有看到任何可供他们生活的物资，而且看见他们挖好了坟墓。每当清晨，他们看护坟墓，清扫坟墓，在坟墓边礼拜。他们守护青草，就如守护牲畜那样。他们唯以青草替代大地上的其他植物。双角王派人到他们的首领那儿，对他说："你去晋见双角王。"首领说："我对他无所求，如果他有需要，肯定要来我这儿。"双角王说："他说对了。"于是，双角王来了，对首领说："我派人来召你，但你拒绝了。我来了。"首领说："如果我对你有所求，我肯定晋见你。"双角王说："我怎么看到你们处于任何民族都不曾有过的境地呢？这是怎么回事？你们一无所有，你们曾经不是有金有银，享受金银吗？"首领说："我们讨厌金银。因为，我们中只要有人得到一点金银，就欲壑难填，想要得到比金银更好的财富。”

双脚王说：“你们为何掘好了坟墓。每当清晨，你们看护坟墓，清扫坟墓，在坟墓边礼拜。”首领说：“我们希冀现世时，就看坟墓，想让坟墓阻止我们的痴心妄想。”双角王说：“我看你们没有别的食品，唯有青草。你们为何不饲养家畜呢，这样你们就能挤奶，骑乘，享受它们。”首领说：“我们讨厌将我们的肚腹变作它们的坟墓。我们在大地的植物中找到了糊口之资，人有最低的生活物资足矣。超过胃口的任何食品，我们都不认为它是食品。”然后，首领将他的手伸在双角王身后，拿起一颗骷髅，说：“双角王啊！你知道这是谁吗？”双角王说：“我不知道他是谁？”首领说：“他是地球上的某个国王，真主赋权给他，让他管理世人，可他暴虐百姓，欺压人民，骄傲蛮横。真主见此，让他暴死。他就像是一颗被抛弃的石头。真主清算了他的工作，以便在后世里借此惩罚他。”

然后，首领拿起另一颗尚未干枯的骷髅，说：“双角王啊！你知道这人是谁吗？”双角王说：“我不知道他是谁。”首领说：“这个国王，真主让他继承前任国王。他看见前任国王对人民的暴虐、压迫和骄横后，谦虚谨慎，敬畏真主。他让国家公平地对待臣民。他死后，就变成了你所看见的这样。真主已经清算了他的工作，以便在后世里借此褒奖他。”然后，首领让双角王看第三颗骷髅，说：“这颗骷髅将像前两颗骷髅那样。双角王，你看看，你要做什么。”双角王对他说：“你能伴随我吗，我视你为弟兄、宰相和伙伴，共同享受真主赐予我的钱财？”首领说：“我不适合，你身居高位，我们不在一起。”双角王说：“为什么？”首领说：“因为，所有人都是你的敌人、我的朋友。”双角王说：“为什么？”首领说：“因为你手中拥有王权、钱财和世界，他们敌视你。因为我拒绝这些，以及我只有少量需求，所以我找不到任何敌视我的人。”双角王听后，惊叹而引鉴地转身走了。

诗云：

享受现世之点缀，双眼劳累无法眠。
身心忙碌终不得，见主之时何所谈？

迈哈姆德·巴希里吟道：

现世考验个个人，随时随地常往返。
恩典到时常感谢，恩典走时当坚忍。

第六十章 施舍的高贵

真主的使者说:“谁从合法利润——真主只承领合法——中施舍了一枚枣子般的价值,真主以右手接受它。真主为其主人增长它,直至它变成一座大山,情如一个人饲养他的马驹。”有经文为证:“难道他们不知道吗?真主是接受他的仆人的忏悔的,是采纳赈款的;真主是至恕的,是至慈的。”(9:104)“真主褫夺利息,增加赈物。真主不喜爱一切辜恩的罪人。”(2:276)

真主的使者说:“施舍不会减少财产。真主以宽恕给仆民增加高贵。谁为真主而谦虚,真主擢升他的品级。”

泰卜拉尼传述圣训:“施舍不会减少财产。仆人只要施舍,真主就在施舍物落入乞讨者手中前接受它。人们只要向富人开启乞讨之门,真主就为他打开贫穷之门。”

人们说:“我的财产,我的财产。”殊不知,他的财产分三份:用来吃饭的财产,已经消化了;用来穿戴的财产,已经破烂了;用来施舍的财产,已经积蓄了。除此之外的财产,已留给了人们。

圣训:“真主将与你们中的任何人说话,真主与他之间没有翻译。真主看他的右边,只看到他的以往;真主看他的左边,只看到他的过去;真主看他的前面,只看到火对着他的脸。你们当谨防火狱,即使施舍半颗枣。”

圣训:“你们任何人当让他的脸部谨防火狱,即使施舍半颗枣。”

真主的使者说:“施舍消除罪恶,如同水熄灭火。凯尔卜·本·欧季勒啊,基于非法所得而成长的人进不了乐园,火狱最相应他。凯尔卜·本·欧季勒啊,早行的两种人,一种人救赎了自己,一种人步入了死地。凯尔卜·本·欧季勒啊,礼拜是顺主,斋戒是盾牌,施舍消除罪恶,就如融化岩石上的冰。”

圣训:“正如水灭火,施舍肯定消除真主的恼怒,阻止横祸之死。”

圣训:“真主肯定用施舍堵住导致丧命的七十道门。”

圣训:“每个人都在其施舍的荫佑下,直到真主审判人们。”

圣训:“人只要有所施舍,就能借此拆穿恶魔的七十次挑唆。”

某人问:“真主的使者啊!哪种施舍最贵?”使者说:“糊口的生活之资,你首先施济求助者。”

真主的使者说:“一枚迪尔汗,胜于十万枚迪尔汗。”某人请教:“真主的使者啊!那是怎么回事呢?”使者说:“一个富人拿出并施舍了财产中的十万枚迪尔汗,一个只有两枚迪尔汗的穷人拿出并施舍了一枚迪尔汗。”

真主的使者说:“你不要拒绝乞讨你的人,即使他牛羊成群。”

真主的使者说:“七种人,在只有真主遮荫的日子里,真主给他们遮荫。……一种人悄悄地施舍,甚至他的左手不知道右手所施舍。”

真主的使者说:“善行防止暴死,悄悄施舍消除真主的恼怒,联系亲族增加寿数。”

泰卜拉尼传述,真主的使者说:“善行防止暴死,悄悄施舍消除真主的恼怒，联系亲族增加寿数。每件善行都是施舍，今世是善人，后世也是善人；今世是恶人，后世也是恶人。第一个进入乐园的人是善人。”

泰卜拉尼与艾哈迈德传述，某人问：“真主的使者啊，何为施舍？”使者说：“重复加倍，真主增加报酬。”然后，使者诵读了经文：“谁以善债借给真主？他将以许多倍偿还他。真主能使人穷迫，能使人宽裕，你们只被召归于他。”（2：245）此人又问：“真主的使者啊，哪种施舍最贵？”使者说：“秘密地施济穷人，或者给穷人提供糊口之资。”然后，使者诵读了经文：“如果你们公开地施舍，这是很好的；如果你们秘密地施济贫民，这对于你们是更好的。这能消除你们的一部分罪恶。真主是彻知你们的行为的。”（2：271）使者说：“任何穆斯林给穆斯林衣服穿，只要他缝衣走线，就始终处于真主的庇护中。任何穆斯林给无衣的穆斯林衣服穿，真主就给他穿上乐园的绿装。任何穆斯林给饥饿的穆斯林供吃，真主供给他乐园的果实。任何穆斯林给口渴的穆斯林供饮，真主供给他封存的天醇。施济穷人是一种施舍，施济亲人是两种施舍——施舍与联系。”

某人问：“真主的使者啊！哪种施舍最贵？”使者说：“施济于心怀仇视的亲族。”

真主的使者说：“谁将奶牛借给他人挤奶，或者借给他人迪尔汗，或者给人指路，等同于释放了一个奴隶。”

真主的使者说：“但凡借债都是施舍。”

多位传述人传述，真主的使者说：“登霄夜，我看乐园的门上写着：施舍得到等同的十倍报酬，借债得到十八倍报酬。谁为穷人解困，真主就为他解今后两世之困。”

某人问真主的使者："伊斯兰教的哪种善行最好？"使者说："给人供食，给你认识和不认识的人道色兰。"

某人对真主的使者说："请你告诉我所有的事情。"使者说："凡物都造自水。"我说："请你教给我一件事，我完成它就能进入乐园。"使者说："你供人食物，传播色兰，联系亲族，人们夜眠而你礼拜，你就能平安地进入乐园。"

真主的使者说："你们崇拜普慈的真主，供人食物，传播色兰，就能平安地进入乐园。"

穆斯林给穷人提供食品，乃仁慈之源。真主的使者说："谁给穆斯林兄弟供食而令他饱食，给穆斯林兄弟供饮而使他喝足，真主让他远离火狱达七道壕沟之远，每两道壕沟之间的距离是五百年的路程。"

真主的使者说："复活日，真主说：'人们啊，我病了，你没有探望我。'仆人说：'我如何探望你呢，你是众世界的养主啊？'真主说：'难道你不知道，我的某个仆人病了，你没有探望他？难道你不知道，如果你探望他，你一定发现我在他旁边吗？'

真主说：'人们啊，我向你要吃，你没有给我吃。'仆人说：'我的养主啊，你是众世界的养主，我如何给你吃呢？'真主说：'难道你不知道，我的某个仆人向你要吃，你没有给他吃吗？难道你不知道，如果你给他吃，你肯定发现他在我旁边吗？'

真主说：'人们啊，我向你要喝，你没有供我喝。'仆人说：'我的养主啊，你是众世界的养主，我如何供你喝呢？'真主说：'难道你不知道，我的某个仆人向你要喝，你没有给他喝水吗？难道你不知道，如果你给他喝水，你肯定发现我在他旁边吗？'"

第六十一章　解决穆斯林需求

真主说:“你们当为正义和敬畏而互助。”(5:2)

真主的使者说:“谁为帮助兄弟和兄弟的利益而行走,其报酬等同于为主道奋斗者的报酬。”

真主的使者说:“真主有一些仆人,他为解决人们的需求而创造他们。真主自己发誓,绝对不以火刑惩罚他们。复活日来临时,真主命令天使为他们放好光坛,他们与真主交谈,而其他人则在清算中。”

真主的使者说:“谁致力于解决穆斯林兄弟的需求,无论解决与否,真主饶恕他以往与今后的罪过,为他注定了两件无关之事——与火狱无关,与伪信无关。”

真主的使者说:“谁为穆斯林兄弟解决了需求,我就站在他的秤盘边。如果秤盘倾斜,我就为他求情。”

艾奈斯传述,真主的使者说:“谁为解决穆斯林兄弟的需求而行走,真主就依他的每一步,为他记录七十件善行,勾销七十件恶行。如果他解决了需求,就脱离了罪过,就如他的母亲生育他的那一天。如果他在此期间去世,则不受清算地进入乐园。”

伊本·阿拔斯传述,真主的使者说:“谁与穆斯林兄弟为解决需求而同行,且就此互相劝勉,真主就在他与火狱之间设置七道壕沟，每道壕沟与壕沟之间的距离，如天地间的距离。”

伊本·欧麦尔传述，真主的使者说：“真主要将恩典赐给一伙人——只要他们持之以恒地解决人们的需求，只要他们没有厌烦它，真主就将这些恩典固定给他们。如果他们厌烦了它，真主则将这些恩典转赐给别人。”

艾布·胡莱尔传述，真主的使者说：“你们可知狮子咆哮时说什么？”圣门弟子们说：“真主及其使者最知。”使者说：“狮子说：‘主啊！求你不要让我制服任何善人。’”

阿里传述，真主的使者说：“如果你们任何人有所需求，就当在星期四早晨去办理。如果他走出家门，当诵读‘仪姆兰的家属章’章尾经文、黄牛章第255节经文、‘我在那高贵的夜间确已降示它’(97:1)、首章经文。这些经文含有今后两世的需求。”

阿卜杜拉·本·哈桑说：“我有事来到欧麦尔·本·阿卜杜·阿齐兹门口，他说：‘如果你对我有所求，就派人来，或者给我写封信。真主看见你在我家门口，令我蒙羞。’”

阿里说：“但凡有人心存高兴，真主就以此高兴创造一份慈爱。如果他遭遇不幸，慈爱就如流水一样倾泻在灾难上，直到消除他的灾难。”

阿里说：“困难过去，比求人解决困难更容易。”

阿里说：“你不要经常找你的弟兄解决困难，如果牛犊过分地吮吸母牛的乳汁，母牛也会顶撞牛犊。”

诗云：

身体力行多为善，岁月蹉跎时光短。

牢记真主造化恩，何尝无人求帮助。

诗云：

慷慨解囊为君子，帮困救难方兄弟。
正当年富力强日，不忘行善好时光。

真主的使者说："高兴啊，双手行善者；悲伤啊，两手作恶者。"

第六十二章　小净的高贵

真主的使者说："谁洗小净，就当完美小净后礼两拜——礼拜时内心没有盘算现世的任何事情，他就脱离了罪过，如同他的母亲生育他的那一天。"另一段圣训："两拜中没有疏忽大意，其以往罪过被饶恕。"

真主的使者说："难道我没有告诉你们，真主借以勾销罪过和擢升品级的功修吗？困难时完美小净，抬脚前往清真寺，礼拜后等待礼拜，这些都是吉哈德。"使者连说三遍。

先知小净时洗了一遍肢体，说："真主惟以此小净承领拜功。"然后，先知洗了两遍肢体，说："谁洗了两遍肢体，真主赐他两次报酬。"先知接着洗了三遍肢体，说："这就是我和我之前的众先知的小净，以及普慈之主的朋友易卜拉欣的小净。"

真主的使者说："谁洗小净时赞美真主，真主洁净他的全身。谁没有赞美真主，真主只洁净水湿过的部位。"

真主的使者说："谁用干净水洗小净，真主借此给他记录十件善功。"

真主的使者说："身有小净再洗小净，乃光上之光。"

这些圣训都鼓励人们再洗小净，使者说："穆斯林洗小净时漱口，罪过从口中脱离；呛鼻时，罪过从鼻中脱离；洗脸时，罪过从脸上脱离，甚至从眼睑边下脱离；洗手时，罪过从手中脱离，甚至从指尖下脱离；摩头时，罪过从头上脱离，甚至从两耳下脱离；洗脚时，罪过从脚上脱离，甚至从脚趾甲下脱离。然后，他步行到清真寺做礼拜，是他的余功。”

据传，真主的使者说：“洁净者，如斋戒者。”

真主的使者说：“谁洗全小净后仰望天空说：‘我作证，万物非主惟有真主，独一无二，无配无偶；我作证，穆罕默德是真主的仆人与使者’，八座乐园的所有门为他敞开，他随意进入任何一道门。”

欧麦尔说：“虔诚的小净，替你驱赶恶魔。”

穆扎希德说：“谁有能力干净地、赞主地、求饶地过夜，就让他这样做吧。灵魂按照出体时的状态而被复生。”

据传，欧麦尔因天房幔帐事宜，派真主的使者的某个圣门弟子前往埃及。欧麦尔的使者行至沙姆地区的某地后，来到一座修行院边。院里住着一个学者——没有比他更有知识的学者了。使者想见学者，听他授知，就来敲他的院门。学者很久没有为他开门。门开后，使者入门请教学者，听他教诲。使者对学者知识深感敬佩的同时，也请教他为何不开门。学者说：“我们看你国王般地到我们这儿时，都害怕你。我们之所以将你拒之门外，是因为真主对先知穆萨说：‘穆萨啊！如果你害怕国王，你就洗小净，让你的家人也洗小净。谁洗了小净，谁就因其所怕而在我的保护中。’所以，我们将你挡在门外，直到我和家人洗了小净，礼了拜，并为此求得平安，才给你开了门。”

第六十三章　礼拜的高贵

礼拜是最高贵的功修。我们根据《古兰经》，不厌其烦地敦促人们坚守礼拜。鉴于礼拜之贵，我们在前述基础上继续论述。真主的使者说："仆人不会得到比容他礼两拜更好的恩赐了。"

穆罕默德·本·西林说："如果我在两拜和乐园之间选择，我肯定选择两拜而放弃乐园。因为，两拜里有真主的喜悦，乐园里有我的喜悦。"

据传，真主创造七层天后，让诸天布满了天使，他们毫不疲惫地礼拜真主。真主为每层天的天使们安排了一种功修。一层天的天使们双脚站立，直到末日号角吹响；一层天的天使们鞠躬；一层天的天使们叩首；一层天的天使们因敬畏真主而垂下翅膀；最高层天和阿勒舍的天使们绕着阿勒舍游转，赞美他们的养主，为地球人求饶。真主为优待信士们，将这一切都集中在一次拜功里，以便他们得到诸天中众天使的功修福分。他们的食粮是他们诵读的《古兰经》，真主要求他们感谢礼拜。感谢礼拜就是，根据礼拜的各项要求和规制来完成礼拜。真主说："他们确信幽玄，谨守拜功，并分舍我所给予他们的。"(2:3)"你们当谨守拜功，完纳天课，与鞠躬者同齐鞠躬。"(2:43)"你当在白昼的两端和初更的时候谨守拜功。"(11:114)"但他们中学问渊博的，确信正道的——确信降示你的经典，和在你之

前所降示的经典——和谨守拜功的，完纳天课的，和确信真主与末日的人，这等人，我将赏赐他们重大的报酬。”(4:162)

《古兰经》但凡提到拜功，就会同时提到谨慎拜功。真主提到伪信士们时，说：“悲伤啊！礼拜的人们，他们是忽视拜功的。”(107:4—5)真主之所以称伪信士为“礼拜的人们”，将信士们称为“谨守拜功的人们”，是因为“礼拜的人们”很多，而“谨守拜功的人们”很少。忽视礼拜的人们休息般地做功课，他们不理会功修呈现给真主的日子，是被接受，还是被拒绝。

真主的使者说：“你们中有礼拜者，他的拜功只被记录三分之一，或四分之一，或五分之一，或六分之一。”使者一直数到十分之一。也就是说，只记录礼拜者拜功中理解的部分。

真主的使者说：“谁心向真主地礼两拜，就脱离了他的罪过，就如母亲生育他的那一天。”

仆人诚心礼拜真主非常重要。如果他没有一心一意地礼拜，而是心有杂念，那就如同大臣因过错站在皇宫门前一样。他进宫后，站在国王面前，国王迎面他，他就不由自主地左顾右盼。国王没有解决他的需求，而仅仅根据他的关注程度来迎面他。礼拜也如此。如果仆人入了拜，但忽视礼拜，他的拜功就不被接受。

要知道，拜功就如国王设宴。国王准备美味佳肴和可口饮料后，邀请人们赴宴。礼拜也如此。真主邀请人们礼拜，为他们安排了各种动作与不同赞词。人们借助拜功崇拜真主，真主凭借各种功修使他们身心愉悦。各种动作就如美味佳肴，各种赞词就如可口饮料。

据传，拜功中有一万两千个要素，最后被浓缩成十二个要素。

谁想要礼拜，就必须遵守这十二个要素，以便完善拜功。其中，六个要素是在入拜前，六个是在拜中。

第一，知识，因为先知说："知而少做，胜于愚而多做。"

第二，小净，因为先知说："只有洁净方能礼拜。"

第三，着装，因为真主说："阿丹的子孙啊！每逢礼拜，你们必须穿着服饰。"(7:31)也就是说，你们每次礼拜时，都要穿上衣服。

第四，守时，因为真主说："拜功对于信士，确是定时的义务。"(4:103)即定时的主命。

第五，正向，因为真主说："你无论从哪里出去，都应当把你的脸转向禁寺。你们无论在哪里，都应当把你们的脸转向它，以免他人对你们有所借口。"(2:150)

第六，举意，因为先知说："一切工作惟凭举意，每个人都将得到自己所举意的。"

第七，诵念"真主至大"词，因为先知说："礼拜的受戒是'真主至大'词，礼拜的开戒是'色兰'词。"

第八，立站，因为真主说："你们当为真主而顺服地立正。"(2:238)

第九，念开端章，因为真主说："你们应当诵《古兰经》中简易的[文辞]。"(73:20)

第十，鞠躬，因为真主说："信道的人们啊！你们应当鞠躬，应当叩头。"(22:77)

第十一，叩头，因为真主说："信道的人们啊！你们应当鞠躬，应当叩头。"(22:77)

第十二，打坐，因为先知说："如果礼拜者从最后一个叩头中抬起头，打坐至诵念作证词的程度，他的拜功就完成了。"

如果你觉得这十二个要素要有一个结果——虔诚——的话，那这些要素就完美了，因为真主说："你当崇拜真主，而且诚笃地顺服他。"(39:2)

知识基于三：

其一，知道拜功中的主命与圣行。

其二，知道小净中的主命与圣行，因为这是拜功完成的必然要素。

其三，知道恶魔的诡计，所以当努力与之进行斗争。

小净的完美基于三：

其一，纯洁心灵于嫉恨、嫉妒与欺诈。

其二，清洁身体于罪过。

其三，勿浪费水地洗全各个肢体。

着装基于三：

其一，服装来源于合法财产购买。

其二，服装干净而无污秽。

其三，着装符合圣行，切勿炫耀与傲慢。

守时基于三：

其一，观测太阳、月亮、星星，注意入拜时间。

其二，听唤礼声。

其三，心系礼拜时间。

正向基于三：

其一，面向麦加方向。

其二，心向真主。

其三，敬畏与卑微。

举意基于三:

其一,知道礼哪次拜功。

其二,明白自己站在真主面前,真主看着自己,所以当敬畏而立。

其三,知道内心所思所想,内心没有丝毫世俗杂念。

诵念“真主至大”词基于三:

其一,绝对准确诵念。

其二,将两手抬至齐耳平。

其三,思维敏捷,敬重地诵念“真主至大”词。

立站基于三:

其一,目视叩头的位置。

其二,心向真主。

其三,不得左顾右盼。

诵读基于三:

其一,准确地讽诵《古兰经》开端章。

其二,思考地诵读,理解经义。

其三,遵循所念经文。

鞠躬基于三:

其一,弯腰且持平,既不低垂,也不抬高。

其二,将双手放在两膝盖上,手指分开。

其三,稳定鞠躬,庄严地诵念“赞美真主”词。

叩头基于三:

其一,铺开双手,齐耳平。

其二,不要铺开双臂。

其三，稳定叩头，敬念“赞美真主”词。

打坐基于三：

其一，铺下左脚并坐在上面，立起右脚。

其二，敬念作证词，为自己和信士们祈祷真主。

其三，向右边道“色兰”。

道“色兰”就是，内心虔诚举意地向你右边和左边的记录天使、男人和女人道色兰，目光不要越过两肩。

虔诚基于三：

其一，凭借拜功，寻求真主的喜悦，不要寻求人们的喜悦。

其二，期盼来自真主的成功。

其三，谨守拜功，以便复活日带着它行走，因为真主说：“行一件善事的人，将得十倍的报酬。”(6:160)

第六十四章　复活日的惊恐

阿伊莎传述，我问："真主的使者啊！复活日，亲友想起亲友吗？"真主的使者说："在三个地方想不起。天秤前，他甚至不知道天秤是轻是重；功过簿展开时，他或用右手或用左手接功过簿；一个天使走出火狱并卷起他们时——彼时，他说：'我受托带走三种人——祈祷真主的同时祈祷其他者、骄傲自大的顽固者、不相信清算日的人。'他卷起他们，将他们投入火狱。火狱里有一座比头发还细微、比宝剑还锋利的桥，桥上有马刺和蒺藜，人们闪电般地、狂风般地过桥……"

艾布·胡莱尔传述，真主的使者说："真主完成了诸天诸地的创造后，创造了号角，并将它交给伊斯拉菲勒天使。伊斯拉菲勒天使遂将号角放在嘴上，仰望阿勒舍，等待着何时受命吹响号角。"我说："真主的使者啊！何为号角？"使者说："一种火角。"我说："真主的使者啊！它是怎样的？"使者说："巨大的圆环，以本着真理派遣我的真主起誓，它的巨圆如天地之宽，它被吹响三次。一吹为恫吓，一吹为死亡，一吹为复活。所有灵魂蜜蜂般飞出，充满天地，从各种鼻孔进入各种肉体。"先知接着说："我是大地为他裂开的第一人。"

另一段传述，真主复活了哲卜拉伊勒天使、米卡伊勒天使和伊斯拉菲勒天使，他们牵着布拉格马，带着乐园的新装，来到先知墓前。先知看着哲卜拉伊勒天使，说："哲卜拉伊勒啊！今天是什么日子？"哲卜拉伊勒说："今天是复活日，今天是灾难日，今天是大难日。"先知说："哲卜拉伊勒啊！真主怎么对待我的乌玛呢？"哲卜拉伊勒说："你欣喜吧！你是大地为他开裂的第一人。"

艾布·胡莱尔传述，先知说："真主说：'精灵与人类啊！我曾忠告过你们，你们的工作被记录在你们的功过簿里。谁得到了好处，就赞美真主吧；谁没有得到好处，惟抱怨自己！'"

据传，叶哈雅·本·穆阿兹在讲席上诵读了经文："那日，我要把敬畏者集合到至仁主的那里，享受恩荣。我要把犯罪者驱逐到火狱去，以沸水解渴。"(19:85—86)然后说："人们啊！行善吧，行善！明天，你们全被集合到一个地方。你们一群一群地来自四面八方，一个一个地站在真主的前面，一字一字地被问及你们的所作所为。顺从真主者被成群成群地引至普慈之主；违逆真主者被成批成批地驱赶至真主那儿承受惩罚，成伙成伙地进入火狱。我的兄弟们啊！你们面临的一日，在你们的历算中，'那一日的长度是五万年。'(70:4)它是第一声号角吹响之日，是世界末日，是人们为众世界之主起立之日，是忧伤日、懊悔日、争辩日、清算日、拷问日、折磨日、灾难日、大难日、互不关心日。'在那日，各人将要看见自己所已做的工作。'(78:40)'在那日，有些脸将变成白皙的，有些脸将变成黧黑的。'(3:106)'即财产和子孙都无裨益之日，惟带着一颗纯洁的心来见真主者，[得其裨益]。'(26:88—89)'不义者的托词无裨于他们之日，他们将遭弃绝，他们将受后世的刑罚。'(40:52)"

穆加提勒·本·苏莱曼说："复活日，众生默不作声地站立一

百年，不知所措地黑暗一百年，在养主面前此起彼伏地互辩一百年。复活日的长度是你们历算的五万年，对于虔诚的信士而已，度过复活日比完成一次主命拜功还轻松。”

先知说：“人们无法行走一步，直到被问及四件事情——问及他的年龄，他把时间消磨在哪里了；问及他的身体，他把体力消耗在哪里了；问及他的知识，他把知识实践在哪里了；问及他的钱财，他取自哪里，花在哪里了。”

伊本·阿拔斯传述，先知说：“但凡先知的祈求，都被应答，所以每个先知都在现世里提前祈求了。我为了我的乌玛，将我的祈求与央请，保留在复活日。”

主啊！你凭借先知的面子，让他为我们央请吧！愿真主赐福我们的先知，及其家属和众门弟子！

第六十五章　火狱和天秤的特点

前文已就火狱和天秤提醒了人们，但为了对它做进一步说明，不妨再次论述，以便不厌其烦的忠告裨益于那些昏愦之心。尤为重要的是，真主在其经典——《古兰经》的多节经文中，描述了火狱的恐惧和复活日的种种情况，从而使其深入智者的心灵，提醒他们：现世微不足道，后世美好永存。

圣训谈及了火狱——愿真主借自己的恩惠和慷慨护佑我们免遭火狱惩罚——的特点："火狱漆黑，无光无焰。它有七道门，每道门前有七万座山，每座山上有七万道火口，每道火口有七万个火洞，每个火洞里有七万个火谷，每个火谷里有七万座火宫，每座火宫里有七万间火房，每间火房里有七万条蛇和七万条蝎，每条蝎有七万根尾巴，每根尾巴有七万根椎，每根椎上有七万滴毒液。复活日来临时，火狱的盖子被揭开，飞出一顶帐幕，飞过人类和精灵的右边，又一顶飞过他们的左边，又一顶飞过他们的前面，又一顶飞过他们的上面，又一顶飞过他们的后面。人类和精灵看到这些帐幕时，双膝跪坐，齐声呼唤：养主啊，你让我们平安吧！"

穆斯林传述，真主的使者说："复活日，火狱被带来，它有七万根绳子，每根绳子被七万个天使拉着。"

真主的使者就经文"主持火刑的是许多残忍而严厉的天使"

(66:6)所指的“管理火狱的天使”说:“每个天使的两肩之间有一百年的路程,每个天使都力大无比,如果他用手中的铁棍敲山,山定夷为平地。他每敲一次,导致火狱里出现七万个坑。”

《古兰经》文“管理它的,共计 19 名”(56:30),“19 名”是指“火狱管理者泽巴尼叶天使们的首领”。管理火狱的天使们,惟有真主知道他们的数目,真主说:“只有你的主,能知道他的军队。”(56:31)

有人就“火狱的宽广”请教伊本·阿拔斯,他说:“以真主起誓,我不知道它的宽广。但我们得知,每个泽巴尼叶天使的耳朵和肩膀之间有七十年的路程,其间流淌着许多脓谷和血谷。”

提尔米兹传述,真主的使者说:“火狱里每顶帐篷的厚度达七十年的路程。”

穆斯林传述,真主的使者说:“你们燃烧的火,是火狱热度的七十分之一。”圣门弟子们问:“真主的使者啊,即使这点火,已足矣。”使者说:“它将超过此火六十九倍,每份都像它这样热。”

真主的使者说:“如果火狱的一个居民将手掌伸至世人,现世肯定因其热而燃烧。如果管理火狱的一个天使被送到世人中供他们观看,他们看到他时,肯定因真主之怒而死。”

穆斯林等人传述,真主的使者与众弟子坐在一起,突然,他听到物体跌落的声音,就说:“你们知道这是什么声音?”我们说:“真主及其使者最知。”使者说:“这是七十年前被投入火狱的一块石头,一直往下坠落,刚落入狱底。”

欧麦尔说:“你们常记火狱,其热炎炎,其底深深,铁棍沉沉。”

伊本·阿拔斯说:“烈火烧人,就如鸟啄食。”

有人就经文“当他从远处看见他们的时候,他们听见爆裂声和叹息声”(25:12)请教伊本·阿拔斯:“火狱有双眼吗?”他说:“有,难道你们没听使者说:‘谁故意为我说谎,就让他在火狱的双眼之间入座吧!’”有人请教真主的使者:“真主的使者啊!火狱有双眼吗?”使者说:“难道你们没听真主说:‘当他从远处看见他们的时候。’”(25:12)另一段圣训强调了这段圣训:“火狱里走出一个两眼能观、舌头能言的人。他说:‘今天,我受托带走以物配主的人。’他看着他们,就如鸟儿看着芝麻并啄之。”

至于天秤的特点,圣训说:“善行的秤盘亮晶晶,恶行的秤盘黑黝黝。”

提尔米兹传述,真主的使者说:“乐园被置于阿勒舍的右边,火狱被置于它的左边;善行的秤盘在它的右边,恶行的秤盘在它的左边。”也就是说,乐园相应善行,火狱相应恶行。

伊本·阿拔斯说:“善行与恶行被放在有两个秤盘和一个指针的天秤里受称。复活日,如果真主想要称量仆人的工作,就将工作变作物体后称量它。”

第六十六章　贬责骄傲(三)

愿真主引导我,愿你两世幸福！要知道,骄傲与自负掠夺美德,滋生恶德。拒绝忠言和教诲的恶德,足以令你厌恶。因此,哲人们说,知识被置于羞愧与骄傲之间;知识对决傲者,就如洪水对决高层建筑。

真主的使者说:"心存芥子粒般骄傲的人,不能进入乐园。"

真主的使者说:"谁自傲地拖长衣服,真主不理睬他。"

哲人们说:"骄傲的国王不长久。"

伟大的真主将骄傲与堕落相提并论,他说:"这是后世的住宅,我要用来报答那不愿傲慢也不愿堕落的人。善果只归敬畏的人。"(28:83)

真主说:"我将使那些在地方上妄自尊大的人离弃我的迹象。"(7:146)

某哲人说:"我只要看见骄傲自大的人,就比他更骄傲。"

伊本·阿瓦奈曾经是人们中最可恶的自傲者。据传,他对仆人说:"给我水喝。"仆人说:"是。"他说:"仆人说'是',谁说'不'呢。你们抽他耳光。"于是,该仆人被抽了耳光。又传,伊本·阿瓦奈唤来一个庄稼汉,与他说话。两人说完后,伊本·阿瓦奈要来水漱口。因为,他认为与庄稼汉说话,脏了他的口。

某哲人说:“谁自视甚高,一旦跌下就粉身碎骨。”

贾希兹说:“古莱氏族中最骄傲的人莫过于麦赫鲁穆的后人和乌曼叶的后人。阿拉伯人中最骄傲的人莫过于贾法尔·本·凯拉布的后人和祖拉勒·本·阿鼎耶的后人。”

科斯鲁们(古代波斯国王们的称号)视他人为奴隶,视自己为主子。

某人问阿卜杜·达尔族的某人:“你不晋见哈里发吗?”他说:“我担心桥梁担不起我的荣誉。”

某人问韩贾吉·本·阿勒塔:“你怎么不参加聚礼呢?”他说:“我害怕菜贩子们挤我。”

瓦伊勒·本·哈哲尔来见真主的使者,使者给了他一块地,并对穆阿维叶说:“你把这块地给他,为他写个契约。”于是,穆阿维叶与瓦伊勒在酷热中出门。穆阿维叶跟在瓦伊勒的骆驼后行走,以至于烈日烧灼了他的脚,就对瓦伊勒说:“你让我与你同乘骆驼,我在你身后。”瓦伊勒说:“你不是与国王同乘的人。”穆阿维叶说:“你把你的鞋子给我。”瓦伊勒说:“伊本·艾布·苏夫延啊,没有任何小气鬼阻止我。我讨厌也门的酋长们知道你穿了我的鞋子。你走在我的骆驼影子下,已足够荣耀了。”

据传,穆阿维叶执政时期,瓦伊勒来见他,他让瓦伊勒与他一起坐在床上交谈。

麦斯鲁勒·本·信德问某人:“你认识我吗?”后者说:“不认识。”他说:“我是麦斯鲁勒·本·信德。”后者说:“我不认识你。”他说:“不识月亮的人真可悲啊!”对此,有诗云:

痴人须知傲骗人，若知其灾则不骄。

骄摧信仰傲毁智，毁名损誉当醒悟。

某贤哲说：“卑贱者骄傲，高尚者谦虚。”

真主的使者说：“有三种毁人之罪——吝啬成性，顺从私欲，自我欣赏。”

阿卜杜拉·本·阿慕尔传述，真主的使者说：“先知努哈临近归真时，叫来两个儿子，说：‘我以两件事情命令你俩，以两件事情禁止你俩。我禁止你俩以物配主和骄傲自大。我以‘万物非主唯有真主’命令你俩。如果诸天诸地及其之间的一切被放在天秤的一个秤盘，‘万物非主唯有真主’被放在另一个秤盘，则它比前者更重。如果诸天诸地及其之间的一切是一个圆环，将‘万物非主唯有真主’放在圆环的上面，则它要毁坏诸天诸地。我以‘赞美真主’命令你俩，它是万物的祈祷，万物因它而受恩泽。’”

先知尔萨说：“恭喜啊！真主给他教授了经典，而他没有骄傲地归真。”

据传，阿卜杜拉·本·塞拉姆头顶一捆柴路过一个市场，有人对他说：“你怎么干这个呢，真主让你无须如此啊？”他说：“我想让自己避免骄傲。”

古尔泰卜在注释经文“叫她们不要用力踏足，使人得知她们所隐藏的首饰”(24:31)时说：“女人向外男子炫耀美色是非法，男人傲慢地用力踏足也是非法。因为，骄傲属于大罪之一。”

第六十七章　善待孤儿与禁止虐孤

布哈里传述，真主的使者说："我与抚养孤儿的人同在乐园，就如这两根［指头］。"使者用他的食指与中指示意，并分开了两根指头。

穆斯林传述，真主的使者说："我与抚养自家孤儿或他家孤儿的人同在乐园，就如这两根［指头］。"另一圣训传述人马利克指了指食指与中指。

比扎尔传述，真主的使者说："谁抚养了他的亲族孤儿或非亲族孤儿，我与他同在乐园，就如这两根［指头］；"——使者并拢了他的两根指头——"谁致力于抚养三个女儿，他在乐园里享受为主道奋斗者、封斋者和礼拜者的恩赐。"

伊本·马哲传述，真主的使者说："谁抚养了三个孤儿，就如夜间礼拜和白昼封斋者，以及为主道而早晚拔剑者。我与他是乐园里的两兄弟，就如这两根姊妹指。"使者将他的食指和中指并在一起。

提尔米兹传述，真主的使者说："谁给三个穆斯林孤儿供应饮食，真主绝对让他进入乐园，除非他犯了不可恕之罪。"

伊本·马哲传述，真主的使者说："最优秀的穆斯林家庭是，家有孤儿并且善待孤儿的家庭。最恶劣的穆斯林家庭是，家有孤儿并且虐待孤儿的家庭。"

艾布·耶尔拉根据哈桑传述，真主的使者说："乐园之门为我首开，但我看到一个妇女与我竞争。我说：'你怎么啦，你是谁？'她说：'我是抚养自家孤儿们的女人。'"

泰卜拉尼传述，真主的使者说："以本着真理派遣我的真主起誓！复活日，真主不惩罚怜悯孤儿的人、柔和地与孤儿说话的人、同情孤儿的孤单和弱势的人、不以真主所赐恩典侵犯邻居的人。"

艾哈迈德等人传述，真主的使者说："谁抚摸孤儿的头，只要抚摸，其手所摸的每根头发都有真主对他的恩赐。谁善待他跟前的男孤或女孤，我与他同在乐园，就如这两根[指头]……"

圣训学家们传述，真主的使者说："真主告诉叶尔孤白，其失明、驼背，以及优素福兄弟们对优素福所作所为的原因在于：一个饥饿且封斋的贫穷孤儿来到他家，他和家人宰羊吃肉，但没给孤儿吃肉。然后，真主告诉叶尔孤白，他[①]丝毫不喜欢真主的众仆中的孤儿和穷人。于是，真主命令他做饭请穷人吃饭。叶尔孤白照做了。"

布哈里与穆斯林根据艾布·胡莱尔传述，真主的使者说："为抚养穷人们而奔波者，等同于为主道奋斗者，就如不歇息的礼拜者和不开斋的封斋者。"

伊本·马哲传述，真主的使者说："为抚养寡妇和穷人而奔波者，等同于为主道奋斗者，就如夜间礼拜、白昼斋戒的人。"

某先贤说："我曾经是个酒鬼，恶贯满盈。有一天，我看见一个孤儿，善待了他，就如善待儿子一样，甚至有过之。我入睡后，梦见泽巴尼叶天使慌慌张张地将我带到火狱。突然，那个孤儿拦住了

---

① 叶尔孤白。——译者

我，说：‘你们放开他，我为他而与我的养主商量。’但天使们拒绝了。此时，一个声音唤道：‘你们放开他，由于他善待孤儿，我赦免了他以往的罪过。’这时，我醒了，从那天起，我更加善待孤儿们。”

什叶派的某富人膝下数女，他归真后，女儿们贫困交加，以至于因害怕灾祸而离开故土，来到迁居地的一座清真寺。她们的母亲将她们安置在寺里后出去觅食。她路过该城的一个穆斯林老者，给他解释她的境遇，但他没有相信她，说：“你必须就此给我立个明证。”她说：“我是个陌生女人。”他转身离开了她。她又路过一个拜火教徒，为他解释了她的境况。拜火教徒相信了她，派他的一个妻子带她和她的女儿们到他家，隆重地招待了她们。

午夜过后，那个穆斯林老者梦见复活日成立，先知穆罕默德在他的头前竖起“赞颂旗”，他面前有一座巨大的宫殿，就问：“真主的使者啊！这座宫殿属于谁？”先知说：“属于某个穆斯林。”他说：“我是认主独一的穆斯林。”先知说：“你就此给我立证了吗？”他不知所措。先知给他讲述了什叶女人的故事，他痛彻心扉地醒来——彼时，他拒绝了她。此后，他四处寻找她的下落，最终找到拜火教徒的家。他向拜火教徒要她，但遭到拒绝，并被告知：“她们给我带来了诸多的幸福。”他说：“我给你一千金币，你把她们交给我。”拜火教徒拒绝了。他想强迫拜火教徒，拜火教徒说：“你想要的宫殿，我更值得拥有它。你梦中梦见的宫殿，是为我而造。我以你的伊斯兰教引以为傲！以真主起誓，我和我的家人只要睡着，就梦见我们全都在什叶女人的手上皈依了伊斯兰教。我梦见了你所梦。真主的使者问我：‘什叶女人及其女儿们在你跟前？’我说：‘真主的使者，是的。’使者说：‘宫殿属于你和你的家人。’”穆斯林老者悲痛欲绝地走了。惟有真主知道他！

第六十八章　侵吞非法财产

真主说:“信道的人们啊!你们不要借诈术而侵蚀别人的财产,惟借双方同意的交易而获得的除外。”(4:29)学者们对此节经文所指,持不同见解。有学者认为,它是指高利贷和赌博、抢劫与偷盗、违约与伪证、发慌誓吞财产。

伊本·阿拔斯说:“经文是指,无替代物地掠取他人的财物。”

这节经文降示时,人们避免使用他人的任何财物,直到这节经文降示:“无论在你自己的家里,或在你们父亲的家里,或在你们母亲的家里,或在你们弟兄的家里,或在你们姐妹的家里,或在你们的叔伯的家里,或在你们的姑母的家里,或在你们舅父的家里,或在你们姨母的家里,或在有你们管理钥匙者的家里,或在你们朋友的家里,你们饮食,对于你们是无罪的。”(24:61)

有学者认为,经文“信道的人们啊!你们不要借诈术而侵蚀别人的财产,惟借双方同意的交易而获得的除外”(4:29)是指无效协议。

伊本·麦斯欧德认为,该节经文(4:29)是“明显经文”,没有被其他经文停止。这是因为,“借诈术侵吞财产”包括一切非法所得,无论是通过不义之行,如抢劫、违约、偷盗;或者是通过游戏之法,如赌博与娱乐;或者是通过欺骗之道,如无效协议所得。另有学者认为，该节经文还包括人们“借诈术侵吞自己的钱财”——将自己或他人的钱财消费于非法事物，如上所述。经文“惟借双方同意的交易而获得的除外”(4:29)是断然的除外，也就是说，合法所获是干净的财物。

穆斯林等根据艾布·胡莱尔传述，真主的使者说：“真主确是纯洁的，他只接受纯洁的。真主确以列圣受命遵行的工作，命令了信士们。”真主说：“众使者啊！你们可以吃佳美的食物，应当力行善功。”(23:51)“信道的人们啊！你们可以吃我所供给你们的佳美的食物，你们当感谢真主，如果你们只崇拜他。”(2:172)然后，真主的使者讲到，一个头发蓬乱、饥饿难耐的长途旅行者抬手向天，说：“养主啊，养主！”他的食品是非法所得，他的饮料是非法所得，他的服装是非法所得，他受非法所得滋养，他的祈祷焉能被接受？

泰卜拉尼传述，真主的使者说：“寻求合法财物是每个穆斯林的义务。”

泰卜拉尼与拜海吉传述，真主的使者说：“寻求合法财物是所有主命后的主命。”

提尔米兹与哈基姆传述，真主的使者说：“谁食用合法食物、遵守圣行、人们免受其害，谁就进入乐园了。”圣门弟子们请教：“真主的使者啊！这样的人在你今天的乌玛中很多。”使者说：“他将在我之后的数世纪里。”

艾哈迈德等人传述，真主的使者说：“如果你具备了四件德行，就不会失去现世——信守诺言、语言诚实、心地善良、安分守己。”

泰卜拉尼传述，真主的使者说：“恭喜啊，合法赚钱、心底纯正、志存高远、不伤他人的人！恭喜啊，知行合一、花费余钱、缄默不语的人!”

泰卜拉尼传述,真主的使者说:“塞阿德啊! 你纯洁你的食物,你就是祈祷被应答的人。以掌握穆罕默德生命的真主起誓,将非法所得的一口食物吃入腹中的人,其四十天的功修不被接受。基于不义之财成长的人,火狱最相应他。”

比扎尔传述,真主的使者说:“谁没有信托、礼拜和天课,谁就没有信仰。谁获取了非法钱财,然后买了衬衫穿,其拜功不被接受,直到他脱下那件衬衫。”也就是说,真主不接受这些人——用非法钱财购买衣服——的功修和礼拜。

艾哈迈德根据欧麦尔传述,真主的使者说:“谁用十枚迪尔汗买了一件衣服,其中有一枚是非法所得的迪尔汗,只要那件衣服穿在他身上,真主就不会接受他的礼拜。”

拜海吉传述,真主的使者说:“谁在明知是被盗物的情况下购买了赃物,就参与了销赃和作案。”

艾哈迈德传述,真主的使者说:“以掌握我生命的真主起誓,你们拿着绳子上山打柴后下山卖柴购粮,绝对胜过他将真主所禁食物吃入口中。”

伊本·胡宰麦、伊本·欣班和哈基姆传述,真主的使者说:“谁聚敛了非法钱财且施舍它,不仅得不到任何恩赐,反而是在犯罪。”

泰卜拉尼传述,真主的使者说:“谁赚取非法钱财并消费它,而且还想获取真主的怜悯,就是在犯罪。”

艾哈迈德等人传述,真主的使者说:“真主已给你们注定了各种品德,也在你们之间分布了各类给养。真主将现世给予喜爱或不喜爱现世的人,但只将伊斯兰教赐予喜欢它的人。谁受到真主赐予的伊斯兰教，真主已经喜欢他了。以掌握我生命的真主起誓，人们已经皈依或将要皈依伊斯兰教，取决于他的心口已经皈依或将要皈依伊斯兰教。人不安宁，除非他的邻居免受其害。”圣门弟子请教：“真主的使者啊！他的伤害是什么？”使者说：“他的欺骗与不义。人不赚取非法钱财，施舍合法钱财就被接受，不花费非法钱财就受真主赐福。如果真主置之不理，他的归宿必定是火狱。真主不以恶消恶，而是以善消恶。确是，恶不消恶。”

提尔米兹传述，有人就最使人进入火狱之事请教真主的使者，使者说：“嘴巴与羞体。”有人就最使人进入乐园之事请教真主的使者，使者说：“敬主与美德。”

提尔米兹传述，真主的使者说：“复活日，人们只要移动一步，就被问及四件事情——问及他的年龄，他把时间消磨在哪里了；问及他的青春，他把青春消耗在哪里了；问及他的钱财，他取自哪里，花在哪里了；问及他的知识，他把知识实践在哪里了。”

拜海吉传述，真主的使者说：“现世翠绿而美好，谁从中赚取合法钱财，合理消费它，真主就恩赐他，让他进入乐园；谁从中赚取非法钱财，肆意消费它，真主就让他进入火狱。也许，强取真主及其使者的财产的人，复活日要享受火狱。真主说：‘每当火势减弱的时候，我增加它们的火焰。’”(17:97)

伊本·欣班传述，真主的使者说：“基于不义之财成长的人，火狱最相应他。”

提尔米兹传述，真主的使者说：“人只要成长于不义之财，火狱最相应他。”

另一段圣训：“受非法所得滋养的人，不能进入乐园。”

第六十九章　禁止高利贷

《古兰经》多节经文，以及多段圣训禁止高利贷。

布哈里与艾布·达吾德传述："真主的使者诅咒了纹身的女人、要求纹身的女人、吃高利贷的人、委托放债的人。"真主的使者禁止了买卖狗和为非作歹，诅咒了画像者。

艾哈迈德、艾布·耶尔拉、伊本·海济姆、伊本·欣班根据伊本·麦斯欧德传述，真主的使者说："吃高利贷的人、委托放债的人与双方见证人、书写放债的人、纹身的女人、为美丽而要求纹身的女人、推迟交纳天课的人，都受到穆罕默德的诅咒。"

哈基姆、布哈里与穆斯林传述，真主的使者说："高利贷有七十三道门，最容易的门，就如一个人要娶自己的母亲。"

比扎尔传述，真主的使者说："高利贷有七十几道门，以物配主亦如此。"

拜海吉传述，真主的使者说："高利贷有七十道门，最差的门，等于一个人和母亲发生关系。"

泰卜拉尼根据阿卜杜拉·本·塞拉姆传述，真主的使者说："就伊斯兰教而言，一个人从高利贷中赚取一枚迪尔汗，在真主看来比通奸三十三次还严重。"

真主的使者说："复活日，真主允许善人和恶人站起来，惟有吃高利贷的人例外。他只要站着，就如中了魔一样。”

艾哈迈德根据凯尔卜·艾哈巴尔传述，真主的使者说：“我宁愿通奸三十三次，也不愿吃一枚迪尔汗的高利贷——真主知道，那是我用高利贷的方式吞吃了它。”

艾哈迈德与泰卜拉尼传述，真主的使者说：“明知故犯地吃一枚迪尔汗的高利贷，比通奸三十六次更严重。”

伊本·艾布·顿亚与拜海吉传述，真主的使者给我们演讲时极其严重地言及了高利贷的事情，他说：“在真主看来，一个人从高利贷中赚取一枚迪尔汗，比一个人犯罪地通奸三十六次更严重。最重利的高利贷莫过于侵犯穆斯林男子的名誉。”

泰卜拉尼传述，真主的使者说：“谁为了反对真理而助纣为虐，他就失去了真主及真主的使者的保护。谁吃了一枚迪尔汗的高利贷，等同于通奸三十六次。谁在不义之财中长大，火狱最相应他。”

拜海吉传述，真主的使者说：“就伊斯兰教而言，高利贷有七十几道门，最容易的门，等于一个人和他的母亲乱伦。一枚迪尔汗的高利贷，重于三十五次通奸。”

泰卜拉尼根据阿慕尔·本·拉希德传述，真主的使者说：“高利贷有七十二道门，最差的门，等于一个人和他的母亲发生关系。最重利的高利贷是一个人侵犯他兄弟的货物。”

伊本·马哲、拜海吉通过艾布·麦阿舍尔，传述了艾布·胡莱尔所传的圣训，真主的使者说：“高利贷有七十件罪恶，最轻罪过则是一个人娶了他的母亲。”

哈基姆根据伊本·阿拔斯传述，真主的使者禁止囤积物产后坐等涨价。使者说：“如果一个村镇里出现奸淫与高利贷，等于他们自己求得了真主的惩罚。”

艾布·耶尔拉根据伊本·麦斯欧德传述,先知穆罕默德说:“只要一个民族中出现奸淫和高利贷,等于他们自己求得了真主的惩罚。”

艾哈迈德传述,真主的使者说:“只要一个民族中出现高利贷,他们就遭受旱灾年;只要一个民族中出现贿赂,他们就遭受恐惧。”

艾哈迈德、伊本·马哲、艾斯拜哈尼传述,真主的使者说:“登霄夜,我升至第七层天时,看了看我的上面,突然听到震耳欲聋的雷鸣声,看见闪闪电光。我来到一伙人面前,他们的肚腹犹如房子,腹内有很多从腹外就能看见的蛇。我问:‘哲卜拉伊勒天使啊!这是些什么人?’他说:‘这是些吃高利贷的人。’”

艾斯拜哈尼根据艾布·萨义德·胡德里传述,真主的使者说:“我夜行升至天上时,看了看最接近地球的天,突见一伙男人的肚腹犹如巨大的房屋。他们的肚腹膨胀着,每天早晚被投入火狱的法老子孙踩踏着。他们说:‘我们的主啊!复活日永远不要成立。’我问:‘哲卜拉伊勒天使啊!这是些什么人?’他说:‘这些人是你乌玛中吃高利贷的人。只要他们站起来,就如中了魔一样。’”

泰卜拉尼传述,真主的使者说:“复活日来临前出现奸淫、高利贷和饮酒。”

泰卜拉尼传述,贾希姆·本·阿卜杜·瓦希德·万扎尼说:“我在钱币兑换市场看见了阿卜杜拉·本·艾布·奥夫,他说:‘钱币兑换商们啊!你们高兴吧!’人们问:‘真主以乐园给你报喜,你给我们报什么喜呢?’他说:‘真主的使者对钱币兑换商们说,你们因火狱而高兴吧!’”

泰卜拉尼传述，真主的使者说："你们谨防不被饶恕的罪恶——心怀鬼胎，凡隐瞒事物的人，在复活日被带来；吃高利贷者，凡吃高利贷的人，复活日中魔般地被复活。"真主的使者接着诵读了经文："吃利息的人，要像中了魔的人一样，疯疯癫癫地站起来。"(2:275)

艾斯拜哈尼传述，真主的使者说："复活日，吃高利贷的人被带来，疯子般地撕扯着自己身体的两侧。"使者接着诵读了经文："吃利息的人，要像中了魔的人一样，疯疯癫癫地站起来。"(2:275)

伊本·马哲、哈基姆传述，真主的使者说："常吃高利贷的人，结果必然为零。"

哈基姆又传，真主的使者说："高利贷虽然增财，但结果必然为零。"

阿卜杜拉·本·艾哈迈德传述，真主的使者说："以掌握我生命的真主起誓，我乌玛中的一伙人肯定狂妄自大、骄奢淫逸、游手好闲、吃喝玩乐地过夜。他们由于视非法为合法、聆听歌女、酩酊大醉，以及吃高利贷和穿丝绸衣而在清晨变作猴子和群猪。"

艾哈迈德和拜海吉传述，真主的使者说："我乌玛中的一伙人吃喝玩乐地过夜。清晨，他们变作了猴子和群猪，遭受地陷和抛尸。人们起床后，说：'某人之子夜里被陷进地里了，某人之家夜里被陷进地里了。'肯定有来自天上的石头降临他们——他们饮酒、穿丝绸、听歌女、吃高利贷、断绝亲族所致，就如降临鲁特的族人，及其部落和家园一样。"

第七十章　人的义务

人的义务是：你碰见他人，向他道色兰（问安）；有人邀请你，你赴宴；有人打喷嚏，你对他说："愿真主怜悯你！"有人生病，你探望他；有人去世，你参加他的殡礼；有人向你发誓，你信守他的誓言；有人请你进言，你忠告他；有人离开你，你记着他；你为他人喜自己所喜，为他人厌自己所厌。各大圣训集均辑录了对此的有关圣训。

艾奈斯传述，真主的使者说："你对穆斯林们负有四种义务——帮助好人，替罪人求饶，为管事者祈祷，喜欢忏悔者。"

伊本·阿拔斯就经文"穆罕默德是真主的使者，在他左右的人，对外道是庄严的，对教胞是慈祥的"（48:29）中的"慈祥"说："他们中的好人为坏人、坏人为好人做祈祷。坏人看见穆罕默德乌玛中的好人时，说：'主啊！求你就你分配给他的幸福赐福他，让他常享此福，我们因他而受益。'好人看见坏人时，说：'主啊！求你引导他，准承他的忏悔，饶恕他的过错。'"

人们当为信士们爱自己所爱，厌自己所厌。

努尔曼·本·巴希尔传述，真主的使者说："信士们互相友爱与彼此关怀就如人的身体，如果某个器官生病，身体的其他部位也因它而发烧和失眠。"

艾布·穆萨传述，真主的使者说："信士对信士，就如各部分互相加固的建筑物。”

穆斯林不得以任何语言与行为伤害任何穆斯林，真主的使者说：“穆斯林就是，众穆斯林免遭其语言和行为的伤害。”

真主的使者在命令行善的一段长训中说：“如果你不能够，你就放弃对人们的伤害吧。这是一种施舍，你将它施舍给了自己。”

真主的使者说：“最好的穆斯林是，众穆斯林免遭其语言和行为的伤害。”

真主的使者说：“你们可知，谁是穆斯林？”圣门弟子们说：“真主及其使者最知。”使者说：“穆斯林就是，众穆斯林免遭其语言和行为的伤害。”他们请教：“谁是信士？”使者说：“信士们的生命和财产安宁于他。”他们请教：“谁是迁士？”使者说：“放弃恶行与远离恶事的人。”

某人请教：“真主的使者啊！何为伊斯兰教？”使者说：“伊斯兰教就是，你的心顺从真主，众穆斯林平安于你的语言和行为。”

穆扎希德说：“火狱居民被迫享受疥疮，他们在诉苦，以至于有些人的骨头露出皮肤。有个声音唤道：‘某人，疥疮伤害着你吗？’他说：‘是的。’唤者说：‘这是由于你曾经伤害信士们所致。’”

真主的使者说：“我在乐园里看见一个人在一棵树——他从路面上砍掉了伤及穆斯林的这棵树——下惬意地翻着身。”

艾布·胡莱尔说：“真主的使者啊！你给我教授一件我因它而获益的事情。”使者说：“你为穆斯林们排除路障。”

真主的使者说：“谁为穆斯林们排除一个伤害他们的路障，真主借此为他记录一件善行。凡被记录善行的人，必定进入乐园了。”

真主的使者说："穆斯林不得以伤人的眼神示意他的兄弟。"

真主的使者说："穆斯林不得恐吓穆斯林。"

真主的使者说："确是，真主讨厌信士们受伤。"

拉比尔·本·海希姆说："人为两种：对信士，你不要伤害他；对愚人，你不要与他计较。"

穆斯林应对穆斯林谦虚，不要对他骄傲。确是，真主不喜欢骄傲自大的人。

真主的使者说："真主启示我：你们要谦虚，任何人不要对任何人骄傲。如果有人自傲于他人，就当忍受骄傲。真主对他的先知说：'你要原谅，要劝导，要避开愚人。'"(7:199)

伊本·艾布·奥菲传述，真主的使者谦虚于任何穆斯林，不厌恶、不骄傲地与穷人们同行，解决穷人的需求。

人们不要互听诽谤，不要互相告密，真主的使者说："偷听的人不能进入乐园。"

哈里里·本·艾哈迈德说："谁给你透漏秘密，他就泄你的密。"

互相认识的人生气时，不得断绝关系三日以上。艾布·安尤布·安萨尔传述，真主的使者说："穆斯林不得与兄弟断绝关系三日以上，即两人相遇后互相躲避。二者中最好的人是最先说色俩目[①]的人。"

真主的使者说："谁无故陷害穆斯林，在复活日，真主陷害他。"

阿克拉姆传述，真主的使者说："真主对优素福说：'由于你原

① 问安。——译者

谅了你的弟兄们，所以我提高了你在今后两世的名誉。'"

阿伊莎传述，真主的使者从未因自己而惩罚人，除非真主的法律遭到侵犯。他只为真主而惩罚。

伊本·阿拔斯传述，真主的使者说："任何人只要原谅不公道的事情，真主借此给他增加荣誉。"

真主的使者说："施舍之财不会亏损。真主惟借助人的宽容给他增加荣耀。只要有人因真主而谦逊，真主擢升他的品级。"

第七十一章　贬责私欲与褒扬虔诚

真主说:"你告诉我吧！以私欲为主宰的人,真主使他明知故犯地迷误,并封闭他的耳和心,在他的眼上加翳膜。"(45:23)

伊本·阿拔斯说,非信士以非正道作为其信仰,舍弃真主与明证。换言之,非信士顺从私欲,响应私欲的召唤而不奉行真主的经典,好似崇拜自己的私欲。

真主说:"你当依真主所降示的经典而替他们判决,你不要顺从他们的私欲,你当谨防他们引诱你违背真主所降示你的一部分经典。"(5:49)

真主说:"达吾德啊！我确已任命你为大地的代治者,你当替人民秉公判决,不要顺从私欲,以免私欲使你叛离真主的大道。"(38:26)为此,真主的使者求护真主:"主啊！我向你求护佑,免于顺从私欲和吝啬成性。"

真主的使者说:"有三种毁人之罪——顺从私欲,吝啬成性,自我欣赏。"

这是因为,但凡罪过,其因皆在私欲。私欲致人入火狱,我们向真主求护佑,免随私欲。

某学者说:"如果你突遇两件事情,但又不知哪件正确,那就看看,哪件最接近你的私欲,你就与它背道而驰。"沙菲尔就此吟道:

若你徘徊两难事，但不知对错何在，

就当放弃私欲心，私欲定致人受责。

阿拔斯说："如果你对两种意见犹豫不决，放弃你最喜欢的一种，执行你认为最困难的一种。"其根源在于，你很容易完成的简单事情，既接近目的，也减轻困难并得到援助，你也因此而开心。你很难完成的困难事情，不仅不易接近目标，而且得不到支持，因此心生厌烦。

欧麦尔说："你们克制私欲。私欲是先锋，引发你们渴望邪恶。确是，真理困难但忠义，谬论简单但害人。放弃犯罪，比悔过忏悔更容易。也许，致使私欲的一瞥和一时的享乐，会令人懊悔终身。"

鲁格曼对儿子说："儿子啊！我禁止你的首要事情就是你的性灵。但凡性灵，皆有欲望。如果你激发私欲，它就趾高气扬，寻求它物。私欲深藏你心，就如石中藏火。如果石中取火，火花迸发；如果放弃取火，火藏石中。"

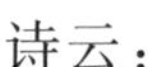

诗云：

应答私欲次次邀，私欲请君做恶事。

诗云：

如你不违私欲请，私欲引你做禁事。

诗云：

若你顺从私欲心，高贵正路皆迷失。

诗云：

若你意在求美德，期望获取真主恩，

就当放弃恶之欲，此乃爱之最大敌。
欲望令人随心欲，爱心致人远离罪。
私欲之恶何其重，若是智者当弃之。

诗云：

心智之启被欲遮，弃欲之心愈发亮。

法德里·本·阿拔斯吟道：

愚者日子流水逝，聪慧智者扼私欲。
归正青年受人赞，执迷不悟受人责。

提尔米兹传述，真主的使者说："真主创造了理智，对它说：'你迎面吧！'它就迎面了。真主对它说：'你背面吧！'它就背面了。真主说：'以我的尊严发誓，我只让你相配于我最喜爱的仆人。'真主创造了愚昧，对它说：'你迎面吧！'它就迎面了。真主对它说：'你背面吧！'它就背面了。真主说：'以我的尊严发誓，我只让你相配于我最恼怒的仆人。'"

诗云：

见解正确为智者，凡事三思而后行。
但凡私欲受应答，导致恶果且受罚。

诗云：

若你期望获恩惠，勿使心灵随私欲，
背离私欲之引诱，不与迷者相为伍。
放弃诱你之欲望，私欲命人行恶事。
愿你脱离火狱刑，烈火断肠脱四肢。

某贤哲说："私欲是一艘灾难船，载你驶入黑暗的多灾海[①]中；私欲是丰饶的牧场和华丽的帐篷，让你坐在祸患的温床上。所以，你不要被私欲载在灾难之船上，不要坐在罪恶之床上。"

某人对某人说："如果你结婚的话……"后者说："如果我能够休离我的私欲，我肯定休离它。"

诗云：

劝君脱离红尘世，滚滚红尘碎君梦。

尘世是睡眠，后世是觉醒，两者之间是死亡。我们总是痴心妄想，谁欲望地看待世界，茫然不知所措；谁驾驭了私欲，受助而成功。欲眼望穿者，终不达。欲望无止境。

某哲人忠告某人，说："我劝你与私欲作斗争。确是，私欲是万恶之钥匙，万善之敌人。你的一切私欲，都是你的敌人。最恶的私欲莫过于以服务的形式蛊惑你犯罪。如果它与你辩解，你肯定辨不清这些敌人，除非凭借不受蛊惑的坚强意志、不思反驳的诚心诚意、矢志不渝的强烈决心、毫不犹豫的坚忍不拔、毫不妥协的真心实意。"

主啊，求你凭借你的先知、我们的领袖穆罕默德的面子，让我们的理智战胜私欲，不要让我们尝受艰难与私欲！主啊，让我们成为记念和感谢你的恩惠者，不要让我们忙于现世而忽略后世！一切赞颂全归真主！他管理着我们的一切！

真主的使者说："你们信仰最好的人，是最虔诚的人。"

真主的使者说："虔诚乃善功之首。"

真主的使者说："你虔诚，就是最崇拜真主的人；你知足，就是

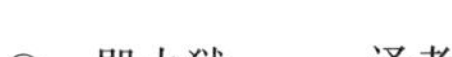

① 即火狱。——译者

最感恩的人！”

真主的使者说：“谁独居时心无虔诚——禁止违逆真主，真主就不接受他的善功。”

易卜拉欣·阿德汉姆说：“虔诚有三——主命的虔诚，即克制犯罪；平安的虔诚，即放弃怀疑；可贵的虔诚，即潜心合法。”

伊本·穆巴拉克说：“虔诚就是隐藏诚心。如果虔诚者躲避人们，你当寻找他。如果人们寻找他，他躲避人们。”诗云：

我见你心无旁骛，虔诚体现于银币。
若你抵御它之诱，虔诚信士就是你。

虔诚者不是彻底地脱离红尘，而是迎面现世但有所节制。艾布·塔玛穆吟道：

不诚之人迷红尘，心诚之人非如此。

某贤哲说：“我们怎能不弃绝红尘呢。现世有限，其利稀少，其水浑浊，其安危险。若你迎面，则忧伤；若你迎面，则跌死。”遂吟道：

艰苦寻求腐朽世，南柯一梦红尘逝。
红尘浑浊福变祸，平安遇险明变暗。
青年变衰病症生，懊悔享乐无感觉。
现世一切皆消失，吝啬世人恍然醒。
离尘但勿弃光明，恩典惩罚皆有之。
勤劳当为后世福，切勿担忧死亡病。

叶哈雅·本·穆阿兹说：“你警觉地看待现世，选择地拒绝现世，被迫地奔忙现世，争先地追求后世。”

第七十二章　乐园特点及居民品级

你要知道，你所知的令人忧心忡忡和悲痛欲绝之宅，是火狱，对应的则是乐园。所以，你应当希冀乐园的恩典与幸福。谁远离了其中一宅，必然要久居另一宅。你的内心借助反省来害怕火狱的恐怖，凭借思考来希望永恒的恩典，真主的许诺归乐园的居民。你用敬畏之鞭，驱赶你的私欲；用希望之绳，引你走向正道。你因此而获得的伟大成功，摆脱痛苦的惩罚。

想想乐园居民吧！他们容光焕发，畅饮着封存的天醇。他们坐在白绿色珍珠帐篷——铺着绿色的豪华地毯——里的红宝石香台上，靠在四柱立于蜜酒河中的座椅上，四周围着青春少男和俊美少女——好似她们是宝石和珊瑚，任何人和精灵都没有接触过她们；她们行走在乐园的台阶上，其中任何人得意洋洋地行走时就有七万个意气风发的少男走过她；她们身穿令人目眩的白色丝绸，头戴镶有珠玑和珊瑚的王冠，形态优美，婀娜多姿，香气四射，青春永葆，无忧无虑；她们腼腆羞怯地幽居在乐园花圃中的宝石宫殿的珍珠帐篷里。他们（或她们）端着特制的杯盏和壶罐，惬意地畅饮着各种饮料，四周环绕着侍者和少男——好似久藏的珍珠。真主为了赏赐他们的所作所为，让他们居住在有花园、泉水与河流的和平之地。他们坐在近于大能真主的椅子上看着慷慨的真主，脸上泛起了容光，不但无尘无染，而且是受真主优待的仆人。他们享受着真主恩赐的各种礼物，永远沉浸在心神向往的恩典里，无牵无挂，不猜不疑。他们在乐园里幸福地生活着，食乐园之各色美味，饮乐园之诸河甘露——奶、酒、蜜和不变质的水。乐园的地是银子，地上石子是珊瑚，土是香气浓郁的麝香，土中植物是番红花，白玫瑰的云中雨降在樟脑沙丘上。他们拿着镶有珠宝石和红珊瑚的银杯，有的银杯盛着封存的可口天醇，有的银杯闪闪发光，饮料好似从微红的天然杯子后缓缓流出。侍者脸上洋溢着赛过阳光的奕奕神采，然而，太阳焉有侍者的甜美娇容、美丽鬓角和漂亮明眸？！

恭喜啊！信仰如此后世的人，相信乐园居民永生的人！灾难不会降临入住此宅的人，祸患不会光顾乐园的居民。人们如何喜欢真主令其坍塌的宅子呢？如何庆幸那些非久留之地呢？以真主起誓，如果人唯在乐园里身体健康，不死不亡，不饥不渴，无灾无事，那他更应该因此而离弃现世，务必选择永不消亡、永无艰辛的乐园——它的主人是国王，是信士，兴高采烈地享受着心所向往的种种恩典，每一天光临阿勒舍的庭院，注目慷慨的真主，并且因注目真主而获得乐园的其他恩典且不左顾右盼，经常往返于乐园里永不消失的各种恩典中。

艾布·胡莱尔传述，真主的使者说："天使呼唤：'乐园的居民啊！现在，你们永享健康而不生病；现在，你们永生而不死亡；现在，你们永远年轻而不衰老；现在，你们永远幸福而不悲苦！'"这就是真主所言："我将拔除他们心中的怨恨，他们将住在下临诸河的乐园，他们将说：'一切赞颂全归真主！他引导我们获此善报，假如真主没有引导我们，我们不至于遵循正道。我们的主的众使者，确

已昭示了真理。'或者将大声地对他们说：'这就是你们因自己的行为而得继承的乐园。'"(7:43)

如果你想要了解乐园的特点，就当诵读《古兰经》，没有比真主的表述更好地表述了。你当诵读经文"凡怕站在主的御前受审问者，都得享受两座乐园。……"(55:46—78)以及《古兰经》第56章[①]等章节。如果你想要在圣训中更多地了解乐园的特点，那就现在参悟乐园的细节吧！

乐园的数目。真主的使者就经文"凡怕站在主的御前受审问者，都得享受两座乐园"(55:46)说："两座乐园的器皿，以及其中的一切器具都是银制的；两座乐园的器皿，以及其中的一切器具都是金制的。在常住的乐园里，居民和他们注目的养主之间，唯有一道尊严的披风遮在养主的面容上。"

你看看乐园的门吧！乐园的门根据顺从真主的程度而有多道。同样，火狱的门也根据违逆真主的程度而有多道。

艾布·胡莱尔传述，真主的使者说："谁因主道而为两个妻子花费钱财，乐园的所有门为他开启。乐园有八道门，凡属于礼拜者，礼拜门为他敞开；凡属于斋戒者，斋戒门为他敞开；凡属于施舍者，施舍门为他敞开；凡属于奋斗者，奋斗门为他敞开。"艾布·伯克尔问："以真主起誓，没有任何人必须进入所召唤之门，是否有人受邀进入所有的门呢？"真主的使者说："有，我希望你属于他们中的人。"

阿西姆·本·代姆尔传述，阿里极其严重地谈及火狱，我没有

① 大事章。——译者

记住他的话。阿西姆·本·代姆尔诵读经文“敬畏主者将一队一队地被邀入乐园”(39:73)后,说:“他们行至乐园的一道门前,看到一棵树,树根下有两眼流淌的泉水,他们受命前往其中的一眼泉,饮用泉水后,心中的缺点和忧伤荡然无存。然后,他们又前往另外一眼泉,洗净身体后,脸色红润,从此头发永不变色,毫不蓬松,似乎被涂了头油。尔后,他们行至乐园,守门天使对他们说:‘祝你们平安!你们已经纯洁了,所以请你们进去永居吧!’”(39:73)少年们迎接他们,簇拥着他们行走,就如今世里仆人们围着责备他们的主人一样。少年们对他们说:“你们高兴吧!真主为你们准备了如此这般的荣誉。”一个少年走向某人的仙女妻子身边,说:“某人——其前世之名——来了。”她说:“你看见他了?”少年说:“我看见了他,在我的身后。”她兴高采烈地站在门槛边等候。他行至家门口,看了看家宅的根基,是巨大的珠玑,珠玑上面是红、绿、黄的各色宫殿。然后,他抬起头,看着宫殿里闪闪发光的天花板。如果不是真主让他承受此光,他的眼光几乎被褫夺。尔后,他又低下头,看见了他的妻子们,还“有陈设着的杯盏,有排列着的靠枕,有铺展开的绒毯。”(88:14—16)他靠着靠枕,说:“一切赞颂全归真主!他引导我们获此善报,假如真主没有引导我们,我们不至于遵循正道。”(7:43)随后,有天使唤道:“你们永生,绝不死亡;你们永居,绝不离去;你们永康,绝不生病。”

真主的使者说:“复活日,我来到乐园门口,请求开门。守门天使说:‘你是谁?’我说:‘穆罕默德。’他说:‘欢迎你!我受命不为你之前的任何人开门。’”

你参悟乐园的房间吧!房间的品级各不相同,最终极的是最高品和最贵品。正如人们之间因外在顺从和内在美德而有着明显的差异一样,他们在其中享受的恩惠也大相径庭。如果你寻求最高品,就当竭尽全力不让任何人先于你对真主的顺从,真主就此命令道:“你们应当争取从你们的主发出的赦宥,和与天地一样广阔的乐园——为信仰真主和众使者的人们而准备的乐园——那是真主的恩典,他将它赏赐他所意欲者。真主是有宏恩的。”(57:21)“教贪爱这种幸福的人们,争先为善吧!”(83:26)奇怪啊!如果你的敌人或你的邻居多你一枚迪尔汗,或者房子比你高一点,你就心情沉重、心神忧伤,必然因嫉妒而生活困苦!

你改善你的境况吧!你虽居住乐园,但因赛过你的人们的礼遇——整个世界都不能与它相提并论——而心神不定。艾布·萨义德·胡德里传述,真主的使者说:“确是,乐园房间里的居民与他们上面的人对视的情景,就如你们看着东西方天际中的黯淡星星一样。”圣门弟子们说:“真主的使者啊!那都是众先知的房间,只有他们能企及吗?”使者说:“不。以掌握我生命的真主起誓,信仰真主和众使者的信士们居住其中。”使者又说:“低品之人肯定能看见高品之人,就如你们在天际的一边看见耀眼的星星一样。艾布·伯克尔和欧麦尔属于他们中的人,他俩受到恩赐。”

贾比尔传述,真主的使者对我们说:“难道我没有告诉你们乐园的房间吗?”我说:“没有,真主的使者!愿真主赐福你,愿我的父母为你赎身!”使者说:“确是,乐园里有各种各样的宝石建造的许多房间,里面看到外面,外面看见里面。房间里有着眼所未见、闻所未闻、心所未想过的各种恩典、幸福和快乐!”我说:“真主的使者啊!这些房间归谁呢?”使者说:“属于传播色兰、供人食物、坚持斋

戒、人们夜睡而他礼拜的人。”我说:“真主的使者啊!谁能这样呢?”使者说:“我的乌玛能够这样,我将就此告诉你们。谁遇见兄弟,向他道色兰,即为传播色兰;谁给家人提供食物且使他们吃饱,即为供人食物;谁封了赖迈丹月的斋,每月封三天斋,即为坚持斋戒;谁在最后时刻礼了宵礼,参加了晨拜的聚礼,即为人们夜睡而他礼拜的人。”“人们”指的是犹太教徒、基督教徒和拜火教徒。

有人就经文“他们在常住的乐园里,将有优美的住宅”(9:72)请教真主的使者,使者说:“许多珍珠宫殿,每个宫殿里有七十座红宝石宅院,每座宅院里有七十间祖母绿房屋,每间房里有床,每张床上有七十条各色毯子,每条毯子里有一个仙女妻子。每间房里有七十张桌子,每张桌子上有七十种食物。每间房里有七十个侍女,每天给信士供应日用品。”

第七十三章　喜悦及忍耐与知足

《古兰经》叙述了喜悦的高贵，真主说："真主喜悦他们，他们也喜悦他。"(5:119)

真主说："行善者，只受善报。"(55:60)善之终极，乃真主喜悦他的仆人，这是对仆人喜悦真主的报酬。

真主说："真主应许信道的男女们将进入下临诸河的乐园，并永居其中，他们在常住的乐园里，将有优美的住宅，得到真主的更大的喜悦。"(9:72)真主将喜悦置于"常住的乐园"之上，正如将记念真主置于礼拜之上，因为真主说："拜功的确能防止丑事和罪恶，记念真主确是一件更大的事。"(29:45)拜功中的记念真主，比礼拜更伟大。所以，对于信士而言，乐园之主的喜悦远胜于进入乐园，甚至求得真主之喜悦是乐园居民追求的终极目标。

真主的使者说："真主为信士们显现，他说：'你们向我祈求吧！'他们说：'你的喜悦。'"他们注目真主之后，祈求真主的喜悦是他们的终极选择！

至于仆人的喜悦，我们将阐述其实质。

如前所述，真主喜悦仆人的另一层意义是，真主近于喜爱仆人，但不可揭示真主喜悦的实质，因为人类的理解力还不及于此。能够及此者，独自感知它。一言以蔽之，除注目的品级，再无更高的品级。仆人之所以祈求真主的喜悦，是因为长时间注目真主的原因。他们获得注目真主的恩典时，极尽所能地注目真主并达到了终极目标。因此，他们受命祈求时，只祈求了长时间的注目。他们深知，真主喜悦是长时间注目且致使幔帐揭开的原因，因为真主说："他们在乐园里，将有他们意欲的；而且我在那里还有加赐。"(50:35)某注释学家就此解释："在加赐的时间里，乐园居民获得了真主赏赐的三件珍宝。第一件是，真主送给他们一件乐园里没有类似的礼物，因为真主说：'任何人都不知道已为他们贮藏了什么慰藉，以报酬他们的行为。'(32:17)第二件是，他们的养主祝他们平安，这是礼物之外的加赐，因为真主说：'平安！这是从至慈主发出的祝辞。'(36:58)第三件是，真主说：'我确是喜悦你们。'这比礼物和祝辞更加珍贵，因为真主说：'得到真主的更大的喜悦，'(9:72)即他们沉浸其中的恩典，这是真主喜悦之贵，是仆人喜悦真主的结果。"

圣训言及了真主的喜悦之贵。据传，先知穆罕默德询问部分圣门弟子："你们是谁?"他们说："信士们。"先知说："你们信仰的标志是什么?"他们说："我们坚忍灾难，感恩幸福，喜悦前定。"先知说："以主宰天房的真主起誓，你们是信士们。"另一段圣训是："哲人们、学者们。他们的思想近乎众先知。"

先知穆罕默德说："恭喜啊！受引信仰伊斯兰教的人，给养够用且满足的人！"

先知穆罕默德说："谁满足了真主的一点给养，真主就喜悦他的一点功修。"

先知穆罕默德说："如果真主喜悦仆人，就考验他；如果他坚忍，就选择他；如果他喜悦，就视他为挚友。”

先知穆罕默德说：“复活日来临时，真主使我乌玛中的一些人长出翅膀，从坟墓飞向乐园，并畅游和享受其中。他们随心所欲时，天使们问他们：‘你们看到清算了吗？’他们说：‘我们没看到清算。’天使们问他们：‘你们路过隧拉特桥了吗？’他们说：‘我们没看见隧拉特桥。’天使们问他们：‘你们看见火狱了吗？’他们说：‘我们根本没有看见。’天使们说：‘你们是谁的乌玛？’他们说：‘穆罕默德的乌玛。’天使们说：‘真主给我们赞誉了你们，请告诉我们，你们在前世做了哪些功修？’他们说：‘凭借真主的恩惠之贵，我们的两件功德使我们得此品位。’天使们问：‘哪两件？’他们说：‘我们慎独时，羞于违逆真主；我们喜悦真主分配给我们的一点点恩典。’天使们说：‘你们值得享受此品位。’”

先知穆罕默德说：“穷人们啊！你们发自内心地喜悦真主，就会获得你们贫穷的恩赐，否则就一无所获。”

以色列人对先知穆萨说：“你为我们，向你的养主祈求一件我们执行就能得到他喜悦的事情。”穆萨说：“我的独一真主啊！你已听到了他们所言。”真主说：“穆萨啊！你告诉他们：他们喜悦我，我就喜悦他们。”

至于忍耐，《古兰经》九十余处言及了它，多提到忍耐的高品和幸福，使其成为忍耐的成果。真主为忍耐者汇聚的事物，不为他人汇聚，真主说：“这等人，是蒙真主的护佑和慈恩的；这等人，确是遵循正道的。”(2:157)正道、慈恩和护佑都属于忍耐者。关于忍耐之品的经文不胜枚举。

关于忍耐的圣训，先知穆罕默德说：“忍耐是信仰的一部分。”

先知穆罕默德说:“你们受赐的最少事物莫过于坚信与坚忍。谁从中获得忍耐之福分,他所失去的夜晚礼拜和白昼封斋就不被计较。对我而言,你们坚忍你们的遭受,比你们任何人带着他的所有功修来见我,更受我喜悦。然而,我担心我之后,现世为你们敞开,所以你们互相否定,天使们也就此否定你们。谁坚忍且满足,谁就获得完美的恩赐。”先知穆罕默德说完,诵读了经文:“你们所有的是要耗尽的,在真主那里的是无穷的。我誓必要以坚忍者所行的最大善功报酬他们。”(16:96)

贾比尔传述,有人就“信仰”请教真主的使者,他说:“坚忍与慷慨。”

先知穆罕默德说:“忍耐是乐园的宝库之一。”

有一次,有人就“什么是信仰”请教先知穆罕默德,他说:“忍耐。”这类似先知之语:“朝觐就是驻阿拉法特山。”也就是说,朝觐的最重要部分是驻阿拉法特山。

先知穆罕默德说:“最贵功修乃避免心灵所厌之事。”

据传,真主启示先知达吾德:“你当具有我的品性,我的品性之一是,我是至忍的。”

伊本·阿拔斯传述,真主的使者来到一些辅士们面前,说:“你们是信士们吗?”他们沉默不语。欧麦尔说:“真主的使者啊,是的!”使者说:“你们信仰的标志是什么?”他们说:“我们感恩幸福,坚忍灾难,喜悦前定。”使者说:“以主宰天房的真主起誓,你们是信士们。”

真主的使者说:“坚忍灾难会获得诸多幸福。”

先知尔萨说:“你们惟有借助你们对所厌之事的忍耐,才能获得你们所喜。”

真主的使者说:“假设忍耐是一个人,他肯定是个宽厚的人。真主喜悦忍耐的人们。”

关于忍耐的圣训不胜枚举。

真主的使者说:“知足者尊贵,贪婪者卑贱。”

真主的使者说:“知足是永不枯竭的宝库。”

关于知足,前文已述。

第七十四章　信任的高贵

《古兰经》多节经文论述了信任，诸如“真主的确喜爱信托他的人。”(3:159)喜悦真主者，你当恒敬之；感恩真主者，你当常交之，真主使其满足，令其知足；真主喜悦他，保护他。他已获得巨大的成功——真主不惩罚他，不远离他，不隔阂他。

伊本·麦斯欧德传述，真主的使者说：“朝觐期间，我看见我的乌玛遍布平原和山丘，我感叹他们的人多和仪表。我被问道：‘你高兴吗？’我说：‘是的。’问者说：‘还有七万人与这些人不受清算地进入乐园。’”有人问：“真主的使者啊！他们是谁？”使者说：“是这些人，他们不自我吹嘘，不表悲观，不求符咒，信任真主。”欧卡什站起来，说：“真主的使者啊！请你祈求真主，让我成为他们中的人。”使者说：“主啊！求你让他成为他们中的人。”另一个人站起来，说：“真主的使者啊！请你祈求真主，让我成为他们中的人。”使者说：“欧卡什已就此先于你了。”

真主的使者说：“如果你们诚心诚意地信任真主，真主肯定恩赐你们，就如他恩赐清晨饥饿而出、晚上饱食而归的鸟儿。”

真主的使者说：“谁忠诚真主，真主使他有足够的给养，从他料想不到的地方恩赐他。谁热衷现世，真主就把他托付给现世。”

真主的使者说：“谁愿意成为最富的人，就让真主的财富比他手中的财富更可靠。”

据传，真主的使者看到家人遭受诸如贫穷等厄运时，就说：“你们去礼拜吧！我的养主命令我礼拜：‘你应当命令你的信徒们礼拜，你对于拜功，也应当有恒，我不以给养责成你，我供给你。善果只归于敬畏者。’”(20:132)

真主的使者说：“谁求写符咒和自我吹嘘，谁就没有信任真主。”

据传，先知易卜拉欣被弩炮投入火中时，哲卜拉伊勒天使对他说：“你有要求吗？”他为了履行“真主令我足矣，保护者真好”这句话而说：“没有任何要求。”他被投入火中时，因了这句话，真主降示了经文：“履行诚命的易卜拉欣。”(53:37)

真主启示先知达吾德：“达吾德啊！只要有仆人舍弃众生而信任我，即使诸天诸地暗算他，我都给他出路。”

萨义德·本·贾比尔说：“我的手被蝎子蜇了，我母亲非要找个巫师。巫师拿起了没有被蝎子蜇的手。”

哈瓦苏诵读经文“你应当信任永生不灭的主，你应当赞颂他超绝万物”(25:58)后说：“仆人不应求助真主之外的任何人。”

某人在梦中对某学者说：“谁坚信真主，谁就获得了真主的力量。”

某学者说：“寻求未知的给养，不要让你耽误了主命功课，不然你就忽视了后世事务。你在现世，只能获得真主为你定好的给养。”

叶哈雅·本·穆阿兹说：“仆人未经寻求就得到给养，证明仆人受命寻求给养。”

易卜拉欣·阿德汉姆说:“我问一个修道士,你在哪儿吃饭呢?”他说:“这我不知道,但你问我的养主,他从哪里供我食物呢。”

哈利姆·本·欣班对欧歪斯·本·格尔尼说:“你命令我到哪里去呢?”欧歪斯·本·格尔尼指了指沙姆的方向。哈利姆说:“生活如何呢?”欧歪斯说:“这样的心真令人厌恶——心中存疑,劝诫无益。”

某贤哲说:“你何时喜悦保护者真主,你就找到了幸福之路。”

我们向真主祈求美好的给养!

第七十五章　清真寺的高贵

真主说:“只有笃信真主和末日,并谨守拜功,完纳天课,并畏惧真主者,才配管理真主的清真寺。”(9:18)

先知穆罕默德说:“谁为真主修建了清真寺——即使如同沙鸡在地上刨出的下蛋坑,真主为他在乐园里修建一座宫殿。”

先知穆罕默德说:“谁喜悦清真寺,真主就喜悦他。”

先知穆罕默德说:“如果你们进入清真寺,就在坐下前礼两拜。”

先知穆罕默德说:“与清真寺为邻的人,只能在清真寺礼拜。”

先知穆罕默德说:“只要你们待在他所礼拜的清真寺里,众天使祝福他:‘主啊,求你赐福他!主啊,求你怜悯他!主啊,求你饶恕他,只要他没有坏小净或者走出清真寺。’”

先知穆罕默德说:“末日临近时,我乌玛中出现一伙人,他们来到清真寺,坐在寺里围成圈,谈论现世,喜爱红尘。你们不要与他们同坐,真主对他们毫无所求。”

先知穆罕默德说:“真主在某部经典里说:‘我在大地上的房间是清真寺,拜访我的人是修建清真寺的人。恭喜啊!清洁我房间的人,他来我家拜访了我。房主必然要款待拜访者。’”

先知穆罕默德说:“如果你们看见一个人经常往返清真寺,就为他见证信仰。”

萨义德·本·穆桑伊布说:“谁坐在清真寺,就只与真主同坐,惟讲善言。”

圣训:“清真寺里的说话,是在吞吃善行,就如动物吃草。”

纳赫伊说:“他们传述,漆黑之夜步行去清真寺,必然进入乐园。”

艾奈斯·本·马利克说:“谁在清真寺里点亮一盏灯,只要那座清真寺里有其灯光,众天使和承载阿勒舍的天使们为他求饶。”

阿里说:“仆人归真时,他在大地上的礼拜殿和天上的功修梯哭泣他。”他说完,诵读了经文:“天地没有哭他们,他们也没有获得缓刑。”(44:29)

伊本·阿拔斯说:“大地哭他四十天。”

阿塔·本·胡拉萨尼说:“只要有人在大地的某处为真主叩一个头,复活日,叩头之处为他作证,并在他的归真日哭泣他。”

艾奈斯·本·马利克说:“只要有地方——人们在上面或礼拜,或赞念真主,该地周边的所有地方都因此而引以为荣,并且凭借记念真主而喜不甚喜地达到了七层地的终极。只要有人礼拜,大地就为他点缀。”

某贤哲说:“只要有居住之家,那个家宅或者祝福他们,或者诅咒他们。”

第七十六章　修身养性

须知，如果真主想让仆人幸福，就让他看到自我的诸多缺点。用聪慧的心灵擦亮自己眼睛的人，不害怕任何缺点。人们如果认识了自己的缺点，就能治愈它。然而，很多人都无视自己的缺点，只看到兄弟眼中的沙子，看不到自己眼中的刺。人们可以通过四种途径认识自己的缺点。

第一，带着自己的缺点，拜访贤哲的、明晰灾因的筛海，请他治疗自己，并努力追随他。这是苏菲导师和弟子、学生和老师的做法。老师或导师让他认识自己的缺点，找到治疗的方法。这在我们这个时代已鲜有。

第二，寻觅一个虔诚的聪慧挚友，让他成为自己的监督人，监督自己的情况和行为，提醒自己内在和外在的道德缺陷和行为不足。很多著名的伊玛目和贤哲们都曾这样做。

欧麦尔说："愿真主怜悯那些指出我缺点的人。"他曾就自己的缺点请教塞利玛——当时，塞利玛来到他面前，他对塞利玛说："关于我，你听到了哪些令你讨厌的事情？"塞利玛请求原谅，欧麦尔再三请他直言。于是，塞利玛说："我听说你将两块油脂放在桌子上。你有两件衣服，白天穿一件，夜晚穿一件。"欧麦尔说："除此之外，你还听到其他吗？"塞利玛说："没有。"欧麦尔说："这两件事情已足以令我警觉。"

欧麦尔曾就自己的缺点请教胡宰法。他对胡宰法说:"关于伪信士,你深知真主的使者对此的机密。那么,你在我身上看到丝毫的伪信迹象了吗?"德高望重、身居高位的欧麦尔,如此般地自我反省。

凡是聪慧彻悟、身居高位的人,不会孤芳自赏,而是不断地自我反省。然而,这样的人凤毛麟角。朋友中,鲜有人放弃虚情假意或内心嫉妒而尽朋友之义去指出缺点。所以,你的朋友中不乏嫉妒者,或者心怀叵测者——不视缺点为缺点。同样,也不乏口是心非的人——隐瞒你的缺点。

因此,达吾德·塔伊离群索居后,曾有人问他:"你为何不与人们交往呢?"他说:"我对于隐瞒我缺点的人,能怎么办呢?"

曾有修行者的愿望是,聆听他人的忠言,反省自己的缺点。然而,我们的现实生活中,最受人们讨厌的人,则是给我们进忠言、让我们认识自己缺点的人。这几乎再清楚不过地说明着信仰的薄弱。的确,恶德是咬人的蛇、螫人的蝎。如果有人提醒我们注意衣服下面的蝎子,我们肯定为有这样的人而高兴,并对他报以感恩之心!我们忙着移除和杀死蝎子,虽然其伤在身,但其痛与日俱增。同样,恶德伤害心灵,我担心其伤持续到死后,或者伤痛多年。

事实上,我们对于提醒我们的人不甚高兴。我们不去除蝎,而是反对尽忠的人,对他说:"你也不过如此而已。"对他的敌视,使我们忽视了采纳他的忠言。这是重重罪恶导致心硬的结果,其根源在于信仰的薄弱。我们祈求真主引导我们走正道,让我们看到自己的缺点并致力于治疗它;使我们凭借真主的恩惠,感谢那些提醒我们审视自己缺点的人，从而获得成功！

第三，通过对手的语言来认识自己的缺点。愤怒的眼光显露着缺点。但愿通过受益对手怀恨而提醒自己正视缺点，远胜于受益那些赞美和隐瞒缺点的阳奉阴违的朋友。不幸的是，人的天性往往倾向于否定对手，认为其言都是嫉妒所致。聪慧的人不乏采纳对手之言，因为他的缺点往往成为对手们的谈料。

第四，与人们交往。应该在别人的言行中看到自己的缺点，要求自己正视它，自我审视缺点。信士就是信士的镜子，他从他人的缺点中看到自己的缺点，知道人随欲的天性都相近。一个人具有的缺点，另一个人也不乏有之，无论根本上，还是大概而言。这促使每个人都审视自己的思想，不仅让它纯洁而不至于沾染他人具有的缺点，更是一种教育！如果人们通过其他人而放弃了令人讨厌的缺点，则无需老师了。

有人请教先知尔萨："谁教导你？"他说："没有任何人教导我。我只要看到愚者的丝毫愚昧，就避之。"

这一切，主要是人们失去了真知灼见、别具慧眼、提醒自己缺点的贤哲，以及引领自己遵守教义的开导者。此外，人们不但缺乏自我教育而只顾教育人们，还缺乏忠告自己的人。谁有了忠告者，就得到了医生——经常护理他，让他摆脱病症，脱离暴亡。

须知，以上所讲，如果你认真参悟了，你的慧眼开明了，你的心病揭示了，你运用知识与信仰之光治疗了它。如果你对此无能为力，那就不应失去良师益友。

口耳相传和父传子受的信仰，属于传统信仰。确是，信仰有品级，就如知识有等级一样。知识的等级次于信仰的品级。真主说：

“真主将你们中的信道者升级，并将你们中有学问的人们提升若干级。”(58:11)凡是相信违背私欲，即为真主之道且不深究原因和奥妙的人，属于信教的人。如果他看到了我们所言的私欲推手，属于有学问的人。不然，真主许诺了善果。在《古兰经》、圣训和学者言论中，需要信仰的人数不胜数。真主说：“至于怕站在主的御前受审问，并戒除私欲的人，乐园必为他的归宿。”(79:40—41)真主说：“真主确已为敬畏而试验他们的心。”(49:3)

真主的使者说：“信士面对五件灾难——信士的嫉妒、伪信士的恼恨、非信士的杀害、恶魔的误导、乱心的私欲。”也就是说，私欲是扰乱心意的敌人，务必要与其斗争。

据传，真主启示先知达吾德：“达吾德啊！你警告你的众弟子，勿顺从私欲。心系现世欲望的人，与我两相隔离。”

先知尔萨说：“恭喜啊！为了未知未见的许诺而放弃眼前欲望的人！”

我们的先知穆罕默德对那些从圣战(吉哈德)归来的人说：“欢迎你们！你们从小圣战来到了大圣战。”有人请教：“真主的使者啊！何谓大圣战？”使者说：“与私欲作斗争。”

先知穆罕默德说：“圣战者(穆贾希德)就是，为顺从真主而与自己私欲作斗争的人。”

先知穆罕默德说：“勿自我伤害，勿顺从私欲而违逆真主。复活日，私欲与你辩论，而你自我诅咒，除非真主饶恕和遮掩。”

苏夫延·塞里说：“对我而言，战胜任何事物远不及战胜自我，有时我胜，有时伤我。”

艾布·阿拔斯·穆索里对自己的性灵说：“性灵啊！现世里，

你既不与王公贵族共同享乐，也不与修士们共求后世？性灵啊！你好像认为我因你而介于乐园与火狱之间，你难道不羞愧吗？”

哈桑说：“较之倔强的家畜，你的性灵更需要结实的笼头。”

叶哈雅·本·穆阿兹·拉齐说：“你手持修行之剑，与你的私欲斗争。修行基于四种——少食、闭目、寡言、不伤人。”

少食扼杀私欲，少睡催生纯洁意念，少语带来平安并免于灾难，隐忍伤害能达终极目的。

耶哈雅·本·穆阿兹·本·拉齐又说：“人之敌，有三——他的现世、他的恶魔和他的私欲。所以，你当借修行而防现世；抵恶魔而防其害；弃私欲而防其诱。”

某贤哲说：“谁被私欲征服，谁就成为喜欢私欲的俘虏、私欲之监的犯人、私欲手中的奴隶，任其随心所欲地摆布。所以，你当清心寡欲而获益。”

贾法尔·本·哈米德说：“众学者和众哲人一致认为，唯有放弃幸福，方能得到极乐。”

艾布·耶哈雅·宛拉格说：“谁让身体的各部位肆意于不同享受，就在自己的心灵里种植了懊悔之树。”

瓦希卜·本·沃尔德说：“凡是超过糊口的食物，皆为纵欲。”

瓦希卜·本·沃尔德又说：“谁喜欢现世的享受，就做好了卑贱的准备。”

据传，先知优素福成为国王后，埃及国王阿齐兹的王后对他说：“赞美伟大的真主，他让国王因违逆真主而成为奴隶，让奴隶因顺从真主而成为国王。贪婪与私欲导致国王变奴隶，这是为了惩罚犯罪的人们。忍耐与敬畏，致使奴隶变国王。”正如真主在《古兰

经》言及优素福之语:“谁敬畏而且坚忍,[谁必受报酬],因为真主不使行善者徒劳无酬。”(12:90)

朱奈德说:“我夜里失眠了,站在玫瑰花旁边,但没有闻到曾经闻过的花香。于是,我想睡,但睡不着,坐下来。可我坐不住,走出家门,看见一个披着斗篷的人睡在路上。他觉察到我在他身边,说:‘艾布·嘎希姆,几点了?’我说:‘先生,我不知道。’他说:‘那我祈求真主,为了我而激活你的心灵。’我说:‘真主已经这样做了。你有什么需求?’他说:‘心灵之病何时医治?’我说:‘心灵与私欲背道而驰时。’于是,他对自己的心灵说:‘你听着,我已经回答你七次了,但你拒绝听,除非朱奈德所说。你已经听到了。’他说完,转身走了,我不知道他是谁。”

耶济德·本·兰贾什说:“你们让现世的冷水不要近于我,但愿我在后世不要远离它。”

某人问欧麦尔·本·阿卜杜·阿齐兹:“我何时说话?”欧麦尔说:“你想沉默时。”他说:“我何时沉默?”欧麦尔说:“你想说话时。”

阿里说:“谁向往乐园,就远离现世的种种欲望。”

第七十七章　正信与伪信

须知，信仰——诚信真主独一和众使者经典——因功德的增加而完美。真主说："信士，只是确信真主和使者，然后没有怀疑，能以自己的财产和生命为主道而奋斗的人；这等人，确是诚实的。"(49:15)

真主说："你们把自己的脸转向东方和西方，都不是正义。正义是信真主，信末日，信天神，信天经，信先知，并将所爱的财产施济亲戚、孤儿、贫民、旅客、乞丐和赎取奴隶，并谨守拜功，完纳天课，履行约言，忍受穷困、患难和战争。这等人，确是忠贞的；这等人，确是敬畏的。"(2:177)这节经文中，真主表述了二十项事物，诸如履行诺言、坚忍各种灾难。因此，真主说："这等人，确是忠贞的。"(2:177)

真主说："真主将你们中的信道者升级，并将你们中有学问的人们提升若干级。"(58:11)

真主说："你们中在胜利之前施舍而且参战者，与在胜利之后施舍而且参战者，不是平等的，前者比后者品级更高。"(57:10)

真主说："在真主看来他们分为许多等级。"(3:163)

先知穆罕默德说："信仰是裸体，它的衣服是敬畏。"

先知穆罕默德说："信仰有七十几道门，最低的门是排除路障。"

这些经文和圣训说明，完美的信仰与各种功德息息相关。

圣训明确了信仰纯洁于伪信及隐匿的以物配主。先知穆罕默德说："谁身染四种恶习，就为纯粹的伪信士，即使他封斋礼拜和自称信士——说话就撒谎；许诺就食言；受托就违约；辩论就放肆。"在其他传述中还有："结约就失信。"

艾布·萨义德·胡德里传述，先知穆罕默德说："心为四种——纯洁之心，内有发光之灯，这是信士之心；不诚之心，正信与伪信并存，正信之心就如甜水浇灌的蔬菜，伪信之心就如脓血水生化的脓疮，无论哪种信仰占了上风，另一种信仰就消失了；……"

先知穆罕默德说："我乌玛中最多的伪信士就是诵经家。"

先知穆罕默德说："我乌玛中隐匿的以物配主，就如光滑石头上蠕动的蚂蚁。"

胡宰法说："先知穆罕默德时代的一个人因说一句话而成伪信士，直到去世。今天，我十次听见你们中的一个人说了这句话。"

某学者说："最接近伪信的人，是认为自己清白于伪信的人。"

胡宰法说："今天的伪信士多于先知时代的伪信士。彼时的伪信士们隐藏伪信，而今他们公开伪信。暗藏的伪信对立虔诚的完美信仰。最远离伪信的人，是害怕伪信的人；最接近伪信的人，是认为自己清白于伪信的人。人们对哈桑·巴士里说：'当今无伪信。'他说：'我的兄弟啊，如果伪信士死光了，你们肯定感觉路途寂寞。'"

胡宰法等人说："如果伪信士们长出尾巴，我们肯定不能在大地上行走。"

伊本·欧麦尔听说某人要与韩贾吉格斗，就说："你告诉我，如果他在现场听着，你还这样说吗？”此人说：“不说。”伊本·欧麦尔说：“在真主的使者时代，我们将此视为伪信。”

先知穆罕默德说：“现世里，谁有两张嘴，后世里，真主就让他有两张嘴。”

先知穆罕默德说：“最坏的人莫过于双面人，以一张面孔见这些人，以另一张面孔见那些人。”

有人对哈桑说：“人们在说：‘我们不害怕伪信。’”哈桑说：“以真主起誓，我认为自己清白于伪信，胜于我喜欢地球上的座座金山。”

哈桑说：“伪信蕴含着心口不一，明暗两立，出入有异。”

某人对胡宰法说：“我害怕自己成为伪信士。”胡宰法说：“如果你是伪信士，你就不害怕伪信了。伪信士安然于伪信。”

伊本·艾布·穆莱克说：“我正值一百三十位（另传一百五十位）圣门弟子在世，他们全都害怕伪信。”

据传，真主的使者坐在一群圣门弟子中间，他们言及某人并对其大加赞扬。正谈论间，一个人出现在他们面前，手提鞋子，脸上滴着小净的水珠子，眉间有叩头的印迹。他们说：“真主的使者啊！他就是我们所说的人吗？”使者说：“我在他脸上看到了来自恶魔的紫色。”他道了色兰，和大家坐在一起。使者说：“我求真主赞美你。当你出现在人们面前时，你内心可有他们不如你的想法？”他说：“是的。”使者祈祷：“主啊！我就我所知与我不知的事情向你求饶。”某圣门弟子说：“真主的使者啊！你害怕吗？”使者说：“真主没有使我安宁。所有的心灵都在普慈之主的两根手指之间，他随意地翻转它。”

真主说:“他们没有料到的刑罚,将从真主那里,对他们显现出来。”(39:47)某注释学家对这节经文做了注释:“他们做了很多工作,认为是善行。其实,这些工作是在恶行的秤盘里。”

塞拉·塞格特说:“如果一个人进入某个绿树成荫的果园,树上落着群鸟,每只鸟用一种语言与它交谈并说‘真主的朋友啊,祝你平安!’尔后,他的内心沉浸于此,那他就是鸟儿的俘虏。”

这些经文和圣训让你知道,因片刻的伪信和隐匿的以物配主而使事情有多危险。任何人都不能幸免于此,甚至欧麦尔也就自己请教胡宰法,是否在伪信士行列。

艾布·苏莱曼·达拉尼说:“我听到了关于某国王的一件事,想要否定它,可我害怕他命令手下杀我。我不怕死,而是担心我的灵魂出体时,对人的赞美干扰我的心灵。于是,我放弃了。”

这属于伪信,违反真理、虔诚、完美和纯洁的信仰。

伪信分两种:

其一,令人脱离宗教,让人与非信士为伍,使人步入永居火狱者的行列。

其二,导致伪信者进入火狱一个时期,或者减损乐园的品级,降低诚信人的地位。

第七十八章　禁止背谈与诽谤

真主在《古兰经》中谴责了背谈，将背谈他人喻为吃死人肉。真主说："你们不要互相背毁，难道你们中有人喜欢吃他的已死的教胞的肉吗？你们是厌恶那种行为的。"(49:12)

先知穆罕默德说："每个穆斯林对穆斯林都不可侵犯，包括他的生命、财产和物品。"

背谈涉及物产，真主一并提到了背谈、生命及财产。

艾布·拜勒兹传述，真主的使者说："你们勿互相嫉妒，勿彼此怨恨，勿竞相出价，勿互相仇视，勿相互背谈。你们都是真主的仆人，都是兄弟。"

贾比尔、艾布·萨义德传述，真主的使者说："你们谨防背谈，背谈确比通奸更严重。信士也许通奸并忏悔，真主饶恕他。真主不饶恕背谈者，直到被谈者原谅背谈者。"

艾奈斯传述，真主的使者说："登霄夜，我路过一伙人，他们用指甲抓挠脸部。我说：'哲卜拉伊勒天使啊，这是些什么人？'他说：'是背谈人们的人，他们陷入灾难中。'"

苏莱曼·本·贾比尔说，我来见真主的使者，说："请你给我教一件我做了就能获益的善事。"使者说："你不要藐视任何小善，即使你将桶中水倒入饮水者的器皿里，即使你笑脸相迎你的兄弟，他转身离去而你不背谈他。”

拜拉艾传述，真主的使者给我们演讲，以至于他使她们家里的女孩子们听到了他的演讲。他说：“安于舌而没有安于心的人们啊，你们不要背谈穆斯林，不要揭发他们的缺点。谁揭发兄弟的缺点，真主揭发他的缺点。真主揭发谁的缺点，就在他的家中揭穿他。”

据传，真主启示先知穆萨：“谁忏悔于背谈而死亡，就是最后进入乐园的人；谁惯常于背谈而死亡，就是第一个进入火狱的人。”

艾奈斯传述，真主的使者命令人们斋戒一日，他说：“任何人不得开斋，直到允许他开斋。”人们封斋直傍晚，一个人来见使者，说：“真主的使者啊！我还在封斋，你允许我开斋。”使者允许他开斋。然后，一个个门弟子都来请使者允许他们开斋。有个门弟子来了，说：“真主的使者啊，我家中的两个姑娘还在封斋，她俩羞于见你，你允许她俩开斋。”使者转过身。然后，他又问使者，使者还是转过身。他再次追问使者，使者说：“她俩没有封斋，白天吃人肉的人如何封斋呢。你去吧，如果她俩封斋，就命令她俩吐出来。”他返回她俩身边，告诉了她俩，两人都吐出了一块血。他返回使者身边，告诉了使者，使者说：“以掌握我生命的真主起誓，如果血块还在她俩腹中，火狱肯定吞吃她俩。”

另传，他离开使者后又返回来，说：“真主的使者啊！她俩已经死了，或者几近死亡。”使者说：“你把她俩给我带来。”她俩来了，真主的使者要来杯子，对其中一个说：“你吐吧。”她吐出了脓血和脓水，以至于杯子满了。使者又对另一个说：“你吐吧。”她也吐出了脓血和脓水。使者说：“这两个女人食用真主许可的食物封斋，食用真主禁止的食物开斋。她俩促膝而坐，吃着人们的肉。”

艾奈斯传述，真主的使者给我们演讲，极其严厉地提到了高利贷，说：“一个人从高利贷中赚取一枚迪尔汗，在真主看来，其罪过比通奸三十六次还严重。最重利的高利贷莫过于侵犯穆斯林男子的名誉。”

诽谤是可耻的行为，真主说：“你不要顺从每个妄誓的、卑贱的、说谎的、进馋的、吝啬的、过分的、犯罪的、粗鄙而且是私生子的人。”(68：10—13)

阿卜杜拉·本·穆巴拉克说：“私生子就是没有严守话语的人。”他指的是，凡是没有严守话语并搬弄是非的人，就证明他是私生子，这源于经文“粗鄙而且是私生子的人”(68：13)。

真主说：“悲伤啊！每个诽谤者，诋毁者。”(104：1)

真主说：“他的担柴的妻子，也将入烈火。”(111：4)据传，艾布·莱海布的妻子是个诽谤成性的女人。

真主说：“真主以努哈的妻子和鲁特的妻子，为不信道的人们的殷鉴，她们俩曾在我的两个行善的仆人之下，而她们俩不忠于自己的丈夫，她们俩的丈夫，未能为她们俩抵御真主的一点刑罚。或者将说：‘你们俩与众人同入火狱吧！’”(66：10)据传，鲁特的妻子曾给两个客人谈及了鲁特。努哈的妻子说，努哈是个疯子。

真主的使者说：“诽谤者不得进入乐园。”

艾布·胡莱尔传述，真主的使者说：“你们中最受真主喜悦的人是品德高尚的人、慷慨大方的人。你们中最受真主恼怒的人是搬弄是非的人、离间兄弟的人、挑清白者毛病的人。”

艾布·赞尔传述，真主的使者说：“谁无缘无故地散布恶言来丑化某个穆斯林，真主在复活日借此丑化火狱中的他。”

艾布·代尔达厄传述，真主的使者说：“现世中，谁散布恶言来丑化清白无辜的人，真主必定在复活日借此丑化火狱中的他。”

艾布·胡莱尔传述，真主的使者说：“谁给穆斯林做了毫不相干的证词，就让他准备好自己在火狱中的座位吧。”

据传，坟墓里三分之一的惩罚来自诽谤。

伊本·欧麦尔传述，先知穆罕默德说：“真主创造乐园后，对它说：‘你说话吧！’乐园说：‘来我这儿的人真幸福！’真主说：‘以我的尊严起誓，八种人不得入住你——酒徒、奸淫成性者、诽谤者、淫媒、守财奴、男扮女装者、断交亲族者，以及说‘凭真主起誓，如果我不做如此如此之事’后没有实践诺言的人，都不能入住你。’”

凯尔卜·艾哈巴尔传述，以色列人遭受旱灾，先知穆萨多次求雨，但始终没有降雨。真主启示穆萨：“我不应答你，以及和你在一起的人——你们中有个诽谤者诽谤成性。”穆萨说：“我的养主啊！他是谁？请你给我指明他，以便我将他驱除出去。”真主说：“穆萨啊！我禁止你们搬弄是非，而我是搬弄是非者？”他们全都忏悔后，真主降下了及时雨。

某人为七句话，远行七百法尔萨赫[①]去请教某哲人。他来到哲人面前，说：“我来拜访你，是因为真主赐你知识。请你告诉我，什么比天还重？什么比地还宽？什么比石还硬？什么比火还热？什么比冰还冻？什么比海还富？什么比孤儿还可怜？”哲人说：“诽谤好人比天还重；真理比大地还宽阔；知足之心比海还富有；嫉妒

① 一个法尔萨赫等于6.24公里或3英里。——译者

比火还热;求助亲人而没成功比冰还冻;非信士的心比石还硬;昭然若揭的诽谤者比孤儿还可怜。”

诗云:

蛇蝎叮咬诽谤者,永世不得享安宁。
黑夜漫漫如急流,人不知何来何去。
伤哉毁约当如何,悲哉爽约当如何。

诗云:

来去匆匆诽谤人,奸诈双面定受难。

第七十九章　敌对恶魔(二)

先知穆罕默德说:“心有两种意志:来自真主的意志,乐于行善,信仰真理。谁心得此志,当知此乃真主所赐,应当感恩真主。来自敌人的意志,为非作恶,否认真理,禁止行善。谁心有此意,就当求真主护佑,免遭受诅咒的恶魔侵害。”使者说完诵读了经文“恶魔以贫乏恐吓你们,以丑事命令你们。”(2:268)

哈桑解释说:“这两种意志——来自真主的意志与来自敌人的意志——漫游在心中。真主怜悯那些领悟了真主意志的仆人:来自真主的意志,当实践之;来自敌人的意志,当斗争之。”

贾比尔·本·欧拜德·阿德瓦说:“我给阿拉艾·本·齐雅德诉说我内心的惶恐不安。”他说:“这就像小偷路过一间房,如果房中有物,他就洗劫一空,否则就撒手而去。”也就是说,恶魔不能侵入无私之心,这是因为真主说:“我的仆人,你对他们没有任何权柄,你的主足为监护者。”(17:65)凡追随私欲的人,即为私欲的仆人,而非真主的仆人,真主因此而让恶魔控制他。真主说:“你告诉我吧,以私欲为其神灵者,你能做他的监护者吗?”(25:43)经文指出,谁以私欲为其主宰者和受拜者,则为私欲的仆人,而非真主的仆人。奥斯曼·本·阿斯就此请教先知穆罕默德:“真主的使者啊!恶魔阻碍了我和我的礼拜与诵经。”使者说:“这个恶魔被称为

‘罕泽卜’[1]，如果你感觉到了他的侵害，就当求真主护佑而免遭其害，并且向左边吐三次唾沫。”奥斯曼说：“我这样做了，真主使恶魔远离了我。”

圣训：“小净有个被称为‘沃里汉’[2]的恶魔，你们求真主护佑而免遭其害。”

内心的恶魔蛊惑不会停止，除非凭借记念真主。如果心系真主，则此前心中私念荡然无存。然而，真主及有关真主之外的任何事情，都有可能给恶魔留下空间。记念真主令人心安，不但不会给恶魔留下任何可乘之机，而且能够借此敌对恶魔。人们当借“求主护佑词”——我向真主求护佑而免遭受诅咒的恶魔侵害，以及“求主襄助词”——无能为力而只靠真主，来敌对恶魔的任何蛊惑。而这，唯有敬畏的人们，以及借记念真主来战胜恶魔的人们才能做到。恶魔在人们疏忽的所有时间里，借机游荡在他们中间。真主说：“敬畏者遭遇恶魔蛊惑的时候，能恍然大悟，立刻看见真理。”（7:201）

穆扎希德就经文“免遭潜伏的教唆者的毒害”（114:4）解释道：“教唆者[3]肆意扰心。如果人们记念真主，教唆者迅速收敛，消失不见。如果人们忽略了对真主的记念，教唆者就在人的心中肆意放任。所以，记念真主与恶魔教唆之间的互相攻击，就如光明与黑暗、白昼与黑夜之间的彼此对立。真主说：‘恶魔已经制服了他们，因而使他们忘却真主的教训。’”（58:19）

艾奈斯传述，真主的使者说：“恶魔将鼻子放在人心上。如果

① 意为恶鬼。——译者

② 意为神经错乱者。——译者

③ 即恶魔。——译者

人们记念了真主，恶魔就隐遁。如果人们忘却了记念真主，恶魔就吞食其心。"

伊本·宛达赫传述，真主的使者说："如果人到四十岁还没有忏悔，恶魔就用手摸着脸说：'以我的父亲起誓，此人没有成功。'"

私欲与人的血肉互相交织，恶魔的首领更游荡在人的血肉之躯里，从四面八方包围人心。因此，真主的使者说："恶魔游荡在人的血管里，你们当以饥饿来堵塞恶魔的通道。"这是因为，饥饿破坏私欲，而恶魔的通道就是私欲，所以私欲从四面八方包围人心。真主表述了恶魔易卜劣斯："他说：'由于你使我迷误，我必定在你的正路上伺候他们。然后，我必定从他们的前后左右进攻他们。你不至于发现他们大半是感谢的。'"(7:16—17)

先知穆罕默德说："恶魔以各种方式蛊惑人们。他就'皈依伊斯兰教'蛊惑人们，说：'你要皈依伊斯兰教，而放弃你和你的父辈们的宗教吗？'人们违逆恶魔而皈依了伊斯兰教。然后，恶魔就'迁徙'蛊惑人们，说：'你要迁徙而放弃你的天地吗？'人们违逆恶魔而迁徙。恶魔又就'吉哈德'蛊惑人们，说：'你要吉哈德吗？吉哈德毁灭你的生命财产，你与敌交锋而被杀，你的妻子被人娶，你的财产被人分？'人们违逆恶魔而去吉哈德。谁这样做并且归真，真主必定让他进入乐园。"

第八十章　真爱与自我反省

苏夫延说："爱，就是追随真主的使者。"

某学者说："爱，就是经常记念真主。"

某学者说："爱，就是追求被爱者。"

某学者说："爱，就是厌恶长寿。"

这些话指出了爱结出的累累硕果。学者们没有反对自爱。

某学者说："对被爱者的爱，心灵无法领悟它，语言不能表述它。"

祖·努尼说："你告诉那些向真主示爱的人：'你谨防对真主之外者卑躬屈膝。'"

朱奈德说："但凡爱，都有对象。如果对象移除，爱也就消失了。"

有人对舍拜里说："请你为我们描述智者与爱者。"他说："智者是，若说话就死亡；爱者是，若沉默就死亡。"

舍拜里吟道：

慷慨之主啊，你爱驻我胸；
永生之主啊，你知我一切。

诗云：

忆友之人令我叹，我忘而忆我之忘。

死之我忆你而生，若非善思我不活。

我生于思死于念，我为你生死几回。

我畅饮杯杯真爱，杯尽而我没足饮。

愿思念乃我之福，若你忽视我已瞎。

有一天，莱比阿·阿达维耶说："谁引导我们至挚爱的真主呢？"女仆对她说："我们挚爱的真主与我们在一起，但现世将我们和他隔开了。"

伊本·坚拉艾传述，真主启示先知尔萨："如果我俯看仆人的秘密，发现他不贪恋现世，并且因爱我而胸怀后世的话，我就带着我的所见离开他。"

据传，有一天，萨姆农正在谈论"爱"，忽然，一只小鸟落在他的面前，用嘴啄地，以至于嘴中流血而死。

易卜拉欣·阿德汉姆说："我的养主啊！你知道，在我看来，乐园较之你因我爱你而赏赐我的恩惠、你因我记念你而赐予我的愉快、你使我沉湎于思考你的伟大而言，不值蚊子之翅。"

森里说："喜悦真主的人活着，贪恋尘世的人谬着，愚者筋疲力尽地早出晚归，智者竭尽全力地自我反省。"

真主命令了自我清算。真主说："信道的人们啊！你们应当敬畏真主，各人应当想一想自己为明日而预备了什么，你们应当敬畏真主，真主确是彻知你们的行为的。"(59:18)这节经文指出，人务必清算自己以往的行为。欧麦尔就此讲道："你们在受清算之前，先自我清算。你们在被评估之前，先自我评估。"

圣训传述，某人来见先知穆罕默德，说："真主的使者啊！你忠告我。"先知说："你要求忠告？"他说："是的。"先知说："如果你想做某件事，就当考虑其后果。如果它正确，就当付诸实施；如果它错误，就当避而远之。"

圣训："智者有四个小时，其中一个小时自我清算。"

真主说："信士们啊！你们应全体向真主悔罪，以便你们成功。"(24:31)忏悔就是，在结束一项行为后，懊悔地审视该行为。

先知穆罕默德说："我每天向真主求饶忏悔一百次。"

真主说："敬畏者遭遇恶魔蛊惑的时候，能恍然大悟，立刻看见真理。"(7:201)

据传，每当夜幕降临，欧麦尔以鞭抽脚，自言自语："你今天做了什么？"

麦姆乃·本·麦赫兰说："清算自己胜于清算伙伴的人，方为信士。"

阿依莎传述，父亲艾布·伯克尔临终时对她说："没有任何人比欧麦尔更受我喜爱。"他说完问她："你怎么说呢？"阿依莎重复了父亲的话。艾布·伯克尔说："没有任何人比欧麦尔更受我尊敬。要知道，他每讲完一句话，都要思考它，并以另一句话取而代之。"

据传，一只小鸟干扰了艾布·塔利赫的礼拜而致他胡思乱想。艾布·塔利赫为了表示懊悔，以及希望弥补所失，施舍了自己的花园，以求真主喜悦。

据传，伊本·塞拉姆扛着一捆柴，有人说："艾布·优素福，你家里的佣人足以做这些事啊！"他说："我想自我考验，你不这么认为吗？"

哈桑说："信士要管理好自己的性灵，为真主而清算它。人们在现世的自我清算，乃轻微之清算；人们在复活日被清算，乃严厉之清算——从算计不到的地方被清算。"哈桑接着解释了"清算"："令信士惊讶不已的事情无意间出现在他面前，他说：'以真主起誓，你让我吃惊不已，你肯定对我有所求。但是，你走开，离我远点吧。'"

艾奈斯·本·马利克传述，有一天，我和欧麦尔来到一座花园，我隔着墙听他说："好极了！以真主起誓，你定要敬畏真主，否则，真主肯定惩罚你！"

哈桑就经文"我以自责的灵魂盟誓"(75:2)说："信士自我反省：我的话语有什么意义？我吃了饭要做什么？我喝了水要做什么？"作恶者自顾往前走而不自责。

马利克·本·迪纳尔说："真主怜悯这样的仆人——他对自己的性灵说：'难道你没做如此如此之事吗？难道你不对这件事情负责吗？'他贬责性灵并使其无语后，让其遵守真主的经典。"此人掌握着自己的性灵。这属于自责的行为。

麦姆乃·本·麦赫兰说："自我清算的敬畏，远胜于暴虐的君王和吝啬的同伴。"

易卜拉欣·泰姆说："我的性灵扮演自己在乐园里，食用它的各种果实，畅饮它的不同河流，拥抱它的各色美女。然后，我的性灵扮演自己在火狱里，食用它的攒楛树，饮用它的脓血水，穿戴它的火锁链。然后，我问我的性灵：'性灵啊，你愿意哪个呢？'性灵说：'我想被送回现世去行善。'我说：'你说实话了，你去行善吧！'"

马利克·本·迪纳尔说："我听韩贾吉在演讲：'真主怜悯这个

人——他在自己受清算之前已自我清算;真主怜悯这个人——他掌握自己行为的主动权后审视自己要做什么;真主怜悯这个人——他估量自己的秤盘;真主怜悯这个人——他审视自己的天平。'他一直在说,以至于令我潸然泪下。"

艾哈奈夫·本·盖斯的一个朋友传述:他曾经伴随盖斯,盖斯的夜间礼拜主要是祈祷。盖斯来到灯盏前,将手指放在灯上后感受火热,并自言自语:"艾哈奈夫啊,什么动力驱使你某天的所作所为?什么动力驱使你某天的所作所为?"

第八十一章　以假乱真

穆安格里·本·耶萨尔传述，真主的使者说："人们面临一个时代，他们忽视《古兰经》，就如忽视身上的旧衣服。他们凡事贪得无厌，手持《古兰经》而无所畏惧。如果他们中有人行善，就说：'我将被准承'；如果作恶，就说：'我将被饶恕'。"他们因无视《古兰经》的种种警告及其所言，而以贪婪代敬畏。

真主说："在他们死亡之后，有不肖的后裔代替他们而继承了天经，那些后裔攫取今世浮利，还说：'我们将蒙饶恕。'"(7:169)"不肖的后裔"是指学者们继承了天经，"今世的浮利"是指他们对合法与非法事物的欲望。真主说："凡怕站在主的御前受审问者，都得享受两座乐园。"(55:46)真主说："我誓必使你们在他们毁灭之后居住他们的地方。这是畏惧站在我面前[受审讯]，而且畏惧我的恫吓者所得享受的。"(14:14)

《古兰经》开卷言及了告诫。思考者如果是信士，只要参悟经中所言就会忧心忡忡，胆战心惊。你看看人们吧，他们抑扬顿挫、流利地诵读着《古兰经》，研究着它的降调、升调和平调。他们诵读《古兰经》就似朗诵阿拉伯诗歌，而不顾及经文大意，不遵循经文教诲。世上还有比这更离谱的欺诈吗？

善行与恶行兼而有之的欺世盗名者层出不穷。虽然他们的恶行多于顺从,但还期待着饶恕,认为善行的秤盘重,事实上恶行的秤盘更重。这是极限的愚昧无知。你发现,一个人施舍了屈指可数的几枚合法与非法来源的迪尔汗,可他攫取的穆斯林财产和来路不明的财产不胜枚举。也许,他所施舍的穆斯林财产,是受穆斯林所托之财。他认为,侵吞一千枚迪尔汗后,施舍非法或合法来源的十枚就能相抵消。这就等于一个人将十枚迪尔汗放在天平的一端,将一千枚迪尔汗放在另一端后,试图让轻秤盘高过重秤盘。无知透顶!

他们中不乏有人认为,他的善行多于恶行。这是因为他不清算自己,不检查自己的过错。如果他做了一件善事,就牢记在心并引以为荣。这等同于此等人——每天口头向真主求饶或赞美真主一百遍后,整天无数次地责骂穆斯林,损害穆斯林名誉,言真主不喜之语;他将赞美真主的次数视为向真主求饶一百遍,而忽略自己整天胡言乱语;如果真主记录他的一句赞辞,那就等于他赞美真主一百遍或一千遍。记录善恶的天使已就此做了记录,真主警告他,要惩罚他的每一句话,真主说:“他每说一句话,他面前都有天使当场监察。”(50:18)他常思赞美真主之贵,但不顾及《古兰经》言及真主对骂人者、撒谎者、搬弄是非者、口是心非的伪信士的惩罚,不顾及口中之祸。这是纯粹的欺骗。

凭我的宗教起誓,如果记录善恶的天使们,就誊写某人超过赞辞的胡言乱语而索取报酬的话,此人肯定沉默不语,甚至停止所有工作。他统计自己各个时期的所言所语,将其等同于赞辞,甚至誊写的报酬都不能超过这些赞辞。斤斤计较的人真奇怪——小心翼翼地害怕一克拉誊写费的失去,而不担心乐园极品及其幸福的失去！对于常思此事的人来讲，这是巨大的损失，而我们已被迫至此。如果我们对此有所怀疑，那我们就属于不信教的人们；如果我们对此深信不疑，那我们就属于受骗的傻子。信仰《古兰经》经文的人要做哪些工作呢！我们祈求真主，使我们免入不信教者的行列。

我尤其要肯定那些能够谨防心灵昏聩和迷失的人，他们时刻敬畏而不迷茫，远离虚妄的幻想、恶魔的挑唆和私欲的蛊惑。

真主最知一切！

第八十二章　集体礼拜的高贵

先知穆罕默德说："集体礼拜，贵过单人礼拜二十七品。"

艾布·胡莱尔传述，真主的使者发现有些人没有参加集体礼拜，就说："我要命令一个人率众礼拜，然后让人烧毁那些脱离集体礼拜的人们的房子。"

另一段圣训："我想去那些没有参加集体礼拜的人们家里，命人火烧他们的房屋。如果他们有人知道将会得到一大块骨头肉或羊肉，他肯定参加宵礼。"

奥斯曼说："谁参加了宵礼，就等于礼了半夜拜；谁参加了晨礼，就等于礼了一夜拜。"

真主的使者说："谁参加了集体礼拜，他的内心满怀拜功。"

萨义德·本·穆桑伊布说："二十年来，只要有宣礼员召唤礼拜，我都在清真寺里听着。"

穆罕默德·本·瓦希尔说："现世，我只渴望三件事：迷悟时端正我的兄弟；不断增加地够用粮食；集体礼拜时我的拜中错误被原谅，并且给我记录礼拜的恩赐。"

据传，有一次，艾布·欧拜德·本·基拉赫率众礼拜，结束礼拜后转身说："刚才，恶魔在干扰我，以至于我自认比别人强，我永不作伊玛目。"

哈桑说:“你们不要在那些常不拜访学者的人后面礼拜。”

纳赫伊说:“无知而率众礼拜的人,就如称量海水而不知增减的人。”

哈提姆·阿桑姆说:“我失去了集体礼拜,只有艾布·伊斯哈格·布哈里一个人安慰我。如果我的孩子归真,肯定有一万多人安慰我。在人们看来,信仰的损失不及现世的损失。”

伊本·阿拔斯说:“听见宣礼员而没有应答的人,既没有接近恩惠,也得不到恩赐。”

艾布·胡莱尔说:“人的耳朵满是融化的铅,胜于听见宣礼而没有应答。”

据传,麦孟·本·麦赫拉尼来到清真寺,有人对他说:“人们都走了。”他说:“我们属于真主,我们归于真主。我喜欢这次礼拜,胜于我管理伊拉克。”

先知穆罕默德说:“谁集体礼拜四十日且没有失去抬手赞辞,真主为他记录两件豁免之事——免于伪信,免入火狱。”

据传,复活日,一伙人被复生,他们的面容如闪闪发光的星星。天使们问他们:“你们曾经做了哪些功德?”他们说:“我们听见宣礼时,就去洗小净做礼拜,任何事情都不能使我们忽略拜功。”又一伙人被复生,他们的面容如月亮,听到天使们同样的问题后,说:“我们礼拜前洗小净。”又有一伙人被复生,他们的面容如太阳,他们回答天使们:“我们在清真寺里听宣礼。”

据传,先贤们失去一次抬手赞辞就安慰自己三日,失去集体礼拜就安慰自己七日。

第八十三章　夜间礼拜的高贵

真主说："你的主的确知道你礼拜的时间，不到全夜的三分之二，或二分之一，或三分之一。"(73:20)

真主说："夜间的觉醒确是更适当的；夜间的讽诵确是更正确的。"(73:6)

真主说："他们肋不落床，他们以恐惧和希望的心情祈祷他们的主。"(32:16)

真主说："[景况更好的，是你呢?]还是夜间专门事主，叩头立正，谨防后世，希望主恩的人呢?"(39:9)

真主说："他们为他们的主而通宵叩头。"(25:64)

真主说："你们当借坚忍和礼拜而求佑助。"(2:45)某注释家说："夜间礼拜要借助坚忍，旨在抵制私欲。

先知穆罕默德说："你们任何人睡觉时，恶魔都会在他的头上结三个扣，每个扣各在其位。漫漫长夜睡眠的人，如果醒来并记念真主，一个扣被解开；如果洗了小净，又一个扣被解开；如果礼了拜，所有的扣都被解开，他就神采奕奕，兴高采烈。否则，心情沉闷，无精打采。"

有人在先知穆罕默德面前提到一个睡到清晨的人，先知说："恶魔在那人的耳朵里撒尿了。"

先知穆罕默德说："恶魔有鼻药、蜜饯和药粉。如果他让人吸了鼻药，人的品行变坏；如果人舔了蜜饯，出言不逊；如果恶魔给他撒了药粉，则睡到清晨。"

先知穆罕默德说："仆人在半夜跪拜两次，对他而言胜于现世及其一切。要不是我担心给我的乌玛带来困难，我肯定将这两拜视作他们的主命。"

贾比尔传述，先知穆罕默德说："夜间有一个小时，穆斯林只要恰遇期间并向真主祈福，真主就会将他所祈之福赐给他。"

另一段圣训："他整晚向真主祈求两世幸福。"

穆吉布·本·舍阿卜传述，真主的使者夜间礼拜，以至于双脚开裂。有人对他说："难道真主没有饶恕你以往和以后的过错吗？"使者说："难道我不是一个感恩的仆人吗？"使者的话喻指品级的擢升，而感恩是擢升品级的原因。真主说："如果你们感谢，我誓必对你们恩上加恩。"(14:7)

先知穆罕默德说："艾布·胡莱尔啊！难道你不想让真主的怜悯降临给活着和死着、受埋葬和受复生的你吗？你要想得到你的养主的喜悦，就在夜里起来礼拜。艾布·胡莱尔啊！你在家里的一个房角礼拜吧！在世人看来，你家的灯光就如天上的群星。"

先知穆罕默德说："你们夜里礼拜吧，这是你们先贤的习惯！夜间礼拜乃临近真主，宽恕罪过，祛除病症，制止犯罪。"

先知穆罕默德说："一个人，只要他夜里睡意朦胧地礼拜，真主就给他记录礼拜的报酬，他的睡意则是对他的施舍。"

先知穆罕默德对艾布·赞尔说："如果你要旅行，要为此精心准备吗？"艾布·赞尔说："是的。"先知说："复生路的旅行如何呢？

艾布·赞尔啊！难道我没有将那日里有益于你的事情告诉过你吗?”艾布·赞尔说:“愿我的父母为你赎身,告诉了。”先知说:“你当为复活日而在酷暑日封斋;你为坟墓孤独而在漆黑夜晚礼拜;你为大灾大难而朝觐;你给穷苦人施舍;真理之语你当言之,虚妄之语你当忌之。”

先知穆罕默德时代的一个人,人们进入梦乡时,他礼拜,诵读《古兰经》,祈祷真主:“掌管火狱的主啊！你让我远离火狱吧!”有人给先知提及了此人,先知说:“如果他正祈祷时,你们通知我。”于是,先知到他跟前,听到了他的祈祷。清晨,先知说:“某人啊！你怎么不向真主祈求乐园呢?”他说:“真主的使者啊！我没有那样做,我的功德还不及于此。”刚一会儿,哲卜拉伊勒天使来见先知,说:“你告诉那个人,真主已经让他远离火狱,使他进入乐园了。”

据传,哲卜拉伊勒天使对先知穆罕默德说:“伊本·欧麦尔真好,如果他夜间礼拜。”先知遂将此事告诉了伊本·欧麦尔。自此,他坚持夜间礼拜。纳菲尔说:“他夜里礼拜后问:‘纳菲尔,东方破晓了吗?’我说:‘没有。’他就继续礼拜,然后说:‘纳菲尔,东方破晓了吗?’我说:‘是的。’于是,他坐下祈求真主,直到履行晨拜。”

阿里·本·艾布·塔利布传述,先知叶哈雅·本·宰克里亚夜里吃了一块大麦饼,饱后忽略了对真主的赞念,直到清晨。真主启示他:“叶哈雅啊,难道你找到了一个比我的宅子更好的宅子了吗？或者你得到了一个比我更好的邻居了吗？以我的尊严和伟大起誓,如果你看乐园一眼,你的脂肪肯定融化了,你因渴望而断气。如果你看火狱一眼,你的脂肪必定融化了,泪干后哭出脓水,粗布后穿上皮子。”

有人对真主的使者说:“某人夜里礼拜,白天偷盗。”使者说:“他的礼拜将制止他的盗行。”

先知穆罕默德说:“真主怜悯夜间礼拜且让妻子起来礼拜——如果她拒绝就在她脸上洒水——的男人。”

先知穆罕默德说:“真主怜悯夜间礼拜且让丈夫起来礼拜——如果他拒绝就在他脸上洒水——的女人。”

先知穆罕默德说:“谁在夜里醒来叫醒妻子后一起礼两拜,他俩就被记入经常记念真主的男女之列。”

先知穆罕默德说:“主命拜后,最贵的拜功就是夜间拜。”

欧麦尔传述,先知穆罕默德说:“谁在夜间忘却他的团体及其事情,并在晨拜与午拜之间诵读《古兰经》,他的诵读就被记录——好似他整夜诵读了《古兰经》。”

第八十四章　谋名求利的学者

谋求名利的学者是指世俗学者，他们旨在凭借知识获取现世幸福，在同行中达到高品。

先知穆罕默德说："复活日，受罚最严厉的人是学者——他没有用真主赋予的知识裨益人们。"

先知穆罕默德说："人不成为学者，除非他知行合一。"

先知穆罕默德说："知识分两种：口头上的知识——真主对众生的证据；内心里的知识——裨益人的知识。"

先知穆罕默德说："末日之际，会出现愚昧无知的修士们、为非作歹的学者们。"

先知穆罕默德说："你们不要为了与学者们争荣斗胜、与愚者们互相憎恨而求学，不要为了凭借知识将人们的目光引至你们而求知。谁这样做，谁就在火狱中。"

先知穆罕默德说："谁隐瞒了他所掌握的知识，真主就给他戴上火笼头。"

先知穆罕默德说："对于你们而言，我担心旦扎里之外的人胜于担心旦扎里。"[①]有人问："那是谁？"他说："使人迷误的伊玛目。"

---

① 旦扎里，阿拉伯语音译，意为"骗子手"，名叫"麦西哈·旦扎里"。根据圣训，他是世界末日临近前来自东方的纯种犹太人，旦扎里是他的绰号，有欺骗成性和瞒天过海的本领。——译者

先知穆罕默德说："谁的知识增加而正道没有增加，那么，增加的只是远离真主。"

先知尔萨说："你们在与那些迷失方向的人同住的情况下，怎么才能为夜行人指路呢？"

这些圣训都说明了知识本身具有的巨大危险，学者或遭受永久的惩罚，或享受永恒的幸福。学富五车的学者，得不到幸福，则受磨难。

欧麦尔说："我对这个民族最担心的，莫过于口是心非的学者。"他们问："如何成为口是心非的学者？"欧麦尔说："语言显知识，心行则无知。"

哈桑说："你不要成为集学者们的知识和哲人们的智慧为一体，但行为却步愚者们后尘的人。"

某人对艾布·胡莱尔说："我想学知识，但害怕丧失它。"他说："放弃知识足以令知识丧失。"

有人请教易卜拉欣·安耶奈："哪种人最后悔？"他说："现世里，行善但得不到感谢的人最后悔。临终时，失职的学者最后悔。"

哈利利·本·艾哈迈德说："人为四种——知道并明白自己知道，那是学者，故你们追随他；知道但不明白自己知道，那是眠者，故你们唤醒他；不知道但明白自己不知道，那是寻求引导者，故你们引导他；不知道且不明白自己不知道，那是愚者，故你们拒绝他。"

苏夫延·塞里说："知识需要行动，没有响应，就要分离。"

伊本·穆巴拉克说："学者只要一如既往地求知，就是学者。如果他认为自己已经知道，那就无知了。"

夫达里·本·安雅德说："我可怜三种人——民贱己贵的人；民穷己富的人；把知识作为谋求现世幸福的学者。"

哈桑说："对学者们的处罚是心灵的死亡，所谓心灵死亡就是以后世之功谋现世之福。"

诗云：

怪哉正道换迷误，奇哉正教换红尘。
奇奇怪怪两种人，皆成以教换俗人。

先知穆罕默德说："学者定要受刑，火狱的居民皆因其重刑而目瞪口呆地环绕在他周围。"先知指的是为非作歹的学者。

欧萨麦·本·宰德传述，我听真主的使者说："复活日，学者被带来后扔进火狱。他的肠子流了出来，绕着肚子打转，就如驴子绕磨转。火狱的居民围着他，问：'你怎么了？'他说：'我命人行善而自己不行善，我止人作恶但自己作恶。'"学者受到重复加倍的处罚，皆因他违背了知识。

因此，真主说："伪信者必入火狱的最下层，你绝不能为他们发现任何援助者。"(4:145)因为他们有知但隐瞒知识。尽管基督教徒为真主编造子嗣，但真主认为犹太人比基督人更可恶——即使犹太人没有称三位一体，可他们虽学富五车但隐讳知识。因为真主说："蒙我赏赐经典的人，认识他，犹如认识自己的儿女一样。他们中有一派人，的确明知故犯地隐讳真理。"(2:146)

真主说："以前他们常常祈祷，希望借它来克服不信道者，然而当他们业已认识的真理降临他们的时候，他们不信它。故真主的弃绝加于不信道者。"(2:89)

真主在讲述“拜里阿姆·本·巴欧拉”的故事时说：“你应当对他们宣读那个人的故事；我曾把我的许多迹象赏赐他，但他鄙弃那些迹象，故恶魔赶上他，而他变成了迷误者。假若我意欲，我一定要借那些迹象而提升他，但他依恋尘世，顺从私欲，所以他像狗一样，你呵斥它，它就伸出舌头来，你不呵斥它，它也伸出舌头来，这是否认我的迹象者的譬喻。你要讲述这个人的故事，以便他们省悟。”（7：175—176）为非作歹的学者也如此——拜里阿姆曾接到真主的经典，但他沉湎于各种私欲享受，故变人为狗。换言之，无论是否得到智慧，他都渴求欲望。

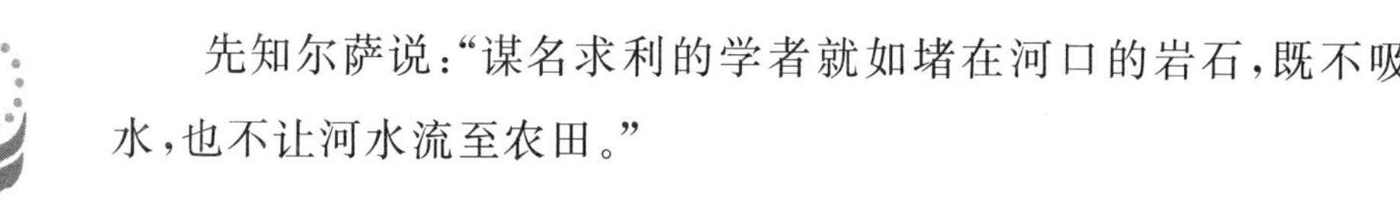

先知尔萨说：“谋名求利的学者就如堵在河口的岩石，既不吸水，也不让河水流至农田。”

第八十五章　美德的高贵

真主为了赞扬先知穆罕默德、体现对他的恩典而告诉他:“你确是具备一种伟大的性格的。”(68:4)

阿伊莎说:“真主的使者的品德,便是《古兰经》。”

某人就“品德高尚”请教真主的使者,使者诵读经文“你要原谅,要劝导,要避开愚人”(7:199)后,说:“品德高尚就是,联系断交你的人,给予封杀你的人,原谅亏待你的人。”

先知穆罕默德说:“我被派遣,只为了完善各种美德。”

先知穆罕默德说:“复活日,放在天秤里的最重功德是:敬畏真主与品德高尚。”

某人来见真主的使者。他面对使者,说:“真主的使者啊,何谓教门?”使者说:“品德高尚。”他站在使者的右边说:“真主的使者啊,何谓教门?”使者说:“品德高尚。”他站在使者的左边说:“真主的使者啊,何谓教门?”使者说:“品德高尚。”他站在使者的后面说:“真主的使者啊,何谓教门?”使者看了看他,他说:“你不解答教律吗? 请别生气。”

有人请教:“真主的使者啊! 何为不幸?”使者说:“恶德。”

某人对真主的使者说:“请你忠告我?”使者说:“无论你身处何方,都要敬畏真主。”他说:“你再说点。”使者说:“善恶相随,善勾销恶。”他又说:“你再说点。”使者说:“创造人类的真主,是基于美德。”

有人请教真主的使者:“哪种功德最高贵?”使者说:“品德高尚。”

夫代里传述,某人对真主的使者说:“某女白天封斋,夜间礼拜,但性情恶劣,出口伤邻。”使者说:“毫无益处,她属于火狱的居民。”

艾布·达尔达艾传述,我听真主的使者说:“天秤里被放置的首要功德是美德与慷慨。”

真主创造了“信仰”,它说:“主啊!你巩固我。”于是,真主以美德和慷慨坚固了它。真主创造了“昧信”,它说:“主啊!你巩固我。”于是,真主以吝啬与恶德巩固了它。

先知穆罕默德说:“真主为自己选择了伊斯兰教,只有慷慨与美德才配你们的宗教。须知,你们以慷慨与美德美化你们的宗教。”

先知穆罕默德说:“美德是真主的伟大德性。”

有人请教:“真主的使者啊,哪个信士的信仰最高贵?”使者说:“品德最高尚的人。”

先知穆罕默德说:“你们绝不能用你们的财产使人们富足,所以你们以笑脸和美德使他们富足吧。”

先知穆罕默德说:“恶德破坏功德,就如醋令蜜失效一样。”

贾里勒·本·阿卜杜拉传述,真主的使者说:“你是人,真主已经完美了你的容貌,故你美化你的品德。”

班拉艾·本·阿齐卜说:“真主的使者是人们中面容最俊美、

品德最高尚的人。”

艾布·萨义德·胡德里传述，真主的使者在祈祷词中说：“主啊！正如你完美我的容貌，你美化我的品德吧！”

阿卜杜拉·本·欧麦尔传述，真主的使者经常祈祷，说：“主啊！我向你祈求健康与美德。”

艾布·胡莱尔传述，先知穆罕默德说：“信士的高尚在于他的宗教，信士的光荣在于他的美德，信士的豪爽在于他的理性。”

欧萨麦·本·谢里克说：“我见乡下人请教先知：‘仆人得到的最贵礼物是什么？’先知说：‘美德。’”

先知穆罕默德说：“复活日，你们中最受我喜悦、最靠近我座位的人是你们中品德最高尚的人。”

伊本·阿拔斯传述，真主的使者说：“谁没有具备三件事情的其中之一，你们就不要重视他的任何工作：敬畏，阻止他违逆真主；宽容，制止他愚昧；品德，他借此生活在人间。”

先知穆罕默德开始礼拜时祈祷：“主啊！求你引导我美化我的品德，唯有你引导我美化它。求你让我远离恶德，唯有你才能让我远离它。”

问者问：“美丽体现在哪里？”答者答：“体现在谈吐优雅，面带微笑。谁以善待人，以美德结交人，他就被人认可，友情受赞。”

诗云：

你聚美德于一身，以善待人乃佳行。

真主保护善之行，众人明暗皆感恩。

第八十六章　欢笑及哭泣与服饰

部分注释学家就经文“难道你们为这训辞而诧异吗？你们怎么嘲笑而不痛哭呢？你们是疏忽的”(53:59—61)解释到，“训辞”即《古兰经》；“诧异”即否认《古兰经》；“嘲笑”即轻视《古兰经》，即使它来自真主；“不痛哭”即不害怕《古兰经》的警告；“疏忽”即忽视《古兰经》对你们的要求。

据传，这节经文降示后，先知穆罕默德从此再未欢笑过，只有微笑。

另传，自这节经文降示到先知穆罕默德离世，人们从未见过他欢笑和微笑。

伊本·欧麦尔传述，有一天，先知穆罕默德走出清真寺，看见一伙人谈笑风生，遂停下脚步，向他们问安后，说：“你们牢记死亡。”还有一次，他出门后看到一伙人欢声笑语，就说：“以掌握我生命的真主起誓，如果你们知我所知，肯定少笑多哭。”

先知黑祖尔告别先知穆萨时，穆萨对他说：“你忠告我吧！”黑祖尔说：“你谨防高声喧哗，不要无需而行，不要无故而笑，不要因错而责怪错误的人，当为你的过错而哭。”

先知穆罕默德说：“多笑令心灵死亡。”

先知穆罕默德说：“谁为青春笑，就为衰老哭；谁为富有笑，就为贫穷哭；谁为生活笑，就为死亡哭。”

先知穆罕默德说：“你们诵读《古兰经》并哭泣吧！如果你们哭不出来，就假装哭。”

哈桑就经文“让他们少笑些，多哭些，以报酬他们的营谋”(9:82)注释到：“为现世少笑，为后世多哭。”

哈桑说：“奇哉！开怀大笑的人，他身后是火狱；怪哉！兴高采烈的人，他面临着死亡。”

哈桑路过一个欢笑的青年，对他说：“我的孩子啊！你过隧拉特桥了吗？”他说：“没有。”哈桑说：“你能确定归向乐园吗？”他说：“不能。”哈桑说：“那你笑什么？”从此，再没有人见过这个青年欢笑。

伊本·阿拔斯说：“谁笑着犯罪，就哭着进火狱。”

真主以哭泣赞美了许多民众：“他们痛苦着俯伏下去，《古兰经》使他们更恭敬。”(17:109，此处叩头。)

关于经文“功过簿将展现出来，所以你将会看到罪人们畏惧其中的记录。他们说：‘啊呀！这个功过簿怎么啦，不论小罪大罪，都毫不遗漏，一切都加以记录。’”(18:49)奥扎伊解释了其中的“小罪和大罪”：“小罪就是微笑，大罪就是狂笑。”

先知穆罕默德说：“复活日，所有的眼睛都哭泣，唯有三种眼睛例外——曾为敬畏真主而痛哭流涕的眼睛；曾视而不见真主所禁的眼睛；曾为主道而彻夜不眠的眼睛。”

某贤哲说：“三件事情使心灵冷酷——无故而笑；无饥而食；无需而言。”

真主的使者曾经或穿外套，或斗篷，或衬衣，或长袍。使者曾喜欢绿色衣服，并且经常穿白色衣服，他说："你们让活的人穿白衣，用白布裹你们的亡人。"

先知穆罕默德有一件绿色外套，穿上后，它的绿色美过了他的白色衣服。

先知穆罕默德挽起他的衣袖至两肘，挽起他的斗篷至双膝。他曾将一件黑色衣服送给了某圣门弟子。温姆·赛丽麦说："愿我的父母为你赎身，那件黑色衣服怎么了？"先知说："我穿过它了。"她说："我从未见过你的任何白衣美过它的黑色。"

先知穆罕默德穿衣时，从右手穿起，并说："一切赞颂全归真主——他让我穿上了遮住我羞体并让我借此美丽人间的衣服。"他脱衣服时，从左手脱起。如果他穿一件新衣，就将旧衣服送给穷人，并说："只要穆斯林因为真主而给穆斯林穿上自己的旧衣服，他就在真主的保佑、庇护和福利中，无论他给活着或死去的穆斯林穿衣蔽体。"

先知穆罕默德有一件用来铺地的斗篷，无论他走到哪儿，都将它卷成圆状，铺在身下。先知穆罕默德睡在草席上，除了这件斗篷外，别无他物。

第八十七章 《古兰经》及学者的高贵

先知穆罕默德说:“谁诵读了《古兰经》,并且看到某人比自己诵读的更优美,那他就已为真主的伟大而谦虚了。”

先知穆罕默德说:“在真主看来,没有任何说情者比《古兰经》的品级更高贵。”

先知穆罕默德说:“我乌玛的最贵功修是诵读《古兰经》。”

先知穆罕默德说:“你们中最优秀者,是学习《古兰经》并授之于人者。”

先知穆罕默德说:“心灵生锈如铁锈。”某人请教:“真主的使者啊! 如何去锈呢?”先知说:“诵读《古兰经》,牢记死亡。”

伏代勒·本·安雅德说:“手持《古兰经》的人,是手握伊斯兰旗帜的人。所以,为了尊崇《古兰经》真理,他不要与娱乐者共嬉戏,不要与大意者共疏忽,不要与胡说者共乱语。”

伏代勒·本·安雅德说:“谁清晨诵读了《古兰经》‘放逐章’[①]最后一节,并在当日归真,就被封为烈士;谁晚上诵读它并当晚归真,就被封为烈士。”

关于知识与学者的高贵,多段圣训作了论述。

① 第59章。——译者

先知穆罕默德说："真主欲让谁幸福，就使他理解教义，启迪他正道。"

先知穆罕默德说："学者们是众先知的继承人。"众所周知，没有任何品级贵过先知品级，没有任何荣誉超过继承先知的荣誉。

先知穆罕默德说："最高贵的人是学者信士，如果他被求知，就裨益于人；如果他被富足，就自给自足。"

先知穆罕默德说："最接近先知品级的人是学者和为主道奋斗者。"学者引导人们遵循众使者带来的经典，为主道奋斗者致力于宣传众使者传达的使命。

先知穆罕默德说："一个部落的消亡，肯定比一个学者的去世更容易。"

先知穆罕默德说："复活日，学者的墨汁要以烈士的鲜血来等量。"

先知穆罕默德说："学者满足不了知识，直到尽头是乐园。"

先知穆罕默德说："我的乌玛因两件事而灭绝：放弃知识，聚敛钱财。"

先知穆罕默德说："你或成为学者、或成为求知者、或成为听知者、或成为喜悦知识者，你不要成为第五种人——讨厌知识，那你就自灭了。"

先知穆罕默德说："知识的灾难，就是遗忘。"

某贤哲说："谁借知识追求权利，就已丧失了成功与治理。"

真主说："我将使那些在地方上妄自尊大的人离弃我的迹象。"(7:146)

沙菲尔说："谁学习了《古兰经》，他的价值就倍增；谁学习了教义，他的地位就高贵；谁学习了圣训，他的论据就充足；谁学习了算术，他的见解就独到；谁了解了异乡客，他的性格就温和；谁没有自尊自爱，他的知识就无益于他。”

哈桑说：“谁经常与学者同席，就会妙语连珠，思维敏捷，怡情悦性；就能实践所知，受益所学。”

先知穆罕默德说：“如果真主拒绝仆人，就禁止他求知。”

先知穆罕默德说：“没有比无知更严重的贫穷了。”

第八十八章　礼拜与天课的高贵

须知，真主视天课为伊斯兰教的基石之一，将它与伊斯兰教的最高标志——礼拜相提并论。真主说："你们当谨守拜功，完纳天课。"(2:43)

先知穆罕默德说："伊斯兰教建立在五件基础上：作证万物非主惟有真主，穆罕默德是真主的使者；履行拜功；交纳天课；朝觐天房；封莱麦丹月斋。"

真主严重警告了忽视礼拜和天课的人，他说："悲伤啊！礼拜的人们，他们是忽视拜功的。"(107:4—5)"窖藏金银，而不用于主道者，你应当以痛苦的刑罚向他们报喜。"(9:34)经文"用于主道"即指交纳天课。

如果富人将他的天课施舍给贫穷的、脱离红尘的敬畏真主者，以及专事后世的人，那他的钱财就会增加。

先知穆罕默德说："你只食用敬畏之食品，唯有敬畏者才食用你的食品。"这是因为，敬畏者借助敬畏之食而更加敬畏真主，所以你当借助你对他的帮助，成为他的同伴，共同顺从真主。

某学者只将天课施舍给贫穷的苏菲修士。有人对他说："如果你的善行囊括了所有穷人，那不更好吗？"他说："不。这些人的志向在于真主，如果他们穷困潦倒，就会意志崩溃。较之将一千元送给心向现世的人，我更愿意让他们回归真主。”有人将这段话讲给朱奈德，他认为此言甚好，并说：“此人是真主的朋友之一。我好久没有听到比这更好的话了。”此后，有人告诉朱奈德，该学者穷困潦倒，想要放弃商铺的经营。于是，朱奈德派人给他送了钱，说：“你用这些钱购买商品，不要放弃商铺，买卖不会伤及像你这样的人。”此人曾经是蔬菜商人，他分文不收穷人的菜钱。

伊本·穆巴拉克尤其善待有知识的人，有人对他说：“如果你的善行囊括了所有的人，那不更好吗？”他说：“除了先知品级，我不知道还有比学者品级更高贵的品级了。如果他们中有人心系杂事的话，就不会专事学术，不会坚持求知。因此，他们致力于知识是最高贵的事情。”伊本·穆巴拉克经常关心残疾人，特别是亲属中的残疾人——天课与联系亲族息息相关，联系亲族获得的惠赐不可估算。残疾人路过他家门，他悄悄地施舍，以避免沽名钓誉带来的不幸，消除施舍的居高临下心态。先知穆罕默德说：“悄悄施舍，平息真主怒恼。”

圣训提到七种人，在只有真主遮阴的日子里，真主让他们在自己的阿勒舍下遮阴。其中之一是，“秘密施舍的人，甚至他的左手不知道他的右手所施舍。”

诚然，公开施舍不乏益处，例如他人效仿施舍，只要摆脱沽名钓誉、避免受助者感恩就无妨，正如真主所说：“信道的人们啊！你们不要责备受施的人和损害他，而使你们的施舍变为无效，犹如为沽名而施舍财产，并不信真主和后世的人一样。”(2:264)

善行的灾难在于要求回报，因此当选择隐藏，忘却施舍。同样，受到善待的人应该赞扬和感谢行善者，正如圣训所言：“谁没有感谢人，就没有感谢真主。”

诗云：

施恩之手乃行善，感恩忘恩皆有之。

谢者之谢得惠赐，忘者之忘受主罚。

第八十九章　孝敬父母与儿女责任

众所周知，如果确定亲族责任的话，亲族中最特殊、最首要的责任莫过于血亲。因此，要不厌其烦地确定互相之间的责任。先知穆罕默德说："儿子不能报答父亲，除非发现父亲为奴后赎回父亲，并且还父亲自由身。"

先知穆罕默德说"孝敬父母贵过礼拜、施舍、封斋、正朝、副朝，以及为主道奋斗。"

先知穆罕默德说："清晨令父母喜悦的人享受两扇通往乐园的敞开之门，傍晚亦如此。如果令父母之一喜欢，则享受一扇门，即使父母曾亏待过儿女，即使父母曾亏待过儿女，即使父母曾亏待过儿女。清晨使父母生气的人享受两扇通往火狱的敞开之门，傍晚亦如此。如果令父母之一生气，则享受一扇门，即使父母曾亏待过儿女，即使父母曾亏待过儿女，即使父母曾亏待过儿女。"

先知穆罕默德说："距离五百年的路程就能闻到乐园的芬芳，但忤逆父母者、断交亲族者闻不到其香。"

先知穆罕默德说："孝顺你的母亲、父亲、姐妹、兄弟，然后次之，再次之。"

据传，真主对先知穆萨说："穆萨啊！谁孝敬了父母，忤逆了我，我将他定为孝子；谁顺从了我，忤逆了父母，我将他定为逆子。"

据传，先知叶尔孤白来看望儿子优素福，优素福没有站起来迎接父亲，真主遂启示他："难道你为你的父亲站起来很困难吗？以我的伟大与尊严起誓，我不会从你的脊梁中消除圣品。"

先知穆罕默德说："如果一个人交纳天课，不得将天课交给父母，即使父母是穆斯林。但他的父母会得到天课的报酬，他也得到类似父母所得报酬，并且父母的报酬不受丝毫损失。"

马利克·本·拉比尔传述，我们正与真主的使者在一起，拜尼·赛里木族的一个人来见使者，说："真主的使者啊！我父母双亡后，我还能怎样孝顺父母？"使者说："祝安父母，为父母求饶，履行父母的诺言，尊重父母的朋友，结交父母的亲族。"

先知穆罕默德说："最孝顺的人莫过于成为父亲家乡的官长后，仍然成为父亲喜悦的人。"

先知穆罕默德说："孩子孝敬母亲，得到双倍报酬。"

先知穆罕默德说："儿女要迅速回答母亲的召唤。"有人请教："真主的使者啊，那为什么？"使者说："母亲比父亲更仁慈，母亲的召唤不能落空。"

某人请教："真主的使者啊！我孝敬谁呢？"使者说："孝敬你的父母。"他说："我父母双亡。"使者说："照顾好你的孩子，正如你对父母负有义务，你对孩子也负有责任。"

先知穆罕默德说："真主怜悯那些帮助孩子孝敬自己的父亲。"也就是说，他没有以自己的恶行，使孩子忤逆他。

先知穆罕默德说："你们公平地给你们的孩子们分送礼物。"

某贤哲说："你的孩子和你的侍者皆是你的一束香草，你要闻它七次。他或是你的敌人，或是你的助手。"

爱奈斯传述，先知穆罕默德说："婴儿七日时，替他宰羊，给他命名，为他消灾；六岁时，教导好他；九岁时，与他分床；十三岁时，教他礼拜；十六岁时，父亲给他娶妻，并拉着他的手说：'我已经教导了你，教育了你，给你娶了妻子。我求真主护佑你，让你免遭现世的磨难和后世对你的惩罚。'"

先知穆罕默德说："父亲对孩子的责任是，循循善诱地教导他，给他取个美名。"

先知穆罕默德说："每个婴儿都以宰牲羊被抵押，第七日，替他宰羊，给他剃头。"

甘塔德说："如果羊被宰，家人拿点羊毛，用它沾染羊颈项脉的血后，把它放在婴儿脑盖上，滴血成线，然后再洗婴儿的头，给他剃发。"

某人来见伊本·穆巴拉克，诉说了他对儿子的憎恨。伊本·穆巴拉克说："你诅咒了他？"他说："是的。"伊本·穆巴拉克说："你让他变坏了。"

父母温柔地对待儿女乃可嘉行为。艾格拉阿·本·哈比斯看见先知穆罕默德亲吻他的孙子哈桑后，说："我有十个孩子，从未亲吻过他们中的任何人。"先知说："谁不疼爱人，就不被疼爱。"

阿伊莎传述："有一天，真主的使者对我说：'你给欧萨麦洗脸。'于是，我厌烦地洗了他的脸。使者拍了拍我的手，拉着他，给他洗脸并亲吻了他，然后说：'他没有侍女时，他给我们带来了福利。'"

哈桑摔倒了，正在演讲台上的先知穆罕默德下来，抱起他并诵读了经文："你们的财产和子嗣，只是一种考验，真主那里有重大的

报酬。”(64:15)

阿卜杜拉·本·舍达德传述，真主的使者率领圣门弟子们礼拜，孙子侯赛因来了，他爬在正叩头的使者脖子上。于是，使者叩了很长时间头，以至于人们认为发生了什么事情。使者结束礼拜后，他们问：“真主的使者啊！你叩了很长时间头，以至于我们认为发生了什么事情。”使者说：“我的儿子已经离开了我，我不想让侯赛因手忙脚乱，以便他心随所愿。”使者这样做的好处是：临近伟大的真主，仆人叩头的时候，是最临近真主的时候；疼爱孩子；孝顺父母；教导他的乌玛。

先知穆罕默德说：“孩子的气味来自乐园的芬芳。”

耶济德·本·穆阿维耶传述，艾哈奈夫·本·盖斯召见我的父亲穆阿维耶，他到盖斯那儿后，盖斯对他说：“艾布·拜海尔，你如何看待儿女们？”他说：“信士们的长官啊！儿女们是我们的心果，是我们的脊梁。我们是他们的仁爱土地，是他们的遮阴天空。我们因他们而光宗耀祖，如果他们索取，我就给予他们；如果他们生气，我让他们开心。他们给予你爱，让你喜欢他们的奋斗，故你不要成为他们的负担，否则他们会使你的生活烦恼，并盼着你去世。”穆阿维耶曾说：“艾哈奈夫啊，你来我这儿时，我正满肚子火气，生耶济德的气呢。”艾哈奈夫离开穆阿维耶后，他已经喜欢儿子耶济德了，并派人给他送去两万枚迪尔汗与两百件衣服。耶济德一分为二，给艾哈奈夫送去了一万枚迪尔汗和一百件衣服。

第九十章　邻居权利与善待穷人

须知，邻居享受的权利仅次于穆斯林兄弟享受的权利，穆斯林邻居应当给穷邻居赠送食品和多余之物。这是因为，先知穆罕默德说："邻居分三种：享有一份权利的邻居，享有两份权利的邻居，享有三份权利的邻居。"享有三份权利的邻居是穆斯林邻居且有亲族关系——享有邻居权利、伊斯兰教权利、亲族权利；享有二份权利的邻居是穆斯林邻居——享有邻居权利、伊斯兰教权利；享有一份权利的邻居是多神教徒邻居。

请看，先知穆罕默德仅从邻居角度，如何界定了多神教徒的权利。

先知穆罕默德说："你善待左邻右舍，你就是穆斯林。"

先知穆罕默德说："哲卜拉伊勒天使经常嘱咐我善待邻居，以至于我认为邻里之间可以互相继承。"

先知穆罕默德说："谁信仰真主与末日，就当尊重他的邻居。"

先知穆罕默德说："邻居安于自己的伤害，方为信士。"

先知穆罕默德说："复活日，最先争辩的人是两个邻居。"

先知穆罕默德说："如果你投射了邻居的狗，你就伤害了邻居。"

某人来见伊本·麦斯欧德，说："我有个伤害我、谩骂我、欺负我的邻居。”伊本·麦斯欧德说：“你回去，他因为你而违逆了真主，你因为他而顺从了真主。”

某人对真主的使者说：“某女白天封斋，晚上礼拜，伤害邻居。”使者说：“她在火狱。”

某人来向真主的使者控诉邻居，使者对他说：“你忍耐吧！”他又来控诉，使者又对他说：“你忍耐吧！”使者在他第三次和第四次控诉时，对他说：“你把家具放在路上。”路人路过家具时问他：‘你怎么了？’有人替他回答：‘他的邻居伤害他。’路人说：‘真主诅咒他。’”于是，他的邻居来见他，说：“请你搬回家具吧，以真主起誓，我不再重犯。”

祖海尔传述，某人来向先知穆罕默德控诉他的邻居，先知让他站在清真寺门口喊：“请大家看看拥有四十套房子的邻居。”祖海尔指着四个方向说：“此方向四十套，此方向四十套，此方向四十套，此方向四十套。”

先知穆罕默德说：“女人、住宅和马匹均有幸福与不幸。女人的幸福在于聘礼少，婚姻易，性格善；她的不幸在于聘礼高，婚姻难，性格恶。住宅的幸福在于宽敞和好邻居；它的不幸在于狭小和坏邻居。马匹的幸福在于温顺和好脾气；它的不幸在于倔强和坏脾气。”

须知，邻居的权利不仅体现在停止伤害邻居，也在于原谅邻居的伤害——一旦伤害停止，所欠一笔勾销；原谅伤害还不够，而且还应有一颗善待心和帮助心。

某贤哲说：“复活日，穷邻居拉着他的富邻居，说：‘我的养主啊！请你问问这个人，他为什么不对我好，为何关着他的门而不让我进去。'"

伊本·穆加法尔说,他的一个邻居因商队债务而要变卖住宅,当时他正坐在邻居家房子的阴凉下,遂自言自语:"如果他因破产而变卖房子,那我就享受不到他家房子的阴凉了。"于是,伊本·穆加法尔给了邻居一笔钱,说:"你不要卖掉它。"

某人说,他家里老鼠成群,有人给他建议:"如果你养只猫就好了。"他说:"我担心老鼠听见猫的声音后,跑到邻居家。己所不喜,勿施于邻。"

总而言之,邻居享受的权利有——先于邻居问安;不要与邻居夸夸其谈;不要向邻居过多提问;邻居生病时看望他;邻居遭难时安慰他;与邻居共患难;与邻居共享乐;祝贺邻居的喜事;原谅邻居的过错;不要从高处窥视邻居的羞体;不要把树干搭在邻居家墙上而使他不开心;不要将水泼在邻居家的水槽里;不要将土撒在邻居家的院子里;不要使邻居家的路变窄;目光不要尾随到邻居家;遮蔽那些露出邻居羞体的位置;邻居遇到不幸时鼓励他忍耐;邻居不在家时照看他家;充耳不闻有关邻居的闲言碎语;尊重邻居的隐私;不要长时间注目邻居的女仆;和颜悦色地与邻居的孩子交谈;引导邻居学习宗教与现世生活中的未知之事。

当然,这些也是所有穆斯林享受的权利。

阿慕尔·本·舒艾布通过父亲转述了爷爷传述的圣训,先知穆罕默德说:"你们知道邻居的责任是什么吗?如果他求助你,你帮助他;如果他求援你,你救援他;如果他向你借钱,你借钱给他;如果他成为穷人,你帮他变富;如果他生病,你探望他;如果他去世,你随行他的殡礼;如果他遇到喜事,你恭贺他;如果他遭遇不幸，你安慰他；你的建筑物不要高过他，否则他家不能通风，除非得到他的许可且不要伤及他；如果你买了水果就给他送点，反之则不要伸张，你的孩子也不要拿着水果出去而让他的孩子为此口馋；你不要以锅里的飘香使邻居垂涎，除非你给他舀点。”先知接着说："你们知道邻居的责任是什么吗？以掌握我生命的真主起誓，唯有尽到邻居的责任，才能成为真主怜悯的人。”

穆扎希德传述，“我在阿卜杜拉·本·欧麦尔旁边，他的仆人在剥羊皮，他说：‘孩子啊！如果你剥完了羊皮，先将羊肉送给我们的犹太邻居。’他重复说了好几次。穆扎希德问阿卜杜拉：‘你说了多少遍？’他说：‘真主的使者经常嘱咐我们善待邻居，以至于我们担心邻居将要继承邻居。’”

希沙姆传述，哈桑主张，你不妨给你的犹太和基督邻居送宰牲节的肉。

艾布·赞尔传述，先知穆罕默德嘱咐我：“如果你做饭，就多加点水，然后照顾你的左邻右舍，给他们盛点饭。”

第九十一章　酒

关于酒，真主降示了三节经文。第一节经文是："他们问你饮酒和赌博[的律例]，你说：'这两件事都包含着大罪，对于世人都有许多利益，而其罪过比利益还大。'"(2:219)这节经文降示时，正值很多穆斯林饮酒且放弃礼拜，甚至某人喝酒后礼拜时胡言乱语，为此，真主降示了第二节经文："信道的人们啊！你们在酒醉的时候不要礼拜，直到你们知道自己所说的是什么话。"(4:43)这节经文降示后，穆斯林中依然有人喝酒并放弃礼拜，以至于欧麦尔饮酒后，拿着骆驼毛拍打阿卜杜·拉赫曼·奥夫的头，奥夫坐在白德尔战役的烈士墓旁哭泣。真主的使者得知此事后，拿上大衣，生气地走出家门，用手中衣服拍打欧麦尔，说："我求真主护佑，免于真主及其使者的生气。"所以，真主降示了第三节经文："恶魔惟愿你们因饮酒和赌博而互相仇恨，并且阻止你们记念真主，和谨守拜功。你们将戒除[饮酒和赌博]吗？"(5:91)欧麦尔说："我们戒酒了，我们戒酒了。"

《布哈里圣训实录全集》和《穆斯林圣训实录全集》均收录了真主的使者禁止饮酒的圣训。真主的使者说："酒徒不能进入乐园。"

真主的使者说："我的养主禁止崇拜偶像后，禁止我做的首要事情是饮酒、男人争论。"

真主的使者说:“现世中只要有集体沉迷酒类的民众,真主就将他们集中在火狱。他们互相谴责,一个对另一个说:‘真主不会替我给你丝毫的报酬,你把我带到饮酒的地方来了。’另一个对他说:‘你也一样。’”

真主的使者说:“谁在现世饮酒,真主让他饮用蟒蛇的毒汁。他喝蛇毒前,脸上的肉掉落在器皿中。如果他喝了蛇毒,身上的皮肉皆脱落,火狱的居民因他而受伤。须知,饮酒者、酿酒者、制酒者、运酒者、端酒者、拿酒钱者,皆为同案犯,真主不接受他们的礼拜、斋戒、朝觐,直到他们忏悔。如果他们忏悔前去世,真主必定根据他们现世饮用的每一口酒,让他们饮用火狱的脓水。须知,凡是醉人的饮料,皆为非法之物;凡是酒类,皆为非法之物。”

伊本·艾布·顿亚路过一个酒鬼,见他将尿尿在手上,用尿洗手,形如作小净,并且说:“一切赞颂全归真主——他使伊斯兰教成为光明,让水成为洁净。”

伊本·阿拔斯·本·米尔达斯传述,蒙昧时代,[①]某人对他说:“你为什么不饮酒,酒能增加你的热量。”他说:“我绝对不会亲自借着我的愚昧无知而让酒入腹,我不喜欢自己早晨是我民众的领导,晚上成为他们的笨蛋。”

拜海吉根据伊本·欧麦尔传述,真主的使者说:“你们远离万恶之首。你们之前的某个人曾离群索居,虔诚修行。一个迷途女爱上了他,派女仆去请他。侍女说:‘我请你做个见证。’于是,他来

① 伊斯兰教兴起前的150年左右,其概念相对于伊斯兰教而言,故阿拉伯史学界将该时期称之为蒙昧时代。——译者

了，进门后，侍女关上门，将他留在房里。他来到坐着的美丽迷途女跟前，她身旁站着个仆人，放着个盛满酒的杯子。她说：'我邀请你不是为了做见证，而是请你来杀这个仆人，或者你与我做爱，饮了这杯酒。如果你拒绝，我就叫喊，揭发你。'他看事已至此，就说：'你给我酒喝。'她给他喝了酒，他说：'再给点。'就这样，他和她发生了性关系，杀了仆人。所以，你们远离酒，以真主起誓，信仰与嗜酒永不会在一个人的心里同时存在，两者之一肯定要使一方离开。"

艾哈迈德、伊本·欣班传述，伊本·欧麦尔听真主的使者讲到：

阿丹被降至地球时，天使们说："养主啊！我们赞你超绝，我们赞你清净，你还要在大地上设置作恶和流血者吗？"他说："我知道你们所不知道的。(2:30)"他们说：我们的养主啊！我们比人类更顺从你。真主对众天使说："你们唤来两位天使，我们看他俩将做什么。"他们说："哈鲁特和马鲁特。"真主说："你们去地球上。"然后，人类中一个绝世佳人出现在他俩面前，他俩要求与她做爱。她说："不，以真主起誓，除非你俩说出以物配主的话。"他俩说："以真主起誓，我们永不会以物配主。"她离开了他俩。然后，她又抱着个婴儿回到他俩身边。他俩要求与她做爱，她说："不，以真主起誓，除非你俩杀死这个婴儿。"他俩说："不，以真主起誓，我们永不会杀他。"她走了。随后，她带着一杯酒回来了。他俩要求与她做爱，她说："不，以真主起誓，除非你俩喝了这杯酒。"于是，他俩喝了酒，与她做了爱，杀了婴儿。两人恢复知觉后，她说："以真主起誓，你俩但凡拒绝我而放弃的事情，醉酒时都做了。"此刻，他俩被迫选择现世的惩罚与后世的惩罚，两人选择了现世的惩罚。

温姆·塞利玛传述，她说："我女儿生病了，我用一个水壶给她酿酒。水壶沸腾时，真主的使者进来了，他说：'温姆·塞利玛，这是什么？'我告诉使者，我用它给女儿治病。使者说：'确是，真主没有用他禁止的事物来医治我的乌玛。'"

据传，真主禁止酒类时，禁止了酒中的一切利益。

第九十二章　先知穆罕默德登霄

《布哈里圣训实录全集》收录了传自马利克·本·塞尔塞阿的圣训，先知穆罕默德给他们讲述了他的登霄夜。先知说："我正躺在天房外面的小围墙下，突然一位天使来到我面前，他自喉至小腹解剖了我，取出我的心，天使端来充满正信的金盆，洗我的心，使其充满正信，然后让它回归原位。（一说：天使用渗渗泉水洗了我的肚腹，然后装进智慧和正信。）有人给我牵来一匹小于骡子、大于驴子的奔驰神速的飞马。

飞马的眼睛看到那儿，它的蹄子就落到那儿。我骑上它，哲卜拉伊勒天使带我出发，来到了第一层天，他去叫门，守门天使问：'谁叫门？'他说：'我是哲卜拉伊勒天使'。天使问：'你与谁同来？'他说：'穆罕默德'。天使问：'是真主叫他来的吗？'他说：'是的'。天使说：'欢迎！欢迎！来者真好！'天使打开门，我进门后，看见了阿丹。哲卜拉伊勒天使说：'他是你的祖先阿丹，你应向他道色兰。'于是，我向他道了色兰，他回答后，说：'欢迎你！善良的孩子，善良的先知！'

然后，我们升至第二层天，哲卜拉伊勒天使去叫门，守门天使问'谁叫门？'他说：'我是哲卜拉伊勒天使'。天使问：'你与谁同来？'他说：'穆罕默德。'天使问：'是真主叫他来的吗？'他说：'是的’。天使说：‘欢迎！来者真好！’天使打开门，我进门后，看见了叶哈雅和尔萨，他俩是姨兄弟。哲卜拉伊勒天使说：‘这是叶哈雅，这是尔萨，你应向他俩道色兰’。于是，我向他俩道了色兰，他俩也祝安我。他俩说：‘欢迎你！善良的兄弟，善良的先知！’

然后，我们升至第三层天，哲卜拉伊勒天使去叫门，守门天使问‘谁叫门？’他说：‘我是哲卜拉伊勒天使’。天使问：‘你与谁同来？’他说：‘穆罕默德。’天使问：‘是真主叫他来的吗？’他说：‘是的’。天使说：‘欢迎！来者真好！’天使打开门，我进门后，看见了优素福。哲卜拉伊勒天使说：‘这是优素福，你应向他道色兰。’于是，我向他道了色兰，他回答后，说：‘欢迎你！善良的兄弟，善良的先知！’

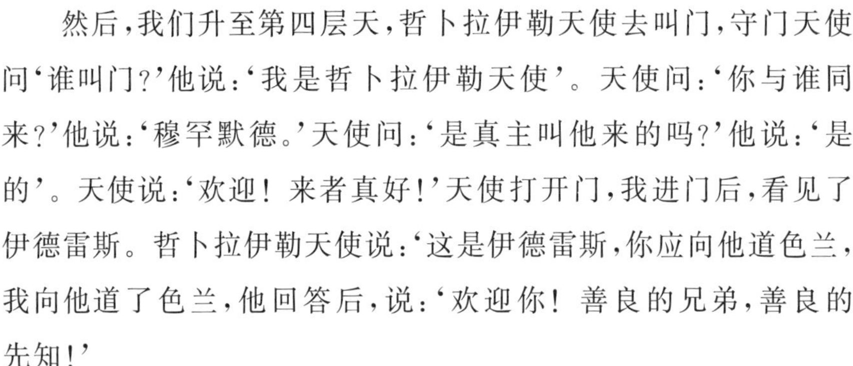

然后，我们升至第四层天，哲卜拉伊勒天使去叫门，守门天使问‘谁叫门？’他说：‘我是哲卜拉伊勒天使’。天使问：‘你与谁同来？’他说：‘穆罕默德。’天使问：‘是真主叫他来的吗？’他说：‘是的’。天使说：‘欢迎！来者真好！’天使打开门，我进门后，看见了伊德雷斯。哲卜拉伊勒天使说：‘这是伊德雷斯，你应向他道色兰，我向他道了色兰，他回答后，说：‘欢迎你！善良的兄弟，善良的先知！’

然后，我们升至第五层天，哲卜拉伊勒天使去叫门，守门天使问‘谁叫门？’他说：‘我是哲卜拉伊勒天使’。天使问：‘你与谁同来？’他说：‘穆罕默德。’天使问：‘是真主叫他来的吗？’他说：‘是的’。天使说：‘欢迎！来者真好！’天使打开门，我进门后，看见了哈伦。哲卜拉伊勒天使说：‘这是哈伦，你应向他道色兰’。我向他道了色兰，他回答后，说：‘欢迎你！善良的兄弟，善良的先知！’

然后，我们升至第六层天，哲卜拉伊勒天使去叫门，守门天使问‘谁叫门？’他说：‘我是哲卜拉伊勒天使’。天使问：‘你与谁同来？’他说：‘穆罕默德。’天使问：‘是真主叫他来的吗？’他说：‘是的’。天使说：‘欢迎！来者真好！’天使打开门，我进门后，看见了穆萨。哲卜拉伊勒天使说：‘这是穆萨，你应向他道色兰’。我向他道了色兰，他回答后，说：‘欢迎你！善良的兄弟，善良的先知！’我经过他时，他哭了，有人问他，‘你为何哭泣？’穆萨说：‘我之所以哭，是因为在我之后被派遣的这位青年先知，他教民中进入乐园的人多于我的教民。’

然后，我们升至第七层天，哲卜拉伊勒天使去叫门，守门天使问‘谁叫门？’他说：‘我是哲卜拉伊勒天使’。天使问：‘你与谁同来？’他说：‘穆罕默德。’天使问：‘是真主叫他来的吗？’他说：‘是的’。天使说：‘欢迎！来者真好！’天使打开门，我进门后，看见了伊布拉欣。哲卜拉伊勒天使说：‘这是你的祖先伊布拉欣，你应向他道色兰’。我向他道了色兰，他回答后说：‘欢迎你！善良的孩子，善良的先知！’然后我被带到真主宝座右边的一颗滨枣树下，它的果实好似海哲尔城的水罐，叶子大如象耳。哲卜拉伊勒天使说：‘这是滨枣树’。我又见到四条河，两条内河，两条外河，我问哲卜拉伊勒天使：‘这是两条什么河？’他说：‘两条内河是在乐园里①，两条外河是尼罗河和幼发拉底河。’

然后，我被带到每天都有七万天使进入的天房②前，天使给我

① 甘泉河和多福河。——译者

② 第七层天中像麦加天房一样的房子。——译者

端来一杯酒、一杯奶和一杯蜜，我选用了奶，天使说：‘奶是自然之物，你和你的教民皆有向善的天性。’

然后，真主给我制定了每日的五十次拜功。我返回时经过穆萨，穆萨问：‘真主给你命令了什么？’我说：‘真主命我每日礼五十次拜。’穆萨说：‘你的教民做不到每日五十次拜，以真主发誓，我试验过你以前的人们，我为以色列人花费了很多精力都无济于事，你应回到真主阙前，求他给你的教民减少。’所以，我返回后祈求真主，真主为我减去十次。我回到穆萨跟前，他说了同样的话，我又返回求主，真主又为我减去十次。我又回到穆萨跟前，他又说了同样的话，我再次返回求主，真主又为我减去十次。我再次回到穆萨跟前，他又说了同样的话，我第四次返回求主，真主又为我减去十次，真主命我每日礼十次拜。我回到穆萨跟前，他又说了同样的话，我第五次返回求主，最后，真主命我每日作五次拜功。我回到穆萨跟前，他说：‘真主命你礼几次拜？’我说：‘真主命我每日礼五次拜。’他说：‘你的教民做不到每日五次拜，我试验过你以前的人们，我为以色列人花费了很多精力都无济于事，你应回到真主阙前，求他给你的教民减少。’我说：‘我已祈求过我的养主了，以至于我就此羞于开口，我满意并顺从真主所定。’我走过穆萨时，真主呼唤我：‘我已执行我的制定，我已替我的仆人减少了。’”

第九十三章　聚礼日的高贵

须知，聚礼日[①]是高贵的日子，真主因它而使伊斯兰教伟大，将它特定给穆斯林。

真主说："信道的人们啊！当聚礼日召人礼拜的时候，你们应当赶快去记念真主，放下买卖，那对于你们是更好的，如果你们知道。"（62:9）真主禁止了耽误聚礼的所有世俗事物。

先知穆罕默德说："伟大的真主在我的这一日和我的这个地点，给你们制定了聚礼。"

先知穆罕默德说："谁无故放弃三次聚礼，真主封闭他的心灵。"

某人来见伊本·阿拔斯，就没有参加过聚礼和集体礼拜而死的某人请教他，他说："在火狱里。"一个月后，此人就此又请教了伊本·阿拔斯，伊本·阿拔斯仍然说："在火狱。"

先知穆罕默德说："有经人[②]领受了聚礼日，可他们为此发生了分歧，并背离了它。真主引导我们获得此日，让它为这个乌玛而推迟，使它成为这个乌玛的节日，他们是最先拥有此日的人，有经

① 星期五。——译者
② 犹太教徒和基督教徒。——译者

人是他们的随从。”

艾奈斯传述，先知穆罕默德说：“哲卜拉伊勒天使手拿一面白色镜子来见我，说：‘这是聚礼日，你的养主为你制定了它，以便它成为你和你之后的乌玛节日。’我说：‘它对我们有何裨益？’他说：‘聚礼日里有一个时辰对你们有福，谁在该时内祈祷他的福分，真主就将他所祈幸福赐予他；谁无福分，则为他储存比它更大的幸福。他祈求真主使他免遭业已确定给他的厄运，那真主就保护他免遭比它更大的厄运。在我们看来，它是所有日子之首，在后世，我们称它为‘增加之日。’我说：‘为什么？’他说：‘你的养主在乐园里开了一道河谷，里面散发着白麝香。每当聚礼日，真主就从乐园最高的地方下至他的库勒希，显现给他们，以便他们看到他的尊容。’”

先知穆罕默德说：“太阳照耀的最佳日子是聚礼日，先知阿丹在聚礼日被创造，在聚礼日被邀进乐园，在聚礼日被驱至地球，在聚礼日被饶恕，在聚礼日归真。复活日在聚礼日来临。它在真主阙前，是增加之日，天上的众天使也这样称呼它。它是乐园里注目真主的日子。”

先知穆罕默德说：“每逢聚礼日，伟大的真主就从火狱里释放六十万罪犯。”

艾奈斯传述，真主的使者说：“因为聚礼日平安，所以一切日子皆平安。”

先知穆罕默德说：“每一天，太阳当空照时，火狱被点燃，所以你们不要在此刻内礼拜，除非聚礼日。因为，它是整天礼拜的日子，火狱在聚礼日不被点燃。”

凯尔布说："真主在所有的城市中选择了麦加，在所有的月份里选择了斋月，在所有的日子里选择了聚礼日，在所有的夜晚里选择了前定夜。"

某贤哲说："所有的鸟儿与昆虫相聚在聚礼日，它们说：'平安！平安！吉日！'"

先知穆罕默德说："谁在聚礼日或聚礼日的夜里去世，真主注定他获得烈士的报酬，保护他免受坟墓的灾难。"

第九十四章 丈夫对妻子的义务

丈夫对妻子的义务不胜枚举，例如，温文尔雅地与妻子交流，担待她们的伤害，因她们见识短而疼爱她们，等等。

真主说："你们当善待她们。"(4:19)

真主就尊重她们的权利讲道："你们怎能把它取回呢？你们既已同床共枕，而且她们与你们缔结过一个坚实的盟约。"(4:21)

真主说："你们当崇拜真主，不要以任何物配他，当孝敬父母，当优待亲戚，当怜恤孤儿，当救济贫民，当亲爱近邻、远邻和伴侣，当款待旅客，当宽待奴仆。真主的确不喜爱傲慢的、矜夸的人。"(4:36)经文中的"伴侣"即妻子。

真主的使者在谈及他所嘱咐的最后三件事情时，讷讷而言，甚至说不出口。使者说："坚守礼拜，坚守礼拜；宽待奴仆，不要责成他们去做力所不及的事情；善待妻子并要敬畏真主，敬畏真主，她们是你们手中的俘虏，你们本着真主的信托聘娶她们，你们借着真主的语言与他们合法同床。"

先知穆罕默德说："谁忍受了妻子的坏脾气，真主赐予他的报酬，就如真主因先知安尤布坚忍灾难而赐予他的报酬。谁忍受了丈夫的坏脾气，真主赐予她的报酬，就如法老的妻子阿希娅所得的报酬。"

须知，善待妻子不仅仅是不伤害她们，而且要忍受来自她们的伤害。妻子无理取闹和发怒时，应容忍、温和，这是为了效法先知穆罕默德。圣妻们曾常对先知穆罕默德喋喋不休，甚至某妻子一天到晚都不搭理先知。欧麦尔的妻子也是唠叨不停，他说："可怜的女人，你让我唠叨吗？"她说："真主的使者的妻子们还对他唠叨不停呢，他比你强。"欧麦尔说："哈芙赛亏本了，她的损失在于喋喋不休。"后来，欧麦尔对女儿哈芙赛说："你不要因自己是伊本·艾布·古哈法的女儿而骄傲自满。"哈芙赛是真主的使者的爱妻，欧麦尔就她对先知的唠叨提醒了她。

据传，先知穆罕默德的某个妻子令他心烦意乱，她的母亲制止了她。先知说："你让她随便吧，她们还有比这更厉害的呢。"

先知穆罕默德与阿伊莎争执不休，不得不让艾布·伯克尔作裁决。真主的使者说："你先说呢，还是我先说呢？"阿伊莎说："你说吧！你只说实话。"艾布·伯克尔打了阿伊莎一巴掌，以至于她嘴角流血。他说："小心眼的女人，难道先知妄言吗？"阿伊莎遂坐在使者身后，向他求救。使者对艾布·伯克尔说："我们请你来，不是为了这样，我们也不想让你这样。"

有一次，阿伊莎生气地对先知说："你就是认为自己是真主的使者的人？"真主的使者笑了，宽容地、大度地担待了她。

真主的使者曾对阿伊莎说："我知道你何时高兴，也知道你何时不高兴。"阿伊莎说："你怎么知道？"使者说："你高兴时说'不'，誓以穆罕默德的主。你不高兴时说'不'，誓以易卜拉欣的主。"阿伊莎说："你说对了，我不愿提你的名字！"

某贤哲说："伊斯兰教中的首爱，是先知穆罕默德对阿伊莎的爱。他曾对她说：‘我对于你，就如孩子的父亲对孩子的母亲，但我永不会休你。’”

先知穆罕默德对他的妻子们说：“你们不要就阿伊莎而伤害我。以真主起誓，我在你们被窝里的情况下，真主都没有启示过我，唯有我在阿伊莎的被窝里。”

艾奈斯说：“真主的使者是人们中最疼爱妻子和孩子的人。”

丈夫对妻子的义务还有，除了忍受她们的伤害，还要与他们玩耍、嬉戏、取乐，因为这可以使妻子心情舒畅。真主的使者曾经与妻子们玩耍取乐，并在智力与德行方面迁就她们，甚至曾经和阿伊莎赛跑。有一天，她赛过了他；有些天，他赛过了她。使者说：“彼此彼此。”

圣训：“先知穆罕默德是最能与妻子开玩笑的人。”

阿伊莎说：“阿舒拉日，我听见了埃塞俄比亚人玩乐时的欢声笑语。真主的使者问我：‘你乐意看到他们玩耍吗？’我说：‘是的。’于是，使者派人请来他们，他站在两扇门中间，把手放在门上并伸开手掌，将我的下巴放在他的手上，我看着他们玩耍。使者说：‘你满意了吧！’我说了两三次：‘你别出声。’然后，使者说：‘阿伊莎，你满意了吧！’我说：‘是的。’于是，他指了指他们，他们离开了。使者说：‘信仰最完善的信士，是性格最温和的人，最疼爱家属的人。’”

先知穆罕默德说：“你们中最善良的人，是最善待妻子的人。我是你们中最善待妻子的人。”

欧麦尔尽管脾气暴躁，但他还是说：“男人在家中应当像个孩子。如果人们向他索要心爱之物，方能体现他是个男子汉。”

鲁格曼说：“智者在家应当像个孩子。如果他在民众中，方能体现他是个男子汉。”

先知穆罕默德说：“真主讨厌严厉粗暴的人。”有人对这段圣训做了注释：“严厉粗暴的人，是指对家属严厉苛刻而自我骄傲的人。这与真主所说的‘粗鄙的人’(68:13)的解释一样：‘粗鄙的人，就是对家人语言粗俗、心灵僵硬的人。’”

先知穆罕默德曾经问贾比尔：“你结婚了吗？”他说：“是。”先知又问：“是处女吗？”他说：“不，是个结过婚的女人。”先知问：“你为什么不娶一个处女呢？你们可以互相嬉戏、谈笑玩耍？”

一个乡下女人形容她过世的丈夫：“以真主起誓，他如果进门，就爱开玩笑。他如果出门，就沉默不语。他是个食用所得食品，而又不过问所失的人。”

丈夫对妻子的义务还有，不要与她过分地开玩笑；不要太过慈眉善目；不要无原则地符合并顺从她的私欲而达到有损其德的程度；不要因害怕她而颜面尽失，反之，要不偏不倚；无论何时看到坏事丑事都要不怕不弃；不要开启帮她为恶的门，而是但凡看到有违教法和人性的事情，都要怒气冲冲，忿然作色。

哈桑说：“以真正起誓，只要男人一味地顺从妻子的私欲，真主就把他扔进火狱。”

欧麦尔说：“你们与妻子保持异见，吉祥就在于与她们的异见中。”

某贤哲说：“你们与妻子商量，你也与妻子保持异见。”

先知穆罕默德说：“崇拜妻子的人真不幸！”先知之所以这样说，是因为，如果丈夫惟妻子私欲是从，那他就是拜妻者，遭遇不幸。真主让他管理妻子，但他让妻子管理了自己。事情恰恰相反，他顺从了恶魔，因为真主说："我必命令他们变更真主的所造物。"(4:119)换言之，丈夫必须是被随者，而非随从者。

真主将男人称之为"维护女人者"，将丈夫称之为"主人"。真主说："他俩争先恐后地奔向大门。那时她已把他的衬衣从后面撕破了，他俩在大门口遇见她的丈夫，她说：'想奸污你的眷属者，他的报酬只有监禁或痛惩。'"(12:25)如果丈夫成为被压迫者，那他就忘恩负义地改变了真主的恩典。

妻性犹如马性，如果你稍微放松它的缰绳，它就放任地驮着你长跑；如果你放松它的笼头一拃，它就拉你一尺；如果你使劲地勒它，那就驯服了它。

沙菲尔说："三种人，如果你尊重了他们，他们就轻视你；如果你轻视了他们，他们就尊重你——女人、仆人、奈伯特人。"

第九十五章　妻子对丈夫的义务

莎菲就妻子对丈夫的义务讲道："婚姻是一种俘虏行为，妻子是丈夫的俘虏，应顺从丈夫。只要丈夫与她欢爱，就不要拒绝他。"

很多圣训阐述了妻子对丈夫应尽的义务。

先知穆罕默德说："任何女人，只要她的丈夫喜悦她，她去世后必进乐园。"

某人出门旅行，嘱咐妻子不要回娘家。她父亲病了，派人去见真主的使者，请他允许自己回家看望父亲。使者说："你顺从丈夫吧！"她父亲去世了，请求使者让她回家送葬，使者说："你顺从丈夫吧！"她父亲被埋葬后，真主的使者派人告诉她，由于她顺从丈夫，真主饶恕了她的父亲。

先知穆罕默德说："如果妻子每天礼五次拜，斋月封斋，保护贞操，顺从丈夫，她必进入她的养主的乐园。"先知将妻子顺从丈夫视为伊斯兰教的基础之一。

真主的使者言及了女人们，他说："怀孕的女人们、母亲们、哺乳的女人们、疼爱儿女的女人们，如果她们顺从丈夫，礼拜的她们已进入乐园了。"

真主的使者说："我看了看火狱，它的绝大部分居民是女人。"她们问："真主的使者啊，为什么？"使者说："她们经常诅咒，违逆丈夫。”

另一段传述中，真主的使者说：“我看了看乐园，它的居民中最少的是女人。”我说：“女人们在哪里呢？”使者说：“她们忙着双红——黄金与番红花。”也就是说，她们忙着装饰和染衣。

阿伊莎传述，某青年女子拜访先知穆罕默德，说：“真主的使者啊，我是个被人求婚的女子，我讨厌结婚。妻子对丈夫的义务是什么？”先知说：“假设他从头到脚流着脓水，她舔他后，还未尽到应尽的义务。”她说：“难道我非要结婚吗？”先知说：“是的，你结婚，结婚再好不过。”

伊本·阿拔斯传述，海斯阿姆的一个妇女拜访真主的使者，说：“我是个未婚女，我想要结婚，妻子的义务是什么？”使者说：“妻子对丈夫的义务是，如果他想要与她欢爱，即使她在驼背上，也不要拒绝他。妻子的义务是，只有丈夫许可才能将家里物品送人，如果她未经丈夫允许而送人，她在受罪，他得报酬。妻子的义务是，只有丈夫许可才能封副功斋，即使她又饥又渴，斋戒也不被接受。如果她未经丈夫允许而出门，众天使诅咒她，直到她回到家中，或者她忏悔。”

先知穆罕默德说：“如果我命令人给人叩头，必然命令妻子给丈夫叩头，因为妻子最应尽义务的对象是丈夫。”

先知穆罕默德说：“女人最临近真主的时刻，是她闭门不出时。她在家院里的礼拜，贵过她在清真寺里的礼拜；她在家屋里的礼拜，贵过她在家院里的礼拜；她在自己卧室里的礼拜，贵过她在房子里的礼拜。”

为此，先知穆罕默德说：“妇女全身是羞体。如果她出门，恶魔举目窥视她。”

先知穆罕默德说：“女人有十个羞体，如果她结了婚，丈夫遮住了一个羞体；如果她去世，坟墓遮住了十个羞体。”

妻子对丈夫的义务很多，其中最重要的是两件：一是保护贞操与遮住羞体，二是不要索取无需之物、满足丈夫的合法之财。

这是先贤时代的女人习惯。彼时，如果男人出门，他的妻子或女儿对他说：“你避免赚取非法之财，我们能忍受饥饿与伤害，但忍受不了火狱。”

某先贤决定旅行，他的邻居们让他考虑旅行。他们对他的妻子说：“你为什么同意他出门，他没有给你留下开销？”她说：“自从我结识我丈夫，我就知道到他是个吃货，而不是个养家人。我的养主是供给者，吃货虽走掉，供给者却在。”

拉比尔·宾特·伊斯玛仪向艾哈迈德·本·艾布·哈瓦里求婚。艾哈迈德因从事功修而对此有所顾虑，他对她说：“以真主起誓，因为我忙着功修，所以没有想过娶妻。”她说：“我比你更忙着功修，我没有私欲，只是继承了丈夫的一大笔钱，想要把它花在你的兄弟们身上，并通过你认识贤哲们，以便寻求主道。”他说：“你等着，我请我的导师许可。”艾哈迈德拜访导师艾布·苏莱曼·达拉尼——他曾禁止艾哈迈德结婚，说：“我们同伴中的任何人，一旦结婚就变了。”但当导师听到拉比尔的话，说：“你娶她吧，她是真主的卧里，这是忠实者们的话。”艾哈迈德说：“我娶了拉比尔。我们家曾有个胶泥盆子，但因家中多人饭后匆忙洗手而损坏了，尤其是用坏了好些个小的旧皮袋。我娶她后，虽又娶了三房妻子，但她让我享受美味佳肴，使我心满意足。她说：‘带着你的旺盛精力去看你的妻子们吧。'"这个来自沙姆地区的拉比尔，堪比巴士拉的女苏菲拉比尔·阿德维娅。

妻子对丈夫的义务还包括，不要浪费丈夫的钱财，替丈夫管理好他的钱财。真主的使者说："妻子未经丈夫允许，不得将家中食品送人，除非担心放坏的鲜食。如果她征得丈夫同意后供人食品，她得到与丈夫同样的报酬。如果未经丈夫许可而供人食品，丈夫得报酬，她则受罪。"

父母对女儿的义务是，教育女儿与人为善，善待丈夫。正如艾斯玛·宾特·哈里吉·法扎里耶对出嫁的女儿所言："你要离开成长的娘家，去你不了解的新家和你还不习惯的男人身边了。你成为他的大地，他就成为你的天空；你成为他的床铺，他就成为你的柱子；你成为他的女仆，他就成为你的男仆。你不要老是尾随他，不然他就讨厌你；你不要远离他，否则他就忘记你。如果他亲近你，你就亲近他；如果他疏远你，你就疏远他。你要保护好他的鼻子、耳朵和眼睛——他只闻到你的芳香，听到你的甜言，看到你的美丽。"

某丈夫对妻子说：

原谅我常得我爱，我气时不要谈权。
切勿经常责备我，你焉知活寡滋味。
你怀私欲而怨我，变心之我拒绝你。
你知我心爱与恨，爱恨交织则无爱。

第九十六章　为主道奋斗的高贵

真主说:“信士,只是确信真主和使者,然后没有怀疑,能以自己的财产和生命为主道而奋斗的人;这等人,确是诚实的。”(49:15)

努尔曼·本·拜希尔传述:我坐在先知穆罕默德的演讲台边,某人说:“我在皈依伊斯兰教后,不考虑做其他善功,惟在意给朝觐者供水。”另一个人说:“我皈依伊斯兰教后,不考虑做其他善功,惟在意管理禁寺。”又有一人说:“不,为主道奋斗胜过你们所言之事。”欧麦尔制止了他们,说:“你们不要在真主的使者的演讲台前高谈阔论。”那天是聚礼日,我做完礼拜后,进入使者房中,就圣门弟子们争论的事情请教他。于是,真主降示了经文:“供给朝觐者以饮料,并管理禁寺的人,与确信真主和末日,并为真主而奋斗的人,你们以为他俩是一样的吗?在真主看来,彼此不是相等的。真主是不引导不义的民众的。”(9:19)

阿卜杜拉·本·塞拉姆传述,我们和一些圣门弟子坐在一起。我们说:“如果我们知道哪件工作最高贵、最受真主的喜悦,就付诸实施。”此刻,真主降示了经文:“凡在天地间的,都赞颂真主超绝万物,他是万能的,是至睿的。信道的人们啊!你们为什么说你们所不做的事呢?你们说你们所不做的,这在真主看来,是很可恨的。真主的确喜爱那等人:他们为他而列阵作战,好像坚实的墙壁一样。”(61:1—4)真主的使者给我们诵读了这几节经文。

据传,某人说:“真主的使者啊!请你引导我做一件等同于吉哈德的工作。”使者说:“我没有找到。”使者又说:“如果出征者离家,你能进入你的清真寺,礼拜而不松懈,封斋而不开斋吗?”他说:“谁有能力那样做呢?”

艾布·胡莱尔说:“某圣门弟子路过一个有甘甜泉水的山口,说:‘如果我离群,就索居在这个山口。我绝不这样做,直到我请求真主的使者许可。’于是,他向真主的使者提及此事,使者说:‘你不要做。你们在主道上的地位,贵过家中礼拜七十年的人。难道你不愿意真主饶恕你们,让你们进入乐园吗?你们为主道出征,谁为主道战死沙场,必进乐园。’”

即使圣门弟子竭尽全力地顺主从圣、积德行善,真主的使者尚且不允许他离群索居,而是引导他为主道奋斗。那么,功德少少、罪过多多、力量薄薄、意志弱弱的我们又当如何?

真主的使者说:“为主道奋斗者——真主最知谁在为主道奋斗,就如封斋者、礼拜者、虔敬者、鞠躬者、叩头者。”

真主的使者说:“谁喜悦真主为其养主,伊斯兰教为其宗教,穆罕默德为其使者,他必进乐园。”艾布·萨义德·胡德利对此感到惊讶,说:“真主的使者啊,请你再给我重复一遍。”使者给他重复一遍后,说:“还有,真主借它给仆人擢升一百个品级,每两个品级之间的差距,犹如天地之间的距离。”他说:“真主的使者啊,它是什么呢?”使者:“为主道奋斗。”

第九十七章　恶魔的诡计

某人请教哈桑:“艾布·萨义德,恶魔睡觉吗?”哈桑笑了,说:“如果他睡了,我们肯定消停了。诚然,信士肯定摆脱不了恶魔,但他有阻止恶魔、弱化魔力的方法。真主的使者说:‘信士弱化恶魔,就如你们中有人使其旅途中的骆驼消瘦一样。’”

伊本·麦斯欧德说:“信士的恶魔很弱。”

盖斯·本·韩贾吉说:“恶魔对我说:‘骆驼般的我已进入你体内,现在就像一只麻雀。’我说:‘那为什么?’他说:‘你在用记念真主攻击着我。’”

对于敬畏真主的人们而言,关闭恶魔的门并不难,他们凭借护卫就能保护好敞开的门和畅通的路。他们之所以跌倒在迷途上,是因为他们没有借助护卫,所以没有看好门路。恶魔触向心路的门很多,而天使之门惟一扇。一扇门和多扇门互相交织,置身其中的仆人就如游客,在伸手不见五指的黑夜里,站在多条道路纵横交错在一起的旷野中无法辨路,唯凭自己的慧眼和次日的艳阳才能识道。此处所指的慧眼,即敬畏真主的纯洁之心,艳阳则是从《古兰经》和圣训中获取的丰富知识。那么,借助护卫——《古兰经》和圣训——就能辨别纵横交错的路道。否则,他的路道错综复杂。

阿卜杜拉·本·麦斯欧德传述,真主的使者给我们画了一道线后，说："这是主道！"他又在这条线的左右边画了数道线后，说："这每条道上，都有恶魔召唤人。"先知接着诵读了经文："这确是我的正路，故你们当遵循它；你们不要遵循邪路，以免那些邪路使你们离开真主的大道。"(6:153)

真主的使者给我们列举很多关于邪路的案例。这些邪路迷惑了很多学者、克制私欲的修士和避不犯罪的善人，迫使他们弃明路，走暗道。

真主的使者讲述了一个以色列修士的故事。恶魔来到一个少妇身边，令她窒息。恶魔告知少妇的亲人，以色列修士那儿有治疗她的药物。于是他们带她来看修士，修士拒绝诊治。他们苦苦央求，他才接受。少妇住在修士那儿，接受他的治疗。恶魔不断诱惑修士靠近她，最终修士和少妇发生了关系。少妇怀孕了。恶魔蛊惑修士："你现在出丑了，她家人要来找你算账，你杀了她吧。如果他们问你，你就说她死了。"修士谋杀了少妇，埋葬了她。恶魔又来挑唆她的亲人，告诉他们，修士致使她怀孕后，杀死并埋葬了她。少妇的亲人前来质问修士。他说，少妇死了。他们抓住他，要为她复仇。恶魔来到修士身边说："我是令她窒息者，我告诉了她的亲人。你顺从我，你就得救，我让你摆脱他们。"修士说："如何摆脱呢？"恶魔说："你给我叩两个头。"修士照做了。恶魔对他说："我与你毫不相干。"恶魔就是真主言及者："他们又像恶魔一样。当时，他曾对人说：'你不要信道。'当他不信道的时候，他说：'我确是与你无干的。'"(59:16)

据传，恶魔质问伊玛目沙菲尔："你就真主——他创造了我，正如他所选择；他让我做他所选择的事情后，意在让我既可进乐园，

也可入火狱，他对此是公正还是不义——说什么呢?”沙菲尔想了想恶魔的话，说:“这个嘛，如果真主根据你的意愿创造你的话，他就亏待了你;如果真主按照他的意愿创造了你，那他的所作所为就不被问及。”恶魔哑口无言，然后说:“沙菲尔啊，我已经用这个问题，从功修本中删除了七万名修士，让他们成为不信真主的人们。”

据传，恶魔化装成人，前来拜访先知尔萨，对他说:“你念‘万物非主惟有真主。’”尔萨说:“真言，但我不用你的话来说这句话。”换言之，恶魔的这句话混淆着善恶，永不停止地毁灭着拜主者、修行者、富人们和各色人等，唯有真主保护的人例外。

主啊！求你保护我们免遭恶魔的诡计，以便我们得道后去见你！

第九十八章　歌曲

法官艾布·塔伊卜·泰伯里传述了沙菲尔、马利克、艾布·哈尼法、苏夫延等教法学家关于歌曲的教法判断，借此说明他们认为歌曲不合教法。

沙菲尔在《法官的礼仪》(*'ādāb al-qudā'*)中说："歌曲是受憎恶的娱乐，形同谬语。谁经常吟唱歌曲，则为愚者，其证词不被接受。"

法官艾布·塔伊卜·泰伯里说："沙菲尔学派法学家定论，任何情况下，男人不得聆听非亲属女性——无论露出面容还是在幔帐后面，无论自由女还是女奴——吟唱的歌曲。"

沙菲尔说："如果女奴的主人召集人们聆听她唱歌，那他就是愚者，其证词不被接受。"

据传，沙菲尔不喜欢乐器的交响声，他说："不信真主的人们设计了它，以便人们因它而忽略《古兰经》。"

沙菲尔说："根据圣训，禁止掷骰子远胜于禁止玩乐器。我不喜欢下象棋，讨厌下象棋的任何器具。因为，娱乐既不是穆斯林的行为，也不是豪迈之举。"

马利克禁止歌曲。他说："如果买了女奴后发现她是个歌女，就应退还她。这是麦地那所有教法学家的主张，唯有易卜拉欣·

本·萨阿德例外。”

艾布·哈尼法也不喜欢歌曲，将聆听歌曲视为罪过。同样，库法的其他教法学家，如苏夫延·塞里、韩玛德、易卜拉欣、沙尔斌等人均持此观点。

以上是法官艾布·塔伊卜·泰伯里传述的教法观点和主张。

艾布·塔利布·麦加传述了其他教法学家主张歌曲为合法的观点。他说：“我就此听到了阿卜杜拉·贾法尔、阿卜杜拉·祖拜尔、穆伊尔·本·舒阿卜、穆阿维叶等圣门弟子的观点。很多圣门弟子和再传弟子等先贤也持此观点。”

艾布·塔利布·麦加说：“在麦加，我们身边的希贾兹人，经常在一年中最尊贵的日子——真主命令人们在此期间礼拜和记主的可数日子如古尔邦节后的三天——聆听歌曲。麦地那人也像麦加人一样，习惯听歌曲，直到我们这个时代。我们正值艾布·麦尔旺法官执法时期，他有很多给人们奉献歌曲的女仆，将她们视为苏菲。阿塔有两个会唱歌的女仆，他的兄弟们经常聆听她俩唱歌。”

艾布·塔利布·麦加传述，有人问艾布·哈桑·萨利姆：“你为什么讨厌歌曲，朱奈德、塞里·塞格廷、祖·努尼也听歌曲呢？”他说：“我为何讨厌歌曲呢？比我优秀的人如阿卜杜拉·本·贾法尔·谭雅尔还允许和聆听歌曲呢。我讨厌的是歌唱时的娱乐和嬉戏。”

据传，叶哈雅·本·穆阿兹说：“我们失去了三件事情，再也看不到它，我看到的只是有减无增——有尊严的娇容、有教门的善言、有忠义的良友。我在某本书中读到，尽管哈里斯·穆哈希卜虔诚信教，潜心修行，严于律己，但他仍然允许人们聆听歌曲。

伊本·穆扎希德只参加席间有歌曲的宴请。”

不止一人传述，叶哈雅·本·穆阿兹说，我们和艾布·贾希姆·本·宾特·穆尼阿、艾布·伯克尔·本·达吾德、伊本·穆扎希德及其同伴们同时赴宴。乐曲响起后，伊本·穆扎希德鼓励穆尼阿聆听歌曲。达吾德说：“我父亲告诉我，罕百里讨厌歌曲，自己也不喜欢歌曲。我追随我的父亲。”穆尼阿说：“你的爷爷艾哈迈德·本·宾特·穆尼阿告诉我，萨利赫·本·艾哈迈德的父亲聆听伊本·韩巴兹的歌曲。”伊本·穆扎希德对达吾德说：“你让我追随你的父亲吧。”伊本·穆扎希德又对穆尼阿说：“你让我追随你的爷爷吧。达吾德啊，你对吟诗作赋者持何见解，是非法吗？”达吾德说：“不是。”伊本·穆扎希德说：“如果声音甜美，吟诵诗歌是非法吗？”达吾德说：“不是。”伊本·穆扎希德说：“如果吟诵诗歌时拉长声调，长音变短音，短音变长音，是非法吗？”达吾德说：“我不能抵抗一个恶魔，如何抵抗两个恶魔呢？”

艾布·哈桑·阿斯格拉尼·艾斯沃德是个卧里，曾聆听歌曲，并撰写了一部音乐专著，反驳那些否定歌曲的人。同样，其他学者也著书立说，反驳否定歌曲的人。

据传，某筛海说：“我梦见了先知黑祖尔，问他：‘我的同伴们就歌曲各执己见，你对此有何看法？’他说：‘歌曲甘甜清醇，唯有学者才聆听欣赏。’”

据传，买姆沙德·代奈沃利说：“我梦见了先知穆罕默德，说：‘真主的使者啊！你否定歌曲吗？’先知说：‘我丝毫不否定它。但你告诉他们，歌前，他们以诵读《古兰经》为开始；歌后，他们以诵读《古兰经》为结束。’”

据传，著名学者塔希尔·本·比俩里·海姆达尼·万拉格说："我曾隐居在吉达海边某个清真寺里修行。有一天，我看见一伙人在清真寺旁边，有的吟诗，有的聆听，我内心否定了这种做法：'他们竟然在真主的清真寺里吟诗！'那一晚，我梦见了先知穆罕默德，他坐在寺里一个角落，旁边是圣门弟子艾布·伯克尔。突然，艾布·伯克尔在吟诗，先知在聆听，并把手放在胸脯上，好似自己在创作。我自言自语：'我不能否定那些吟诗和聆听诗歌的人们，真主的使者在聆听，艾布·伯克尔在吟诗。'真主的使者看着我说：'真理本着真理。'或者他说：'真理出自真理。'"我对此传述有所怀疑。

朱奈德说："三个时间内，真主的恩赐降临给这些人：吃饭时——他们惟在饥饿时才吃饭；讨论时——他们惟在友好的范围内谈论；唱歌时——他们爱心倾听，见证真理。"

据传，伊本·哲里赫允许歌曲，有人问他："复活日，歌曲被视为是你的善，还是你的恶呢？"他说："既不被视为善，也不被视作恶。因为，歌曲形似无意之语而不受论，没有任何利益。真主说：'真主不为无意的誓言而责备你们，但为有意的誓言而责备你们。真主是至赦的，是至容的。'"(2:225)

这是关于歌曲的一些传述，以及为此而追求真理者的有关传闻。但凡细究，则会发现众说纷纭，或因不知所措而驻足不前，或因爱好歌曲而有所倾向。这都是见识缺失所致，而应根据自己的方式去寻求真理——探寻教法关于禁止歌曲与允许歌曲的程度。

第九十九章　禁止异端邪说

先知穆罕默德说："你们当远离一切异端邪说，凡新生事物都是异端，凡异端都是迷路，凡迷路都在火狱中。"

先知穆罕默德说："谁在我这个宗教里新生本不属于它的异端事物，新生事物就不被接受。"

先知穆罕默德说："你们遵奉我的圣道，以及继承我的正统哈里发们的圣道。"

从这些圣训得知，凡是违背《古兰经》、圣训和众伊玛目公议的事物，皆为不被接受的新生异端。

先知穆罕默德说："谁树立了一件佳美的行为（逊乃），他得到了这件行为的报酬，以及遵奉它者的报酬，直到复活日。谁树立了一件不良的行为，他要承担这件行为的罪过，以及遵奉它者的罪过，直到复活日。"

敢塔德对经文"这确是我的正路，故你们当遵循它；你们不要遵循邪路，以免那些邪路使你们离开真主的大道"（6:153）做了注释："你们要知道，道路是一个，其根是正教，其归是乐园。恶魔新生了很多道路，其根是迷路，其归是火狱。"

阿卜杜拉·本·麦斯欧德传述，真主的使者给我们画了一道线后，说："这是主道！"他又在这条线的左右边画了数道线后，说：

"这每条道上，都有恶魔在召唤人。"先知接着诵读了经文："这确是我的正路，故你们当遵循它；你们不要遵循邪路，以免那些邪路使你们离开真主的大道。"(6:153)伊本·阿拔斯说："[该段圣训所指]的'每条道'，都是邪路。"伊本·阿廷耶说："这些路道包括犹太教、基督教、拜火教，以及其他宗教，还有标新立异的异端者、因细枝末节而分歧者、迷误者、越制者、沉迷于辩论者。这些都是邪路的目标和迷信的处所。"

先知穆罕默德说："谁远离了我的圣道，就不属于我的乌玛。"

先知穆罕默德说："任何乌玛在其先知后，只要为其宗教新生一件异端邪说，就毁灭了类似圣道中的一件正行。"

先知穆罕默德说："在真主看来，天底下再也没有比受人奉行的异端邪说更重要的受拜者了。"

先知穆罕默德说："最优美的言辞是真主的《古兰经》，最正确的正教是穆罕默德的正教，最邪恶的事是异端邪说，所有异端都是迷路。对于你们，我只担心你们内心和羞体中的错误欲望与执迷不悟。你们当远离一切异端邪说，凡新生异端都是迷路。"

先知穆罕默德说："真主拒绝每个新生异端者的忏悔，直到他放弃自己的异端邪说。"

先知穆罕默德说："真主不接受异端者的斋戒、正朝、副朝、圣战、正功和副功，他脱离了伊斯兰教，犹如毛发从面团中被抽出一样。我给你们留下了太阳般的正道，它的黑夜犹如白昼，唯有灭亡的人才偏离它。每个人都有理想，每个理想都有终结。谁的理想终结于我的圣道，谁得正道了；谁的理想终结于他者，谁就自毁了。"

提尔米兹传述，先知穆罕默德说："我对我的乌玛担心三件事——学者的执迷不悟、被奉行的异端邪说、专横霸道的统治者。"

对娱乐器具的禁止。

《布哈里圣训实录全集》记载，先知穆罕默德说："谁对同伴说，'来吧，我和你赌博'，就让谁施舍。"

穆斯林、艾布·达吾德、伊本·马哲传述，先知穆罕默德说："玩骰子的人，恰如把自己的手侵入到猪肉和猪血里一样。"

艾哈迈德等传述，先知穆罕默德说："玩骰子后礼拜的人，犹如用脓水和猪血洗小净后礼拜的人。"也就是说，他的拜功不被接受。其他圣训也就此做了确认。

拜海吉根据叶哈雅·本·凯希尔传述，真主的使者路过一伙正在玩骰子的人，说了句："玩乐之心，劳作之手，荒谬之语。"

迪姆莱传述，先知穆罕默德说："如果你们路过玩抽签、下象棋、投骰子等非法娱乐工具的人们，不要给他们道色兰。如果他们给你们道色兰，也不要回答他们。"

先知穆罕默德说："三件事情属于赌博行为——玩赌博、掷骰子、鸽子哨。"

阿里路过一伙正在下象棋的人，就诵读了经文"当时，易卜拉欣对他的父亲和宗族说：'你们所依恋的这些雕像是什么东西？'"(21:52)因为，你们触摸木炭直到它熄灭，胜于你们触摸象棋。阿里接着说："以真主起誓，你们不是为了这个被造。"

阿里说："下象棋的人，是最能撒谎的人，他说：'我杀了，他没杀；他死了，他没死。'"

艾布·穆萨·艾什尔里说："只有犯错者才下象棋。"

第一百章　莱哲卜月的高贵

“莱哲卜”[1]派生于“塔尔吉卜”(Tarjīb)，意为“尊崇”(Ta‘ẓīm)。有学者将“莱哲卜”解释为“最倾注的”(Al-’aṣṣab)。这是因为，真主在该月将恩惠倾注给忏悔的人们，真主接受忏悔之光照耀着那些从事功德的人们。有学者将“莱哲卜”解释为“最聋的”(Al-’assam)，这是因为，人们在该月听不到战争的动静。有学者解释，“莱哲卜”是乐园里一条河流的名称，其水比奶还白，比蜜还甜，比冰还凉，唯有莱哲卜月里封斋者才能饮用它。

先知穆罕默德说：“莱哲卜月是真主的月份，舍尔邦月[2]是我的月份，莱麦丹月[3]是我乌玛的月份。”

某贤哲说：“‘莱哲卜’有三个字母构成——Ra’，Jīm，Bā’。Ra’是指真主的恩惠，Jīm是指仆人的罪行，Bā’是指真主的宽恕，恰如真主说：‘我让我仆人的罪行介于我的恩惠和宽恕之间。’”

艾布·胡莱尔传述，先知穆罕默德说：“谁在莱哲卜月第二十七日封斋，真主为他记录六十个月的斋戒报酬。”第二十七日是哲卜拉伊勒天使给先知穆罕默德传达使命的首日，也是先知穆罕默

---

① Rajab，伊斯兰教历七月。——译者

② 伊斯兰教历八月。——译者

③ 伊斯兰教历九月。——译者

德的登霄日。

先知穆罕默德说:“须知,莱哲卜月是真主的聋月,谁在莱哲卜月心怀正信和祈求报酬地封斋一天,他必得到真主的最大喜悦。”

某贤哲说:“真主以四个月装饰了所有月份,即伊历十一月、十二月、一月和七月。这是真主所言:‘依真主的判断,月数确是十二个月,真主创造天地之日,已记录在天经中。其中有四个禁月,这确是正教。’(9:36)其中,三个月连续不断,一个月单独——莱哲卜月。”

据传,巴勒斯坦的一个妇女,在莱哲卜月的每一天都要诵读经文“你说:他是真主,是独一的主”(112:1)一万两千遍。某莱哲卜月,身穿羊毛衣服的她生病了,遂嘱咐儿子,将她和羊毛衣服一起埋葬。她去世后,儿子给她穿上了华丽的衣服。他梦见母亲告诉他:“我不喜欢你,因为你没有遵行我的遗嘱。”他惊醒后,找到母亲的羊毛衣服,要将它和母亲葬在一起。他挖开母亲的坟墓,但没看到母亲。他正惊慌失措时,听到一个声音:“难道你不知道,谁在莱哲卜月顺从了我,我不会留下孤独的他吗?”

据传,莱哲卜月首个聚礼日之夜的三分之一时刻,只要有天使在场,他就祈求真主饶恕莱哲卜月的斋戒者。

艾奈斯传述,真主的使者说:“谁在禁月里封斋三日,真主为他记录九百年功德的赏赐。”艾奈斯说:“如果我没有从真主的使者那儿听到这句话,我的双耳就变聋。”

禁月是四个。[①]

① 伊历十一月、十二月、一月、七月。——译者

最尊贵的天使是四位。[①]

真主启示的最高贵经典是四部。[②]

小净的主命部位是四个。[③]

最高贵的赞主词是四句：赞美真主、一切赞颂全归真主、万物非主惟有真主、真主至大。

计算单位是四个：个位、十位、百位、千位。

时间单位是四个：时、日、月、年。

一年有四季：春、夏、秋、冬。

自然界有四大要素：热、冷、干、湿。

人分四种颜色：黄色人种、黑色人种、棕色人种、白色人种。

正统哈里发是四位：艾布·伯克尔、欧麦尔、奥斯曼、阿里。

迪勒米传述，阿伊莎说："我听真主的使者说：'真主给四个夜晚倾注了大量幸福：宰牲节之夜、开斋节之夜、舍尔邦月的月中夜、莱哲卜月的首夜。'"

迪勒米根据艾布·欧玛迈传述，真主的使者说："五个夜晚的祈祷不被拒绝：莱哲卜月的首夜、舍尔邦月的月中夜、聚礼日之夜、双节（宰牲节和开斋节）之夜。"

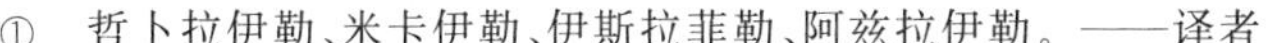

① 哲卜拉伊勒、米卡伊勒、伊斯拉菲勒、阿兹拉伊勒。——译者

② 穆萨的《讨拉特》、尔撒的《引支勒》、达吾德的《则逋尔》、先知穆罕默德的《古兰经》。——译者

③ 脸、胳膊、头、脚。——译者

第一百零一章　舍尔邦月的高贵

该月之所以被称之为“舍尔邦”（Sha‘bān），是因为诸多幸福出自该月。“舍尔邦”派生于“舍尔卜”（Sha‘b），意为“山路”，是幸福之路。

艾布·欧玛迈·巴希里传述，真主的使者说：“如果舍尔邦月来临，你们就在该月清洁自身，虔诚善意。”

阿伊莎说：“真主的使者封斋，以至于我们说‘他不开斋’。他开斋，以至于我们说‘他不封斋。’他的绝大部分斋戒都在舍尔邦月。”

《奈萨仪圣训集》记载了欧萨迈的传述，我说：“真主的使者啊，我在任何月份里都没见到过你封斋如舍尔邦月那样。”使者说：“那是一个人们忽视的月份，介于莱哲卜和莱麦丹之间。它是一切功德被呈献给众世界养主的月份，我喜欢我的功德在我封斋时被呈献。”

《布哈里圣训实录全集》和《穆斯林圣训实录全集》记载，阿伊莎说：“我只在莱麦丹月见过真主的使者完成了一个月的斋戒，我从未见他在任何月份里的斋戒日，多于舍尔邦月的斋戒日。”

另一段圣训：“真主的使者封全了舍尔邦月的斋。”《穆斯林圣训实录全集》记载，先知穆罕默德封舍尔邦月的斋，唯有几日例外。

这段圣训是对前一段圣训的注释,"封全"的意思是"绝大部分。"

据传,天上的天使们有两夜节日,就如地上的我们有两天节日。天使们的节日是宽恕夜——舍尔邦月的月中夜,以及前定夜。信士们的节日是开斋节和古尔邦节。因此,舍尔邦月的月中夜被称之为"天使的节日夜"。

苏卜基在其注释中讲道:"舍尔邦月的月中夜赎一年的罪,聚礼日之夜赎一周的罪,前定夜赎一生的罪。换言之,复活这些夜晚,是赎罪的因子。"

根据蒙齐尔的传述,舍尔邦月的"月中夜",也被称为"赎罪夜"和"生命夜",先知穆罕默德说:"谁复活了双节的夜晚和舍尔邦月的月中夜,在所有心灵死亡之日,他的心灵没有死亡。"

舍尔邦月的"月中夜",也被称为"说情夜",因为真主的使者为他的乌玛而在第十三夜向真主求情,真主应答了他请求的三分之一。使者在第十四日向真主求情,真主应答了他请求的三分之二。使者在第十五夜向真主求情,真主应答了他请求的一切,除非那些倔驴般违背真主的人——怙恶不悛地逃脱真主、远离真主的人。

舍尔邦月的"月中夜",也被称为"饶恕夜",因为真主的使者说:"真主肯定在舍尔邦月的月中夜俯视他的仆人,然后饶恕所有的世人,唯有两种人例外——以物配主者、与人为敌者。"

舍尔邦月的"月中夜",也被称为"释放夜"。马利克传述,真主的使者因事派我去阿伊莎家,我对她说:"请你快点儿,我离开了先知,他正在给他们讲解舍尔邦月的月中夜。"阿伊莎说:"欧奈斯啊,你坐吧,我给你讲述关于舍尔邦月月中夜的圣训。那夜正是我和真主的使者同床共眠的一夜。他进门后,和我一块儿钻入被窝。

夜里，我醒来后不见了他，就自语：也许他去看他的科卜特女仆了。于是，我走出家门，来到清真寺，看见了使者，坐在他身边，他说：'主啊！我的影子给你叩头，我的心灵信仰你，这是我的手，我不会用它给自己招惹罪过。但凡罪大恶极者都期望伟大真主的饶恕，你饶恕大罪吧！我的脸庞叩首创造它、赋形它、开启耳眼的主。'然后，使者抬起头，说：'主啊！你恩赐我敬畏的、纯洁于以物配主的、清白的、非昧信和不幸的心吧！'使者再次叩头，我听他说：'主啊！我祈求你的喜悦，以免受到你的怒恼；我祈求你的宽恕，以免受到你的惩罚；我只有从你那里祈祷一切。我对你的赞美无以计数，就如你对自己的赞美不计其数。正如我的兄长达吾德所言，我也说：我为我的养主，让我的脸沾上泥土；我的脸为了我的养主的脸，必须沾上泥土。'然后，使者抬起头，我说：'愿我的父母为你赎身，我们志向不同。'使者说：'难道你不知道今夜是舍尔邦月的月中夜吗？今夜，伟大的真主从火狱中释放的人数等同于拜尼·凯里卜族的羊毛，唯有六种人例外——酗酒者、忤逆父母者、怙恶不悛的奸淫者、断交亲友者、画像者、挑拨离间者。'"

舍尔邦月的"月中夜"，也被称为"分配夜"和"前定夜"。阿塔艾·本·耶萨尔传述，舍尔邦月的月中夜来临时，某天使给摄取性命的迈莱库·毛提天使抄录了从舍尔邦月到舍尔邦月之间将要死亡的人名单；仆人的种植、结婚与建筑得以确定；将死之人的名字已被记入死亡人数，迈莱库·毛提天使一旦接到命令，就取走他的性命。

第一百零二章　莱麦丹月的高贵

真主说:“信道的人们啊!斋戒已成为你们的定制,犹如它曾为前人的定制一样,以便你们敬畏。”(2:183)

萨义德·本·朱拜尔传述,我们前辈的斋戒时间从二更天到次夜,犹如伊斯兰初期那样。

部分学者说,斋戒是基督教徒的主命。斋月一旦时值酷暑和寒冬,便给他们的旅行和生活带来困难。于是,他们中的权威学者开会,要将斋戒定在一年中介于冬夏之间的季节内。经过公议,他们将斋月定在春季,并增加了十日,作为对他们行为的补救。后来,他们的一个国王病了,他给真主许愿,如果康复,再增加一周的斋戒。他痊愈后,增加了一周斋戒。这个国王去世后,另一国王就任,命令他们:“你们完成五十日的斋戒”。他们遭遇牲畜的死亡后,国王命令他们:“你们再增加斋戒日。”于是,他们在斋月前后各增加了十日。

某贤哲说:“任何民族,莱麦丹月的斋戒对他们都是定制,但他们迷失了它。”

拜俄瓦说:“莱麦丹(Ramaḍān)是酷暑季节的一个月份,是一块烫手的石头——因为他们在酷热中封斋。阿拉伯人命名月份名称时,莱麦丹月正逢酷暑。”

有学者说:“之所以命名莱麦丹,是因为它烧毁一切罪过。”

先知穆罕默德迁徙麦地那第二年,莱麦丹月的斋戒被定为主命,是伊斯兰教的必修功课之一,否定者则为非信士。

很多圣训说明了莱麦丹月的高贵。

先知穆罕默德说:“莱麦丹月的首夜来临时,乐园的所有门被打开,整个斋月里任何一道门不被关闭。真主命令天使呼唤:‘追求幸福的人,行动吧!为非作恶的人,停止吧!’然后,真主说:‘可有求饶者?他被饶恕;可有祈求者?所求受赐;可有忏悔者?他被原谅。’就这样,一直持续到天亮。开斋节之夜,真主从火狱中释放一百万个必须接受惩罚的罪犯。”

塞里玛·本·法尔希传述,舍尔邦月的最后一天,真主的使者给我们演讲:“人们啊!伟大的月份已经光顾你们了,其中有胜于一千个月的前定夜。真主将它的斋戒定为主命,将它的夜间礼拜视为副功。谁在该月从事一项善行,就如在其他月里完成一项主命的人。谁在该月完成一项主命,就如在其他月里完成七十项主命的人。它是坚忍之月,坚忍的报酬是乐园。它是安慰之月,是给信士增加给养之月。谁在该月封斋,等于释放了一个奴隶,他的所有罪过被饶恕。”我们说:“真主的使者啊!我们中,不是所有的人都能给斋戒者提供食品。”使者说:“真主将赏赐那些给斋戒者提供食品——稀释的奶、饮水或枣子——的人。谁让斋戒者饱食,真主饶恕他的罪过,让他饮用一口我的池塘水后便永不口渴,他所得报酬没有丝毫损失。它是一个开始是怜悯、中间是饶恕、结束是脱离火狱的月份。谁在该月里减轻他的仆人负担,真主从火狱里释放他。你们在莱麦丹月里多做四项善行。你们借助两项善行取悦于你们的养主，你们务必去做两项善行。你们取悦养主的两项善行是：见证万物非主唯有真主、向真主求饶。你们务必做的两项善行是：你们向养主祈求乐园、求他护佑你们免入火狱。”

先知穆罕默德说：“谁在莱麦丹月心怀正信和祈求报酬地封斋，真主饶恕他以往和以后的罪过。”

先知穆罕默德说：“真主说：‘人的每项功修都属于他自己，唯有斋戒，因为它属于我，我要亲自奖赏斋戒者。’”创造者真主为自己而款待斋戒者的功修多好啊！

先知穆罕默德说：“莱麦丹月，我的乌玛受赐的五项善行，以前的乌玛没有得到过：在真主看来，斋戒者的口臭胜于麝香味；天使为他们求饶，直到他们开斋；恶魔的利益被禁锢；真主将每一天装扮成乐园，他说：‘我的虔诚仆人们几乎不会犯罪和受伤’；斋月的最后一晚，真主饶恕他们。”有人请教：“真主的使者啊！它是前定夜吗？”使者说：“不是，但从事功德的人结束功修时，他的报酬得以实现。”

第一百零三章　前定夜的高贵

伊本·阿拔斯传述，哲卜拉伊勒天使给真主的使者提到，某个以色列人肩扛武器，为主道战斗一千个月。使者对此惊讶不已，希望他的乌玛中也有这样的人，他说："我的养主啊！你让我的乌玛成为了寿命最短、功德最少的乌玛，如何能获得这种品级呢？"于是，真主给先知穆罕默德及其乌玛恩赐了前定夜，胜于一千个月——以色列人肩扛武器为主道战斗的时期，直到复活日，成为这个乌玛的特有之一。

据传，那个以色列战士名为舍姆欧乃，杀敌一千月，战马不归厩，因真主所赐力量和勇敢而战无不胜。敌人对他无可奈何，派人用重金收买他妻子——绑上他，将他监禁在家中，以便除掉他。晚上，舍姆欧乃熟睡时，妻子用一根纤维绳子绑住他。他醒来后，骨节松动，绳子断裂，问妻子："你为何要这样做？"她说："我试试你的力量。"

敌人得知消息后，给她送去一根铁链，故技重演，但舍姆欧乃身体一晃，铁链断开。恶魔易卜劣斯指点敌人，让舍姆欧乃的妻子问丈夫，哪种链子不能断裂？敌人派人让她问丈夫，舍姆欧乃说："我的头发。"舍姆欧乃头上有八根拖至地上的长辫。他入睡后，妻子用四根辫子绑住了他的双脚，用四根辫子绑住了他的双手。敌人来到他家，抓起他，将他带到高四百尺、宽四百尺，有一根柱子的议事厅，割掉了他的双耳与嘴唇。他们聚在他的周围，他祈求真主赐他力量，解开绳索，拉断柱子，毁灭他们，从而脱离他们。于是，真主赐他力量，他动了动，绳子解开，柱子摇动，房顶砸落在敌人头上。真主毁灭了敌人，舍姆欧乃得救了。

先知穆罕默德的门弟子们听到这个信息后，说："真主的使者啊，我们能得到舍姆欧乃所得报酬吗？"使者说："我不知道。"然后，使者祈求真主，真主给他恩赐了"前定夜"。

艾奈斯传述，真主的使者说："前定夜，哲卜拉伊勒天使降临一群天使，看到他们祝福着每个站着或坐着记念真主的人，并向他们道安。"

艾布·胡莱尔说："前定夜，降临地球的天使们数不胜数，乐园的所有门为天使下降而开启，光芒四射，伟大至极。前定夜，真主的王权得以揭示，人们对此各不相同。他们中有的人，天地的王权为他揭示，诸天的幔帐为他揭开。前定夜，众天使看到该夜的场景——站立者、静坐者、鞠躬者、叩头者、记主者、感恩者、赞美真主者、诵读清真言者。他们中有的人，乐园的恩典如宅院、宫殿、仙女、河流、树木、果实为他显示，他看到普慈之主的阿勒舍的天花板，目睹众先知、众卧里、众烈士和忠诚者们的品级；他畅游在真主的王权内，徜徉在真主的大慈中；他看到火狱，目睹火狱的等级和火狱居民的品级，等等。他们中有的人，目睹真主尊容的幔帐为他揭起，他只看见真主。"

欧麦尔传述，真主的使者说："在我看来，谁复活了莱麦丹月第二十七夜至天明，就比他在莱麦丹月每夜的礼拜更受我喜悦。"法图麦说:“父亲啊!男人和女人中不能够礼拜的弱者做什么呢?”使者说:“在我看来,他们只要在该夜放好枕头,靠在上面坐一个时辰并祈求伟大的真主,就比我乌玛中所有人在莱麦丹月的礼拜更受我喜悦。”

阿伊莎传述,真主的使者说:“谁复活了前定夜,礼两拜,求饶恕,真主饶恕了他,他沉浸在真主的怜悯中,哲卜拉伊勒天使用他的翅膀爱抚他。哲卜拉伊勒天使用翅膀爱抚了谁,谁必进乐园。”

第一百零四章　节日的高贵

伊斯兰教历十月一日和十二月十日之所以被称为“节日”[1]，是因为穆斯林在这两个节日里，由顺服真主——完成莱麦丹月的斋戒和朝觐两项主命，走向了顺从他的使者——伊历十月封斋六天和准备探望使者。同样，之所以命名为“节日”，是因为穆斯林年复一年地从事这两项功课，真主反反复复地恩赐他们，他们循环往复地兴高采烈。

迁徙第二年的开斋节是伊斯兰教的首个节日，真主的使者当天率众举行了会礼拜，没有放弃它。节日会礼是强调的圣行。

艾布·胡莱尔传述，先知穆罕默德说：“你们用‘真主至大’词点缀你们的节日。”

先知穆罕默德说：“谁在节日说‘赞美真主’和‘赞颂真主’三百遍，并把它送给穆斯林亡人们，一千道光进入了每个坟墓。他去世后，真主在他的坟墓里设置一千道光。”

瓦希卜·本·穆南比赫传述，真主的使者说：“每个节日，恶魔易卜劣斯发出呼叫后，群魔集中在他周围，他们说：‘主子，你为何生气呢？’易卜劣斯说：‘真主已在今天饶恕了穆罕默德的乌玛，所

---

① 即开斋节和古尔邦节。——译者

以你们要以各种欲望干扰他们。'"

瓦希卜·本·穆南比赫传述,真主的使者说:"真主在开斋节创造了乐园,在开斋节种植了幸福树,在开斋节选择了哲卜拉伊勒天使传达启示,在开斋节接受了法老的魔术师们的忏悔。"

先知穆罕默德说:"谁在节日之夜寻求报酬地礼拜,在所有心灵死亡的日子,他的心灵没有死亡。"

据传,欧麦尔在节日看到一个身穿旧衣的小孩后哭了,小孩说:"你为何要哭?"欧麦尔说:"我的孩子啊!如果孩子们节日里看到你身穿这件旧衣服,我怕你伤心。"小孩说:"只有真主不喜欢的人,或者忤逆父母的人伤心。我希望真主因你的喜爱而喜欢我。"欧麦尔哭了,将孩子揽在怀里,祈求真主喜悦他们两人。

好诗真妙:

问君节日穿何衣,答曰黄袍加我身。
贫穷坚忍皆衣服,真主双节看心灵。
节日若观听我语,无望之节乃悼节。

据传,先知穆罕默德说:"开斋节早晨,真主派遣众天使来到地球上,站在街道口,用真主的众生——精灵和人类除外——都能听到的声音呼唤:'穆罕默德的乌玛啊,你们去崇拜慷慨的真主吧,他任意恩赐,饶恕大罪。'他们出发到清真寺时,真主问众天使:'如果修行者修行了,他的报酬是什么?'众天使回答:'他得到全额报酬。'真主说:'我让你们见证,我将我的喜悦与饶恕,作为赏赐给他们的报酬。'"

第一百零五章　古尔邦节前十日的高贵

伊本·阿拔斯传述，先知穆罕默德说："没有任何一件善功比这十天的善功更受真主喜悦。"（十天是指伊历十二月的前十天）圣门弟子问："为主道出征也比不上吗？"他说："为主道出征也比不上，除非为主道出征并献出生命和财产的人。"

贾比尔·本·阿卜杜拉传述，真主的使者说："没有任何日子比这十日更受真主喜悦和优待。"有人请教："为主道出征的日子也不能与它相提并论吗？"使者说："为主道出征的日子也不能与它相提并论，除非为主道牺牲战马和献出生命的人。"

阿伊莎传述，某青年是个歌手，伊历十二月的新月初升后，他开始封斋。真主的使者得知此事后，将他请来，问他："你为何在这些天封斋？"他说："真主的使者啊！愿我的父母为你赎身，它是举行朝觐仪式的日子，是朝觐日，愿真主让我分享朝觐者们的祈祷。"使者说："你所封的每一天斋，等同于释放了一百个奴隶，朝觐期间宰了一百峰母驼，为主道奉献了一百匹战马。如果你在饮驼日[1]封了斋，等于你释放了一千个奴隶，朝觐期间宰了一千峰母驼，为

---

① 伊历十二月八日，给朝觐者供水的日子。——译者

主道奉献了一千匹战马。如果你在阿拉法特日[①]封了斋，等于你释放了两千个奴隶，朝觐期间宰了两千峰母驼，为主道奉献了两千匹战马。”

真主的使者说：“阿拉法特日的斋戒，等于两年的斋戒；阿舒拉日[②]的斋戒，等于一年的斋戒。”

某注释学家就经文“我与穆萨约期三十夜。我又以十夜补足之，故他的主的约期共计四十夜”(7:142)注释到：“‘十夜’就是十二月的前十日。”

伊本·麦斯欧德传述：真主在所有日子里选择了四个日子，在所有月份里选择了四个月份，优待了四个贤女，选择了四个竞相去乐园的人，选择了乐园向往的四个人。

四个日子的首日是聚礼日。该日有个时刻，穆斯林恰逢其时地向真主祈求今后两世的任何事情，真主都会赐予他。

四个日子的次日是阿拉法特日。阿拉法特日，真主对众天使说：“我的天使们啊，你们看看我的仆人们吧，他们头发蓬松、风尘仆仆地来了。他们花费了钱财，劳累了身体。你们见证，我已饶恕了他们。”

四个日子的第三日是宰牲节。仆人如果在宰牲节宰了牲，所献之牲流的第一滴血，则是对仆人所做每项恶行的赎罪。

四个日子的第四日是开斋节。如果仆人们封完了莱麦丹月的斋，然后去清真寺参加会礼，真主就对众天使说：“每个修行者都要

① 伊历十二月九日，朝觐者进驻阿拉法特平原。——译者

② 伊历一月初十。——译者

求他的报酬。我的仆人们封了斋，他们结束节日后要求他们的报酬。我让你们见证，我已饶恕了他们。"有个声音唤道："穆罕默德的乌玛啊，你们回去吧！你们的恶行已化作善行。"

真主选择的四个月份是：伊历七月、十一月、十二月、一月。

真主优待的四个贤女是：尔萨的母亲麦尔彦、圣妻赫蒂彻——世界上最先信仰真主及其使者的女人、法老的妻子阿希娅、先知穆罕默德的女儿法图麦——乐园里的妇女领袖。

四个竞相去乐园的人。每个民族都有先行者，先知穆罕默德是阿拉伯人的先行者，塞里玛·本·法尔希是波斯人的先行者，苏海卜是罗马人的先行者，比拉里是埃塞尔比亚人的先行者。

乐园向往的四个人是：阿里、塞里玛·本·法尔希、安玛尔·本·雅西尔、米格达德·本·艾斯沃德。

先知穆罕默德说："谁在饮驼日封斋，真主赐予他的报酬，就如先知安尤布因坚忍灾难而获得的报酬。谁在阿拉法特日封斋，真主赐予他的报酬，犹如先知尔萨获得的报酬。"

先知穆罕默德说："阿拉法特日，真主普及了他的怜悯，再没有比这一天更高贵的日子了。谁在阿拉法特日祈求今后两世的任何需求，真主使他如愿以偿。阿拉法特日的斋戒，是对过去一年和未来一年的赎罪。"

此中的哲理——真主最知——在于，阿拉法特日介于两大节日（开斋节和古尔邦节）之间，而这两节是信士们的开心之日，再没有比真主饶恕信士们的罪过更令他们高兴的日子了。两大节日之后的阿舒拉日，是对一年的赎罪，因为它属于先知穆萨，而阿拉法特日属于我们的先知穆罕默德——他的荣誉优越于任何人。

第一百零六章　阿舒拉日的高贵

伊本·阿拔斯传述，先知穆罕默德来到麦地那，看到犹太教徒在阿舒拉日[①]封斋，遂就此请教犹太人。犹太人说："这一天，真主让穆萨与以色列人战胜了法老的民众。我们为了尊重穆萨而封斋。"先知说："我们比你们更尊重穆萨。"于是，先知命令圣门弟子在该日封斋。

关于阿舒拉日的高贵，有很多传闻。诸如，真主在该日创造了阿丹，让他在该日进入了乐园，在该日接受了他的忏悔。真主在该日创造了阿勒舍、库勒希、诸天、诸地、太阳、月亮、群星、乐园。先知易卜拉欣在该日出生，在该日摆脱了火刑。先知穆萨及其追随者在该日获救，法老及其民众在该日被淹没。先知尔萨在该日出生，在该日升天。先知伊德雷斯在该日进入乐园。先知努哈的船在该日停泊朱迪山。先知苏莱曼在该日登基即位。先知优努斯在该日爬出鲸鱼腹。先知叶尔孤白的眼睛在该日复明。先知优素福在该日被救出枯井。先知安尤布的灾难在该日结束。从天空降至地球的第一滴雨是在阿舒拉日。

须知，很多民族皆在阿舒拉日封斋，以至于有人说，在定制莱

① 伊历一月初十。——译者

麦丹月为主命斋之前，它被定为主命，后被取消。先知穆罕默德迁徙前，在该日封斋，进入麦地那后，又对此做了强调，甚至他在生命的最后一刻还说："如果我活到来年，我肯定封第九日和第十日的斋。"先知当年归真了。先知虽然仅封过第十日的斋，但他喜欢封第十日、第九日和第十一日的斋，他说："你们在它之前封斋一天，在它之后封斋一天，你们与犹太教的传统背道而驰。"也就是说，你们让阿舒拉日的斋戒成为单日。

拜海吉在《信仰的分支》(*Shu'b al-'īmān*)传述："谁在阿舒拉日让他的家人富裕，真主就让他在一年的其他日子里富裕。"

众所周知，先知穆罕默德的孙子侯赛因在阿舒拉日的遇难，只是说明了他的品级在真主阙前的擢升，以及他得到了先知穆罕默德家属的品级。谁在阿舒拉日想起侯赛因的遭遇，唯一可做的是追忆，这是为了服从命令，获得主恩，真主说："这等人，是蒙真主的祜佑和慈恩的；这等人，确是遵循正道的。"(2:157)他当远离一切异端之事，如自我摧残、号啕大哭、捶胸顿足，因为这都不是信士们的品行所为。如果可行的话，先知穆罕默德的爷爷阿卜杜·穆谭莱卜的去世日更应如此。

独一的真主令我们足矣！保护者真主真好！

第一百零七章　款待穷人的高贵

先知穆罕默德说:“你们不要勉强待客,否则,你们会讨厌他们。谁讨厌了客人,就讨厌了真主。谁讨厌了真主,真主就讨厌他。”

先知穆罕默德说:“不款待客人者,无幸福可言。”

真主的使者路过一个饲养着一峰骆驼和多头牛的男人家,但他没有招待使者。使者又路过一个饲养着一群羊的女人家,她为使者宰了一只。使者说:“你们看看这两个人吧!一切品德皆在真主的掌握,真主想赐给谁美德,就赐给谁。”

先知穆罕默德的仆人艾布·拉菲尔传述,先知家里来了一位客人,他说:“你给某个犹太人说,我家里来了客人,请给我借点面,七月份还给你。”那个犹太人说:“以真主起誓,唯有抵押,我才借给他。”我告诉了先知,他说:“以真主起誓,我绝对是乐园里的忠实人,地球上的忠实人。如果他借给我,我肯定还给他。你拿我的这件盔甲去给他作抵押吧。”

先知易卜拉欣要想吃饭,就走出家门一里路或两里路,寻找与他共餐的人,也因此被冠以“待客之父”的尊号。

龚瓦姆·毛杜阿说:“先知易卜拉欣从不慢待任何客人。”

有人请教真主的使者:“何谓信仰?”使者说:“款待客人,传播色兰。”

先知穆罕默德说：“赎罪和升品的功德有：款待客人，夜间人们熟睡而他却在礼拜。”

有人就真诚的朝觐请教先知穆罕默德，他说：“款待客人，语言优美。”

艾奈斯说：“无客之家，天使不入其门。”

关于款待客人和供人食品的圣训不胜枚举。

诗云：

我为何不喜客人，待客必得真主喜。
客人虽享我之食，因受尊重而谢我。

某贤哲说：“善行，唯借助和颜悦色、语言优美、坦诚相见而完美。”

诗云：

我让来客笑欢颜，即使家贫也善待。
乡村待客不丰盛，慷慨真主财富多。

主人务必邀请虔诚敬意的人，而非为非作恶的人。

先知穆罕默德说：“行善的人们食用你的食物。”他为一些邀请他的人做了祈祷。

先知穆罕默德说：“你只食用敬畏者的食品，只有敬畏者食用你的食品。”先知特指的是穷人，而非富人。

人们请客时，不应当忽略他的亲人。忽略亲人乃离弃和断交亲人之行为。同样，人们应注意对朋友的安排，在一些特殊情况下，人们往往忽略了其他人的心理感受。

人们请客时，不要以攀比和炫富为目的，而是遵从先知穆罕默德的圣行，以兄弟之心款待客人，愉悦信士们的心灵。人们请客时，不应请那些难以请到的人，一旦请来，则会以某种原因伤害其他宾客。所以，待客者只可邀请那些愿意赴宴的客人。

苏夫延说："谁邀请了一个不愿邀请的人，犯了一个错误；如果被邀请者赴宴，犯了两个错误。因为，他憎恶地让被邀请者吃了饭。如果被邀请者知道，肯定难以下咽。"

款待敬畏者，有助于顺从真主；款待作恶者，则助纣为虐。

应答邀请，是强调的圣训。先知穆罕默德说："如果我被请去吃牛羊的前腿，肯定答应。如果有人送我一根牛羊的前腿，肯定接受。"

我的《圣学复苏》等典籍，讲到了应答邀请的五项礼节，兹不赘述。

第一百零八章　殡礼和坟墓

须知，殡礼对智者而言，是殷鉴，是醒悟，是训导。对愚者而言，参加殡礼只会增加他们的冷漠——他们认为自己只会看到他人的殡礼，而不认为殡礼必然会发生在自己身上。然而，他们对此几乎无能为力，没有想到殡礼就这样会发生在他们身上。于是，他们算计落空，直到生命尽头。每个人只要看到殡礼，就应想到自己的殡礼。临近的殡礼，也许在明后天。

据传，艾布·胡莱尔每当看到殡礼，就说："你们[①]先走，我随后就来。"

买克胡里·本·大马士革每次看到殡礼，就说："你们[②]早走，我们晚走。明明之劝诫，匆匆之疏忽。先行者已走，后来者无智。"

欧赛德·本·胡代尔说："我只要参加殡礼，我的心灵就告诉我应当做什么，归宿何在。"

马利克·本·迪纳尔的哥哥去世后，马利克哭着参加哥哥的殡礼，并说："以真主起誓，我的眼睛止不住地流泪，直到我知道你归向何方，而你活着，我却不知道。"

---

① 指亡人。——译者
② 指亡人。——译者

艾阿迈什说："我们曾多次参加殡礼，因所有人都处于悲痛中，所以我们不知安慰谁。"

萨比特·布纳尼说："我们曾多次参加殡礼，只看到哭泣的知足者。"

前人就这样害怕着死亡。现今我们看到，参加殡礼的绝大多数人笑着、乐着。他们谈论的唯一话题是亡人的遗产，以及继承人分得的财产。亡人的亲人和对手只算计着分享他的一些遗产，不曾想过真主对殡礼所要求的实质意义。这种情况下的殡礼，我们昏聩的因素是由于罪恶累累而内心冷漠，以至于忘记了真主、复活日和面临的种种灾难。于是，我们娱乐嬉戏，我们忘乎所以，我们做着毫无裨益的事情。

我们祈求真主，让我们醒悟于这样的昏聩。参加殡礼者的最佳状态是哭泣亡人，如果领悟的话，则定当哭自己，而非哭亡人。

易卜拉欣·赞雅特看到人们怜悯亡人，说："如果你们怜悯自己，则对你们更好。亡人已经脱离了三种情况：他已看到了摄命天使迈莱库·毛提的面孔，已尝到了死亡的苦难，已安宁于临终的惊恐。"

艾布·阿慕尔·本·阿拉艾说，我与贾里里坐在一起，他给秘书口授有殡礼内容的诗歌：

面临殡礼我们怕，殡礼结束我们笑。
面对狼洞众人怕，狼离洞穴享乐归。

参加殡礼的礼节是：参悟、醒悟、准备、谦虚地送葬。我在《学问的艺术》(*Fannu al-figh*)中讲到了关于殡礼的礼节和圣行。参加殡礼的礼节还有，善意地忖度亡人，即使他曾是个坏人。恶意地忖度自己，即使有着善良的表象。确是，归宿的实情不得而知。

据传，欧麦尔·本·赞尔的一个作恶多端的邻居去世了，很多人不愿参加他的殡礼。欧麦尔·本·赞尔给他举行了殡礼。亡人下葬后，他站在坟前，说："某人的父亲啊，愿真主怜悯你！你的生命伴着'认主独一'而度过了，你叩头的脸庞沾染过泥土。如果他们说你是个罪大恶极的人，我们中谁没有罪过和错误呢！"

据传，巴士拉郊区某个恶贯满盈的人去世了。由于他作恶多端，妻子找不到一个帮她抬亡人的邻居，就雇用了两个脚夫，将亡人抬到清真寺，但没有人给他举行殡礼。她把亡人抬到荒野去埋葬。临近埋葬地的山上住着一个著名修士，她看他好似在等着给亡人举行殡礼。修士下山给亡人举行殡礼的消息在城里传开了，人们纷纷出城，和修士一起给亡人举行了殡礼。人们对修士给亡人举行殡礼感到惊讶。他说："我梦里得知，你到某个地方，会看到一个亡人，身边除他妻子外没有任何人。你给他举行殡礼，他是个被饶恕的人。"人们更加惊讶，修士请来亡人的妻子，问及亡人的生平情况。她说："众所周知，他整天泡在妓院里花天酒地。"修士说："你在想想，看看能否找到一点他曾做过的善事。"她说："有三件事：他在清晨酒醒后，换上衣服，洗完小净，参加集体的晨礼，然后到妓院为非作恶。第二件事情是，他家里从不缺乏一两个孤儿，他善待孤儿胜于善待他的孩子，非常关心他们。第三件事情是，他在漆黑的夜晚醒酒后哭着说：'我的养主啊！你想把这个罪大恶极的人填充到火狱的哪个角落呢？'"修士听完转身走了，更加难以理解亡人的事情。

丹哈克传述，某人说："真主的使者啊！谁是最虔诚的人？"使者说："没有忘记坟墓及其灾难、宁选失去而不择拥有、不将明天视为他的日子、将自己视为墓中人的人最虔诚。"

有人问阿里："你为何与墓地为邻？"他说："我发现他们是最好的邻居，我觉得他们是忠厚的邻居，他们闭口不言，但提醒后世。"

奥斯曼每当站在坟墓上就哭，以至于胡须湿透。有人就此请教他："你想起乐园与火狱时没有哭泣，站在坟墓上却哭了？"他说："我听真主的使者说：'坟墓是后世家园的第一个家，墓中人一旦从中得救，后面的家园比这更容易。墓中人一旦没有得救，后面的家园比这更艰难。'"

据传，阿慕尔·本·阿斯看到一个墓地，就来到坟前礼了两拜。有人说："你不曾做过此事。"他说："我想到了墓中人，他们和坟墓之间不存在任何计谋。我喜欢借参悟坟墓和墓中人来亲近真主。"

穆扎希德说："人去世后，与他谈话的第一个对象是坟墓。坟墓说：'我是虫子之屋、孤独之屋、陌生之屋、黑暗之屋，这是我为你做的准备。你为我准备了什么？"

艾布·赞尔对我说："难道我在贫穷的日子里没有告诉你们，我被埋入坟中的日子吗。"

第一百零九章　害怕火狱惩罚

《布哈里圣训实录全集》记载，先知穆罕默德最多的祈祷词是《古兰经》文："我们的主啊！求你在今世赏赐我们美好的［生活］，在后世也赏赐我们美好的［生活］，求你保护我们，免受火狱的刑罚。"（2：201）

艾布·耶尔拉传述，先知穆罕默德在演讲中讲到："你们不要忘记两大地方——乐园与火狱。"先知说完哭了，以至于泪水顺着胡须往下流。先知接着说："以掌握我生命的真主起誓，如果你们知道我所知道的末日事情，你们肯定行走在高地上，将土撒在你们的头上。"

泰卜拉尼传述，哲卜拉伊勒天使在非常规的时间里来见先知穆罕默德，先知站在他的旁边，说："哲卜拉伊勒啊，我怎么看你形色异常呢？"哲卜拉伊勒说："我刚到你这儿，真主就命令了火狱的吹风机。"先知说："哲卜拉伊勒啊！你给我描述一下火狱。"

哲卜拉伊勒天使说："真主命令火狱燃烧了一千年，以至于变白；然后又命令它燃烧了一千年，以至于变红；然后又命令它燃烧了一千年，以至于变黑。所以，火狱是漆黑的，它的火花不发光，它的火焰不熄灭。"

"以本着真理派遣你为先知的真主起誓，如果火狱被打开针孔般的程度，地球上的人必死无疑。以本着真理派遣你的真主起誓，如果管理火狱的一个天使出现在世人面前，地球上的人都因其面目狰狞与气味恶臭而必死无疑。”

“以本着真理派遣你的真主起誓，如果火狱居民链中的一环——正如真主在《古兰经》中所形容——被放在世间的群山上，群山肯定不能稳固而粉碎，夷为平地。”

真主的使者说：“哲卜拉伊勒啊！这已令我足矣！我的心不碎裂，否则我就死亡。”

真主的使者看哲卜拉伊勒天使在哭，就说：“哲卜拉伊勒啊！你在哭，在真主面前，你享有无上殊荣?”哲卜拉伊勒天使说：“我怎么不哭呢，我是最应该哭的，真主至知，也许我要处于不是现在的状态。我不知道，也许我要遭受恶魔曾经遭受的考验，他原本是天使。我不知道，也许我遭受哈鲁特与马鲁特天使曾经遭受的考验。”

先知哭了，哲卜拉伊勒也哭了。他俩一直在哭，直到被呼唤：“哲卜拉伊勒啊！穆罕默德啊！真主已经让你俩安然于违逆他。”

哲卜拉伊勒天使走了。真主的使者走出家门，路过一伙辅士，他们正谈笑风生。使者说：“你们还在笑？你们身后就是火狱。如果你们知道我所知，肯定少笑多哭，肯定不思饮食，肯定到高地上祈求真主。”这时，真主呼吁：“穆罕默德啊！你不要让我的仆人们失望，我派遣你只是为了报喜，我派你不是为了令人困难。”使者说：“你们得道，你们中和。”

伊玛目艾哈迈德传述，先知穆罕默德问哲卜拉伊勒天使：“我怎么从未见米卡伊勒天使笑过。”哲卜拉伊勒说：“自火狱被造以来，米卡伊勒天使就未笑过。”

伊本·马哲、哈基姆传述，先知穆罕默德说：“你们的这点火，是火狱之火的七十分之一，要不是被水熄灭过两次，你们肯定不能用它，它也祈求真主，不要让它恢复如初。”

拜海吉传述，欧麦尔读完经文“不信我的迹象的人，我必定使他们入火狱，每当他们的皮肤烧焦的时候，我另换一套皮肤给他们，以便他们尝试刑罚”(4:56)后，说：“凯尔布，请你告诉我这节经文的注释。如果你说对了，我相信你；如果你撒了谎，我反驳你。”凯尔布说：“人的皮肤每小时烧焦和更新一次，或每天烧焦六千次。”欧麦尔说：“你说对了。”

拜海吉传述，哈桑·巴士里就这节经文(4:56)说：“火每天吞吃他们七万次。每当火吞吃他们时，天使对他们说：‘你们恢复如常吧！’于是，他们恢复如初。”

《穆斯林圣训实录全集》记载，先知穆罕默德说：“火狱居民里最幸福的世人——他在火狱里已焕然一新——被带来，真主问他：‘这个人啊！你可曾见过幸福，幸福光顾过你吗？’他说：‘我的养主啊！没有。’乐园居民里最可怜的世人——他在乐园里已焕然一新——被带来，真主问他：‘这个人啊，你可曾见过悲苦，悲苦光顾过你吗？’他说：‘我的养主啊！没有，悲苦没有光顾过我，我从未见过悲苦。’”

伊本·马哲传述，先知穆罕默德说：“哭泣被派往火狱居民，于是他们泣不成声，以至于泪干。然后，他们哭出血，以至于脸上血流成河，如果船只停泊其中，肯定行驶。”

艾布·耶尔拉传述，先知穆罕默德说：“人们啊，你们哭泣吧。如果你们哭不出来，就装哭。火狱居民在火狱里哭泣，以至于泪流成河，直到泪干流血，眼内生疮。”

第一百一十章　天秤与隧拉特桥

艾布·达吾德根据哈桑传述，阿伊莎哭了，真主的使者说："阿伊莎，你怎么哭了？"她说："我想起火狱就哭了。复活日，你们记着亲人吗？"真主的使者说："在三个地方，一个人不记得另一个人：在天秤旁边，直到他知晓自己的秤盘是轻还是重；功过簿展开时，直到他知晓自己的功过簿落在右手还是左手；在隧拉特桥上，如果它在火狱中间，直到他知晓自己能否过桥。"

提尔米兹传述，艾奈斯说："我问真主的使者，他在复活日为我说情吗？"使者说："如果真主意欲的话，我会的。"我说："我在哪儿能找到你呢？"使者说："你找我的第一个地方是在隧拉特桥上。"我说："如果我在隧拉特桥上见不到你呢？"使者说："你在天秤旁边找我。"我说："如果我在天秤旁边见不到你呢？"使者说："你在仙池边找我。我不会错过这三个地方。"

哈基姆传述，先知穆罕默德说："复活日，天使们放好天秤，如果用它称量诸天地，肯定放得下。众天使说：'我们的养主啊！称量谁呢？'真主说：'称量众生中我所意欲者。'众天使说：'赞美你！我们没有实实在在地崇拜你。'天使们架好犹如刀刃的隧拉特桥，众天使说：'谁过桥呢？'真主说：'众生中我所意欲者过桥。'众天使说：'赞美你！我们没有实实在在地崇拜你。'"

伊本·麦斯欧德说:“隧拉特桥被放在火狱的中间。它犹如锋利光滑的剑刃,上面有钩人的火钩,被钩住的人跌跌撞撞地落入火狱。他们中的过桥者,有的行如闪电,没有钩住就闪过了;有的行如风速,没有钩住就速过了;然后如奔马者;然后如跑步者;然后如沙中蹒跚者;然后如步行者;最后过桥的人,火焰吞没了他,并遇到了凶险,但真主最终凭借自己的恩惠、慷慨和怜悯而让他进入了乐园。真主对他说:‘你受到惠顾,祈求吧!’他说:‘我的养主啊,你在嘲笑我呢,你是伟大的养主!’真主对他说:‘你受到惠顾,祈求吧!’以至于当他的希望结束时,真主说:‘你得到了你所祈求的,以及类似的恩典。’”

《穆斯林圣训实录全集》传述,女辅士翁姆·穆班希尔听真主的使者在哈芙赛面前说:“如果真主意欲的话,树下订约的任何人都不入火狱。”哈芙赛说:“不然,真主的使者。”使者责备了她,她诵读了经文:“你们中没有一个人不到火狱的,那是你的主决定要施行的。”(19:71)使者说:“真主已经说:‘然后,我将拯救敬畏者,而让不义者跪在那里面。’”(19:72)

艾哈迈德传述,学者们对此持不同见解,有学者说:“信士不入火狱。”有学者说:“所有人都进入火狱,然后真主拯救敬畏的人们。”有人就此请教贾比尔·本·阿卜杜拉,他说:“你们全都进入火狱。”然后,他将双手放在双耳上,说:“如果我没有听到真主的使者说,我默不作声。使者说:‘好人和坏人都要进入火狱,它对信士们而言是凉爽的、平安的,就如易卜拉欣经过的那样。’以至于真主为了信士们的凉爽而对火狱说:‘然后,我将拯救敬畏者,而让不义者跪在那里面。’”(19:72)

哈基姆传述，真主的使者说："人们来到火狱后，根据他们的功德而被拒之门外。他们中最早离开的人行如闪电；然后是行如风速的人；然后是行如奔马的人；然后是行如骑乘的人；然后是行如奔跑的人；然后是行如步行的人。"

第一百一十一章　先知穆罕默德归真

伊本·麦斯欧德说："我们到我们的母亲阿伊莎家中看望行将辞世的先知穆罕默德。他看了看我们，两眼流泪，说：'欢迎你们，愿真主让你们长寿，愿真主保护你们，愿真主襄助你们！我嘱咐你们敬畏真主，真主就你们忠告了我，我是你们忠实的警告者。你们不要在真主的大地上和真主的仆人中对真主骄傲。归向真主、归向乐园最高位置、归向乐园居所、归向完美杯的期限已到。我归真后，你们给你们及你们宗教中进来的人致以我的色兰！'"

据传，先知穆罕默德临终时问哲卜拉伊勒天使："我去世后，谁操心我的乌玛呢？"真主启示哲卜拉伊勒天使："你给我的朋友报喜，我不会就他的乌玛而放弃他。你给他报喜，如果他们被复生，他是人类中最早走出大地的人。如果他们被聚集，他是他们的领袖。乐园对任何民族都不开放，直到他的乌玛进入乐园。"先知说："现在，我心情舒畅了。"

阿伊莎说："真主的使者命令我们用七口井中的七袋水给他冲澡，我们照做了。他闻到一股芳香，然后出来率众礼拜，并为参加武侯德战役的人祈求了饶恕。他就辅士们做了嘱咐，说：'赞主赞圣！迁士们啊，你们在增加呢，而辅士们不会超过今天的人数。辅士们是我信得过的人，我曾经避难于他们。所以，你们善待他们中的行善者，原谅他们中的过错者。'然后，他说：'一个仆人受命在现世与归主之间做出选择，那个仆人选择了归主！'艾布·伯克尔听后哭了，唯有他悟出了先知此话的含义。先知说：'艾布·伯克尔啊，别急！你们把清真寺临街的所有门户都封上吧，唯有艾布·伯克尔的例外。在我看来，还不知道有谁比艾布·伯克尔更能陪伴我！'"

阿伊莎说："先知穆罕默德在我家和我的日子里，靠在我的怀里归真了。临终时，真主让我的气息与先知的气息相连。我的哥哥阿卜杜·拉赫曼拿着牙刷来到我家，先知一直看着他，我知道先知喜爱刷牙，就对他说：'我给你拿牙刷？'他点了点头，我把牙刷递给他，他放在嘴中，但很吃力。我说：'我给你弄软牙刷？'他点了点头，我就帮他把牙刷弄软。他面前放着一个小的皮水袋，把手放入其中，说：'万物非主惟有真主。死亡确是痛苦。'然后，他把手竖起来，说：'让我和至高的伙伴在一起！让我和至高的伙伴在一起！'我说：'以真主起誓，他没有选择我们。'"

萨义德·本·阿卜杜拉根据父亲传述：辅士们看见先知穆罕默德的病情日渐加重，就围在清真寺的四周。阿拔斯进去看先知，先知给他告诉了辅士们的地位，要怜恤他们。然后，法德利进去看先知，先知告诉了他同样的事情。阿里接着进去看先知，先知也告诉了他同样的事情。先知握着阿里的手，说："你们握着手。"他们都握着先知的手，先知说："你们要说什么？"他们说："我们担心你归真。"

他们的妻子由于丈夫们聚集在先知身边而喧哗。真主的使者靠着阿里和法德利走出来，阿拔斯走在他的前面。真主的使者头缠绷带，行走时双脚划了两道线，直到坐在了演讲台最低的一层台阶上。人们围在他的四周，他赞颂真主后说：“人们啊！我听说你们担心我归真，好似你们否定死亡，你们不要否认你们先知的去世，难道我没有给你们报丧，你们给你们自己没有报丧吗？我之前受派遣的任何先知永生了吗？然后我在你们中永生吗？须知，我要归向我的养主，你们要归向他。我嘱咐你们善待最早的迁士们，我就迁士们的事情嘱咐迁士们。真主说：‘以时光盟誓，一切人确是在亏折之中，惟信道而且行善，并以真理相劝，以坚忍相勉的人则不然。’(103:1—3)万事以真主的命令而运行，你们决不会发现应当发生却提前发生了的事，真主绝不会因任何人心急而提前。谁敌对真主，真主击败他；谁欺骗真主，真主揭穿他。‘假若你们执政，你们会不会在地方上作恶，并断绝亲戚的关系呢？’”(47:22)

“我嘱咐你们善待辅士们，他们在你们之前就已准备了住所和信仰。你们优待他们，难道他们没有与你们分享果实吗？难道他们没有为你们腾出房屋吗？难道他们不曾自己虽有急需也愿把拥有让给你们吗？谁在两辅士之间判决诉讼，当安抚对者，原谅错者。须知，你们不要对他们有优越感。须知，我是你们的先行者，你们是我的后来者。须知，你们的相约地点是仙池。我的仙池比巴士拉、沙姆和也门萨那之间的距离还宽，池中注入了多福河的流水，它的水比奶子还白，比奶油还酥，比蜂蜜还甜。谁从中饮用，就永不干渴。仙池里的石子是珠玑，河道是麝香。明日，谁被禁止出入该池，他的所有幸福被剥夺了。须知，谁愿意明天到这儿来见我，当管好自己的口手。”

阿拔斯说：“真主的先知啊，你就古莱氏人嘱咐吧！”先知说：

“我就此事嘱咐古莱氏人。人们追随古莱氏人,好人跟好人,坏人跟坏人。你们嘱咐古莱氏的子孙,要善待人们。人们啊!罪恶确能驱散幸福,改变分配。如果人们行善,你们善待他们;如果人们为恶,你们违逆他们。真主说:‘我这样使不义的人因自己的行为而互相友善。’”(6:129)

伊本·麦斯欧德传述:先知穆罕默德对艾布·伯克尔说:“艾布·伯克尔,你问吧!”他说:“寿限已近?”先知说:“寿限已临近。”他说:“真主的先知啊,真主的恩典肯定思念着你,但愿我能知道我们的归宿。”先知说:“归向真主,归向乐园的最高位置,归向乐园居所,归向最高的花园,归向完美杯,归向最崇高的伙伴,归向渴望的幸福与永生!”他说:“真主的先知啊,谁给你洗遗体呢?”先知说:“我家属中最亲近的男子,然后是其他人。”他说:“我们拿什么给你穿克凡[①]呢?”先知说:“穿我的这件埃及白的也门新衣。”他说:“我们如何给你举行殡礼?”我们哭了,先知也哭了,然后说:“别忙!愿真主饶恕你们,替你们的先知报酬你们。如果你们洗了我,给我穿了克凡,就把我放在我坟墓边的这张床上,然后你们离开我一会儿。确是,第一个给我举行殡礼的是真主,‘他怜悯你们,他的天使们为你们祈祷。’(33:43)然后,真主允许天使们给我举行殡礼。真主众生中第一个进来给我举行殡礼的是哲卜拉伊勒天使,接着是米卡伊勒天使,接着是伊斯拉菲勒天使,接着是迈莱库·毛提天使及其随从,接着是所有的天使,然后是你们。你们分批进来,一伙一伙地给我举行殡礼,祝我平安。你们不要以辩解、呼叫和哀哭来

① 即裹尸布。——译者

伤害我。你们中，让伊玛目先开始，接着是我最近的亲人，接着是其他人，接着是女人，最后是儿童。”他说：“谁将你放入墓中呢？”先知说：“我最亲近的家人们和很多天使——你们看不见他们，他们看见你们。你们站起来，替我给我之后的人传达。”

阿伊莎说：“真主的使者归真的那天清晨，人们看见使者病情有所好转，都很高兴，离开使者回到各自家中忙碌，把使者留给了他的妻子们。我们一如既往地照料使者，较之此前，我们没有像这样更有希望、更加开心的情况了。此时，真主的使者说：‘你们离开我，有位天使要求见我。’屋里除我之外的人都出去了，使者的头靠在我的怀里。他坐起来，我靠在房间的一角。使者与天使耳语了很久，然后叫来我，仍将头靠在我怀里。他对妻子们说：‘你们进来吧！’我说：‘这不是哲卜拉伊勒天使的动静。’使者说：‘阿伊莎，是的，迈莱库·毛提天使来见我。他说，真主派遣并命令我，未经你的允许，我不得见你。如果你不允许，我就返回。如果你允许，我就进来。真主命令我不得摄你性命，除非你命令我。你的命令是什么？我说，你等等，以便哲卜拉伊勒天使来见我。此刻是哲卜拉伊勒天使的时间。’”

“我们遇到了一个没有任何回应和见解的状态，大家都默不作声，好似被隆隆声震动而不知所措。屋里人都因重视这种情状而沉默不语。我们内心恐惧不已。哲卜拉伊勒天使按时来了，他道了安，我认出了他的动静。屋里人出去后，他进来了，说：‘真主祝你平安，问你感觉如何？真主最知你的感受，但想给你增加尊严与荣誉。真主已完美了你的尊严和荣誉，你是你乌玛的圣道。’使者说：‘我感到疼痛。’他说：‘你高兴吧！真主想要给你传达他为你准备的恩典。'使者说:'哲卜拉伊勒天使啊,迈莱库·毛提天使要求见我。'使者给他告诉了与迈莱库·毛提天使的会见情况。他说:'穆罕默德啊!你的养主思念你,难道他没有让你知道他对你的意愿吗?以真主起誓,迈莱库·毛提天使从未请求过任何人,任何人也永不可能向他提出要求。须知,你的养主完美了你的荣誉,他是思念你的!'"

"使者说:'那你别走,直到迈莱库·毛提天使来。'使者让妻子们进来,说:'法图麦啊,你靠近我。'法图麦俯身过去,使者与她耳语后,她抬起头,双目落泪,不能言语。然后,使者说:'你的头靠近我。'她又俯身过去,使者与她耳语后,她抬起头,破涕为笑,没有说话。我们都惊讶地看着使者与她交谈。事后,我们问了法图麦。她说:'第一次,使者告诉我,他今天归真,所以我哭了。第二次,使者说,我祈求真主,让你成为我家人中第一个来见我的人,让你与我在一起。所以我笑了。'法图麦让她的两个儿子靠近使者,使者亲吻了他俩。法图麦说:'迈莱库·毛提天使来了,他问了安,要求进来。'使者允许迈莱库·毛提天使入内。天使说:'穆罕默德啊,你命我做什么呢?'使者说:'现在,你让我归向我的养主吧!'天使说:'是,你从今日归真,你的养主思念着你。真主对任何人都没有犹豫过,但对你犹豫了。真主没有禁止我去见任何人,唯有你例外。你的时刻在你的面前。'迈莱库·毛提天使说完就出去了。"

"哲卜拉伊勒天使进来了,他说:'真主的使者啊,祝你平安!这是我最后一次降临地球,启示结束了,现世停止了。我在地球上的事情只是为了你,我在地球上的事情只是为了见你。'以本着真理派遣穆罕默德的真主起誓,房间内没有人不对那句话惊慌失措。

我们因听到哲卜拉伊勒天使所言而惊讶不已，以及因我们的感受和心疼，想不起来给任何圣门弟子送信。”

“我站在使者身边，直到他将头放在我的怀中，我抚着他的胸。他昏了过去，额头大汗淋漓，我从未见人如此流汗。我一直给他擦汗，没有闻过比他的气味更芬芳的味道。使者醒来后，我对他说：‘愿我的父母、家人和我为你赎身。你没见过你的额头出汗。’使者说：‘阿伊莎啊，信士的灵魂顺着汗水出体，非信士的灵魂从嘴角出体。’”

“此时，我们浑身颤抖，派人给家属们报信。第一个来到我们身边并且没有见到使者归真的人，是我的哥哥阿卜杜·拉赫曼，我父亲派他来见我。真主的使者在其他人进来之前归真了。真主阻碍他们见到使者，因为他把使者委托给了哲卜拉伊勒天使和米卡伊勒天使。使者昏迷时一直在说：‘最崇高的伙伴！’使者说话流畅时讲到：‘拜功，拜功！你们全体要坚守你们的拜功。拜功，拜功！’使者一直嘱咐拜功，直到归真时还在说：‘拜功，拜功！’”

阿伊莎说：“真主的使者归真于星期一天亮后和正午之间的时辰。”

法图麦说：“自星期一，我再未见过使者。以真主起誓，伊斯兰乌玛在该日从未遇到如此大悲。”

温姆·库里苏姆在阿里遇难于库法的日子里说：“自星期一，我再也未见过使者。真主的使者归真于星期一，阿里被害于星期一，我的丈夫[1]被害于星期一。自星期一，我再也未见过使者。”

① 第三任哈里发奥斯曼。——译者

阿伊莎说:“真主的使者归真后,人们冲了进来,哭声四起。天使们用我的衣服遮盖了真主的使者。人们神情各异,有些人不相信使者归真;有些人默默无语,良久才说话;有些人语无伦次;有些人思维清晰;有些人坐而不起。”

欧麦尔属于不相信使者归真的人,阿里属于坐而不起的人,奥斯曼属于默默不语的人。任何穆斯林都不像艾布·伯克尔和阿拔斯的状态。真主援助他俩成功与正确。人们只听艾布·伯克尔的话,直到阿拔斯进来。艾布·伯克尔说:“以独一无二的真主起誓,真主的使者尝到了死亡,他在你们中间时曾说:‘你确是要死的,他们也确是要死的。然后,在复活日,你们必定要在你们的主那里,互相争论。’”(39:30—31)

正在拜尼·哈里斯·本·赫兹勒吉家中的艾布·伯克尔闻讯后赶了过来,径直来到真主的使者身边,看着使者,俯身近前,亲吻了使者,然后说:“真主的使者啊!愿我的父母为你赎身,真主不会让你尝到两次死亡。以真主起誓,真主的使者归真了。”然后,他来到人群中,说:“人们啊!谁崇拜穆罕默德,穆罕默德确已归真。谁崇拜真主,真主永生不灭!真主说:‘穆罕默德只是一个使者,在他之前,有许多使者,确已逝去了;如果他病故或阵亡,难道你们就要叛道吗?叛道的人,绝不能伤损真主一丝毫。真主将报酬感谢的人。’”(3:144)人们好似今天才听到这节经文。

另传,艾布·伯克尔听到消息后,来到真主的使者房间,赞美了使者,泪如涌泉,泣不成声。他在这种情况下已是言行僵化。他俯身过去,揭开使者的脸,亲吻了使者的额头和脸颊,抚摸着使者的脸,哭着说:“愿我的父母、我自己和我家人为你赎身,你生活得清香，去世得清香。由于你的去世，因任何先知去世而没有中断的事情停止了。你的伟大难以形容，你的崇高难以哭诉。你受优待，以至于你已安然忘怀；你为凡人，以至于我们与你平等。要不是你选择去世，我们肯定因忧伤你而心碎；要不是你禁止哭泣，我们肯定因哭泣你而泪干。我们无法否认的事实，只能忍痛与思念——永不分离的盟友。主啊，你替我们告诉他吧！穆罕默德啊，你在你的养主面前提到我们吧！让我们在你的心上吧！要不是你留下的安静，没有人因你留下的孤独而站起来。”

主啊！求你替我们告诉你的先知，你让他在我们中间吧！让这成为真主使我们能够赞美先知穆罕默德的最后时刻吧！你把我们的心灵引至他吧，你让他作为真主的使者而成为我们的楷模吧！我们期望真主化恶为善，让我们信仰地追随我们的先知，他是最慷慨的领袖，最高贵的被望者。一切赞颂全归真主，众世界的主！

凭借真主的襄助，全书完！

图书在版编目(CIP)数据

心灵的揭示/(古阿拉伯)安萨里著;金忠杰译. —北京:商务印书馆,2024
(汉译世界学术名著丛书:120年纪念版:珍藏本:增订本)
ISBN 978-7-100-23873-1

Ⅰ.①心… Ⅱ.①安…②金… Ⅲ.①伊斯兰教—伦理学—研究 Ⅳ.①B968

中国国家版本馆 CIP 数据核字(2024)第 082145 号

汉译世界学术名著丛书
(120 年纪念版·珍藏本·增订本)
心灵的揭示
〔古阿拉伯〕安萨里 著
金忠杰 译
金焕文 校

商务印书馆出版
(北京王府井大街 36 号 邮政编码 100710)
商务印书馆发行
北京通州皇家印刷厂印刷
ISBN 978-7-100-23873-1

2024 年 5 月第 1 版　　开本 710×1000 1/16
2024 年 5 月北京第 1 次印刷　　印张 $33\frac{1}{2}$
定价:176.00 元